以厚積薄發四字篆印一方
贈高等教育出版社

# 厚積薄發

李嵐清
二〇〇七年初秋

生也有涯
学無止境

任繼愈

教育部哲学社会科学研究后期资助项目

# 基于预期的前瞻性货币政策逻辑

## The Logic of Forward-looking Monetary Policy with Expectations

○ 张成思 著

高等教育出版社·北京

**图书在版编目（CIP）数据**

基于预期的前瞻性货币政策逻辑 / 张成思著. -- 北京 ：高等教育出版社，2021.10
ISBN 978-7-04-055140-2

Ⅰ. ①基… Ⅱ. ①张… Ⅲ. ①货币政策-研究-中国 Ⅳ. ①F822.0

中国版本图书馆CIP数据核字(2020)第192586号

JIYU YUQI DE QIANZHANXING HUOBI ZHENGCE LUOJI

策划编辑 崔 灿　责任编辑 崔 灿　封面设计 张 志　版式设计 马 云
插图绘制 于 博　责任校对 刘丽娴　责任印制 刘思涵

出版发行 高等教育出版社
社 址 北京市西城区德外大街4号
邮政编码 100120
印 刷 三河市华润印刷有限公司
开 本 787 mm×1092 mm 1/16
印 张 24.75
字 数 450 千字
插 页 2
购书热线 010-58581118
咨询电话 400-810-0598
网 址 http://www.hep.edu.cn
http://www.hep.com.cn
网上订购 http://www.hepmall.com.cn
http://www.hepmall.com
http://www.hepmall.cn
版 次 2021年10月第1版
印 次 2021年10月第1次印刷
定 价 71.00 元


物 料 号 55140-00

# 总　　序

哲学社会科学是探索人类社会和精神世界奥秘、揭示其发展规律的科学，是我们认识世界、改造世界的有力武器。哲学社会科学的发展水平，体现着一个国家和民族的思维能力、精神状态和文明素质，其研究能力和科研成果是综合国力的重要组成部分。没有繁荣发展的哲学社会科学，就没有文化的影响力和凝聚力，就没有真正强大的国家。

党中央高度重视哲学社会科学事业。改革开放以来，特别是党的十六大以来，党中央就繁荣发展哲学社会科学作出了一系列重大决策，党的十七大报告明确提出："繁荣发展哲学社会科学，推进学科体系、学术观点、科研方法创新，鼓励哲学社会科学界为党和人民事业发挥思想库作用，推动我国哲学社会科学优秀成果和优秀人才走向世界。"党中央在新时期对繁荣发展哲学社会科学提出的新任务、新要求，为哲学社会科学的进一步繁荣发展指明了方向，开辟了广阔前景。在全面建设小康社会的关键时期，进一步繁荣发展哲学社会科学，大力提高哲学社会科学研究质量，努力构建以马克思主义为指导，具有中国特色、中国风格、中国气派的哲学社会科学，推动社会主义文化大发展大繁荣，具有十分重大的意义。

高等学校哲学社会科学人才密集，力量雄厚，学科齐全，是我国哲学社会科学事业的主力军。长期以来，广大高校哲学社会科学工作者献身科学，甘于寂寞，刻苦钻研，无私奉献，开拓创新，为推进马克思主义中国化，为服务党和政府的决策，为弘扬优秀传统文化、培育民族精神，为培养社会主义合格建设者和可靠接班人作出了重要贡献。本世纪头 20 年，是我国经济社会发展的重要战略机遇期，高校哲学社会科学面临着难得的发展机遇。我们要以高度的责任感和使命感、强烈的忧患意识和宽广的世界眼光，深入学习贯彻党的十七大精神，始终坚持马克思主义在哲学社会科学的指导地位，认清形势，明确任务，振奋精神，锐意创新，为全面建设小康社会、构建社会主义和谐社会发挥思想库作用，进一步推进高校哲学社会科学全面协调可持续发展。

哲学社会科学研究是一项光荣而神圣的社会事业，是一种繁重而复杂的创造性劳动。精品源于艰辛，质量在于创新。高质量的学术成果离不开严谨的科学态度，离不开辛勤的劳动，离不开创新。树立严谨而不保守，活跃而不轻浮，锐意创新而不哗众取宠，追求真理而不追名逐利的良好学风，是繁荣发展高校哲学社会科学的重要保障。建设具有中国特色的哲学社会科学，必须营造有利于学者潜心学问、勇于创新的学术氛围，必须树立良好的学风。为此，自 2006 年始，教育部实施了高校哲学社会科学研究后期资助项目计划，旨在鼓励高校教师潜心学术，厚积薄发，勇于理论创新，推出精品力作。原中央政治局常委、国务院副总理李岚清同志欣然为后期资助项目题字“厚积薄发”，并篆刻同名印章一枚，国家图书馆名誉馆长任继愈先生亦为此题字“生也有涯，学无止境”，此举充分体现了他们对繁荣发展高校哲学社会科学事业的高度重视、深切勉励和由衷期望。

展望未来，夺取全面建设小康社会新胜利、谱写人民美好生活新篇章的宏伟目标和崇高使命，呼唤着每一位高校哲学社会科学工作者的热情和智慧。让我们坚持以马克思主义为指导，深入贯彻落实科学发展观，求真务实，与时俱进，以优异成绩开创哲学社会科学繁荣发展的新局面。

教育部社会科学司

# 前　　言

前瞻性货币政策是一套系统的政策框架，内涵颇为丰富，既包括政策目标变量的选择，又涵盖政策反应形式和传导体系的构建。从政策目标的选择看，预期变量（例如通胀预期）是前瞻性货币政策的核心变量。从政策反应形式来看，前瞻性货币政策涉及反应方程的研究内容。从政策传导体系的构建来看，前瞻性货币政策强调政策信息传导的载体和信息沟通的方式，货币当局秉承的传导理念，以及传导机制设计。因此，前瞻性货币政策既包含基础性理论体系，又蕴含丰富的实践经验，具有较高的学术研究和应用价值。

现有对前瞻性货币政策的研究，虽在角度、方法和重点等方面有所不同，但是通过仔细对比可以发现，这些研究仍然存在基本逻辑的一致性，即媒体对相关信息的报道会影响公众或市场预期。预期是前瞻性货币政策框架的基础变量，而基于预期的前瞻性货币政策最终服务于货币政策传导机制。因此，媒体是信号和信息载体，预期是信号和信息作用的微观主体，前瞻性货币政策则是基于预期的现代货币政策框架。三者彼此依存、共生于货币政策传导机制的逻辑主线之上。

在这样一个共生、互联的逻辑主线下，本书对预期及基于预期的前瞻性货币政策逻辑进行深入阐释，一方面希望推进前瞻性货币政策的理论研究，另一方面要阐明前瞻性货币政策在实践中的框架构建和现实逻辑。为此，本书分为四个模块：第一个模块是第一章至第四章和结语，分别阐释预期理论的演进逻辑、前瞻性货币政策理念的兴起、纳入前瞻性的综合货币政策体系及全书的总结性评论——最优货币政策体系的构建逻辑；

第二个模块是第五章至第八章，主要以中央银行和媒体中的通货膨胀预期调研数据为研究对象，深入研究预期数据的转化、信息更新频率及预期对货币政策的影响等问题；第三个模块是第九章至第十二章，研究了媒体中的前瞻性货币政策及媒体对预期和现实经济变量的直接影响；第四个模块是第十三章至第十六章，研究前瞻性货币政策的信心传导机制、前瞻性货币政策的新实践及中国前瞻性货币政策体系转型的分歧与共识。

货币政策能够通过媒体作为传导渠道作用于实体经济，关键逻辑在于媒体报道会影响公众及市场预期。因此，全书的主体部分为第五章至第十六章。第五章至第八章以中央银行和媒体中的通货膨胀预期调研数据为研究对象，深入研究预期数据的转化、信息更新频率及预期对货币政策的影响问题。其中，第五章对中国人民银行“城镇储户收入与物价扩散指数表”中的“未来物价预期指数”如何科学准确地转化为预期通胀率进行研究，指出预期数据转化过程中需要考虑的公众对调研问卷的理解分歧问题，这种理解分歧与媒体对通货膨胀的报道习惯有关。第六章的内容以第五章的央行调研数据对应的公众（或者说居民）通胀预期为基础，分析公众预期与媒体中报道的专家预期彼此间的互动机制，并估算我国居民通胀预期的信息更新频率，为前瞻性货币政策提供基础。第七章以“通胀预期‘竞赛’”为题，让公众预期与专家预期在计量分析中的“嵌套模型”中进行比赛，考察究竟谁的预期更能影响中国人民银行的货币政策指标变量，结果显示专家预期胜出。在此基础上，第八章以中国的货币政策反应方程为基础，分析中国人民银行的前瞻性货币政策反应机制。

在以上章节中，媒体属于一个间接变量。本书的第九章至第十二章则着重研究媒体对预期和现实经济变量的直接影响。其中，第九章首先对媒体中的前瞻性货币政策问题进行了系统性梳理，对近年来相关前沿研究的逻辑进行评述，并指出媒体在现代货币政策分析框架与具体实施中的重要性。第十章检验媒体对物价变化的总体报道是否影响通胀预期，初步检验媒体舆论对预期的影响情况。第十一章进一步对媒体报道进行了区分，区分涨价、降价和中性报道，并且对媒体类型（纸媒和网媒）也进行了分类，研究不同媒体情绪及不同媒体类型对通胀预期的不对称影响机制。第十二章将媒体报道、通胀预期与现实通货膨胀联系在一起，以新凯恩斯菲利普斯曲线为桥梁，验证从媒体到预期、再从预期到现实的影响路径。

本书的第十三章至第十六章对前瞻性货币政策的传导机制与实践进行分析，其中第十三章分析货币政策的信心传导渠道；第十四章分析中央银行公告（前瞻性货币政策信息的重要载体）对市场预期的影响；第十五章系统阐述前瞻指引货币政策在中国的实践；

第十六章通过调研获得业界、学界和央行三组具有代表性的界别人员对中国新型货币政策框架的判断，分析各界对中国新型货币政策框架转型的分歧与共识。最后，结语对全书进行了总结陈述，再次归纳全书内容的逻辑主线，提出从完全前瞻到混合型最优货币政策体系的构建逻辑，并提出未来研究的若干可行方向和研究思路。

# 目　录

**第一章　预期理论的演进逻辑** …… 1

第一节　预期的概念与类型 …… 2
第二节　适应性预期 …… 7
第三节　理性预期 …… 9
第四节　预期理论的再发展：准理性预期 …… 15
第五节　预期的另一种形式：信心 …… 20
第六节　本章小结 …… 23
附录 1-1　景气指数的编制说明 …… 24

**第二章　前瞻性货币政策理念的兴起** …… 27

第一节　前瞻性货币政策理念的演进逻辑 …… 28
第二节　央行沟通与前瞻性货币政策 …… 31
第三节　媒体与前瞻性货币政策 …… 35
第四节　“前瞻指引”概念的提出 …… 36
第五节　本章小结 …… 41

**第三章　在传统货币政策传导机制中探寻前瞻性**……43

第一节　货币政策传导机制的研究背景……44
第二节　传统理论的演进逻辑……49
第三节　传统理论的阐释：探寻前瞻性……54
第四节　本章小结……73

**第四章　纳入前瞻性的综合货币政策体系**……75

第一节　全球新型金融危机对货币政策的影响……75
第二节　全球新型金融危机后的货币政策变化……78
第三节　综合货币政策框架中的前瞻性逻辑……83
第四节　本章小结……86

**第五章　前瞻性货币政策中的通胀预期数据转化**……89

第一节　通胀预期数据转化的模糊性……90
第二节　通胀预期数据的转化：算法基础……93
第三节　通胀预期的预测效果比较……97
第四节　问卷设计与理解分歧……100
第五节　本章小结……104
附录 5-1　基于中国人民银行公布的预期物价指数的预期通胀率……106

**第六章　前瞻性货币政策中的预期变量特征：信息粘性与更新机制**……107

第一节　预期中的信息更新机制……108
第二节　对公众预期和专家预期的解读……111
第三节　信息粘性与更新机制……118
第四节　信息粘性与信息更新频率的估计……120
第五节　稳健性分析……129

第六节　本章小结…………………………………………………………………… 134
附录 6-1　居民预期与专家预期的季度数据…………………………………… 135

**第七章　基于单预期的前瞻性货币政策反应机制**……………………………… 137

第一节　预期中的异质性问题……………………………………………………… 138
第二节　前瞻性货币政策反应函数的理论机制…………………………………… 141
第三节　通胀预期与货币政策指标的时序特征…………………………………… 145
第四节　货币政策反应机制的现实逻辑…………………………………………… 149
第五节　本章小结…………………………………………………………………… 160

**第八章　基于双预期的前瞻性货币政策反应机制**……………………………… 163

第一节　基于双预期的反应机制背景……………………………………………… 164
第二节　基于双预期的泰勒规则…………………………………………………… 167
第三节　宏观变量与预期指标的刻画……………………………………………… 172
第四节　反应机制分析……………………………………………………………… 177
第五节　本章小结…………………………………………………………………… 185

**第九章　媒体中的前瞻性货币政策：研究逻辑回顾** …………………………… 187

第一节　媒体中的货币政策：概念与背景 ………………………………………… 188
第二节　媒体中的前瞻性货币政策：理论逻辑 …………………………………… 189
第三节　媒体中的前瞻性货币政策：经验证据 …………………………………… 192
第四节　相关启示…………………………………………………………………… 195
第五节　本章小结…………………………………………………………………… 197
附录 9-1　中国人民银行的五次公告及媒体相关报道…………………………… 198

**第十章　媒体中的前瞻性货币政策：基于通胀预期的经验分析 ……… 201**

第一节　通胀预期管理的重要性……………………………………………… 202
第二节　媒体报道与通胀预期的刻画………………………………………… 206
第三节　媒体舆论对公众预期的影响………………………………………… 211
第四节　媒体舆论、公众预期与通货膨胀的互动机制……………………… 214
第五节　本章小结……………………………………………………………… 216

**第十一章　媒体中的前瞻性货币政策：媒体情绪的非对称传染 ……… 219**

第一节　预期传染的理论基础………………………………………………… 220
第二节　媒体与流行病学传染模型构建……………………………………… 223
第三节　预期与媒体情绪：典型事实 ………………………………………… 225
第四节　媒体情绪的非对称传染效应………………………………………… 232
第五节　媒体数据的噪声问题………………………………………………… 238
第六节　样本选择与测量误差问题…………………………………………… 240
第七节　媒体情绪与“不对称的螺旋” ……………………………………… 241
第八节　本章小结……………………………………………………………… 242

**第十二章　媒体中的前瞻性货币政策：通货膨胀的媒体传导机制 …… 245**

第一节　考虑媒体报道的通胀动态机制……………………………………… 246
第二节　媒体报道与通胀预期的说明………………………………………… 247
第三节　媒体报道对通胀预期的影响………………………………………… 248
第四节　通胀预期与新凯恩斯菲利普斯曲线模型…………………………… 251
第五节　本章小结……………………………………………………………… 256

**第十三章　前瞻性货币政策的信心传导机制** …………………………… 259

第一节　信心反映预期……………………………………………………… 260
第二节　信心传导机制的模型设定………………………………………… 262
第三节　脉冲响应分析……………………………………………………… 268
第四节　信心影响政策传导的途径………………………………………… 270
第五节　本章小结…………………………………………………………… 273

**第十四章　前瞻性货币政策中的央行沟通** ……………………………… 275

第一节　央行沟通的重要性………………………………………………… 276
第二节　央行公告与资产价格变动………………………………………… 279
第三节　央行公告对资产价格的影响分析………………………………… 282
第四节　本章小结…………………………………………………………… 291

**第十五章　前瞻性货币政策的新实践：前瞻指引** ……………………… 293

第一节　前瞻指引政策实施背景…………………………………………… 294
第二节　前瞻指引政策的研究逻辑………………………………………… 295
第三节　前瞻指引政策在中国的实践……………………………………… 299
第四节　前瞻指引进程的中美比较………………………………………… 315
第五节　本章小结…………………………………………………………… 317

**第十六章　我国前瞻性货币政策框架转型** ……………………………… 319

第一节　三期叠加的“新常态” …………………………………………… 320
第二节　调查问卷设计……………………………………………………… 321
第三节　货币政策目标的转变……………………………………………… 325
第四节　货币政策工具的转变……………………………………………… 328

第五节　中央银行独立性分析…… 333
第六节　政策含义讨论…… 336
第七节　本章小结…… 338
附录 16-1　调查问卷 …… 339

**结语　最优货币政策体系的构建逻辑** …… 349

**参考文献** …… 353

**索引** …… 379

# 第一章　预期理论的演进逻辑



本章提要：

预期是前瞻性货币政策的基础和灵魂，也是连通宏观、微观研究的重要纽带。离开了预期，很难探讨和分析前瞻性货币政策。因此，本章对近百年来经济学中的预期理论进行了系统梳理，并列举具有代表性的引入预期要素的经济模型，阐释预期的重要影响。在此基础上，本章对预期的类型进行了界定和划分，详尽说明了适应性预期、理性预期和准理性预期的相关内容，还引入了预期的另一种形式，即信心指标。通过对预期概念、分类和模型的阐释，本章为深入理解预期在前瞻性货币政策中的应用提供了重要基础。

本章概览：

- 预期的概念与类型
- 适应性预期
- 理性预期
- 预期理论的再发展：准理性预期
- 预期的另一种形式：信心
- 本章小结

## 第一节　预期的概念与类型

“预期”反映了公众对未来经济走势的理解和判断，会影响人们的消费和投资行为，进而影响宏观经济的表现。因此，个人乃至群体的预期对国民经济运行状况很可能产生颇为重要的影响。同时，预期的概念也是连通经济学宏观、微观研究的重要纽带。例如在动态随机一般均衡模型中的多个部门设定中，都要使用预期变量；在投资决策中，现值需要依据预期未来价格等预期要素进行计算；甚至在微观金融学的资产定价模型中，资产价格的定义本质上也是基于预期价格进行刻画的。

从更加专业（或者说更加技术）的角度来说，预期与数理统计中的“期望”概念紧密联系，我们一般将期望定义为变量的平均值，而且定义期望时使用的符号是 E，例如 E（$X_t$）。事实上，E 既是表示期望的符号，也是“取期望”的运算符号，这与时间序列分析中的滞后算子符号 L 类似。

经济学中所说的预期，与数理统计中的期望在本质上是相通的。只不过，在经济学中，我们提及预期，一般都会涉及预期的主体，所以经济学中的预期可以定义为个人或机构（或者更一般的市场）对未来经济变量的预测和判断。预期之所以重要，是因为人们对未来经济变量的预期情况会影响当期的经济行为（消费、投资等），进而影响当前的经济运行状况。也就是说，影响当前经济走势的因素，并不简单地由当前相关经济变量的具体水平决定，而是由未来相关指标的预期情况决定。这一结论代表了当前主流经济学派的共识。事实上，20 世纪 70 年代以后，经济学界就逐渐形成了这种共识。甚至有评论认为，经济学与自然科学的核心区别就在于现代经济理论强调了经济主体的前瞻性决策行为。因此，预期是现代经济理论的基础性支柱。

例如消费理论中的生命周期假说和永久收入假说都强调预期收入的重要性。投资决策理论中现金流的计算，也是基于预期价格与预期销售（而非当期变量）。再如，投资储蓄模型（即 IS 曲线）中产出与真实利率呈反向关系。此处真实利率的定义，是名义利率与预期通胀率的差。这同样反映出预期的重要性。需要说明的是，在计算真实利率的过程中，使用的预期通胀率又可以分为事前预期和事后预期（即 ex ante 和 ex post）。在经济学领域，较早引入和区分事前和事后概念的是瑞典经济学家贡纳尔·默达尔（Gunnar Myrdal）。默达尔在其著作中强调，在计算投资、储蓄等经济变量的具体数量过程中，必须说清楚计算对应的是事前（以区间开始点为截止）还是事后（以区间结尾点为截止）。[①] 当然，从预期的基本定义来说，事前预期才是真正意义上的预期，而事后预期主要是从便于测度的角度出发给出的一种度量办法。本章后面介绍的适应性预期便属于事后预期。

如果要回溯预期概念提出的确切原始出处，恐怕并不容易。根据已有资料记载，经济预期（预测）最早可能零星出现在古希腊哲学家的相关思想和理论中。在19世纪，较早讨论预期问题的研究出现在亨利·桑顿（Henry Thornton）关于纸币信用问题的研究中[②]。虽然20世纪初陆续出现过一些关于预期问题的研究[③]，但是并未形成完善的基于预期的经济学说。直到1936年凯恩斯（Keynes）《就业、利息和货币通论》（简称《通论》）的发表，预期才再次进入经济学说的聚光灯下。

略显遗憾的是，凯恩斯并未给出预期形成的具体模型形式，而只是通过"动物精神"来形象地描述预期对市场的影响。在凯恩斯的行文中，"动物精神"其实就是"情绪"的同义词，而情绪背后刻画的则是人们对经济走势的判断和预期。例如对媒体情绪与资产定价的研究[④]及媒体情绪与通胀预期的研究[⑤]都是论证情绪影响预期的典型代表，只不过前者（属微观金融领域）声称的理论基础是诺尔－诺伊曼（Noelle-Neumann）提出的"沉默的螺旋"理论，而后者（属宏观金融领域）应用的理论基础则是科马克和麦肯德里克（Kermack and McKendrick）提出的"流行病学模型"，但本质上二者的应用逻辑如出一辙。[⑥]

当然，伟大的作品并不在于作品本身给出了所有的答案，而在于作品给出了思想启迪的动力。凯恩斯的《通论》便属于此类。虽然凯恩斯没有给出预期的具体形成机制，



① Myrdal，G. *Monetary Equilibrium*. London：W. Hodge Press，1939，pp.23–35.

② Thornton，H. *An Enquiry into the Nature and Effects of the Paper Credit of Great Britain*. London：Piccadilly Press，1802，pp.27–76.

③ Fisher，I. *The Theory of Interest*. New York：Macmillan，1930，pp.34–47.

④ Tetlock，P.C. "Giving Content to Investor Sentiment：The Role of Media in the Stock Market"，*The Journal of Finance*，vol. 62，no. 3（2007），pp.1139–1168；
Fang，L.，Peress，J. "Media Coverage and the Cross-Section of Stock Returns"，*The Journal of Finance*，vol. 64，no. 5（2009），pp.2023–2052；
游家兴、吴静：《沉默的螺旋：媒体报道与资产误定价》，《经济研究》2012年第7期，第9页。

⑤ 张成思、芦哲：《媒体舆论、公众预期与通货膨胀》，《金融研究》2014年第1期，第37~40页。

⑥ Noelle-Neumann，E. "The Spiral of Silence：A Theory of Public Opinion"，*Journal of Communication*，vol. 24，no. 2（1974），pp.43–51；
Kermack，W. O.，McKendrick，A. G. "Contributions to the Mathematical Theory of Epidemics"，*Proceedings of the Royal Academy of Sciences A*，vol. 115，no. 772（1927），pp.700–721.

但激发了经济学界对预期问题的极大关注[①]，带动了心理学与经济学的学科交叉[②]，而且形成了基于预期的经济学理论体系。自20世纪50年代开始，预期几乎充斥于宏微观经济学的各个角落。

首先，20世纪50年代出现了适应性（adaptive）预期理论，代表性的文献是卡甘（Cagan）和纳洛夫（Nerlove）的研究论著。[③]这些文献提出，适应性预期就是假设 $t$ 期的变量预期值由其 $t-1$ 期的预期值及 $t-1$ 期的实际值与预期值之间的误差值决定。在一定条件下，适应性预期的这一定义形式与今天我们在很多文献中所看到的适应性预期值由变量历史值决定的形式在本质上是一致的。我们在后文将通过逐步推导来演示二者的一致性。但是我们仍然不要忽略，适应性预期的原始定义是从上面所说的预期滞后项和误差项来进行定义的，这种定义形式突出了理论的经济含义和结构性特征，这种思想在后来的经济学理论模型的搭建过程中，得到了广泛应用，例如1993年泰勒（Taylor）提出的货币政策泰勒规则[④]。

接着，在1961年，穆斯（Muth）首次系统提出了理性预期理论。[⑤]理性预期理论的提出，主要是考虑到适应性预期在机制设定中没有充分利用可用信息，而且还假定了人们预测时会犯系统性错误。与适应性预期不同，理性预期假定人们是理性的，即人们充分利用所有可用信息进行预测。

此后，随着卢卡斯批判的提出[⑥]，以及以萨金特为代表的含有理性预期的宏观经济理

---

① Hicks，J. R. *Value and Capital*. Oxford：Oxford University Press，1939，pp.127–135；
Katona，G. "Psychological Analysis of Economic Behavior"，*Econometrica*，vol. 20，no. 2（1952），pp.1039–1089；
Tobin，J. "On the Predictive Power of Consumer Intentions and Attitudes"，*Review of Economics and Statistics*，vol. 41，no. 1（1959），pp.1–11.

② King，J. "Katona and Keynes"，*History of Economics Review*，vol. 64，no. 1（2016），pp.64–75.

③ Cagan，P. "The Monetary Dynamics of Hyperinflation"，in Friedman，M.，ed.，*The Quantity Theory of Money*. Chicago：The University of Chicago Press，1956，pp.25–117.
Nerlove，M. "Adaptive Expectations and Cobweb Phenomena"，*Quarterly Journal of Economics*，vol. 72，no. 2（1958），pp.227–240.

④ Taylor，J. B. "Discretion versus Policy Rules in Practice"，*Carnegie–Rochester Conference Series on Public Policy*，vol.39，no. 2（1993），pp.195–214.

⑤ Muth，J. F. "Rational Expectations and the Theory of Price Movements"，*Econometrica*，vol. 29，no. 3（1961），pp.315–335.

⑥ Lucas，R. E. "Econometric Policy Evaluation：A Critique"，*Carnegie–Rochester Conference Series on Public Policy*，vol. 1，no.1（1976），pp.19–46.

论的日益发展[①]，20 世纪 60—70 年代发展起来的理性预期逐渐成为现代经济学理论的中流砥柱。这些主张理性预期假设的诸多新古典经济学家假定在完全信息下的有效市场中，经济人可以预见政府政策，从而可以随时修正他们对政策的反应。例如当政府推行扩张性货币政策以提振经济时，人们可以预见政策效果，所以价格预期就会相应更新，因此真实经济变量可能并不会发生变化。只有经济运行中出现不可预见的随机性冲击，才会造成真实经济变量偏离自然值。与此同时，含有理性预期要素的线性模型[②]与非线性模型[③]的求解算法不断突破，也极大地推动了理性预期在宏微观经济模型中的广泛应用。

当然，因为理性预期假设本身较为严苛，所以理论模型中使用理性预期假设虽然便于模型推演，但是基于理性预期的模型推演也经常出现理论模型与实证结果相矛盾的情况，而且大量研究结果似乎确实与理性预期假设相异[④]，这种情况在刻画通胀率与失业率关系的菲利普斯曲线研究中尤为突出。阿克洛夫（Akerlof）等人的重要文献指出，这些矛盾情况的出现，主要由于预期形成机制的理性假设，这种假设与现实情况并不完全相符。[⑤]人们在预期过程中可能会掺杂个人情绪而导致主观预期并不是完全理性的。因此，理性预期假设与现实中的预期往往并不完全相符。阿克洛夫等人提出“接近理性预期”（near-rational expectations）的概念，并以此解释传统理论对菲利普斯曲线的刻画与实证分析存在的矛盾。事实上，李拉亚对理性疏忽、粘性信息和粘性预期理论的评介，也是在回应完全理性与现实预期存在分歧的问题。[⑥]

这种接近理性预期在现实中主要对应的是人们的主观预期，这种主观预期一般通过调

---

① Sargent，T. J.，Wallace，N. “‘Rational’ Expectations，the Optimal Monetary Instrument and the Optimal Money Supply Rule”，*Journal of Political Economy*，vol. 83，no. 2（1975），pp.241–254；
Lucas，R. E.，Sargent，T. J. eds.，*Rational Expectations and Econometric Practice*. vol. 2. Minneapolis：University of Minnesota Press，1981，pp.1–409；
Sargent，T. J. *Macroeconomic Theory*. New York：Academic Press，1987，pp.47–92；
Pesaran，M. H. *The Limits to Rational Expectations*.Oxford：Blackwell，1987，pp.67–79.

② Anderson，G.，Moore，G. “A Linear Algebraic Procedure for Solving Linear Perfect Foresight Models”，*Economics Letters*，vol. 17，no. 3（1985），pp.247–252；
McCallum，T. “Solutions to Linear Rational Expectations Models：A Compact Exposition”，*Economics Letters*，vol.61，no. 2（1998），pp.143–147.

③ Fair，R. C.，Taylor，J. B. “Solution and Maximum Likelihood Estimation of Dynamic Nonlinear Rational Expectations Models”，*Econometrica*，vol. 51，no. 4（1983），pp.1169–1192；
Söderlind，P. “Solution and Estimation of RE Macromodels with Optimal Policy”，*European Economic Review*，vol. 43，no. 4–6（1999），pp.813–823.

④ Shiller，R. J. “Speculative Asset Prices”，*The American Economic Review*，vol. 104，no. 6（2014），pp.1486–1517.

⑤ Akerlof，G. A.，Dickens，W. T.，Perry，G. L. “Near-Rational Wage and Price Setting and the Long-Run Phillips Curve”，*Brookings Papers on Economic Activity*，no.1（2000），pp.1–60.

⑥ 李拉亚：《预期与不确定性的关系分析》，《经济研究》1994 年第 9 期，第 36~41 页。

研问卷的形式获得，即基于调研数据的预期，本章称之为“准理性预期”。之所以使用准理性预期的名称，是因为在基于对众多国家调研预期数据的理性预期假设检验过程中，我们发现，只要样本量不是特别小，那么理性预期假设一般都不容易被拒绝（在传统显著性水平下）。例如我们可以根据下面的回归方程检验预期数据是否遵从理性预期假设，即

$$X_{t+1}^{survey}=c+\beta X_{t+1}+\varepsilon_{t+1};\qquad (1\text{–}1)$$

其中 $X_{t+1}^{survey}$ 代表调研预期数据（即人们在 $t$ 期对 $t+1$ 期的预测），$X_{t+1}$ 表示 $t+1$ 期变量的实际值，$c$ 和 $\beta$ 分别是常数项和 $X_{t+1}$ 的系数，$\varepsilon_{t+1}$ 为白噪声扰动项。在这样一个设定下，我们可以检验原假设 $c=0$ 和 $\beta=1$ 是否同时成立。在实践中，对美国和中国的相关调研预期数据进行这一检验，一般都不能拒绝原假设。也就是说，单纯从统计检验的角度看，现实中的调研预期数据接近理性预期。

需要注意的是，在对模型（1–1）进行 $c=0$ 和 $\beta=1$ 的假设检验中，我们尚未对扰动项 $\varepsilon_{t+1}$ 的属性进行诊断。事实上，我们还需要验证扰动项是否确实为白噪声过程，至少需要检验 $\varepsilon_{t+1}$ 是否存在序列相关。如果存在序列相关，那么对应的调研预期数据也不符合完全理性预期。

因此，我们对调研预期数据的归类与理性预期不同，基于模型（1–1）对调研预期数据进行检验不能获得白噪声扰动项也是我们界定调研预期数据为准理性预期的重要原因。关于美国调研预期数据的基本情况和实证应用，可以参考托马斯（Thomas）、卡罗尔（Carroll）、克鲁晓（Croushore）等人的相关研究。[①] 其中值得一提的是，2003 年亚当和帕杜拉（Adam and Padula）将调研预期定义为主观预期，本质上也是对现实预期非理性的

① Thomas，L. B. “Survey Measures of Expected U.S. Inflation”，*Journal of Economic Perspectives*，vol. 13，no. 4（1999），pp.125–144；

Carroll，C. D. “Macroeconomic Expectations of Households and Professional Forecasters”，*The Quarterly Journal of Economics*，vol. 118，no. 1（2003），pp.269–298；

Croushore，D. “An Evaluation of Inflation Forecasts from Surveys Using Real-Time Data”，*FRB of Philadelphia Working Paper*，2006，No. 06–19；

Zhang，C.，Osborn，D. R.，Kim，D. H. “The New Keynesian Phillips Curve：From Sticky Inflation to Sticky Prices”，*Journal of Money*，*Credit and Banking*，vol. 40，no.4（2008），pp.667–699；

Zhang，C.，Osborn，D. R.，Kim，D. H. “Observed Inflation Forecasts and the New Keynesian Phillips Curve”，*Oxford Bulletin of Economics and Statistics*，vol. 71，no.3（2009），pp.375–398；

Adam，K.，Padula，M. “Inflation Dynamics and Subjective Expectations in the United States”，*ECB Working Paper*，2003，No. 222；

Adam，K.，Padula，M. “Inflation Dynamics and Subjective Expectations in the United States”，*Economic Inquiry*，vol. 49，no. 1（2011），pp.13–25；

Fuhrer，J. C.，Olivei，G. P.，Tootell，G. M. “Inflation Dynamics When Inflation Is Near Zero”，*Journal of Money*，*Credit and Banking*，vol. 44，no. 1（2012），pp.83–122.

一种论证。只不过，这篇文章历经八年才正式发表（即 2011 年），这也从侧面反映出虽然对现实调研预期与理性预期进行区分看似容易，要被学界广泛接受却并不容易。

与准理性预期相关但不完全相同的另外一个预期的概念，是学习型预期。因为学习型预期并非本书关注的重点，因此我们这里只做简单的介绍。从文献演进角度看，自 20 世纪 90 年代开始就出现了一系列关于学习型预期的研究，包括萨金特（Sargent）及埃文斯和洪卡波希亚(Evans,G.W. and Honkapohja)等的重要研究。[①] 学习型预期的重要观点是，预测过程中人们在不断进行学习（更新信息集）以改进预期效果。因此，学习型预期认为，不管是公众还是政策决策者，都和经济学家（特别是计量经济学家）类似，他们在预测过程中对宏观经济变量的预期都使用统计预测模型进行预测。或者说，大家的预测过程是个不断学习的过程，这种预期形成的学习过程可以使用统计模型加以刻画。显然，学习型预期的最终实现形式是数理、统计或计量模型的预测。因此各种对模型预测的批评和质疑同样也适用于学习型预期。这就是为什么学习型预期目前更多地停留在理论研究层面，在实证分析中用此来度量预期变量还相对有限。



## 第二节 适应性预期

我们在上节提到过，适应性预期的核心思想是，人们基于过去的信息（历史信息）对未来形式（经济变量走势）进行预测。适应性预期强调历史事件对预测未来即将发生的结果非常重要。在经济学中，常见的一个例子是对通货膨胀的预测。适应性预期认为，如果去年通胀率上升，那么人们将预期今年通胀率也会上升。

在一部分材料中，将适应性预期的模型形式定义为：

$$X_t^e = X_{t-1}, \tag{1-2}$$

即预期变量 $X_t^e$ 完全等于历史观测值。实际上这只是适应性预期的最简单的一种形式。如果回溯适应性预期的最初定义，那么我们可以看到其解析表达式比模型（1-2）要丰富得多。回顾卡甘和纳洛夫对适应性预期的定义可知，适应性预期是假设 $t$ 时期的变量预期

① Sargent，T. J. *Bounded Rationality in Macroeconomics*.Oxford：Oxford University Press，1993，p.29；
Sargent，T. J. *The Conquest of American Inflation*. Princeton：Princeton University Press，1999，p.78；
Evans，G.W.，Honkapohja，S. *Learning and Expectations in Macroeconomics*. Princeton：Princeton University Press，2001，pp.89–125.

值由其 $t$–1 时刻的预期值及 $t$–1 时刻的实际值与预期值之间的误差值决定，即

$$X_t^e = X_{t-1}^e + \lambda \times error; \quad (1\text{–}3)$$

其中 $\lambda$ 是系数，*error* 表示误差值，即

$$error = (X_{t-1} - X_{t-1}^e)。 \quad (1\text{–}4)$$

下面，我们对原始定义模型进行推演来获得预期变量的终解表达式。首先，将（1–4）代入（1–3）并整理得：

$$X_t^e - (1-\lambda) X_{t-1}^e = \lambda X_{t-1}; \quad (1\text{–}5)$$

然后，利用滞后算子的属性可以将（1–5）进一步化简为：

$$[1-(1-\lambda)L] X_t^e = \lambda X_{t-1}; \quad (1\text{–}6)$$

在满足 $|1-\lambda|<1$ 的情况下，等式（1–6）可以左右同乘以 $[1-(1-\lambda)L]^{-1}$，进而得到：

$$X_t^e = \lambda [1-(1-\lambda)L]^{-1} X_{t-1}。 \quad (1\text{–}7)$$

如果我们令（总可以获得如下关系式）：

$$\phi(L) = \phi_0 + \phi_1 L + \phi_1 L^2 + \cdots = \lambda [1-(1-\lambda)L]^{-1}; \quad (1\text{–}8)$$

则有：

$$X_t^e = \phi(L) X_{t-1}。 \quad (1\text{–}9)$$

此时，我们能明晰地看到，适应性预期其实可以写成滞后分布项的模型形式，而这种模型形式本质上就是时序分析中最基础的自回归（AR）模型。

在适应性预期的假设环境下，我们可以观察和分析传统菲利普斯曲线（即通胀率与失业率）的变化情况。例如我们在图 1–1 的演示中，用 SPC 代表短期菲利普斯曲线，用 LPC 代表长期菲利普斯曲线。根据长期菲利普斯曲线的基本定义可知，LPC 和 SPC 的交叉点对应了预期通胀率。在图 1–1 中我们可以看到，当短期通胀率动态变化机制由 SPC1 刻画时，通胀预期是 2%。之后，由于需求增加带动现实通胀率上升到 3%，这种变化带动消费者改变（或者说适应）他们的通胀预期，此时通胀预期上升到 3%。此时，短期通胀率动态机制变化到 SPC2。按照同样的逻辑，如果现实通胀率继续上涨，适应性预期将促使菲利普斯曲线变化到 SPC3。

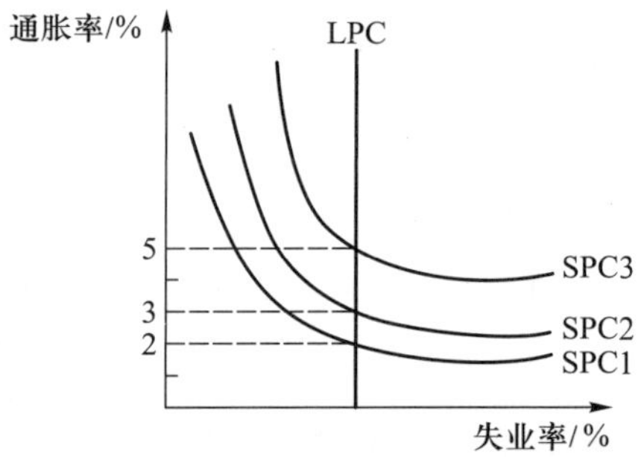

图 1–1　适应性预期下的长短期菲利普斯曲线

随着经济学理论的发展，适应性预期的一些局限性逐渐显现出来。首先，适应性预

期的预测模型过于简单（分布滞后模型），仅凭历史来预测未来，这种假设不够缜密，只是一种权宜之计。其次，适应性预期的预测机制没有使用最优化的可用信息集。最后，适应性预期还假设人们在预测未来时会产生系统性误差。因此，理性预期应运而生。

## 第三节　理性预期

1. 理论发展

我们在本章第一节中曾经提到过，穆斯系统阐释了理性预期的概念，特别强调理性假设，即人们充分利用所有可用信息进行预测。根据穆斯的理性预期理论可知，理性预期的形成必须从经济理论来推导获得，预测者最优化使用预测信息，而且预测模型相对于经济体系来说是内生的。因此，理性预期的形式可以写成：

$$X_{t+1}^{e}=E_{t}(X_{t+1}|\Omega_{t}); \tag{1-10}$$

其中 $X_{t-1}^{e}$ 表示变量 $X$ 在 $t+1$ 时刻的预测值；$E_t$ 表示站在 $t$ 时刻，依据括号中的条件对变量取数学期望；括号中的条件就是时刻 $t$ 及 $t$ 之前的所有可用信息集 $\Omega_t$。

从理性预期的表达形式可以看出，理性预期假设预测者不会在预测未来变量的过程中产生系统性误差，预测值与未来的实际值之间的偏离（即理性预期误差）是随机的，而且预测误差序列本身具有期望值为 0 且序列无关的特性。关于这一点，我们可以使用公式（1-11）进行概括：

$$\begin{cases} X_{t+1}^{e}=X_{t+1}+\varepsilon_{t+1}; \\ E(\varepsilon_{t+1})=0; \\ E(\varepsilon_{t}\varepsilon_{s})=0,\ \forall t\neq s。\end{cases} \tag{1-11}$$

不难看出，理性预期是一个均衡的概念，理性预期理论的提出极大地丰富了相关经济理论模型的内涵，并凸显了基础模型的前瞻性含义。关于这一点，可以用广为熟悉的蛛网（cobweb）模型为例来加以阐释。我们知道，蛛网模型是用弹性原理解释某些生产周期较长的商品在失去均衡时发生的不同波动情况的一种动态分析模式。在这个框架内根据供给与需求的变化来追踪产品的价格和数量变化，会形成类似蜘蛛网的图 1-2 所示结果，

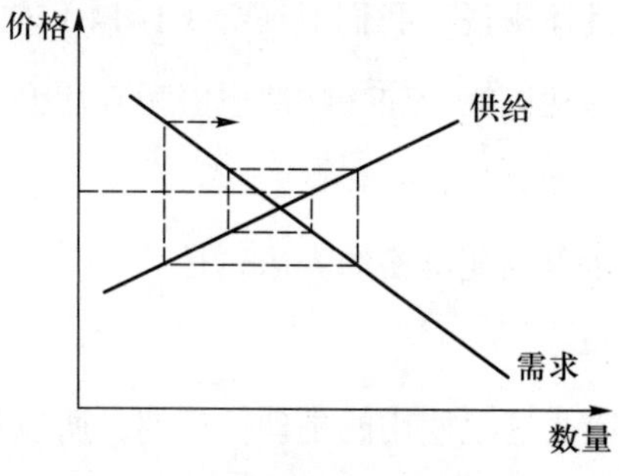

图 1-2　蛛网模型图示

故而得名。

根据蛛网模型的基本内容，假定在单一竞争市场中，产品生产存在时间滞后性，并假定对该产品的需求与当前市场价格呈负向关系，即

$$d_t=c_{1t}+\alpha_1 p_t+v_{1t};\tag{1–12}$$

同时，假定产品供给由其预期价格正向决定，即

$$s_t=c_{2t}+\alpha_2 p_t^e+v_{2t}。\tag{1–13}$$

在以上需求与供给两个模型中，$d$ 和 $s$ 分别表示需求和供给，$p_t$ 表示产品在 $t$ 期的价格（一般用的是价格指数取自然对数），$p_t^e$ 表示站在 $t-1$ 时刻对产品未来价格的预期，$c$ 表示截距项，$\alpha$ 是大于 0 的系数，$v$ 表示影响需求 / 供给的随机扰动项，为方便起见，我们可以假设 $v$ 服从均值为 0 的独立同分布（i.i.d.）随机扰动项，即白噪声扰动项。

当市场出清时（即市场达到均衡状态时），需求等于供给，所以可以将价格写成由预期价格决定的表达式，即

$$p_t=\mu+\gamma p_t^e+\eta_t。\tag{1–14}$$

其中等式（1–14）中的参数与等式（1–12）和（1–13）中的参数关系为：$\mu=(c_{1t}-c_{2t})/\alpha_1$，$\gamma=-\alpha_2/\alpha_1$，$\eta_t=(v_{1t}-v_{2t})/\alpha_1$。因为模型（1–14）中的扰动项 $\eta_t$ 是 i.i.d. 项 $v$ 的线性函数，因此也服从独立同分布，即 $\eta_t$~i.i.d.（0，$\delta_\eta^2$）。

等式（1–14）刻画了均衡状态的价格决定机制，表明当前市场均衡价格由预期价格决定。当然，因为模型中的价格是取自然对数的价格指数，所以如果我们将模型（1–14）左右同时取一期滞后，然后用模型（1–14）减去滞后模型，则可以获得该产品的价格通胀率与预期通胀率之间的关系。不管是价格还是通胀率的形式，要获得完整设定的动态机制以写出均衡价格的解析表达式，我们都需要获知预期变量的具体形成机制或者说预期形成形式。

在理性预期假设下，我们就可以很方便地获得预期价格和均衡价格的解析表达式。具体来说，我们对模型（1–14）左右取期望，考虑理性预期的基本定义及 $\eta_t$ 是均值为 0 的随机扰动项（即期望值为 0），则有：

$$E_{t-1}p_t=\mu+\gamma E_{t-1}p_t;\tag{1–15}$$

所以预期价格的表达式是：

$$E_{t-1}p_t=\mu/(1-\gamma)。\tag{1–16}$$

因为这里使用的是理性预期，所以从等式（1–16）可以解出均衡价格的表达式：

$$p_t=\mu/(1-\gamma)+\eta_t;\tag{1–17}$$

也就是说，市场均衡价格和预期价格仅相差一个白噪声扰动项。

值得说明的是，在蛛网模型中，预期变量仅涉及当期价格，即预期变量的下标是 $t$ 时刻。随着宏观经济理论的演进，更多的理论模型引入了前瞻性要素，即预期变量的时间下标为 $t+1$ 的形式。虽然只是下标上的些许变化，却给模型的动态机制带来极为丰富的变化，凸显出预期和模型的前瞻性特征。

我们下面以两个经典模型为例，来阐释基于理性预期模型的前瞻性特征，一是卡甘的货币与通胀分析模型，二是基于卡尔沃（Calvo）粘性价格理论而发展起来的新凯恩斯菲利普斯曲线模型。① 首先，卡甘的经典模型可以作为含有预期的模型具有前瞻性特征的一个非常简单的例示。卡甘模型在 20 世纪 70—80 年代有很多应用，关于卡甘模型的进一步分析，可以参阅埃文斯（Evans，P.）和克里斯蒂亚诺（Christiano）等的研究。② 归纳起来，卡甘模型刻画了货币需求与预期通胀直接的线性关系，即

$$m_t-p_t=-\varphi\left(p_{t+1}^e-p_t\right)+w_t,\ \varphi>0; \tag{1-18}$$

其中 $m_t$ 表示货币供应量，$p_t$ 表示总体价格指数，变量均为取自然对数的形式；扰动项服从独立同分布（均值为 0）；$p_{t+1}^e$ 表示站在 $t$ 期对 $t+1$ 期价格的预期。据此模型并将预期变量写成理性预期形式，我们可以解出价格 $p_t$ 的表达式，即

$$p_t=\alpha E_t p_{t+1}+\beta m_t+v_t; \tag{1-19}$$

其中 $\alpha$、$\beta$ 和 $v$ 分别是模型（1–18）中的系数 $\varphi$ 和扰动项 $w_t$ 的函数形式。

依据模型（1–19）进行反复迭代，可以将价格写成：

$$p_t=\beta\sum_{i=0}^{\infty}\alpha^i E_t m_{t+i}+v_t。 \tag{1-20}$$

显然，在理性预期假设下，我们获得了价格形成机制的前瞻性特征：当前价格是未来货币供应预期的加总。通过对模型（1–19）或者（1–20）进行滞后一期然后和当期模型进行相减运算，还可以获得当期通货膨胀率与预期货币供应增长率之间的关系。

我们要阐释的第二个典型模型，是含有预期的新凯恩斯菲利普斯曲线模型。事实上，

① Cagan，P. "The Monetary Dynamics of Hyperinflation"，in Friedman，M.，ed.，*Quantity Theory of Money*. Chicago：The University of Chicago Press，1956，pp.25–117；
Calvo，A. "Staggered Prices in a Utility-Maximizing Framework"，*Journal of Monetary Economics*，vol. 12，no. 3（1983），pp.383–398.

② Evans，P. "Time-Series Analysis of the German Hyperinflation"，*International Economic Review*，vol. 19，no. 1（1978），pp.195–209；
Christiano，L. J. "Cagan's Model of Hyperinflation under Rational Expectations"，*International Economic Review*，vol. 28，no. 1（1987），pp.33–49.

以泰勒、罗滕伯格（Rotemberg）和卡尔沃为代表的经典的粘性价格理论模型，也强调了微观企业在对其产品进行定价的过程中关注未来通货膨胀和实体经济表现，即典型的“前瞻型”（forward-looking）定价模式。[①]这一理论的基本背景是，假设在垄断竞争经济环境下，微观层次的公司和企业对其产品具有定价能力；同时，假定所有企业在一定时期内保持一个固定价格水平，直到受到某些随机信号的影响之后，企业才考虑重新定价。这样，价格的调整就具有了“粘性”。当企业在进行定价时，他们会考虑其他相关企业过去制定的价格水平，也就是说某企业在制定产品的当前价格时会考虑过去的价格状况。现在假定企业在任一给定期间内会改变其产品价格的概率为 $1-\theta$（$0<\theta<1$），如果以 $p_t$ 表示 $t$ 期的总体物价水平（自然对数形式，下同），该价格就由前一期的总体价格水平与 $t$ 期所有企业新制定的价格水平（以 $p_t^*$ 表示）加权求和决定，即

$$p_t=\theta p_{t-1}+(1-\theta)p_t^*。\tag{1-21}$$

在卡尔沃的原始模型中，所有企业在定价过程中都被假设为具有“前瞻性”特征，即价格完全决定于公司对未来国内经济运行状况的理性预期。但是自 20 世纪末开始，学界已经达成一个基本共识，即经济运行中总会存在一定比例的企业采取“后顾型”（backward-looking）定价方式，他们在制定价格过程中会参照过去的行业定价标准，同时会考虑历史通胀率水平对价格进行修正。

因此，我们假设有 $\omega$ 比例的企业采取“后顾型”定价模式，其价格为 $p_t^B$，另有（$1-\omega$）比例的企业采用“前瞻型”定价机制，其价格为 $p_t^F$。这样，$t$ 期由所有企业确定的新价格水平（相对于总体价格水平）可以表示为：

$$p_t^*=(1-\omega)p_t^F+\omega p_t^B。\tag{1-22}$$

对于“前瞻型”企业制定的价格水平 $p_t^F$，传统的粘性价格理论一般假设为预期总产出缺口（即真实 GDP 与潜在 GDP 的自然对数差）与通胀率的折现求和形式[②]。这样，“前瞻型”企业的定价模型就可以写成：

$$p_t^F=\theta\beta\sum_{s=0}^{\infty}(\theta\beta)^s E_t\pi_{t+s+1}+(1-\theta\beta)\sum_{s=0}^{\infty}(\theta\beta)^s E_t\varsigma k_y^d y_{t+s}^d);\tag{1-23}$$

---

① Taylor, J. B. "Aggregate Dynamics and Staggered Contracts", *The Journal of Political Economy*, vol. 88, no.1 (1980), pp.1–23;

Rotemberg, J. J. "Sticky Prices in the United States", *The Journal of Political Economy*, vol. 90, no. 6 (1982), pp.1187–1211;

Calvo, A. "Staggered Prices in a Utility-Maximizing Framework", *Journal of Monetary Economics*, vol. 12, no. 3 (1983), pp.383–398.

② Gali, J., Gertler, M. "Inflation Dynamics: A Structural Econometric Analysis", *Journal of Monetary Economics*, vol. 44, no. 2 (1999), pp.195–222.

其中 $\pi_t$ 表示通胀率，$E_t\pi_{t+1}$ 表示基于时刻 $t$ 及以前的信息集对 $t+1$ 期通胀率的预测序列，$\beta$ 表示主观折现因子，$\varsigma$ 是对数线性化过程中引入的结构性参数（$\varsigma$ 具有经济含义）①，$\varsigma$ 表示迭代期限。另外，$y_t^d$ 表示国内产出缺口，$k_y^d$ 则度量国内产出缺口对应的权重。进一步对等式（1–23）进行反复迭代，可以将“前瞻型”企业的定价模型重新写成：

$$p_t^F=\theta\beta E_t\pi_{t+1}+(1-\theta\beta)\varsigma k_y^d y_t^d+\theta\beta E_t p_{t+1}^F。 \quad (1-24)$$

对于“后顾型”企业的定价机制，我们将传统文献中的通胀率一期滞后拓展为滞后算子多项式的形式，即

$$p_t^B=p_{t-1}^*+\pi_{t-1}+\rho^*(L)\Delta\pi_{t-1}; \quad (1-25)$$

其中 $\rho^*(L)=\rho_1^*+\rho_2^*L+\rho_3^*L^2+\cdots+\rho_q^*L^{q-1}$ 表示滞后算子多项式，$q$ 表示滞后阶数。在实证分析中，$q$ 的取值需要根据 AIC 信息准则和序列相关性检验共同确定。

根据模型（1–21）至（1–25）进行代换推导，可以获得基于微观企业定价机制的宏观通货膨胀动态机制模型，即

$$\pi_t=c+\gamma_e E_t\pi_{t+1}+\gamma_b\pi_{t-1}+\sum_{i=1}^{q-1}\alpha_i\Delta\pi_{t-i}+\delta_d y_t^d+\eta_t; \quad (1-26)$$

其中，$c$ 是常数项，$\eta_t$ 表示随机扰动项，其余各系数在模型（1–26）中具有较为直观的解释，这些系数分别是微观模型（1–21）至（1–25）中的底层结构性参数的组合。

2. 实证困惑

理性预期理论的提出，不仅为经济理论的发展提供了重要工具，而且为含有预期变量理论模型的实证检验提供了便捷的途径。特别是在通胀动态机制理论研究领域，对于通胀预期的测度，通过理性预期假设获得通胀预期数据是学界的一种标准做法。从理性预期的模型表达形式不难看出，基于理性预期假设获得预期数据的方法，实质上是用 $t+1$ 期的现实通胀率代表通胀率期望值，即

$$E_t\pi_{t+1}=\pi_{t+1}-e_{t+1}; \quad (1-27)$$

其中 $E_t\pi_{t+1}$ 表示站在 $t$ 期对 $t+1$ 期通胀率的预测，$e_{t+1}$ 表示理性预期误差。这种基于理性预期假设获得预期序列观测值的方法，可以回溯到麦卡勒姆（McCallum）、库姆比（Cumby）等人及哈亚西和西姆斯（Hayashi and Sims, C.）的早期文献，而且也被罗伯茨（Roberts）、

① Woodford, M. *Interest and Prices: Foundations of a Theory of Monetary Policy*. Princeton: Princeton University Press, 2003, pp.23–31.

加利和格特勒（Gali and Gertler）的重要文献所使用。①

虽然直接通过理性预期假设可以比较方便地获得通胀预期数据，但是需要注意，从等式（1–27）中看到，这种理性预期处理方式会不可避免地引入一个额外的噪声信息，即理性预期误差 $e_{t+1}$。由此，对含有理性预期变量的计量模型进行估计时，研究者要面对的模型扰动项就不再仅仅是模型设定误差（specification error），而是一个由模型设定误差和理性预期误差构成的复合扰动项。在这种情况下，计量模型估计的扰动项标准差实际上变成了 $\sqrt{\sigma_\eta^2+\sigma_e^2-2\sigma_{\eta,e}}$（下标 $\eta$ 和 $e$ 分别代表模型设定误差和理性预期误差，$\sigma^2$ 表示方差，$\sigma_{\eta,e}$ 表示协方差）。即使原始模型的设定误差项 $\eta_t$ 与理性预期误差正交，最后估计出的标准差的精确性也会受到影响。

另外，因为直接采用理性预期假设获得通胀预期序列，实际处理的是复合扰动项，所以还会带来另一个非常关键的问题，就是无法检验主计量模型中的原始扰动项（模型设定误差 $\eta_t$）是否具有序列相关性。如果计量模型是动态模型，此时如果 $\eta_t$ 存在序列相关性，那么严格讲使用任何滞后项做工具变量都无法获得有效估计结果。当然，即使能够将 $\eta_t$ 剥离出来，传统的序列相关性检验也不适用于工具变量估计下的动态模型。②

事实上，为了避免直接使用理性预期假设获得通胀预期序列带来的以上问题，我们可以借鉴蒲甘（Pagan）的思想，运用工具变量信息集投影技术获得通胀预期序列。③ 具体来说，我们不必脱离理性预期假设，但是在技术处理上不同于传统的处理方式，即不直接将 $\pi_{t+1}$ 带入计量模型中，而是使用 $\pi_{t+1}$ 在给定工具变量信息集矩阵 $\mathbf{Z}$ 上的投影来获得通胀预期序列，即

---

① McCallum, B. T. "Rational Expectations and the Natural Rate: Some Consistent Estimates", *Econometrica*, vol. 44, no. 1 (1976), pp.43–52;

Cumby, R. E., Huizinga, J., Obstfeld, M. "Two-Step Two-Stage Least Squares Estimation in Models with Rational Expectations", *Journal of econometrics*, vol. 21, no. 3 (1983), pp.333–355;

Hayashi, F., Sims, C. "Nearly Efficient Estimation of Time Series Models with Predetermined, But Not Exogenous Instruments", *Econometrica*, vol. 51, no.3, (1983), pp.783–798;

Roberts, J. M. "New Keynesian Economics and the Phillips Curve", *Journal of Money, Credit and Banking*, vol.27, no. 4 (1995), pp.975–984;

Gali, J., Gertler, M. "Inflation Dynamics: A Structural Econometric Analysis", *Journal of Monetary Economics*, vol. 44, no. 2 (1999), pp.195–222.

② Zhang, C., Osborn, D. R., Kim, D. H. "The New Keynesian Phillips Curve: From Sticky Inflation to Sticky Prices", *Journal of Money, Credit and Banking*, vol. 40, no.4 (2008), pp.667–699;

Zhang, C., Osborn, D. R., Kim, D. H. "Observed Inflation Forecasts and the New Keynesian Phillips Curve", *Oxford Bulletin of Economics and Statistics*, vol. 71, no.3 (2009), pp.375–398;

张成思:《全球化与中国通货膨胀动态机制模型》,《经济研究》2012 年第 6 期，第 27~32 页。

③ Pagan, A. "Econometric Issues in the Analysis of Regressions with Generated Regressors", *International Economic Review*, vol. 25, no. 1 (1984), pp.221–247.

$$E_t\pi_{t+1}=\boldsymbol{P}_Z\pi_{t+1};\tag{1-28}$$

其中 $\boldsymbol{P}_Z$ 是标准的投影矩阵，其定义是 $\boldsymbol{P}_Z=\boldsymbol{Z}(\boldsymbol{Z}'\boldsymbol{Z})^{-1}\boldsymbol{Z}'$。可以证明，这样的投影技术处理对工具变量工具（如 2SLS 估计）的点估计值没有任何影响，而且回归所得的标准差从理论上更精确（因为规避了额外噪声信息对方差 - 协方差矩阵估计的干扰），同时解决了原始模型扰动项的序列相关性无法检验的问题。

## 第四节 预期理论的再发展：准理性预期

准理性预期，也可以被称为半理性预期（semi-perfect expectation），是接近于理性预期但又不完全是理性预期的形式；或者是从微观个体看都是理性的，但加总后形成整体预期却存在预测偏差。从文献层面看，毕格曼（Bigman）的文章是比较早的一篇提出准理性预期概念的研究，[①] 此后由于理性预期学派的发展甚嚣尘上，因此准理性预期的概念并无太大的学术市场，尽管后来仍然有一些著名学者质疑理性预期假设过强，例如阿克洛夫等人提出接近理性预期的概念和波尔（Ball）提出的不完全理性预期假设。[②]

从毕格曼的研究来看，他是以“准理性预期与汇率动态机制”为题，指出在信息有成本的环境下，即使微观个体每个人都是理性的，但加总以后形成的整个经济群体的预期仍然可能存在持续的预测偏差。用更专业的术语来说，完全预测（perfect foresight）或者说有效预测（efficient forecasting）与短视完全预测（或称为“只顾眼前的完全预测”，myopic perfect foresight）这两个概念是有区别的，主要区别就是后者会形成持续的预测误差。短视完全预测指的就是每个经济个体从单个人的角度看都在最大化自己的收益，所以从个人角度看都是理性的，只不过单个经济个体只顾最大化个人收益，比较短视，由此形成的整个经济体的预期就存在持续的偏差。毕格曼将这种准理性预期的概念引入多恩布什的汇率动态机制模型进行分析。

如果单纯从理论模型的推演来说，理性预期假设可能并无不妥。但是如果要进行实证研究，理性预期假设则有可能因为引入的理性预测误差对计量分析中的诊断检验等（如

---

① Bigman，D. “Semi-Rational Expectations and Exchange-Rate Dynamics”，*Journal of International Money and Finance*，vol. 3，no. 1（1984），pp.51–66.

② Ball，L. “Near-Rationality and Inflation in Two Monetary Regimes”，*NBER Working Paper*，2000，No. 7988.

序列相关性检验）带来掣肘。因此，实证分析中使用准理性预期的典型代表——基于调研预期数据的变量形式——就更加贴近现实而且能够较好地规避理性预期假设引入的预测误差干扰。①

美国的调研预测数据非常丰富，而且样本区间跨度较长，比较有代表性的是活石预测数据（Livingstone）、专家预测调查数据（Survey of Professional Forecasts，SPF）、绿皮书预测数据（Greenbook）和密歇根大学调研预测数据（Michigan）。图 1–3 给出了这四种代表性的调研机构预测得出的对通胀的预测数据的时序走势图，其中 Livingstone 的样本区间为 1992 年至 2016 年（半年度数据），SPF 为 1981 年至 2016 年（季度数据），Greenbook 为 1979 年至 2016 年（季度数据），Michigan 为 1960 年至 2016 年（季度数据）。从图中可以看出，SPF 和 Livingstone 预测数据的重合度较高，而这两个序列与另外两组数据在各个时期都存在一定的差别，可能是因为调研的对象群体及调研数据的汇总机制不同。这些数据在通胀动态机制及货币政策分析的研究中得到了广泛应用。关于这些数据的具体说明，可以参阅张成思（Zhang）等。②

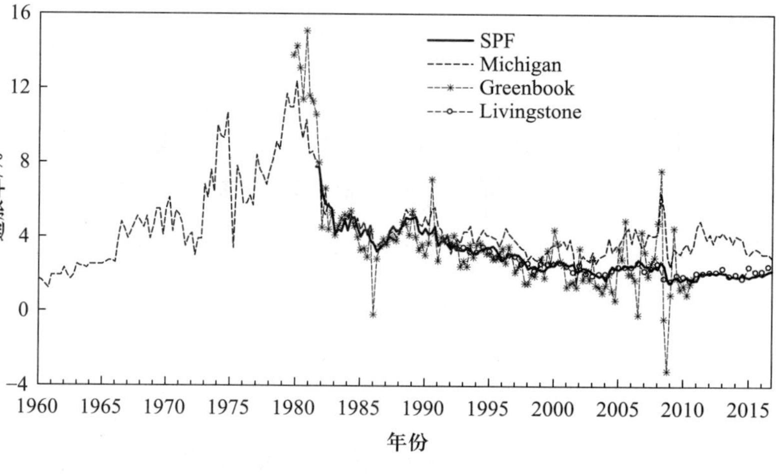


图 1–3　美国主要调研预测机构对通胀的预测数据

注：原始数据来源于美联储费城分行和密歇根大学消费者调研中心，其中 Greenbook 数据为季度环比预测值（年化），Livingstone 数据为半年度同比预测值（年化），其余调研数据为季度同比预测值。Greenbook 采用公布日期最接近本季度末的一期（近年一般是在 3 月，6 月，9 月，12 月）对下一季度通胀率的预测，数据在预测进行的 5 年后公开。Livingston 调查每年在 6 月和 12 月进行两次。

---

① 最近的一项研究（Winkelried，2017）提出，调研预期数据是一种固定事件预测（fixed-event forecasts），要真正获得预期变量，还需要根据特定度量模型从调研数据推断出（infer）预期变量。

② Zhang，C.，Osborn，D. R.，Kim，D. H. “Observed Inflation Forecasts and the New Keynesian Phillips Curve”，*Oxford Bulletin of Economics and Statistics*，vol. 71，no.3（2009），pp.375–398.

在中国，自 2000 年以来调研预测数据也有了长足进展，对于宏观经济变量的调研，目前主要有三种：一是中国人民银行对储户的问卷调查，二是证券市场周刊组织的“远见杯”竞赛，三是北京大学的“朗润预测”。从调研对象来看，中国人民银行对储户的问卷调查获得的指数可以通过统计方法转化为预测数据，这组预测数据属于居民预期；“远见杯”预测是对经济和金融相关的学界、业界等专家进行调研获得通胀率等主要经济指标的预测值，属于专家预测。“朗润预测”针对的对象群体与“远见杯”相近，因此也属于专家预测（遗憾的是“朗润预测”数据自 2016 年开始出现了中断）。图 1–4 以通胀预测数据为例，展示了这三种调研数据的时序走势图。

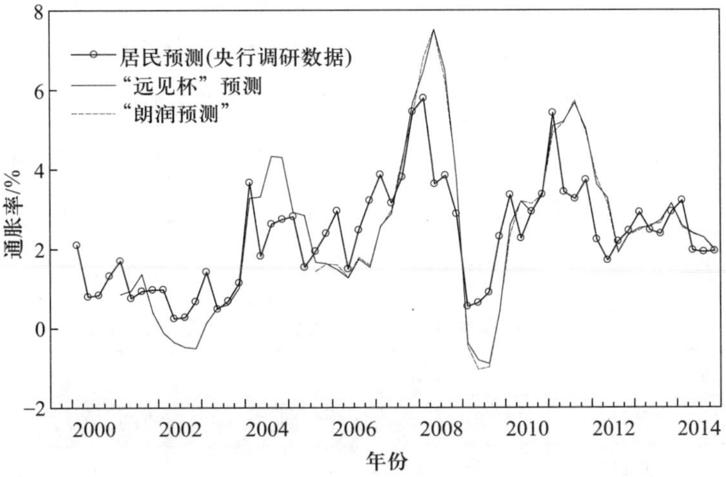


图 1–4　中国三种通胀预测数据

关于调研预测数据的特性，最近 20 年来学界进行了很多研究。例如罗伯茨提出，通胀率预期的形成机制还可能具有很强的“倔强”（stubborn）特性，即预期的形成是缓慢的，要经过一定的过程才逐渐达到理性预期值。[①] 换言之，通胀预期由基于（$t$–1）期对 $t$ 期的不完全理性预测和基于 $t$ 期对（$t$+1）期的完全理性预期构成，即

$$\pi_{t+1}^{e}=\varpi\pi_{t}^{e}+(1-\varpi)E_{t}\pi_{t+1}\text{。}\qquad(1\text{–}29)$$

为了证明现实生活中人们对通胀率的预期是不完全理性的，罗伯茨对美国的专业通胀率调研机构 Livingston 和 Michigan 的调研预测数据进行了理性预期检验，检验的基础基于本章之前曾经给出的计量模型（1–1），为：

① Roberts, J. M. “Inflation Expectations and the Transmission of Monetary Policy”, *Finance and Economics Discussion Paper*, *Board of Governors of the Federal Reserve System*, 1998, No. 43.

$$\pi_{t+1}^{e}=c+\beta\pi_{t+1}+e_{t+1};\tag{1-30}$$

其中 $\pi_{t+1}$ 表示（$t$+1）期的现实通胀率，$\pi_{t+1}^{e}$ 是通胀预期的调研数据，$e_{t+1}$ 是随机扰动项用来捕捉预测误差，$c$ 是常数项，$\beta$ 是系数。

根据理性预期的基本定义，如果假设检验 $c$=0，$\beta$=1 被拒绝，则说明调研预测数据是不完全理性的，反之则说明调研数据可能反映了人们的完全理性预期，$\pi_{t+1}^{e}$ 与 $\pi_{t+1}$ 的差仅由随机误差项 $e_{t+1}$ 决定。而罗伯茨的结果表明，他研究的这两个调研数据的通胀率预期确实不具备完全理性特征，从而说明他的不完全理性预期假说与真实世界的客观现实相符合，托马斯对于调研数据的研究似乎也给出相似的结论。[①]

然而，Livingston 和 Michigan 的通胀率预测数据只是众多可收集到的人们对未来通货膨胀预期的两种，他们是否具有广泛的一般代表性呢？为了澄清这个问题，张成思进一步考虑了包括 Michigan 在内的美国四种常用于货币政策分析的现实通胀预期的调研数据。[②] 其中，SPF1Q 和 SPF1Y 分别代表专家预测（SPF）对一个季度和一年期之后的通胀率水平的预期，Greenbook 表示美联储内部的绿皮书上公布的通胀率预测数据。表 1–1 报告了四种调研数据的完全理性预期检验 $H_0$：$c$=0，$\beta$=1 的结果。

**表 1–1　通胀率预期调研数据的完全理性预期假设检验**

| $\pi_{t+1}^{e}=c+\beta\pi_{t+1}+e_{t+1}$ | | | | |
|---|---|---|---|---|
| 数据来源 | $\hat{c}$ | $\hat{\beta}$ | 理性预期假设检验对应的 $p$ 值 | 样本量 |
| SPF1Q | 0.112<br>（0.032） | 0.973<br>（0.076） | 0.929 | 149 |
| Greenbook | –0.156<br>（0.340） | 1.022<br>（0.082） | 0.866 | 126 |
| SPF1Y | 0.400<br>（0.523） | 0.874<br>（0.139） | 0.667 | 144 |
| Michigan | –0.463<br>（0.316） | 0.905<br>0.067 | 0.000*** | 182 |

注：*** 表示相应的统计量在 1% 的置信水平上具有统计显著性。小括号内报告的是 Newey-West HAC 修正标准差。调研数据来源于美联储费城分行和密歇根大学消费者调研中心，对应的样本分别是：SPF1Q 为 1968Q4–2005Q4；Greenbook 为 1968Q3–1999Q4；SPF1Y 为 1970Q1–2005Q4；Michigan 为 1960Q1–2005Q2。

从表 1–1 中的结果可以看出，对于 Michigan 预测数据，假设检验 $c$=0，$\beta$=1 确实

① Thomas，L. B. “Survey Measures of Expected U.S. Inflation”，*Journal of Economic Perspectives*，vol. 13，no. 4（1999），pp.125–144.

② 张成思：《短期通胀率动态机制理论述评》，《管理世界》2007 年第 5 期，第 37~41 页。

被拒绝，说明罗伯茨的结论是正确的。但是，对于其他三种通胀率预期的调研数据的检验结果显示，完全理性预期的假设不具有统计显著性，所以可能并不能得到明确的结论，即他们是不完全理性预期（其实还应该检验模型扰动项是否服从独立同分布特征）。由此可见，尽管罗伯茨的不完全理性预期在理论上有创新性，但与现实情况并不完全一致。

尽管依据实际观测到的通胀率预测调研数据并不能完全说明人们的预期是不完全理性的，但阿克洛夫等人还是在罗伯茨的研究基础上从心理学角度出发，指出现实世界中的人对于未来的预期不能与经济学模型中的预期机制完全一致。阿克洛夫等人认为，在通胀率水平较低的时期，大多数人在工资和价格的设定上可能会忽略通货膨胀因素。而即使人们考虑到通货膨胀的存在，他们考虑的方式可能也与经济学家所假设的模式有所区别，大多数普通人对于通货膨胀的审视角度与受过专业训练的经济学专业人士是不同的。因此，阿克洛夫等人在微观工资与定价机制模型中引入了“接近理性预期”的机制，并推导出相应的宏观通胀率动态模型。虽然模型的基本表现形式与公式（1–30）相近；但由于是从微观模型推导出来的，所以相对罗伯茨的理论更具有微观基础。

波尔也提出了一种不完全预期理论，但与罗伯茨和阿克洛夫等人不同，波尔提出的不完全理性预期理论是对适应性预期理论的一种拓展。波尔提出，通胀率预期的形成完全由以往发生过的通胀率决定，而不考虑其他任何相关因素，如 GDP 缺口、利率。显然，与理性预期所要求的所有相关因素的信息在预期形成机制中都要被利用相比，这实际上是一种适应性预期形式的不完全理性预期。但是，与一般的适应性预期不同，波尔提出按照货币政策的不同区制（regimes）来考虑适应性预期的形成机制。这样，即使货币政策发生了变化，通胀率的预期形成机制也能相应地进行变化，从而消除了“卢卡斯批判”指出的问题。同时，由于适应性预期又能捕捉通胀率的持久性特质，所以波尔认为这种不完全理性预期理论是完全理性预期模型的合理拓展。

但是，应用波尔理论的一个关键问题是我们必须清楚地知道货币政策何时发生变化。如果没有科学准确的判断依据，那么在应用短期通胀率动态机制分析货币政策等的过程中便可能出现偏差，所得的政策建议也就很可能成为无源之水。

总之，已有研究关于调研预期数据的理性与非理性特征并未达成完全一致的结论。基于调研数据进行理性预期检验，结论可能不仅与不同调研对象有关，而且可能与检验的样本区间选择也有关系。不过综合来看，调研预期数据既接近于理性预期，又与理性预期不完全重合（或者说一致）。因此我们将基于调研数据的预期定义为准理性预期是比较合适的。

## 第五节　预期的另一种形式：信心

除了通过调研问卷形式获得的直接预期数据，预期的另一种形式是信心指数。常见的信心指数有消费者信心指数，还有企业家信心指数和银行家信心指数。在我国，消费者信心指数是国家统计局从 1997 年 12 月开始研究编制的。我国的企业家和银行家信心指数则是由中国人民银行管理并发布的，与央行的“城镇储户收入与物价扩散指数”共同列在“景气调查指数”序列之下。

### 一、消费者信心指数

消费者信心指数是指消费者根据国家或地区的经济发展形势，对就业、收入、物价等问题的综合判断后，得出一种看法和预期。1997 年底，国家统计局景气监测中心开始编制中国消费者信心指数，并且将数据回溯到 1990 年 1 月。调查选取 12 个省（自治区、直辖市）作为代表样本地区，采取电话调查方式对城乡消费者进行月度调查。其中，东部样本地区为北京、上海、山东、浙江和广东；中部样本地区为吉林、安徽、河南和湖南；西部样本地区为甘肃、四川和贵州。月度总样本量为 3 400 个城乡消费者，其中城镇 2 400 个，农村 1 000 个。在具体计算中，消费者信心指数由消费者满意指数和消费者预期指数加权平均（0.4× 满意指数 +0.6× 预期指数）取得。消费者信心指数综合反映了消费者对未来就业状况和收入状况的预期及对当前是否为消费的良好时机的判断，取值在“0~200”之间；0 表示“极端悲观”，200 表示“极端乐观”，100 表示“乐观”和“悲观”的临界值。当信心指数大于 100 时，表明消费者趋于乐观，越接近 200 乐观程度越高；小于 100 时，表明消费者趋于悲观，越接近 0 悲观程度越深。图 1–5 给出了中国消费者信心指数的时序走势。

### 二、银行家信心指数

银行家信心指数是基于银行家问卷调查的结果计算获得的。银行家问卷调查是中国人民银行和国家统计局从 2004 年起合作开展的一项季度调查项目。调查采用全面调查与抽样调查相结合的方式，对我国境内地市级以上的各类银行机构采取全面调查，对农村信用合作社采用分层概率比例规模抽样（Probability Proportionate to Size Sampling，PPS 抽

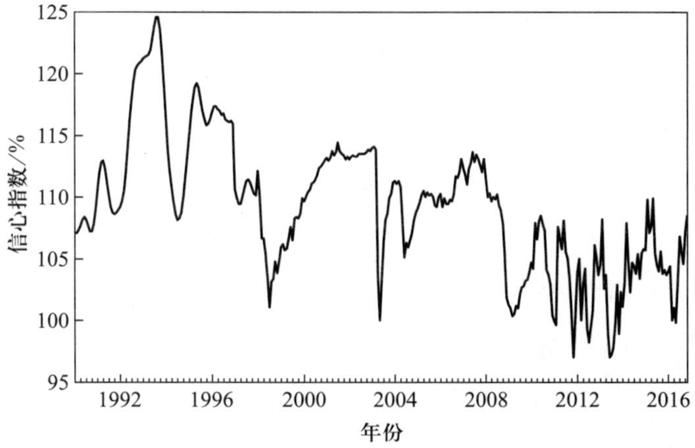


图 1-5 中国消费者信心指数

样）调查，即按规模大小成比例的概率抽样调查，全国共调查各类银行机构 3 000 家左右。调查对象为全国各类银行机构（含外资商业银行机构）的总部负责人，及其一级分支机构、二级分支机构的行长或主管信贷业务的副行长。

银行家调查报告大部分指数采用扩散指数法进行计算，即计算各选项占比，并分别赋予各选项不同的权重（赋予“好 / 增长”选项权重为 1，赋予“一般 / 不变”选项权重为 0.5，赋予“差 / 下降”选项权重为 0），将各选项的占比乘以相应的权重，再相加得出最终的指数。所有指数取值范围在 0~100% 之间。指数在 50% 以上，反映该项指标处于向好或扩张状态；低于 50%，反映该项指标处于变差或收缩状态；等于 50%，表示该指标与上季持平。

我们根据中国人民银行调查统计司发布的数据，绘制了 2004 年至 2016 年期间银行家信心指数的季度数据。（见图 1-6）

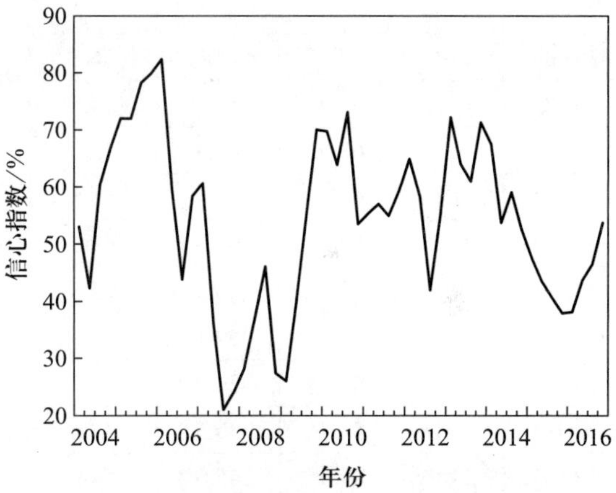


图 1-6 中国银行家信心指数

## 三、企业家信心指数

中国人民银行对调查数据非常重视，为我国调研数据的积累做出了重要贡献。企业家信心指数也是基于中国人民银行设计的企业家问卷调查获得的。这个调查是中国人民银行 1992 年起建立的一项季度调查。调查对象为全国范围内的 5 000 余户工业企业[①]，调查内容包括企业总体经营状况、市场需求状况、资金状况、成本效益状况和生产要素供给状况五个方面，包含多个指标。企业家问卷调查报告中的指数采用扩散指数法进行计算，即计算各选项占比，并分别赋予各选项不同的权重（赋予“好 / 增长”选项权重为 1，赋予“一般 / 不变”选项权重为 0.5，赋予“差 / 下降”选项权重为 0），将各项的占比乘以相应的权重，再相加得出最终的指数。所有指数取值范围在 0~100% 之间。指数在 50% 以上，反映该项指标处于向好或扩张状态；低于 50%，反映该项指标处于变差或收缩状态；等于 50%，表示该指标与上季持平。

事实上，企业家问卷调查的内容有多项。作为列示，表 1–2 给出了中国人民银行发布的 5 000 户企业家调查问卷指数表自 2013 年第四季度至 2016 年第四季度的各项指标情况。关于企业家问卷调查的内容说明及各个指数的编制说明，本章附录部分提供了中国人民银行公布的相关说明。

**表 1–2　5 000 户企业家调查问卷指数表**　（单位：%）

| 时间 | 宏观经济热度指数 | 企业家信心指数 | 产品销售价格感受指数 | 原材料购进价格感受指数 | 国内订单指数 | 出口订单指数 | 资金周转指数 | 销货款回笼指数 | 经营景气指数 | 盈利指数 |
|---|---|---|---|---|---|---|---|---|---|---|
| 2013Q4 | 34.7 | 65.9 | 46.5 | 57.3 | 49.4 | 48.7 | 57.3 | 60.9 | 58.1 | 57.6 |
| 2014Q1 | 33.4 | 67.0 | 44.6 | 56.3 | 44.4 | 45.4 | 56.5 | 61.0 | 55.3 | 50.9 |
| 2014Q2 | 32.8 | 64.9 | 44.5 | 54.5 | 48.5 | 49.7 | 56.0 | 59.9 | 55.4 | 54.1 |
| 2014Q3 | 32.2 | 63.6 | 44.5 | 55.3 | 46.9 | 49.9 | 55.6 | 59.6 | 54.9 | 55.0 |
| 2014Q4 | 31.1 | 61.0 | 43.0 | 51.5 | 46.5 | 47.9 | 54.3 | 59.2 | 54.5 | 55.0 |
| 2015Q1 | 29.2 | 59.2 | 41.5 | 49.9 | 42.5 | 44.2 | 54.2 | 59.1 | 52.8 | 51.0 |
| 2015Q2 | 29.3 | 58.3 | 43.3 | 51.8 | 46.3 | 48.7 | 53.4 | 57.4 | 51.8 | 52.8 |
| 2015Q3 | 24.5 | 50.5 | 39.1 | 47.3 | 43.3 | 46.3 | 52.5 | 56.5 | 49.4 | 51.1 |
| 2015Q4 | 22.7 | 46.0 | 39.2 | 46.2 | 42.5 | 43.7 | 52.0 | 55.8 | 48.4 | 50.5 |
| 2016Q1 | 21.1 | 43.7 | 39.5 | 47.6 | 39.1 | 41.0 | 52.4 | 55.6 | 46.7 | 47.2 |
| 2016Q2 | 24.1 | 49.0 | 45.6 | 54.9 | 46.6 | 46.5 | 52.5 | 55.8 | 48.3 | 52.7 |
| 2016Q3 | 25.2 | 51.2 | 46.9 | 56.7 | 46.0 | 46.9 | 53.4 | 57.3 | 50.3 | 54.7 |
| 2016Q4 | 27.8 | 54.2 | 51.7 | 63.1 | 49.9 | 45.6 | 54.6 | 59.0 | 52.6 | 57.1 |

数据来源：中国人民银行调查统计司。本表数值保留一位小数，与同期或与上季相减后的数据和报告有出入主要是由于四舍五入引起的。自 2016 年第一季度起，原“产品销售价格指数”更名为“产品销售价格感受指数”，“原材料购进价格指数”更名为“原材料购进价格感受指数”，计算方法不变。

注：Q 代表季度。

① 该调查没有统计西藏地区的数据。

企业家信心指数反映了企业家对整体宏观经济信心的程度。该指数的计算方法是在全部调查的企业中，先分别计算认为本季和下季经济形势“正常”的占比，两者相加后除以 2 得出。图 1–7 给出了 2000 年至 2016 年期间企业家信心指数的季度时序走势图。这些数据为前瞻性货币政策分析提供了极为重要的现实基础。本书在第十一章使用本章介绍的企业家信心数据进行相关实证分析。

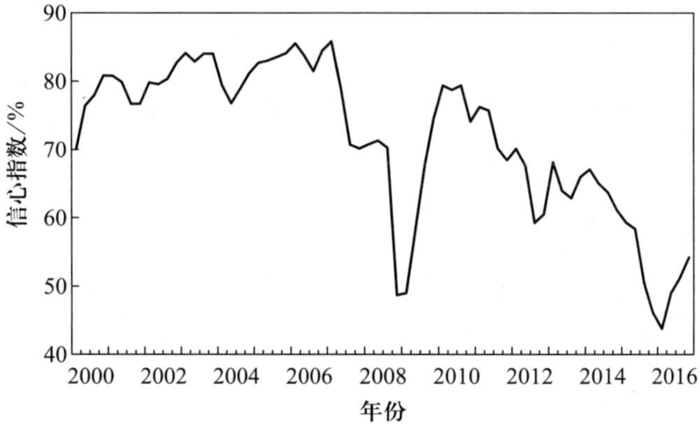


图 1–7　中国企业家信心指数

## 第六节　本章小结

预期是前瞻性货币政策分析的重要基础，更是宏微观经济学理论相互交织的重要纽带。因此，本章详尽阐释了近百年来经济学中预期理论的演进逻辑。从本章的具体内容可以看到，虽然预期的概念不难理解，但是与预期理论相关的诸多难点在于预期的具体测度方式，因为预期的不同测度方式不仅涉及具体算法的差异，更可能直接导致具体应用中研究结论出现分歧和冲突。

从预期理论的历史演进逻辑来看，充满着“后顾型”特征的适应性预期在 20 世纪 90 年代之前的相关研究和应用中颇为流行（当然适应性预期的测度方式如今也仍然存在），其中一个原因是因为适应性预期的测度方式非常简便直观，并且易于理解。但是，随着计量经济学的发展和宏观经济理论模型的推进，特别是 1976 年“卢卡斯批判”的提出，理性预期获得了广泛应用。

值得注意的是，虽然适应性预期受制于“卢卡斯批判”，但是并不必然意味着适用性预期在现代经济学分析中全然不能应用。事实上，在实际分析过程中，需要根据所分析问题的具体情况，进而判断使用哪种预期测度方式更为合适。例如如果分析的样本区间不存在明显的结构性变化，那么适用性预期的测度方式仍然不失为一种有效的方法。

当然，理性预期概念的提出和应用大大提升了预期在宏观经济模型中的应用范围，也弥补了适应性预期的不足。只不过，理性预期的大发展并不是预期问题的终极解。特别是在现实情况下，预期应该是有生命、有思想的人的预期，而非机械僵硬的模型预期。

因此，本章重新提出了准理性预期的概念。基于市场调查的调研预期是准理性预期的现实代表。准理性预期的广泛应用也带动了其他形式预期的发展。近年来各国对市场信心指数的构建，就是颇具代表性的预期的另一种表现形式。总之，只有充分理解各种预期形式的演进逻辑，才能在具体问题的分析过程中，合理地选择和使用具体的预期形式，获得科学可信的分析结论。同时，预期理论和预期形式的不断丰富和变化，也带动了前瞻性货币政策理念的兴起。第二章将对此问题进行详尽阐述。

## 附录 1–1　景气指数的编制说明①

企业家问卷调查是中国人民银行 1992 年起建立的一项季度调查。调查对象为全国范围内（除西藏外）的 5 000 户工业企业，调查内容主要包括企业总体生产状况、生产要素状况、市场需求状况、资金状况、成本效益状况、投资状况和其他七个方面。企业家问卷调查报告中的指数采用扩散指数法进行计算，即计算各选项占比 $c_i$，并分别赋予各选项不同的权重 $q_i$（赋予“好 / 增长”选项权重为 1，赋予“一般 / 不变”选项权重为 0.5，赋予“差 / 下降”选项权重为 0），将各项的占比 $c_i$ 乘以相应的权重 $q_i$，再相加得出最终的指数。所有指数取值范围在 0~100% 之间。指数在 50% 以上，反映该项指标处于向好或扩张状态；低于 50%，反映该项指标处于变差或收缩状态。

主要指数计算方法简单介绍如下。

1. 宏观经济热度指数：反映企业家对本季宏观经济形势判断的扩散指数。该指数的计算方法是在全部调查的企业中，先分别计算认为本季经济形势“偏热”与“正常”的占比，再分别赋予权重 1 和 0.5 后求和得出。

① 资料来源：中国人民银行调查统计司：《2016 年第四季度企业家问卷调查报告》，http://www.pbc.gov.cn/diaochatongjisi/116219/116227/322116/index.html，2016 年 12 月 29 日。

2. 企业家信心指数：反映企业家对整体宏观经济信心的指数。该指数的计算方法是在全部调查的企业中，先分别计算认为本季和下季经济形势“正常”的占比，两者相加后除以 2 得出。

3. 产品销售价格感受指数：反映企业家对企业本季产品销售价格判断的扩散指数。该指数的计算方法是在全部调查的企业中，先分别计算认为产品销售价格较上季“上升”与“持平”的占比，再分别赋予权重 1 和 0.5 后求和得出。

4. 原材料购进价格感受指数：反映企业家对本季原材料购进价格判断的扩散指数。该指数的计算方法是在全部调查的企业中，先分别计算认为本季原材料购进价格较上季“上升”与“持平”的占比，再分别赋予权重 1 和 0.5 后求和得出。

5. 国内订单指数：反映企业家对企业本季产品国内订货水平判断的扩散指数。该指数的计算方法是在全部调查的企业中，先分别计算认为本季国内产品订单比上季“增加”与“持平”的占比，再分别赋予权重 1 和 0.5 后求和得出。

6. 出口订单指数：反映企业家对企业本季出口产品订单比上季变化情况判断的扩散指数。该指数的计算方法是在全部调查的企业中，先区分出有出口业务的企业，之后在所有出口企业中，分别计算认为本季出口订单比上季“增加”与“持平”的占比，最后分别赋予权重 1 和 0.5 后求和得出。

7. 资金周转指数：反映企业家对本企业本季资金周转情况判断的扩散指数。该指数的计算方法是在全部调查的企业中,先分别计算认为本季企业资金周转“良好”与“一般”的占比，再分别赋予权重 1 和 0.5 后求和得出。

8. 销货款回笼指数：反映企业家认为本季本企业销货款回笼状况的扩散指数。该指数的计算方法是在全部调查的企业中，先分别计算认为本季企业家认为销货款回笼状况“良好”与“一般”的占比，再分别赋予权重 1 和 0.5 后求和得出。

9. 经营景气指数：反映企业家对本企业本季总体经营状况判断的指数。该指数的计算方法是在全部调查的企业中，先分别计算认为企业总体经营状况“较好”与“一般”的占比，再分别赋予权重 1 和 0.5 后求和得出。

10. 盈利指数：反映企业家认为企业本季盈利与上季相比的扩散指数。该指数的计算方法是在全部调查的企业中,先分别计算认为本季企业盈利“增盈 / 减亏”与“盈亏不变”的占比，再分别赋予权重 1 和 0.5 后求和得出。

# 第二章　前瞻性货币政策理念的兴起



本章提要：

尽管对前瞻性货币政策是否为最优的货币政策仍存争议，但这一理念在各国央行实践中已然被广为接受。尤其在金融危机之后，世界主要发达经济体面临零利率下界、经济低迷、金融市场波动增加的难题，更是增加了对此种非常规货币政策的运用。本章首先对前瞻性货币政策的基本含义进行概括，并分别从理论和实际操作层面对其进行解构。理论层面，通过对前瞻性货币政策的三个彼此联系又不完全相同的历史背景，即卢卡斯批判、通胀目标制及反应方程领域的分析和总结，梳理了该货币政策的兴起过程。实操层面，本章分别对前瞻指引货币政策的前提条件、实践种类、传导路径、积极作用和有效性进行了研究和概括，并着重分析了央行进行前瞻指引货币政策操作中至关重要的对公众预期的引导和管理方式，即央行沟通和媒体报道。本章认为，前瞻性货币政策要充分重视信息和媒体对公众预期的引导作用，通过主动沟通和提高透明度等方法加强对预期的管理效果进而提高政策效力。

本章概览：

- 前瞻性货币政策理念的演进逻辑
- 央行沟通与前瞻性货币政策
- 媒体与前瞻性货币政策
- “前瞻指引”概念的提出
- 本章小结

## 第一节 前瞻性货币政策理念的演进逻辑

近年来，随着全球经济运行不断面临各种新局面和新挑战，为了能够未雨绸缪，提前应对未来可能发生的事件，各国货币当局普遍认识到前瞻性货币政策的重要性。顾名思义，前瞻性货币政策的基本含义是货币当局基于对未来相关经济指标的前瞻（预测）考虑，相应制定当前的货币政策。尽管对前瞻性货币政策是否是最优的货币政策选择仍然存在一定争议[①]，但是前瞻性政策理念在各国央行实践中已经被广为接受。近年来以美联储实施的“前瞻指引”（forward guidance）为代表的货币政策更是将前瞻性货币政策运用到极致。[②]不仅如此，学界对前瞻性货币政策相关问题的研究如火如荼，相关文献的数量呈现指数型增长，同样反映出前瞻性货币政策问题的重要性。

前瞻性货币政策这一概念（更准确地说应该是理念）的系统提出，大致有三个彼此联系但并不完全相同的历史背景。第一个背景是20世纪70年代由卢卡斯（Lucas）提出的著名的卢卡斯批判（Lucas critique）。[③]卢卡斯批判的核心内容是用基于历史数据的估计计量模型进行宏观政策分析或者是政策判断都是不可靠的。因为基于历史数据的时序变量所形成的模型是后顾型的计量模型，模型中的参数不具有结构性，即这些参数会随样本区间的变化而变化，所以，基于此类模型得到的相应结论不稳健。卢卡斯批判自20

---

① Woodford, M. “Imperfect Common Knowledge and the Effects of Monetary Policy”, *NBER Working Paper*, 2001, No. 8673.

② Bauer, M. D., Rudebusch, G. D. “The Signaling Channel for Federal Reserve Bond Purchases”, *International Journal of Central Banking*, vol. 9, no. 3 (2014), pp.233-289;

Campbell, J. R., Evans, C. L., Fisher, J. D., etc. “Macroeconomic Effects of Federal Reserve Forward Guidance”, *Brookings Papers on Economic Activity*, January 2012, pp.1-80;

Woodford, M. *Methods of Policy Accommodation at the Interest-Rate Lower Bound*. New York: Columbia University Press, pp.123-172;

Filardo, A. J., Hofmann, B. “Forward Guidance at the Zero Lower Bound”, *BIS Quarterly Review*, March 2014, pp.37-53.

③ Lucas, R. E. “Econometric Policy Evaluation: A Critique”, *Carnegie-Rochester Conference Series on Public Policy*, vol. 1, no. 1 (1976), pp.19-46.

世纪 80 年代以来就得到了广泛的经验证据支持。[①] 为了克服卢卡斯批判提出的问题，近年来在宏观模型的设立过程中，学界强调使用前瞻性模型进行分析，模型中的预期变量替代了传统的滞后形式变量，成为“前瞻性”的标志。

前瞻性货币政策理念提出的第二个背景是通胀目标制的日益兴盛。第二次世界大战以前也曾有过通胀目标制的提法，代表人物包括经济学界的泰斗费雪（Fisher）和凯恩斯。由于“二战”以前的国际货币体系和经济制度与现在相去甚远，我们这里所讨论的通胀目标制是以 20 世纪 90 年代最早在新西兰开始推行的现代通胀目标制[②]，即在信用货币体系下，中央银行提前公布未来一段时间某一明确的通胀率水平或者区间。显然，通胀目标制非常明确地体现出前瞻性货币政策的思想：现行政策的制定和施行将以未来的通胀水平为目标，以确保未来目标能够基本实现。通胀目标制自推出以来在稳定物价和促进就业方面成效显著，至 2010 年全球已经有 25 个国家实行该制度，既包括工业化国家也包括新兴市场国家。[③] 在通胀目标制的带动下，对通胀预期变量的度量及通胀预测等内容的研究至今仍是学界研究的前沿问题。

前瞻性货币政策理念提出的第三个背景则更加具体和聚焦，可以归结为前瞻性货币政策反应方程领域前沿研究的突破和与之对应的央行沟通和央行预期管理概念的兴起。因为通货膨胀是货币政策调控的最终目标变量之一，所以货币政策反应方程中的自变量（即模型等号右侧变量）天然含有通货膨胀变量，而通胀目标制的兴起自然助推了通胀预期变量在货币政策反应方程中的重要地位。不难看出，货币政策反应方程与通胀目标制存在一一对应关系。当然，货币政策反应方程中并不仅仅有通货膨胀目标，还有表征实体经济运行状态的真实产出缺口或者真实经济增长率，二者都是基于真实国内生产总值（GDP）计算而得的平稳时间序列变量，即真实 GDP 序列的周期性成分。

从货币政策反应方程的研究发展脉络来看，最近 30 年以来最有影响力的两个代表性



---

① Ball, L. “Efficient Rules for Monetary Policy”, *International finance*, vol. 2, no. 1 (1997), pp.63–83;
Svensson, L. E. O. “Inflation Forecast Targeting: Implementing and Monitoring Inflation Targets”, *European Economic Review*, vol. 41, no. 6 (1997), pp.1111–1146;
Rudebusch, G. D., Svensson, L. E. O. “Policy Rules for Inflation Targeting”, in Taylor, J. B., ed., *Monetary Policy Rules*. Chicago: The University of Chicago Press, 1999, pp.203–262;
Taylor, J. B. “The Robustness and Efficiency of Monetary Policy Rules as Guidelines for Interest Rate Setting by the European Central Bank”, *Journal of Monetary Economics*, vol. 43, no. 3 (1999), pp.655–679;
Clarida, R., Gali, J., Gertler, M. “Monetary Policy Rules and Macroeconomic Stability: Evidence and Some Theory”, *The Quarterly Journal of Economics*, vol. 115, no. 1 (2002), pp.147–180.

② Haldane, A. G. “Targeting Inflation”, A Conference of Central Banks on the Use of Inflation Targets Organized by the Bank of England, London, March 1995.

③ Svensson, L. E. O. “Inflation Targeting”, *NBER Working Paper*, 2010, No.16654.

规则分别是以卡耐基梅隆大学的麦卡勒姆教授命名的麦卡勒姆规则（McCallum rule）和以斯坦福大学泰勒教授命名的泰勒规则（Taylor rule）。[①] 从基本形式上看，基于麦卡勒姆规则的货币政策反应方程可以写成：

$$\Delta b_t=\Delta \bar{y}-\Delta v_t+0.5\left(\Delta \bar{y}-\Delta y_{t-1}\right); \quad (2-1)$$

其中，$\Delta b_t$ 表示基础货币增长率，$\Delta \bar{y}$ 表示名义 GDP 增长率的目标值，$\Delta v_t$ 表示基础货币流通速度的增长率（通常以过去四年平均值计算），$\Delta y_{t-1}$ 则表示上一期名义 GDP 增长率。不难看出，麦卡勒姆规则关注的是基础货币增长率与名义 GDP 增长率之间的关系。与此不同，泰勒规则的基本形式可以写成：

$$i_t=\bar{i}+0.5(\pi_t-\pi^*)+0.5\Delta \tilde{y}_t; \quad (2-2)$$

其中，$i_t$ 表示 $t$ 期的联邦基金利率，$\bar{i}$ 表示均衡真实利率水平，$\pi_t$ 表示 $t$ 期的通胀率，$\pi^*$ 是目标通胀率水平，$\Delta \tilde{y}_t$ 是 $t$ 期真实 GDP 缺口。显然，泰勒规则关注的是利率对通胀率和真实产出缺口的反应情况。

尽管麦卡勒姆规则和泰勒规则所关注的重点不同，但当货币流通速度是联邦基金利率的一个稳定函数时，二者本质上是等价的，模型表现形式可以互相转化[②]。同时，麦卡勒姆规则和泰勒规则都体现出一定程度的货币政策前瞻性，这一点可以分别从等式（2–1）和（2–2）中的名义 GDP 增长率目标和通胀率目标得以体现。不仅如此，自 20 世纪 90 年代后期以来的研究直接将模型中的 $t$ 时刻变量变换成 $t$+1 时刻的预期变量，特别是对泰勒规则的应用研究表现得尤为明显（因为世界诸多国家选择以利率而非基础货币为主要货币政策工具和中介目标）。在这些研究中[③]，克拉里达（Clarida）等人的研究是前瞻性货币政策反应方程的奠基性文献，在他们提出的前瞻性模型中，中央银行基于可用信息集形成对未来经济运行状态的预期，政策利率（即联邦基金利率）对通胀预期和真

① 这两个货币政策规则的系列研究，可以分别参阅 McCallum，B. T. “Specification and Analysis of Monetary Policy Rule for Japan”，*NBER Working Paper*，1993，No.4449；Taylor，J. B. “Discretion versus Policy Rules in Practice”，in *Carnegie-Rochester Conference Series on Public Policy*，vol. 39，no. 2（1993），pp.195–214.

② Razzak，W. “Is the Taylor Rule Really Different from the McCallum?”，*Contemporary Economic Policy*，vol. 21，no. 4（2003），pp.445–457.

③ Batini，N.，Haldane，A. “Forward-Looking Rules for Monetary Policy”，in Taylor，J. B. ed.，*Monetary Policy Rules*. Chicago：The University of Chicago Press，1999，pp.157–202；

Mehra，Y. “A Forward-Looking Monetary Policy Reaction Function”，*Federal Reserve Bank of Richmond Economic Quarterly*，vol. 85，no. 2（1999），p.33；

Clarida，R.，Galí，J.，Gertler，M. “Monetary Policy Rules in Practice：Some International Evidence”，*European Economic Review*，vol. 42，no. 6（1998），pp.1033–1067；

Clarida，R.，Galí，J.，Gertler，M. “Monetary Policy Rules and Macroeconomic Stability：Evidence and Some Theory”，*Quarterly Journal of Economics*，vol. 115，no. 1（2000），pp.147–180.

实产出缺口预期进行反应。[①] 这样，货币政策反应方程完全表现为前瞻性。

## 第二节 央行沟通与前瞻性货币政策

我们在前面提到过，与前瞻性货币政策反应方程相伴而生的是央行沟通和央行预期管理概念的兴起。由于中央银行希望能够未雨绸缪，能够有效地进行逆周期操作，甚至希望“不战而屈人之兵”，主要依靠的就是对市场预期的管理或者说引导。因此，中央银行需要与公众进行沟通。注意，央行沟通有多种形式，总结起来可以归纳为主导型和被动型两种。一种是通过央行公告、央行的货币政策执行报告及央行网站上的通知等向公众传递信息，这是一种主动型沟通，是央行利用自身媒体进行沟通的形式，特别是为管理预期而开发的货币政策工具在官方公告中得到了最简洁的诠释，旨在辅助那些可以让经济活动节奏加快、延缓或保持不变的价格型和数量型货币政策决策；另一种是其他媒体对货币政策相关信息或货币政策关注的指标变量（如通货膨胀、经济增长）运行状况、运行趋势等的报道和评价，受众通过阅读这些媒体新闻而了解相关信息，这种沟通对中央银行而言是一种被动型沟通。无论哪种沟通形式，媒体都是连接央行与公众的重要渠道，相关内容的媒体报道频率和报道情绪都可能影响公众预期。因此，媒体与央行的预期管理有着紧密而又微妙的联系。

关于主动型沟通研究，芝加哥大学出版社出版的一本专著《语控经济——中央银行沟通规则》[②] 用近乎文学的笔法阐释了中央银行沟通在货币政策传导机制中的重要性，形象地刻画了中央银行怎样使未来变得可见及怎样才能使公众对未来的信念和信任成为可能。该书作者使用实验来研究央行沟通对未来情绪的影响。这些情绪是形成推动市场经济动态变化最根本的预期动力，而将央行行为投射到未来的先行政策将变成影响预期的手段。[③]

---

① Clarida，R.，Galí，J.，Gertler，M. “Monetary Policy Rules in Practice：Some International Evidence”，*European Economic Review*，vol. 42，no. 6（1998），pp.1033–1067.

② Holmes，D. *Economy of Words：Communicative Imperatives in Central Banks.* Chicago：The University of Chicago Press，2014，pp.1–289.

③ Woodford，M. “Imperfect Common Knowledge and the Effects of Monetary Policy”，*NBER Working Paper*，2001，No. 8673；
Woodford，M. *Interest and Prices：Foundations of a Theory of Monetary Policy.* Princeton：Princeton University Press，2003，pp.223–278.

多数国家的货币政策只有一个可以直接操作的工具，即隔夜拆借利率。政策制定者对长期利率、股票价格、汇率价格等经济体重要指标只能实施间接影响。[①] 因此，央行沟通作为可以影响这些资产价格的方法逐渐被各国央行采用。

央行沟通的目的在于提高透明度，消除政策制定者和公众之间的信息不对称。布林德（Blinder）、伍德福德（Woodford）认为透明度会加强政策效力。[②] 但是，卡尼曼（Kahneman）认为，因为有信息消化效率限制的存在，央行向公众提供的信息越多反而会降低清晰度和公众认知。[③] 另外，市场信心又是央行信息的重要来源，过多信息很可能对市场中私人信心的形成产生挤出效应，严重影响政策效力。

央行沟通基本分为两种方式。一种是以委员会名义定期发布统一的公告，代表委员会整体的意见和观点。另一种是以委员名义发表观点。这种独立且自由的意见发布可使公众通过了解多样性观点和信息而受益[④]，但反过来，多种观点的发布也面临降低清晰度和减少公众理解的风险。[⑤]

关于央行沟通的研究可大致分为三个维度：内容、时间和一致性。内容基本包括对未来的政策预测及对未来经济指标的预测两个部分；时间分为在货币政策决定会议之前或在会议期间（因为沟通的目的之一是让市场对即将到来的政策决定做好准备）；一致性是指所有沟通内容的离散程度（研究表明这种离散程度与央行沟通的效力相关性不明显）。[⑥]

成功的央行沟通需要央行及整体经济环境满足三个前提。一是具有独立性和可信度，即央行可以根据自身对经济的判断及其使命和目标实施货币政策，而不必听从政府的指令。反之，若央行独立性弱，其关于政策调整预期的沟通会被政府干预，从而丧失了央

① Blinder，A. S. *Central Bank Independence in Theory and Practice*. London：The MIT Press Cambridge，1998，pp.1–37.

② Blinder，A. S. *Central Bank Independence in Theory and Practice*. London：The MIT Press Cambridge，1998，pp.1–37；
Woodford，M. *Interest and Prices：Foundations of a Theory of Monetary Policy*. Princeton：Princeton University Press，2003，pp.223–278.

③ Kahneman，D. "Maps of Bounded Rationality：Psychology for Behavioral Economics"，*The American Economic Review*，vol. 93，no. 5（2003），pp.1449–1475.

④ Bernanke，B. S. "Central Bank Talk and Monetary Policy"，Speech before the Japan Society Corporate Luncheon，New York，October 2004.

⑤ Issing，O. "The Eurosystem：Transparent and Accountable，or 'Willem in Euroland'"，*Journal of Common Market Studies*，vol. 37，no. 3（1999），pp.503–519.

⑥ Ehrmann，M.，Fratzscher，M. "Taking stock：Monetary Policy Transmission to Equity Markets"，*Journal of Money，Credit and Banking*，vol. 63，no. 4（2004），pp. 719–737.

行的可信度，对公众预期影响小。二是央行曾经实施的公众沟通与随后实行的货币政策路径一致程度较高，即有很强的路径记录，会提高未来央行沟通的效力。三是央行沟通内容本身的质量较高。勒罗伊和波特（Le Roy and Porter）、杰拉特兹（Geraats）的研究显示，低质量的或者带有足够噪声的央行沟通内容不仅不会降低市场的波动性，反而还会使其更加波动。①

埃尔曼和弗拉茨舍（Ehrmann and Fratzscher）从两个角度度量央行沟通的有效性。一是金融市场对未来货币政策的预测能力，二是政策制定者通过预期引导改变资产价格进而影响金融市场的能力。② 佩勒斯－奎罗斯和西西里亚（Perez-Quiros and Sicilia）通过对货币政策改变当天的短期利率、欧元隔夜平均利率指数（Euro Over Night Index Average，EONIA）掉期利率，以及伦敦银行同业拆借利率（LIBOR）进行观测，度量金融市场的预测能力。③ 而埃尔曼和弗拉茨舍通过对国债收益率曲线、股票价格、汇率价格及通胀预期的观测，度量市场的反应，即政策制定者改变资产价格的能力。

通过对以上两种渠道的度量，有诸多研究证明央行沟通的有效性。格斯里和怀特（Guthrie and Wright）通过美联储和新西兰央行的数据观测，发现央行沟通对控制短期利率有积极作用。④ 科恩和萨克（Kohn and Sack）研究得出美联储主席格林斯潘对于货币政策预期的声明对短期利率有显著影响，而对经济前景的展望显著影响了长期利率。⑤ 德米拉尔普和霍尔达（Demiralp and Jorda）研究得出短期利率变动的影响因素主要是央行沟通而不是公开市场操作的流动性渠道。⑥

美联储、英格兰银行、欧洲央行（ECB）在近年都有在央行沟通领域进行实践的经验，其方式选择的不同直接影响到政策效力的不同。

① Le Roy，S.，Porter，R. "The Present Value Relation：Tests Based on Implied Variance Bonds"，*Econometrica*，vol. 49，no. 3（1981），pp. 555–574；
Geraats，P. M. "Central Bank Transparency"，*The Economic Journal*，vol. 112，no. 483（2002），pp.532–565.

② Ehrmann，M.，Fratzscher，M. "Taking Stock：Monetary Policy Transmission to Equity Markets"，*Journal of Money，Credit and Banking*，vol. 63，no. 4（2004），pp.719–737.

③ Perez-Quiros，G.，Sicilia，J. "Is the European Central Bank（and the United States Federal Reserve）Predictable?"，*ECB Working Paper*，2002，No. 192.

④ Guthrie，G.，Wright，J. "Open Mouth Operations"，*Journal of Monetary Economics*，vol. 46，no.2（2000），pp. 489–516.

⑤ Kohn，D. L.，Sack，B. P. Central Bank Talk：Does It Matter and Why? Divisions of Research and Statistics and Monetary Affairs，Federal Reserve Board，2003.

⑥ Demiralp，S.，Jorda，O. "The Response of Term Rates to Fed Announcements"，*Journal of Money，Credit and Banking*，vol. 36，no. 3（2004），pp.387–405.

首先，关于货币政策委员会委员对政策表达个人预期的离散程度，美联储委员在观点表达上出现高度离散化，分布在“宽松”或“紧缩”两极，愿意更为直率地表达观点，尽管很有可能与未来政策背道而驰。而欧洲央行和英格兰银行委员观点表达相对趋同，且更愿意表达中性观点。

其次，在货币政策的投票决定程序中各央行表现出较大差异。美联储联邦公开市场委员会（FOMC）在投票过程中的分歧远小于沟通时的表现，欧洲央行在投票时基本保持和沟通时相同的集中程度，而英格兰银行货币政策委员会在投票时的分歧程度远远大于沟通时的表现。

最后，对各央行沟通效率进行考察。欧洲央行在沟通和投票阶段保持的一致口径增大了政策的可预测性。尽管美联储离散的沟通阶段和统一的投票阶段形成较大反差，但美国市场通过对最终货币政策影响力大的委员的判断和跟随，结果也增加了沟通的效力。英格兰银行统一的沟通阶段和离散的投票导致市场对沟通产生微弱反应，使市场难以形成对政策的预期，所以并没有增强政策的可预测性。由此可得，通过采取不同方式的央行沟通，美联储和欧洲央行都成功提升了货币政策的效力，而英格兰银行效果微弱，因此并没有一个最好的方法去设计央行沟通策略。

央行沟通在被部分经济体的央行成功实施的同时，也存在诸多难题和困境需要解决。首先，时间不一致性的权衡问题。沟通行为并不是一个保证性的承诺。政策当局在初期按最优化原则制定将要远期执行的政策，随即进行公众沟通引导市场预期。但这项政策在远期到来时已非最优选择，央行存在改变政策的动机[①]。古德弗兰德（Goodfriend）和施坦因（Stein）提出，央行在解决保持可信度与选择最有效率政策的平衡问题时，应该提供更为模糊的信息和观点，降低透明度，进而达到效率最优。[②]其次，央行和市场双向信息交换的平衡问题。曾经的央行沟通片面地重视了央行向市场的信息披露，而忽视了收集市场的信息。其实这些信息也是央行在制订货币政策时重要的依据。因此，应该加强信息在央行与市场之间的互动和交换。最后，央行在沟通方面对政策制订及投票策略的选择上有继续改革的空间。通过对沟通、投票程序及机构设置的

① Kydland，F. E.，Prescott，E. C. “Rules Rather Than Discretion：The Inconsistency of Optimal Plans”，*Journal of political economy*，vol. 85，no. 3（1977），pp.473-491.

② Goodfriend，M. “Monetary Mystique：Secrecy and Central Banking”，*Journal of Monetary Economics*，vol. 17，no. 1（1986），pp.63-92；

Stein，J. C. “Cheap Talk and the Fed：A Theory of Imprecise Policy Announcements”，*The American Economic Review*，vol. 79，no. 1（1989），pp.32-42.

完善，可以提高央行沟通的效力。

## 第三节 媒体与前瞻性货币政策

尽管《语控经济——中央银行沟通规则》这本专著的研究重点是央行沟通过程中的语言表达方面的艺术和技术问题，但同样折射出现代货币政策传导机制中的一个重要事实，即要实现既定的货币政策目标，需要通过媒体或媒介传递中央银行行为取向的信号，用以影响公众预期（或者说市场预期），进而调控经济增长和通货膨胀等。

关于央行被动型沟通，主要研究集中于媒体报道与预期变量的关系方面。不过值得注意的是，前瞻性货币政策体系下的媒体与预期关系研究和微观金融领域中媒体与预期关系的研究基本思路是一致的，但是宏微观金融框架下对这一问题的基础学理的来源存在着截然不同的认识，这种不同认识深刻和微妙地反映了当前宏观金融与微观金融领域的割裂状态。在宏观金融领域，研究媒体报道与预期变量的关系，是以流行病学领域关于公众疾病传播的科马克－麦肯德里克（Kermack-McKendrick，KM）流行病学模型为理论基础。[①] 卡罗尔将流行病学模型引入宏观经济变量的预期形成机制研究中，提出公众预期的形成会受到新闻媒体报道的传染，这种传染性影响与流行病的传播模式类似：在疾病流行期，易感人群在给定期间内存在一定染病概率，随着染病人数的增加，疾病就会通过人传染人加速扩散开来。在现代社会中，媒体报道是“传染”公众的信息传播源，公众预期的形成迟早会受到媒体报道的影响和传染。[②]

宏观领域的媒体与预期关系研究，与微观金融领域中媒体报道对微观金融市场定价的影响研究[③]在分析思路和逻辑上非常类似，二者研究的都是媒体报道与价格之间的关系。只不过前者分析的是宏观总体价格而后者是微观市场价格。有意思的是，这两个领域中的研究几乎从未彼此提及，更不相互引用，而且在理论基础方面各自回溯的跨学科文献完全不同。微观金融领域中媒体与预期（微观价格的预期）的文献所主张的理论框

① Kermack，W. O.，McKendrick，A. G. “Contributions to the Mathematical Theory of Epidemics”，*Proceedings of the Royal Academy of Sciences A*，vol. 115，no. 772（1927），pp.700–721.

② Carroll，C. D. “Macroeconomic Expectations of Households and Professional Forecasters”，*The Quarterly Journal of Economics*，vol. 118，no. 1（2003），pp.269–298.

③ 游家兴、吴静：《沉默的螺旋：媒体报道与资产误定价》，《经济研究》2012 年第 7 期，第 141~152 页。

架是传播学领域诺尔－诺伊曼提出的“沉默的螺旋”（the spiral of silence）理论。[①] 该理论认为，社会舆论中少数派会因为害怕受到孤立而保持沉默，多数派则大胆发声而愈加得势。这样，一方表述而另一方沉默的倾向便开始形成一个螺旋过程，这个过程不断把一种意见确立为主要意见，而且在大众媒介参与下，螺旋往往形成得更快、更明显。从本质上看，虽然沉默的螺旋理论与流行病学理论分属传播学和医学两大领域，但基本思想互相交融。它们在金融领域的应用逻辑更是如出一辙，只不过前者被用于分析微观金融的价格变化（资产定价），而后者则主要被应用于分析宏观金融的价格变化（通胀预期）。

## 第四节 “前瞻指引”概念的提出

在互联互通的环境下，诸多中央银行与公众及市场保持常规性的沟通，以便说明当前经济运行状况、未来经济走势及货币政策的未来动向等。前瞻指引在本质上是通过央行沟通的方式对公众进行预期管理的非常规货币政策框架。[②] 新西兰是符合此种定义的首先应用该政策的国家。新西兰在 1997 年发布对未来短期利率的预测，引导市场预期。随后在 1999 年至 2013 年期间，日本、美国、加拿大、瑞典、英国纷纷采取前瞻指引货币政策。

然而，前瞻指引在近年来受到各大央行关注并被实践的主要原因是，当该国在利率降至零下限从而失去货币政策优化空间时，前瞻指引能够发挥再宽松作用，继续刺激经济增长。由于名义利率降低到零利率水平，公众预期利率会有潜在上升趋势，该预期减少了预期消费和投资量，压抑了总需求，无助于经济增长。通过一个有可信度的“保证利率将会持续在零水平的期限长于经济条件本应需要的时间”的承诺，会刺激经济总需求以至创造经济增长[③]。

前瞻指引在各国实践中应用方式不同。有诸多专家依据不同严格程度及信息性质对

① Noelle-Neumann, E. “The Spiral of Silence: A Theory of Public Opinion”, *Journal of Communication*, vol. 24, no. 2 (1974), pp.43–51;
Noelle-Neumann, E. *The Spiral of Silence: Public Opinion—Our Social Skin*. Chicago: The University of Chicago Press, 1984, pp.120–278.

② Woodford, M. “Optimal monetary policy inertia”, *The Manchester School*, vol. 67, no. 1 (1999), pp.1–35.

③ Werning, I. “Managing a Liquidity Trap: Monetary and Fiscal Policy”, *NBER Working Paper*, 2011, No. 17344.

前瞻指引进行分类。伍德福德将前瞻指引分为模糊的前瞻指引和明确的前瞻指引；[①] 温克尔曼（Winkelmann）将前瞻指引分为定性的前瞻指引和定量的前瞻指引；[②] 卡尼（Carney）将前瞻指引分为开放式前瞻指引、基于时间的前瞻指引和基于状态的前瞻指引；[③] 坎贝尔（Campbell）等人根据央行是否作出明确承诺，将前瞻指引分为奥德赛式前瞻指引和德尔斐式前瞻指引。[④]

以卡尼的分类方式为例，比较各种类型前瞻指引的特点。开放式前瞻指引是指央行对未来货币政策的路径提供定性指引和预测。例如 2008 年 12 月，FOMC 将联邦基金目标利率降低到 0~0.25% 区间，并称“经济疲弱可能需要联邦利率在一段时间内维持较低水平”[⑤]。此类指引具备灵活性，但信息含量较小，释放的预期信号不够明确，难以使公众形成确定的预期作用于当期经济指标，从而削弱政策效果。基于时间的前瞻指引，即央行承诺会在某个时间点前保持政策不变。例如 2012 年 1 月，FOMC 宣布将维持低利率的时期延长至少到 2014 年底。[⑥] 该种指引方式向公众提供确切时间，易于引导确定预期，形成平坦的收益率曲线。但本质上并没有透露央行本身的反应函数，使公众无法掌握央行政策变化的机理，并没有真正实现央行沟通的透明度。并且将未来的政策变化死板地固定在某一时间点而不考虑经济形势的变化，可能会导致政策的不合理性或者促使央行做出“时间不一致”行为，从而降低了可信度。基于状态的前瞻指引，即央行承诺在经济状况达到某个水平前保持政策水平不变。例如美联储在 2012 年 12 月指出，“只要失业率仍在 6.5% 以上，未来 1 到 2 年的预测通货膨胀不超过公开市场委员会认定的 2% 的长期通货膨胀稳定目标以上 0.5 个百分点，长期通货膨胀预期仍在锚定范围内，将继续维持当前的超低利率水平。”[⑦] 该种指引方式与具体经济指标相联系，向公众透露了央行反应方程，使公众了解政策变动内在原因。但是阈值的选择是其最大挑战，并且复杂的参考变量会降低政策效力。



① Woodford，M. *Methods of Policy Accommodation at the Interest-Rate Lower Bound.* New York：Columbia University Press，2012，pp.123–172.

② Winkelmann，L. “Quantitative Forward Guidance and the Predictability of Monetary Policy：A Wavelet Based Jump Detection Approach”，*SFB 649 Discussion paper*，2013，No.2013–2016.

③ Carney，M. “Crossing the Threshold to Recovery”，Speech at a Business Lunch Hosted by the CBI East Midlands，Derbyshire and Nottinghamshire Chamber of Commerce and the Institute of Director，2013.

④ Campbell，J. R.，Evans，C. L.，Fisher，J. D.，etc. “Macroeconomic Effects of Federal Reserve Forward Guidance”，*Brookings Papers on Economic Activity*，January 2012，pp.1–80.

⑤ 内容引自：美联储官方网站，https：//www.federalreserve.gov/newsevents.htm.

⑥ 内容引自：美联储官方网站，https：//www.federalreserve.gov/newsevents.htm.

⑦ 内容引自：美联储官方网站，https：//www.federalreserve.gov/newsevents.htm.

自新西兰央行首先开创前瞻指引的货币政策，多个经济体对该政策进行实践。美国曾在 2003 年进行首次开放式的前瞻指引，引导公众对宽松货币的预期，随后又在 2007 年至 2011 年间多次采取定性式预期管理。而在 2011 年至 2012 年期间，美联储开始实践以时间为参照的前瞻指引，又在 2012 年至 2014 年开始实践以经济变量为参照的前瞻指引，2014 年至今，美联储的前瞻指引综合了第一类和第三类的特点，即提出了最大化就业和 2% 通货膨胀的经济指标，但没有提出一个承诺，而是由“委员对整体经济形势、劳动力市场、金融市场等指标进行综合评估是否具有加息可能”代替。

欧洲央行在 2013 年和 2015 年分别进行了两次开放式前瞻指引将利率维持在低位。日本央行在 2010 年实施开放式前瞻指引，并在 2013 年实施以 2% 通胀率及其他相关指标为参照的第三类前瞻指引。英格兰银行在 2013 年推出以 7% 失业率和 2.5% 通胀率为参照指标的前瞻指引。另外，加拿大、瑞典、挪威等国也多次进行实践尝试，通过前瞻指引对预期进行管理进而影响实际经济增长。

根据已有文献，前瞻指引的积极作用表现于以下几个方面。首先，前瞻指引可以减少市场的不确定性。霍尔姆森（Holmsen）等人通过研究发现央行公布未来利率路径预期可以减少短期利率的波动性[①]，菲拉尔多和霍夫曼（Filardo and Hofmann）研究发现前瞻指引可以减少公众远期利率预期的波动并减少长期资产的风险溢价。[②]其次，前瞻指引可以稳定通货膨胀率。通过央行向公众预期信号的传导，使公众对货币政策及央行的通胀预期有更深刻的理解，从而使公众的通胀预期稳定。齐林科和科伦（Chirinko and Curran）认为前瞻指引对稳定公众预期有着较大效力。[③]所以在前瞻指引实践国家和地区通货膨胀率会趋于稳定。最后，前瞻指引可以提高社会福利。瓦什（Walsh）认为当央行和公众出现信息不对称情况时，前瞻指引可带来社会福利的提升。[④]鲁德布施和威廉姆斯（Rudebusch and Williams）研究发现，发布远期利率预测路径可使公众对利率预期的准确

① Holmsen，A.，Qvigstad，J. F.，Øistein，R.，etc. “Communicating Monetary Policy Intentions: The Case of Norges Bank”，*Norges Bank Working Paper*，2008，No. 2008–20.

② Filardo，A. J.，Hofmann，B. “Forward Guidance at the Zero Lower Bound”，*BIS Quarterly Review*，March 2014，pp. 37–53.

③ Chirinko，R. S.，Curran，C. “Greenspan Shrugs: Central Bank Communication，Formal Pronouncements and Bond Market Volatility”，*Central Bank Communication，Decision Making，and Governance: Issues，Challenges，and Case Studies*，vol. 149，2013.

④ Walsh，C. E. “Announcements and the Role of Policy Guidance”，*Federal Reserve Bank of St. Louis Review*，vol. 90，no. 4（2008），pp.421–442.

度提高从而改善社会福利。[①]

前瞻指引政策的实施有一定前提条件。首先是央行的可信度，央行承诺的可信程度直接决定了政策效力。央行需要在前瞻指引和行动上保持一致，信用程度越高，前瞻指引成功可能性越大。[②]其次是透明度，即央行使公众了解其政策预期、执行情况、预测细节及反应方程等。高透明度统一了公众与央行的预期，消除公众误解，实现政策目的。美联储在1999年后，开始用明晰的语言公布会议内容及对未来政策的预期，不断使自身透明化，减少对市场的误导。[③]再次是央行对未来的预测能力，若央行在过去证明了自己对未来的预测能力，前瞻指引的成功概率会提高。[④]瑞典央行在2011年9月对再回购率预测的失误使前瞻指引失效。[⑤]最后是完全市场条件，麦凯（McKay）等人的研究发现，前瞻指引的效力对完全市场的假设极其敏感。[⑥]考虑到机构面对无法保证的收入风险与借贷约束，会采取预防性的储蓄为未来利率变化准备，那么这种谨慎性储蓄就会减弱对中央银行承诺未来政策利率的反应。满足完全市场条件的程度影响了政策效力。

前瞻指引有一定的传导路径。常规的货币政策多为央行通过价格或数量手段调控短期利率，根据利率期限结构假说，在金融市场运行良好且传导机制通畅的条件下，长期利率与短期利率有密切联系，所以央行控制短期利率即控制了长期利率。而长期利率才是决定市场消费、投资及真实经济产出的变量。但是，当金融市场受到冲击，公众的恐惧加剧，家庭、公司和劳动力市场的反应函数改变时[⑦]，传导机制就会被破坏。由于零利率下限限制了央行货币政策调控行为，所以央行只能通过对长期资产的购买，以及对公众的预期引导达到长期利率下降的效果。央行根据对经济的判断，发表对利率及经济指标的预期。例如央行通过前瞻指引做出在一段时期内维持零利率政策的承诺，使公众对

① Rudebusch，G. D.，Williams，J. C. "Revealing the Secrets of the Temple: The Value of Publishing Central Bank Interest Rate Projections"，in Campbell，J. Y.，ed.，*Asset Prices and Monetary Policy*. Chicago: The University of Chicago Press，2008，pp.247–284.

② Hochstein，M. "Comparison of G-4 Central Banks Latest Communication Policy Innovations"，Frankfurt am Main: Allianz Global Investors，Europe GmbH，2013.

③ Campbell，J. R.，Evans C. L.，Fisher J. D.，etc. "Macroeconomic Effects of Federal Reserve Forward Guidance"，*Brookings Papers on Economic Activity*，January 2012，pp.1–80.

④ Hochstein，M. "Comparison of G-4 Central Banks Latest Communication Policy Innovations"，Frankfurt am Main: Allianz Global Investors，Europe GmbH，2013.

⑤ Svensson，L. E. O. "Forward Guidance"，*International Journal of Central Banking*，November 2015，Supplement 1.

⑥ McKay，A.，Nakamura E.，Steinsson J. "The Power of Forward Guidance Revisited"，*The American Economic Review*，vol. 106，no. 10（2016），pp.3133–3158.

⑦ Rosengren，E. S. "Our Financial Structures—Are They Prepared for Financial Instability?"，*Journal of Money，Credit and Banking*，vol. 46，no. 1（2014），pp.143–156.

未来通胀的预期上升、产出缺口预期下降；那么由于私人部门的行为具有前瞻性，这一预期将造成当期私人部门支出增加、总需求上升。

前瞻指引的作用机制分成两种。一是公众通过对央行的反应函数的学习改变了利率预期。拉斯金（Raskin）利用根据利率期权推算出的短期利率预期分布，研究市场对央行反应函数的认识程度。他得出结论，以时间为参照的第二类前瞻指引的实施可以显著改变公众对央行反应方程的认识。二是公众通过前瞻指引中央行对未来经济指标的预测改变预期。[①] 坎贝尔等人考察了美联储发布前瞻指引时远期利率的变动情况后得出结论，即联邦基金远期利率的变动是与前瞻指引发布后失业率和通胀预期的调整联系在一起的；市场相信美联储预期——未来经济将得到改善，从而调整失业和通胀预期，影响了远期利率。[②] 由此可知，公众根据央行对未来的预期变化而调整了自身的预期。以上两种作用机制并不矛盾，只不过在不同的时间、环境和地区前瞻指引的作用机制不同而已。

自前瞻指引概念问世以来，对其有效性的研究层出不穷，由于方法选择及参考变量的不同，得到的结果也不尽相同。部分研究得出了前瞻指引有效的结论。首先，当市场私人部门与央行产生信息不对称时，前瞻指引很有必要，例如 2003 年，市场预测美联储要加息，该预期导致长期利率上升，有通缩趋势，然而美联储立刻公布相关经济指标及对经济前景的预测，并表态低利率将会持续，利率市场随即回稳。[③] 其次，前瞻指引通过引导预期对资产收益率和价格产生影响。高斯和辛哈（Gaus and Sinha）通过高频数据的收集，考察投资者信心对远期资产价格的判断。通过标准差、偏度、峰度分别考察投资者对资产价格的不确定性，对资产价格的积极消极情绪的变动及对危机风险的重视程度。[④] 他们最终得出结论，前瞻指引对长期资产收益率产生影响。坎贝尔等人通过事件研究法考察前瞻指引对资产价格的影响，在使用联邦基金期货价格和欧洲美元期货合约的高频数据的基础上，加入显示长期国债及公司债券的收益率，使用在公告发布前后对称狭窄时间窗口，剥离其他变量对公众行为决定的影响。并将联邦基金利率的变化量分解成目标因子和路径因子。目标因子与联邦基金利率目标相关，路径因子与未来利率预期

① Raskin，M. "The Effects of the Federal Reserve's Date-Based Forward Guidance"，*FEDS Working Paper*，2013，No. 2013-37.

② Campbell，J. R.，Evans C. L.，Fisher J. D.，etc. "Macroeconomic Effects of Federal Reserve Forward Guidance"，*Brookings Papers on Economic Activity*，January 2012，pp.1-80.

③ Woodford，M. "Forward Guidance for Monetary Policy: Is It Still Possible?"，Comments at the American Economic Association Meeting，New Orleans，January 2008.

④ Gaus，E.，Sinha，A. "What Does the Yield Curve Imply about Investor Expectations?"，*Ursinus College*，*Department of Economics Working Papers*，2014，No. 14-02.

变动相关。研究发现无论危机前还是危机后，FOMC的前瞻指引提高了路径因素的重要性，路径因子解释了大部分联邦基金利率预期的变动量。可见前瞻指引政策对资产价格有着重要影响。①

然而，也有研究对前瞻指引的有效性发出质疑。对于前瞻指引是否可以影响长短期利率这个命题，库尔和桑顿（Kool and Thornton，D.）通过收集新西兰、挪威、瑞典、美国的预测误差和基准利率（来自随机游走模型估计及根据各国经济情况设立的参照国），研究前瞻指引的有效性。他们最终得出结论：只有挪威和瑞典短期利率预测显著好于随机游走的预测，但并没有好于参照国；而且没有证据显示长期收益率由于前瞻指引而改善；有证据显示新西兰、挪威和瑞典央行前瞻指引减小了市场主体间预测的差异，然而美联储政策没有此种效力。② 所以，只有微弱证据表明前瞻指引会提高公众对短期利率的预测能力，而没有证据显示对长期利率的预测能力的提高。另外，还有在对政策效力的评估准确度的质疑。标准中级规模动态随机一般均衡（DSGE）模型倾向于高估宏观经济中前瞻指引的影响，该模型传达了一个利率对宏观经济变量不可信的反馈③。随着前瞻指引实践数量的增加，对其有效性的争论会持续进行。

## 第五节　本章小结

基于以上对前瞻性货币政策产生的三个主要背景的讨论，前瞻性货币政策可以理解为一套系统的政策框架，涵盖政策目标变量的选择、政策反应形式及政策传导体系的构建。从政策目标变量的选择来看，预期变量（例如通胀预期）是前瞻性货币政策的核心变量。从政策反应形式来看，涉及前瞻性货币政策反应方程的研究内容。从政策传导体系的构建来看，前瞻性货币政策强调政策信息传导的载体和信息沟通的方式，以及货币当局秉承的传导理念和传导机制设计。

尽管已有文献的研究角度、研究方法和研究重点有所不同，但是存在一致性的基本

① Campbell，J. R.，Evans C. L.，Fisher J. D.，etc. "Macroeconomic Effects of Federal Reserve Forward Guidance"，*Brookings Papers on Economic Activity*，January 2012，pp.1–80.

② Kool，C.，Thornton，D. "How Effective is Central Forward Guidance?" *Federal Reserve Bank of Saint Louis Working Paper Series*，2012，No. 2012-063A.

③ Del Negro，M.，Giannoni，M. P.，Patterson，C. "The Forward Guidance Puzzle"，*Federal Reserve Bank of New York Staff Report*，2013，No. 574.

逻辑，即媒体报道会影响市场预期，而市场预期又是前瞻性货币政策框架的基础变量。因此，媒体是信号和信息载体，预期是信号和信息作用的微观主体，前瞻性货币政策则是基于预期的现代货币政策分析框架。三者彼此依存，共生于一个逻辑主线之上；彼此交融，互相联系。然而，前瞻性货币政策理念的兴起并不意味着对传统货币政策传导机制的完全颠覆，而是在传统机制的基础上更加强调预期要素的重要性。

在传统货币政策传导机制理论中，无论是模型的推演还是传导路径的图示说明，很多情况下都并未提及或至少没有明确提及预期要素的影响。为此，我们将在第三章中从传统货币政策传导机制中探寻前瞻性，并在第四章中提出纳入前瞻性的综合货币政策体系。

# 第三章　在传统货币政策传导机制中探寻前瞻性

本章提要：

货币政策的有效传导对提振市场信心、促进经济发展和平抑经济波动具有重要意义。本章对货币政策传导机制的理论发展进行了系统梳理和评述，并重点在传统货币政策传导渠道中探寻前瞻性要素和前瞻性特征。

本章概览：

- 货币政策传导机制的研究背景
- 传统理论的演进逻辑
- 传统理论的阐释：探寻前瞻性
- 本章小结

## 第一节　货币政策传导机制的研究背景

虽然2008年美国爆发的结构化金融产品危机（常称为"次贷危机"）引发的全球金融危机已经过去十多年了，但是那次危机给世界经济发展带来的巨大冲击，至今仍然历历在目。反思当年危机形成的原因，除了信贷市场的产品设计、信用评级及金融市场混业经营模式等存在问题，西方国家特别是美国的货币政策施行不当也是诱发危机的重要导火索。这一导火索可以回溯到2001年初，当时美联储根据传统经济目标下调利率。

图3-1描绘了1954年至2017年间美国货币政策的主要利率——联邦基金利率——的月度时序图，从图中阴影部分可以看出，美联储在2001年初开始快速大幅下调这一市场基准利率，并且维持低利率一直到2005年初。这期间的低利率政策并未特别考虑微观金融市场的微妙变化，却极度刺激了金融市场中房贷市场资产证券化产品的衍生和交易。结构化金融产品急速扩张，并伴随着结构化产品评级的大放水，导致2006年美国的结构化金融产品3A评级占比超过60%，而在传统企业债券市场中3A评级产品占比仅有1%[①]。市场的疯狂并未持续下去。2005年之后，美联储一路上行的利率政策为结构化产品市场危机的最终爆发埋下了伏笔。

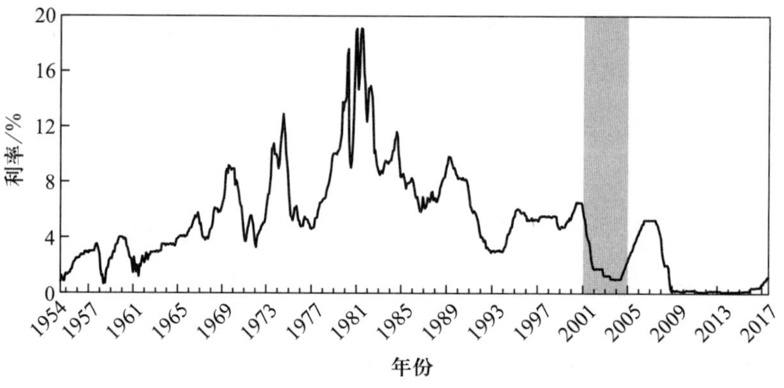


图3-1　美国联邦基金利率：1954年1月至2017年8月

数据来源：根据美联储圣路易斯分行数据整理。

① Coval, J., Jurek, J., Stafford, E. "The Economics of Structured Finance", *The Journal of Economic Perspectives*, vol. 23, no. 1 (2009), pp.3–25.

西方发达国家在长期宽松货币政策的刺激下，经济“金融化”与金融“衍生化”的程度过高已经成为全球新型金融危机的重要特征。[①]那一轮金融危机的爆发为世界各国央行及经济学界提出了值得深刻思考和长期深入研究的重要课题：货币政策究竟通过什么样的传导机制才能真正实现促进实体经济平稳发展和维持金融市场稳定的双重目标？

这个问题实质上要归结到货币政策的传导机制问题。所谓货币政策传导机制，是指中央银行通过调整货币政策工具，借助一系列中介目标和中间渠道，最终影响经济运行指标的变化；经济指标的变化又反过来影响货币政策的进一步调整，从而形成一个动态互动的货币政策传导机制。在现实中，传导渠道的选择对货币政策实施效果的影响至关重要。因此，关于货币政策传导机制的研究主要集中在货币政策传导渠道问题方面。

需要注意的是，这里对货币政策传导机制的定义是基于货币政策与经济变量的动态互动视角，突出货币政策动态传导的循环过程。而已有研究经常基于货币政策到实体经济的单向角度来定义货币政策传导机制。例如爱尔兰（Ireland）提出，货币（政策）传导机制描述了由政策引致的名义货币总量或者短期名义利率的变化如何影响真实经济变量（例如总产出或者就业情况）的过程。[②]这种定义方式沿袭了伯南克和格特勒（Bernanke and Gertler）、格特勒和吉尔克里斯特（Gertler and Gilchrist）、梅尔策（Meltzer）及米什金（Mishkin）等的研究对货币政策传导机制的诠释。[③]

事实上，另外一些关于货币政策传导机制的重要研究[④]，也经常考虑真实经济变量的

① 陈雨露、张成思：《全球新型金融危机与中国外汇储备管理的战略调整》，《国际金融研究》2008 年第 11 期，第 4~11 页。

② Ireland, P. N. “The Monetary Transmission Mechanism”, in Durlauf, S. N., Blume, L., eds., *The New Palgrave Dictionary of Economics*. Hampshire: Palgrave Macmillan Ltd, 2005, pp.9–25.

③ Bernanke, B. S., Gertler, M. “Agency Costs, Net Worth, and Business Fluctuations”, *The American Economic Review*, vol. 79, no. 1 (1989), pp.14–31;
Gertler, M., Gilchrist, S. “Monetary Policy, Business Cycles, and the Behavior of Small Manufacturing Firms”, *The Quarterly Journal of Economics*, vol. 109, no. 2 (1994), pp.309–340;
Meltzer, A. H. “Monetary, Credit and (Other) Transmission Processes: A Monetarist Perspective”, *Journal of Economic Perspectives*, vol. 9, no. 4 (1995), pp.49–72;
Mishkin, F. S. “Symposium on the Monetary Transmission Mechanism”, *Journal of Economic Perspectives*, vol. 9, no. 4 (1995), pp.3–10.

④ McCallum, B. T. “Analysis of the Monetary Transmission Mechanism: Methodological Issues”, *NBER Working Paper*, 1999, No. 7395;
Stock, J. H., Watson, M. W. “Has the Business Cycle Changed and Why?”, *NBER Macroeconomics Annual*, vol. 17 (2002), pp.159–218;
Rudebusch, G. D. “Assessing Nominal Income Rules for Monetary Policy with Model and Data Uncertainty”, *The Economic Journal*, vol. 112, no. 479 (2002), pp.402–432;
Rudebusch, G. D. “Assessing the Lucas Critique in Monetary Policy Models”, *Journal of Money, Credit and Banking*, vol. 37, no. 2 (2005), pp.245–272.

变化及通货膨胀反过来对货币政策制定的影响。因此，从动态互动视角去定义和理解货币政策传导机制更具有一般性，并且能够将货币政策规则的具体内容融入传导机制的系统内。例如货币政策工具对通货膨胀或者真实收入的变化做出反应①，从而使货币政策传导机制的理论分析框架更加完备。

因为货币政策传导机制是关系货币政策对经济影响效果的最重要的内容，所以多年来经济学界在这一方面进行了长期不懈的研究，也积累了一批相当重要的研究成果。这些成果不仅仅是货币经济学这个学科领域的理论基石，也是世界各国制定、实施货币政策及分析政策效果的重要依据。

由于历史等各方面原因，货币政策分析的理论框架在中国的发展时间不长，加上真正完备的货币政策体系在中国发展还处于初期，所以已有研究大部分是西方学界经年积累的成果。②其中，西方关于货币政策传导机制的研究可以回溯到20世纪50—60年代。例如鲁萨（Roosa）及安多和莫迪利亚尼（Ando and Modigliani）就是早期分别提出了信贷传导机制和财富传导机制理论。③弗里德曼（Friedman）更加明确地提出了货币政策传导机制问题，并且强调货币数量理论在货币政策分析框架中的重要地位。④弗里德曼的研究比以前的文献更具有开创意义，但随后也引发了学界对货币政策传导机制分析框架的激烈争论。戈登（Gordon）的一部著作收录了当时学术界的不同观点，体现了这些观点之间的激烈交锋。⑤值得注意的是，泰勒肯定了弗里德曼的研究对货币政策传导机制理论发展的重要性，同时也总结了1970—1995年之间该领域的研究进展和突破。⑥

货币政策传导机制的研究在20世纪80年代以后得到了长足的发展和完善，其中具

① Taylor，J. B. "Discretion versus Policy Rules in Practice"，*Carnegie-Rochester Conference Series on Public Policy*，vol. 39，no.2（1993），pp.195-214.

② 当然，国内学者对中国的货币政策和货币政策传导机制研究也已经积累了一定经验，特别是针对中国特有的货币政策体系进行的研究，国内文献具有相当重要的价值，其中包括夏斌和廖强（2001）、谢平和罗雄（2002）、谢平（2004）及张成思（2010）等。而中国人民银行自2001年第一季度开始公布的货币政策执行报告，也是研究中国货币政策的重要参考资料。

③ Roosa，R. V. "Interest Rates and the Central Bank"，in Johnson，H. G.，ed.，*Money，Trade，and Economic Growth.* London：Macmillan，1951，pp.270-295；

Ando，A.，Modigliani，F. "The 'Life Cycle' Hypothesis of Saving：Aggregate Implications and Tests"，*The American economic review*，vol. 53，no. 1（1963），pp.55-84.

④ Friedman，M. "A Theoretical Framework for Monetary Analysis"，*Journal of Political Economy*，vol. 78，no. 2（1970），pp.193-238；

Friedman，M. "Comments on the Critics"，*Journal of Political Economy*，vol. 80，no. 5（1972），pp.906-950.

⑤ Gordon，R. J. *Milton Friedman's Monetary Framework：A Debate with His Critics.* Chicago：The University of Chicago Press，1974，pp.127-219.

⑥ Taylor，J. B. "The Monetary Transmission Mechanism：An Empirical Framework"，*Journal of Economic Perspectives*，vol. 9，no. 11（1995），pp.11-26.

有代表性的重要文献不胜枚举。[①] 这些研究对推动货币政策的利率、信贷、货币及汇率传导机制理论的发展，有着极其重要的影响（下文将会进一步归纳和评述这些文献的主要贡献与局限性）。此后，列图和路德维格松（Lettau and Ludvigson）、凯斯（Case）等人及

① Bernanke, B. S., Blinder, A. S. "Credit, Money, and Aggregate Demand", *The American Economic Review*, vol. 78, no. 2 (1988), pp.435–439;
Bernanke, B. S., Blinder, A. S. "The Federal Funds Rate and the Channels of Monetary Transmission", *The American Economic Review*, vol. 82, no. 4 (1992), pp.901–921;
Bernanke, B. S., Gertler, M. "Agency Costs, Net Worth, and Business Fluctuations", *The American Economic Review*, vol. 79, no. 1 (1989), pp.14–31;
McCallum, B. T. "Targets, Indicators, and Instruments of Monetary Policy", *NBER Working Paper*, 1991, No. 3047;
Christiano, L. J. Eichenbaum, M. "Liquidity Effects, Monetary Policy, and the Business Cycle", *Journal of Money, Credit and Banking*, vol. 27, no. 4 (1992), pp.1113–1136;
Taylor, J. B. "Discretion versus Policy Rules in Practice", *Carnegie–Rochester Conference Series on Public Policy*, vol. 39, no. 2 (1993), pp.195–214;
Taylor, J. B. "The Monetary Transmission Mechanism: An Empirical Framework", *Journal of Economic Perspectives*, vol. 9, no. 11 (1995), pp.11–26;
Taylor, J. B. "Alternative Views of the Monetary Transmission Mechanism: What Difference Do They Make for Monetary Policy", *Oxford Review of Economic Policy*, vol. 16, no. 4 (2000), pp.60–73;
Kashyap, A. K., Stein, J. C., Wilcox, D. W. "Monetary Policy and Credit Conditions: Evidence from the Composition of External Finance", *The American Economic Review*, vol. 83, no. 1 (1993), pp.78–98;
Gertler, M., Gilchrist, S. "Monetary Policy, Business Cycles, and the Behavior of Small Manufacturing Firms", *The Quarterly Journal of Economics*, vol. 109, no. 2 (1994), pp.309–340;
Bernanke, B. S., Gertler, M. "Inside the Black Box: The Credit Channel of Monetary Policy Transmission", *Journal of Economic Perspectives*, vol. 9, no.4 (1995), pp.27–48;
Kashyap, A. K., Stein, J. C. "The Impact of Monetary Policy on Bank Balance Sheets", *Carnegie–Rochester Conference Series on Public Policy*, vol. 42, no. 1 (1995), pp.151–195;
Meltzer, A. H. "Monetary, Credit and (Other) Transmission Processes: A Monetarist Perspective", *Journal of Economic Perspectives*, vol. 9, no. 4 (1995), pp.49–72;
Mishkin, F. S. "Symposium on the Monetary Transmission Mechanism", *Journal of Economic Perspectives*, vol. 9, no. 4 (1995), pp.3–10;
Mishkin, F. S. "The Channels of Monetary Transmission: Lessons for Monetary Policy", *NBER Working Paper*, 1996, No. 5464;
Carlstrom, C. T., Fuerst, T. S. "Agency Costs, Net Worth, and Business Fluctuations: A Computable General Equilibrium Analysis", *The American Economic Review*, vol. 87, no. 5 (1997), pp.893–910;
Kiyotaki, N., Moore, J. "Credit Cycles", *Journal of Political Economy*, vol. 105, no. 2 (1997), pp.211–248;
Rotemberg, J. J., Woodford, M. "An Optimization-Based Econometric Model for the Evaluation of Monetary Policy", *NBER Macroeconomics Annual*, vol. 12 (1997), pp.297–346;
McCallum, B. T., Nelson, E. "Performance of Operational Policy Rules in an Estimated Semi-Classical Structural Model", in Taylor, J. B., ed., *Monetary Policy Rules*. Chicago: The University of Chicago Press, 1999, pp.15–56;
Clarida, R., Galí, J., Gertler, M. "The Science of Monetary Policy: A New Keynesian Perspective", *Journal of Economic Literature*, vol. 37, no. 4 (1999), pp.1661–1707;
Clarida, R., Galí, J., Gertler, M. "Monetary Policy Rules and Macroeconomic Stability: Evidence and Some Theory", *The Quarterly Journal of Economics*, vol. 115, no. 1 (2000), pp.147–180;
Svensson, L. E. O. "What Is Wrong with Taylor Rules? Using Judgment in Monetary Policy Through Targeting Rules", *Journal of Economic Literature*, vol. 41, no. 2 (2003), pp.426–477;
Blinder, A. S., Ehrmann, M., Fratzscher, M., et al. "Central Bank Communication and Monetary Policy: A Survey of Theory and Evidence", *Journal of Economic Literature*, vol. 46, no. 4 (2008), pp.910–945.

凯斯和奎格利（Case and Quigley）的研究又进一步丰富了财富效应（wealth effect）在货币政策传导机制中的角色。①

以上这些学术研究主要强调了不同传导渠道在货币政策传导机制中的重要性，但是在这些研究中并不容易直接探寻到前瞻性要素的痕迹。随着理性预期等相关研究的推进，无论是理论研究还是现实决策，现在的货币政策调控日益强调前瞻性问题。而前瞻性在货币政策传导框架中，主要体现为预期。欧洲中央银行和英格兰银行，分别将现实中的货币政策传导机制概括如图 3–2 和图 3–3 所示的框架。从中不难看出，欧洲中央银行认为，货币政策调控利率（官方利率）影响的第一层要素就是预期；英格兰银行也将预期要素放在官方利率影响的第一层次指标内。这些都从根本上体现了现代中央银行的前瞻性货币政策理念。

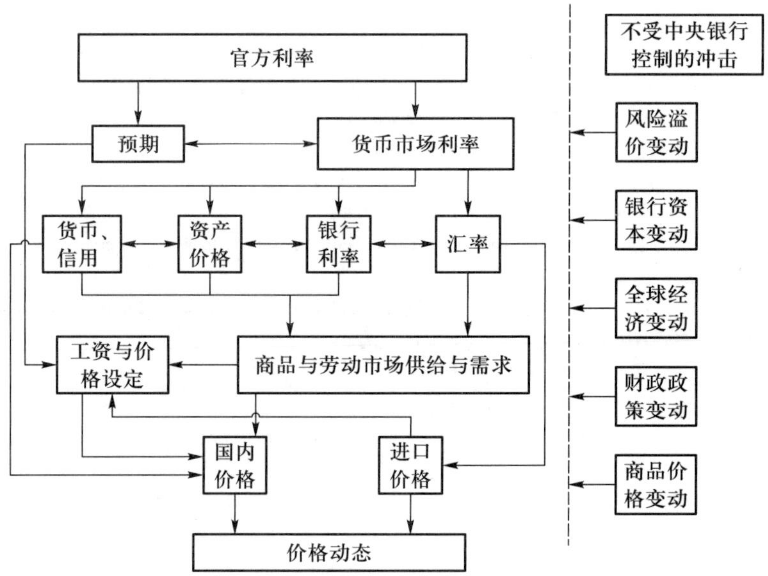


图 3–2　含有前瞻性理念的欧洲中央银行货币政策传导机制

① Lettau, M., Ludvigson, S. "Understanding Trend and Cycle in Asset Values: Reevaluating the Wealth Effect on Consumption", *The American Economic Review*, vol. 94, no. 1 (2004), pp.276–299;
Case, K. E., Quigley, J. M., Shiller, R. J. "Comparing Wealth Effects: The Stock Market Versus the Housing Market", *Advances in Macroeconomics*, vol. 5, no. 1 (2005), pp.1–32;
Case, K. E., Quigley, J. M. "How Housing Booms Unwind: Income Effects, Wealth Effects, and Feedbacks Through Financial Markets", *International Journal of Housing Policy*, vol. 8, no. 2 (2008), pp.161–180.

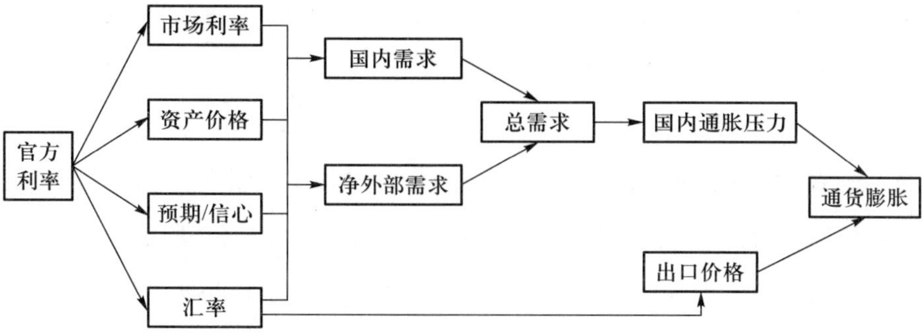


图 3–3　含有前瞻性理念的英格兰银行货币政策传导机制

## 第二节　传统理论的演进逻辑

近半个多世纪以来，经济学界对货币政策传导机制的理论研究一直没有停止过。我们在前面提到过，自 20 世纪 50 年代开始，货币政策传导机制理论已经受到了相当重视。在 20 世纪 60—70 年代弗里德曼所倡导的货币数量理论也为货币政策传导机制的货币主义学派理论奠定了坚实基础。此后，在 20 世纪 80—90 年代，更是货币政策传导机制理论不断发展和完善的最快时期，其间涌现出一批颇具影响力的重要研究成果。

从货币政策传导机制研究的发展进程来看，如果我们把回顾的时间集中于最近 30 年的发展历史，那么伯南克和布林德（Bernanke and Blinder）的研究是早期最重要的研究文献之一。[①] 他们认为，传统的 IS-LM 模型过度强调了银行持有的货币（即银行的负债）对总需求的影响，而银行贷款对总体经济产出的作用没有受到充分的重视。因此，伯南克和布林德拓展了传统的 IS-LM 模型，将信贷（即银行贷款）要素加入传统的 IS-LM 模型。经过这样的改进之后，就可以从理论上说明，如果中央银行调整货币政策，例如提高或者降低商业银行存款准备金，那么商业银行可用来放贷的资金必然要受到影响。由此，依赖银行贷款进行经营的企业及个体户的投资经营受到影响，最后传导到总体经济产出，从而形成所谓的货币政策的“狭义信贷”传导渠道。

在狭义信贷渠道研究的基础上，伯南克和格特勒正式提出了广义信贷渠道的理论模

① Bernanke，B. S.，Blinder，A. S. “Credit，Money，and Aggregate Demand”，*The American Economic Review*，vol. 78，no. 2（1988），pp.435–439.

型。[①] 其理论框架是建立在真实经济周期（real business cycle）理论的基础上的。真实经济周期理论的核心是新古典增长模型。[②] 新古典增长理论认为，经济周期的波动主要归因于真实（real）冲击因素。所谓真实冲击因素，是与名义（nominal）冲击因素（如影响价格变化的因素）相对的内容，例如与真实经济产出相关的冲击要素就是真实冲击因素。在真实经济周期理论看来，经济波动主要是由于外生的真实经济环境发生改变而造成的。伯南克和格特勒的基本理论正是基于这样的经济环境，并将企业融资和投资过程中可能存在的信息不对称引入真实经济周期模型，突出企业的资产平衡表中的企业净值对于企业向银行融资的重要性：只要中央银行能够通过货币政策有效地调控企业的资产平衡表，那么企业向各个银行机构借贷的能力就会受到影响，从而影响其投资情况，进而实现货币政策对宏观经济的传导。

从实质上看，伯南克和格特勒的主要贡献是巧妙地融合了两个方面的早期研究。一是米什金和伯南克关于资产平衡表对美国经济大萧条影响的研究[③]，二是汤森（Townsend）关于信息不对称问题（即代理成本问题）的研究。[④] 当然，以普莱斯考特（Prescott）等为代表的真实经济周期理论是伯南克和格特勒进行理论分析的基准模型。[⑤] 值得注意的是，卡尔斯姆和福斯特（Carlstrom and Fuerst）在伯南克和格特勒的基础上进一步研究了代理成本、企业净值及两者与经济波动之间的联系，拓展了一个可计算的一般均衡模型，用以分析广义信贷渠道下的货币政策传导机制。[⑥]

虽然信贷渠道的研究得到了学界的高度重视，但似乎并不能超越传统的利率渠道的重要性。特别是伯南克和布林德、泰勒及麦卡勒姆的研究表明，自希克斯（Hicks）提出

---

① Bernanke, B. S., Gertler, M. "Agency Costs, Net Worth, and Business Fluctuations", *The American Economic Review*, vol. 79, no. 1 (1989), pp.14–31.

② Prescott, E. C. "Theory Ahead of Business Cycle Measurement", *Carnegie-Rochester Conference Series on Public Policy*, vol. 25, no. 1 (1986), pp.11–44.

③ Mishkin, F. S. "The Household Balance Sheet and the Great Depression", *Journal of Economic History*, vol. 38, no. 4 (1978), pp.918–937;
Bernanke, B. S. "Non-Monetary Effects of the Financial Crisis in the Propagation of the Great Depression", *The American Economic Review*, vol. 73, no. 3 (1983), pp.257–276.

④ Townsend, R. M. "Optimal Contracts and Competitive Markets with Costly State Verification", *Journal of Economic Theory*, vol. 21, no. 2 (1979), pp.265–293;
Townsend, R. M. "Information Constrained Insurance: The Revelation Principle Extended", *Journal of Monetary Economics*, vol. 21, no. 3 (1988), pp.411–450.

⑤ Bernanke, B. S., Gertler, M. "Agency Costs, Net Worth, and Business Fluctuations", *The American Economic Review*, vol. 79, no. 1 (1989), pp.14–31.

⑥ Carlstrom, C. T., Fuerst, T. S. "Agency Costs, Net Worth, and Business Fluctuations: A Computable General Equilibrium Analysis", *The American Economic Review*, vol. 87, no. 5 (1997), pp.893–910.

传统的IS-LM模型以来，盛行了80年的利率传导渠道理论不仅具有凯恩斯的传统理论基础，而且具有不可动摇的现实基础。① 从内容上看，泰勒与麦卡勒姆主要强调短期利率是美联储的货币政策工具。特别值得一提的是，泰勒提出的利率对通货膨胀与真实经济产出缺口的反应方程式，被学界冠名为泰勒规则。泰勒规则的模型表现形式虽然简单，却精致地刻画了货币政策工具（短期名义利率）对总体经济变化的反应"规则"。泰勒规则是现代货币政策传导机制分析体系中的里程碑式模型，麦卡勒姆评价泰勒的文献为"真正极富思想性"的贡献。

几乎在同一时期，与泰勒的理论研究同样具有重要影响力的文献是伯南克和布林德的实证研究。伯南克和布林德运用动态矢量模型，综合研究了1959—1989年期间美国的货币供给（包括M1和M2）、三个月期国债利率、十年期债券利率和联邦基金利率分别对工业产出、产能使用（capacity utilization）、就业、失业率、新建房屋、个人收入、零售、消费和耐用品订单等对经济的影响情况。他们的研究结果发现，联邦基金利率对实体经济的动态影响最为明显，也就是说以联邦基金利率为代表的短期利率是货币政策传导的最重要渠道。

此后在1995年，《经济学视角期刊》（*Journal of Economic Perspectives*）发表了一期关于货币政策传导机制理论研究的特刊，将货币政策传导渠道的研究又推向了一个阶段性的高潮。② 其中，梅尔策及伯南克和格特勒分别对货币渠道、信贷渠道的传导机理进行了详尽描述。③ 而泰勒则着重强调利率渠道的重要作用。他指出，随着金融创新技术及金融管控等的不断发展，货币供给量变得越来越难以准确度量。因此从利率角度分析货币政策传导机制更符合现实发展的需要。④ 关于这一点，克拉里达等人再次强调，



① Bernanke，B. S.，Blinder，A. S. "The Federal Funds Rate and the Channels of Monetary Transmission"，*The American Economic Review*，vol. 82，no. 4（1992），pp.901–921；
Taylor，J. B. "Discretion Versus Policy Rules in Practice"，*Carnegie-Rochester Conference Series on Public Policy*，vol. 39，no. 2（1993），pp.195–214；
McCallum，B. T. "Discretion versus Policy Rules in Practice：Two Critical Points，a Comment"，*Carnegie-Rochester Conference Series on Public Policy*，vol. 39（1993），pp.215–220；
Hicks，J. R. "Mr. Keynes and the Classics：A Suggested Interpretation"，*Econometrica*，vol. 5，no. 2（1937），pp.147–159.

② *Journal of Economic Perspectives*，1995，vol. 9，no. 4.

③ Meltzer，A. H. "Monetary，Credit and（Other）Transmission Processes：A Monetarist Perspective"，*Journal of Economic Perspectives*，vol. 9，no. 4（1995），pp.49–72；
Bernanke，B. S.，Gertler，M. "Inside the Black Box：The Credit Channel of Monetary Policy Transmission"，*Journal of Economic Perspectives*，vol. 9，no.4（1995），pp.27–48.

④ Taylor，J. B. "The Monetary Transmission Mechanism：An Empirical Framework"，*Journal of Economic Perspectives*，vol. 9，no. 11（1995），pp.11–26.

如果把货币总量渠道作为货币政策传导机制的主渠道，那么会给宏观经济带来更大的波动性。①

针对不同渠道的货币政策传导，泰勒进行了详细地比较分析，并将自1993年至1999年期间关于货币政策传导渠道研究的多篇文献进行了分类。②注意，我们前面的讨论只是从传导渠道的大层面来区分货币政策传导机制，而泰勒的分类方法则更加细致。他采用了两种分类方法：一种是按照货币政策传导机制中研究总需求模型所采用的方法；另一种是根据货币政策传导机制中的通胀动态机制模型所使用的方法。通过这些分类比较研究，泰勒得到的基本结论是，无论从哪种渠道视角进行分析，货币政策传导机制最后都会得到比较类似的货币政策规则。这种规则实质就是我们前面提到的泰勒规则。也就是说，从央行的货币政策规则的选取角度看，尽管不同的传导渠道理论强调的重点不同，但是对于货币政策自身的反应机制并不会带来不同的影响。

最近十几年，货币政策传导机制的财富渠道也受到学界的重视。例如列图和路德维格松使用量化方法来区分消费支出与财富对应的永久性冲击和暂时性冲击，研究结果表明即使居民的净财富发生很小的变化，对总体消费支出的影响也会非常明显。③凯斯等人及凯斯和奎格利的研究又进一步从权益财富、房产财富等多个角度证明货币政策传导机制的财富渠道的重要性。④不过，财富渠道在现实中是否能够充分发挥货币政策既定的传导效应，还要与经济周期所处的阶段、央行政策调节的时机等结合起来看，才能确定。关于这一点，下文将会进一步阐述。

另外，货币政策传导机制的央行信息沟通（central bank communication）渠道是最贴近前瞻性货币政策框架的传导渠道。因为央行信息沟通的本质就是引导市场预期，提高央行货币政策传导效应。央行信息沟通作为货币政策传导的重要渠道之一，在过去二三十年间日益受到学界和决策层的重视。图3–2和图3–3所展示的欧洲央行和英国央

---

① Clarida，R.，Galí，J.，Gertler，M. “The Science of Monetary Policy: A New Keynesian Perspective”，*Journal of Economic Literature*，vol. 37，no. 4(1999)，pp.1661–1707.

② Taylor，J. B. “Alternative Views of the Monetary Transmission Mechanism: What Difference Do They Make for Monetary Policy”，*Oxford Review of Economic Policy*，vol. 16，no. 4(2000)，pp.60–73.

③ Lettau，M.，Ludvigson，S. “Understanding Trend and Cycle in Asset Values: Reevaluating the Wealth Effect on Consumption”，*The American Economic Review*，vol. 94，no. 1 (2004)，pp.276–299.

④ Case，K. E.，Quigley，J. M.，Shiller，R. J. “Comparing Wealth Effects: The Stock Market Versus the Housing Market”，*Advances in macroeconomics*，vol. 5，no. 1(2005)，pp.1–32；
Case，K. E.，Quigley，J. M. “How Housing Booms Unwind: Income Effects，Wealth Effects，and Feedbacks Through Financial Markets”，*International Journal of Housing Policy*，vol. 8，no. 2(2008)，pp.161–180.

行货币政策传导机制流程图就是现实中的实例。斯文松提出，央行信息沟通要比利率传导渠道更加重要，他甚至认为泰勒的利率调整规则存在错误，更谈不上“真正极富思想性”的贡献。[①] 斯文松的这一结论显然有些过于武断。虽然央行信息沟通的理念非常重要，但是据此便否定泰勒规则的贡献并不妥当。与斯文松的强硬结论相比，布林德等人的研究则柔和得多。《央行信息沟通与货币政策：理论与证据调研》这篇重要文章，并未把焦点放在泰勒规则是否具有重要贡献方面，而是深入、系统地阐释了央行信息沟通对于货币政策有效传导的重要性，促使学界重新审视央行信息沟通在各种渠道中的相对重要地位。[②]

总体来看，尽管至今经济学界对通过何种渠道货币政策传导最有效仍没有达成共识，但是比较公认的重要渠道可以概括为六大类：①利率传导渠道，②信贷传导渠道，③货币传导渠道（也称为货币学派传导渠道），④汇率传导渠道，⑤财富传导渠道，⑥央行信息沟通渠道。

我们注意到，虽然这些传导渠道的理论模型各有千秋，但仍然存在三个共同问题。一是因过度强调某一个渠道的主导作用，而忽视了多个渠道共同作用的综合传导机制。二是对预期理念的忽视（或者说不重视），除了央行信息沟通渠道直接与预期相关，其他渠道一般较少明确强调预期和前瞻性框架的重要性。即使提及预期，也并未将预期提升到前瞻性政策框架的高度。三是较少考虑货币政策通过对金融市场的影响从而作用于总体经济产出的渠道。而从2007—2008年爆发的全球性金融危机对实体经济的冲击来看，货币政策与金融市场之间的动态互动影响不容忽视，而且金融市场传导渠道的形成，会打破货币政策工具的传统内容，带来货币政策创新。货币政策创新又会再通过包括金融市场在内的综合渠道向实体经济传导。显然，基于传统货币政策传导机制探索前瞻性要素的微妙作用，并深入理解含有前瞻性的综合传导链条在实践中的有效运行机制，不仅对货币政策传导机制的理论发展具有重要意义，而且对我国中央银行今后选择有效的货币政策传导机制同样具有现实意义。

① Svensson，L. E. O. “What Is Wrong with Taylor Rules? Using Judgment in Monetary Policy Through Targeting Rules”，*Journal of Economic Literature*，vol. 41，no. 2（2003），pp.426–477.

② Blinder，A. S.，Ehrmann，M.，Fratzscher，M.，etc. “Central Bank Communication and Monetary Policy：A Survey of Theory and Evidence”，*Journal of Economic Literature*，vol. 46，no. 4（2008），pp.910–945.

# 第三节　传统理论的阐释：探寻前瞻性

## 一、利率传导渠道

在货币政策传导机制中，利率传导渠道应该是最重要也是最主要的一种货币政策传导模式。从实际作用机制来看，利率传导渠道属于传统的凯恩斯 IS-LM 模型的核心内容。IS-LM 模型被公认为是由希克斯最初提出来的，因此关于利率渠道的研究迄今已有 80 多年的历史。[①] 而所谓 IS-LM，就是投资与储蓄（Investment-Saving）和流动性偏好与货币供给（Liquidity preference-Money supply）的简称，这一机制特别强调利率对投资乃至总产出的调节作用。

在相关研究中，泰勒是利率传导渠道的倡导者和坚定支持者。[②] 而伯南克和布林德是非常具有影响力的研究者（截至 2017 年 10 月 1 日，谷歌引用 4 035 次）。他们从实证角度验证了利率渠道是美国货币政策传导的现实模式。[③] 米什金将利率渠道传导机制归纳为从货币政策到经济产出的单向传导路径。[④] 在本书的分析中，注重货币政策与实体经济在短期内的动态互动影响。因此，在这里我们可以将利率传导渠道概括为一个动态循环机制，如图 3-4 所示。

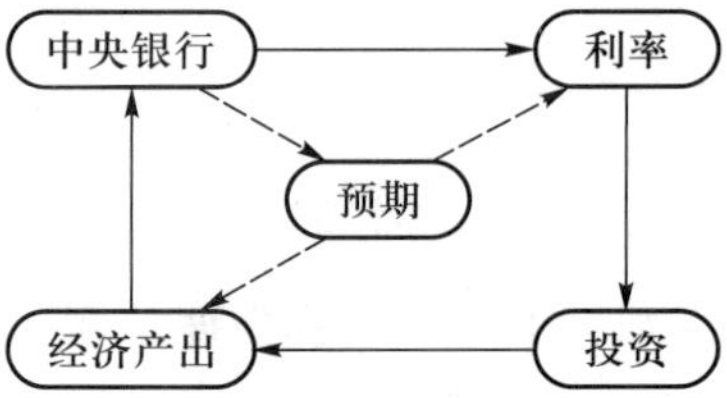


图 3-4　货币政策的利率渠道传导机制

具体来说，假定中央银行以短期名义利率作为主要货币政策工具，那么央行政策变

---

① Hicks, J. R. "Mr. Keynes and the Classics: A Suggested Interpretation", *Econometrica*, vol. 5, no. 2 (1937), pp.147–159.

② Taylor, J. B. "Discretion Versus Policy Rules in Practice", *Carnegie-Rochester Conference Series on Public Policy*, vol. 39, no. 2 (1993), pp.195–214;

Taylor, J. B. "The Monetary Transmission Mechanism: An Empirical Framework", *Journal of Economic Perspectives*, vol. 9, no. 11 (1995), pp.11–26;

Taylor, J. B. "Alternative Views of the Monetary Transmission Mechanism: What Difference Do They Make for Monetary Policy", *Oxford Review of Economic Policy*, vol. 16, no. 4 (2000), pp.60–73.

③ Bernanke, B. S., Blinder, A. S. "The Federal Funds Rate and the Channels of Monetary Transmission", *The American Economic Review*, vol. 82, no. 4 (1992), pp.901–921.

④ Mishkin, F. S. "Symposium on the Monetary Transmission Mechanism", *Journal of Economic Perspectives*, vol. 9, no. 4 (1995), pp.3–10.

化最先表现为对短期名义利率的调整。短期名义利率变化以后，最先要影响长期利率。这一点从利率的期限结构理论就可以解释。例如当短期名义利率上升以后，投资人一般都会有所反应，在不同期限债务工具的到期收益率之间运用套利操作，消除经风险调节的收益率之间的差别，最终使得长期利率上升。[①]

同时，如果假设存在名义价格刚性，那么名义利率的变化将导致真实利率发生变化。真实利率是名义利率经过通胀预期调整以后的利率水平。如果我们使用 $r$ 表示真实利率，$i$ 表示名义利率，$E_t\pi_{t+1}$ 表示预期通胀率（即基于 $t$ 期及之前的所有信息对 $t$+1 期通胀率的预测），则有：

$$r_t = i_t - E_t\pi_{t+1}。 \qquad (3\text{–}1)$$

因此，只要通胀预期与名义利率上升或者下降的幅度不同，名义利率的改变就会导致真实利率变化。注意，真实利率与名义利率和预期通胀率之间的关系式（3–1）让我们探寻到了预期要素在货币政策的利率传导机制中的作用。泰勒强调指出，如果通胀预期是理性的，这种预期一般都会具有刚性特点。即使在短时期内也需要缓慢调整，从而可以保证名义利率的变化会引起真实利率的变化。[②] 当然，由于通胀预期并不容易观测到，所以很多实践分析使用当期通胀率或者适应性预期表达式来代替 $E_t\pi_{t+1}$，导致事前真实利率（ex ante real interest rate）变成了事后真实利率（ex post real interest rate）。这样就难以真正体现货币政策的前瞻性。

假定真实利率上升，公司和企业的融资成本就会增加，而如果一个企业的决策者比较理性的话，自然会在真实利率出现上扬之后减少投资支出。当然，真实利率如果大幅上升，也会大大降低家庭买房、购车和购置其他耐用品的热情。其结果一般会造成投资下滑，总产出下降，失业率上升。当实体经济表现偏离央行的目标时，央行又会再次进行货币政策调整，如从偏紧的货币政策调整为宽松的货币政策，从而形成一个完整的货币政策传导机制。注意，我们这里归纳的传导机制与已有研究[③] 之间的一个重要区别就是强调循环式的传导机制，而不是仅从货币政策开始到实体经济结束的一个单向传导过程。

那么现实情况如何呢？为了说明问题，我们以美国 1960 年 1 月至 2017 年 8 月期间



① Ireland，P. N. "The Monetary Transmission Mechanism"，in Durlauf，S. N.，Blume，L.，eds.，*The New Palgrave Dictionary of Economics*. Hampshire：Palgrave Macmillan Ltd，2005，pp.9–25.

② Taylor，J. B. "The Monetary Transmission Mechanism：An Empirical Framework"，*Journal of Economic Perspectives*，vol. 9，no. 11（1995），pp.11–26.

③ Mishkin，F. S. "Symposium on the Monetary Transmission Mechanism"，*Journal of Economic Perspectives*，vol. 9，no. 4（1995），pp.3–10.

的数据为例，在图 3–5 中比较了美国短期利率与长期利率的动态走势，其中短期和长期利率分别用有效联邦基金利率和十年期国债收益率来度量。比较不同时期长短期利率走势之间的差别，我们可以看到，短期利率一般先发生变化，例如在 1968 年的时候，为应付日益加剧的通胀压力，美联储开始提高联邦基金利率，随后十年期的固定政府债券收益率也开始出现上扬态势。同样，在 1980 年左右，美国日益恶化的通货膨胀促使美联储大幅抬升短期利率水平，长期利率水平也跟着开始上升。而在 1990 年之后美联储几次大手笔以降息来刺激经济的过程中（如图 3–5 中所示的 1992—1993 年、2001—2004 年，及 2008—2017 年初），长期利率也都会在短期利率调整之后出现同方向变化。

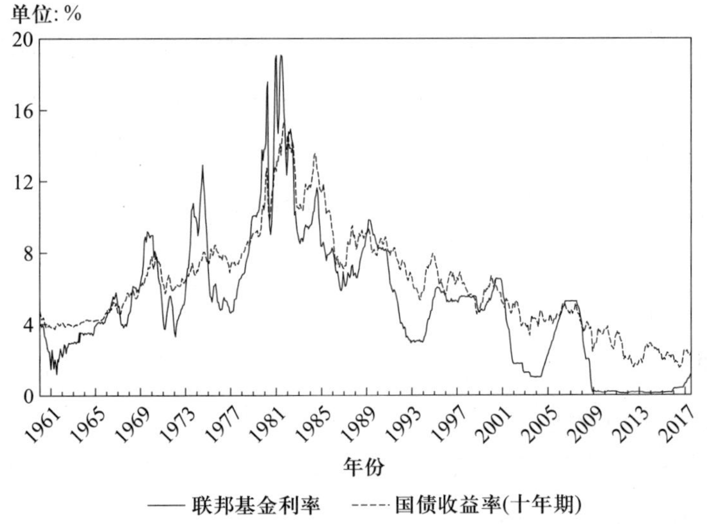


图 3–5　美国国债收益率与有效联邦基金利率比较：1960 年 1 月至 2017 年 8 月

数据来源：根据美联储圣路易斯分行数据整理。

按照我们前面分析的逻辑，名义利率特别是长期名义利率发生变化以后，长期真实利率也会随着改变。而长期真实利率一旦发生变化，投资者的投资行为也会受到影响。如果真实利率上升，实际上会造成投资人的借贷成本提高，那么正常情况下投资人就会紧缩投资消费支出，从而导致总体投资消费的增长率相应降低，最后会传导到失业率和真实经济总产出上来。

作为示范，图 3–6 描绘了美国真实利率（以联邦基金利率减去当期 CPI 增长率计算）与真实经济产出增长率自 1960 年至 2017 年期间的季度时序图。按照利率渠道理论，真实利率上升，真实经济产出增速会随之下降，反之则上升。图 3–6 基本上反映出了这样的对应关系。特别明显的是在 1975 年和 1981 年，真实利率加速下滑之后经济增长率开始上升，而在 1976 年至 1978 年期间，当真实利率由负值逐渐上升的过程中，真实经济产出增长率出现减缓的迹象。当然，如果仔细比较真实利率与真实经济增长率的时序图示就会发现，二者之间的走势存在较为明显的时滞。

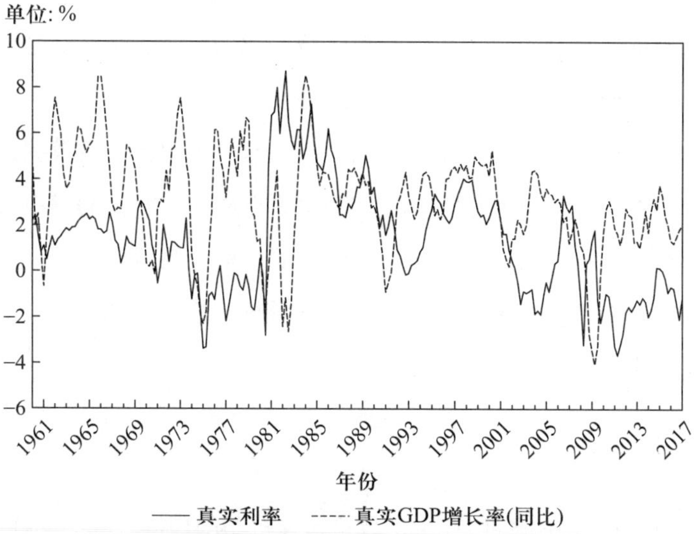


图 3–6　美国真实利率与真实 GDP 增长率：1960 年第一季度至 2017 年第二季度

数据来源：根据美联储圣路易斯分行数据计算。

从上面的分析中我们看到，在很多时期真实利率与真实经济增长率之间的一一对应关系并不明显，这是否意味着已有理论与实际经济运行情况并不一致呢？对这个问题的回答，可以归结到对 IS 模型的拓展研究。例如传统的 IS 理论认为，真实利率的升（降）与真实经济增长率的降（升）存在一一抵换关系，即

$$y_t=\beta r_t; \tag{3–2}$$

其中 $y_t$ 用来表示真实经济产出增长率，$r_t$ 仍然代表真实利率，$\beta$ 是斜率系数。根据对应的经济理论背景，$\beta$ 应该为负值。

但是，这一传统的 IS 经济模型并没有完全捕捉到真实经济产出增长率的所有重要驱动因素，特别是市场对未来经济走势的预期。因此，IS 模型可以拓展为含有理性预期要素的动态模型形式，即

$$y_t=\alpha E_t y_{t+1}+\beta r_t; \tag{3–3}$$

其中 $E_t y_{t+1}$ 表示在 $t$ 时刻市场对未来（$t$+1）时刻真实经济产出增长率的预期，$\alpha$ 是相应的系数。因为对经济产出的预期与经济产出一般是正向关系，所以 $\alpha$>0。

这样，从模型（3–2）中对真实经济产出增长率的动态驱动因素的描述就可以理解，

真实经济增长率与真实利率之间不一定完全表现为一一对应关系。例如当真实利率上升时，如果幅度不大，而此时市场对未来经济走势又比较看好，那么完全有可能出现真实经济增长率不降反升的情况。也就是说，当经济变量的驱动因素多于一个的时候，对该经济变量的走势分析需要客观地考虑多个因素同时作用的结果。

利率传导渠道的最后环节是中央银行对经济变化的反应。当真实经济产出在短期内受到货币政策的影响而发生变化之后，如果这种变化偏离央行的目标，例如央行预定目标是真实经济增长率为5%，而实际表现为3%，那么中央银行就会根据这一表现再来调整利率政策，如通过公开市场操作下调短期利率，形成一个宽松的货币政策环境，以期刺激经济增长。这样，一个完整的基于利率渠道的货币政策传导机制就形成了。在利率传导渠道中（图3–4），我们看到了预期在央行政策施行过程中的作用，这些作用反映出了前瞻性货币政策的理念。

## 二、信贷传导渠道

信贷传导渠道（credit channel）在货币政策传导机制的理论研究中同样具有重要地位，其发展历史也有相当长的时间。学术界普遍认为，关于货币政策信贷传导的研究思想可以回溯到鲁萨的研究。[①] 后来，伯南克和布林德基于托宾（Tobin）、布伦纳和梅尔策（Brunner and Meltzer）、布林德对LM曲线模型的研究，以及伯南克对大萧条时期银行贷款市场的研究，将信贷传导渠道的理念再次提到了货币经济学研究领域的日程上来。[②]

从实质上说，伯南克和布林德提出的信贷传导渠道是一种狭义信贷渠道。之所以称之为狭义信贷渠道，是因为这种渠道的传导机制主要强调银行在信贷市场中的作用，而不考虑企业和消费者的角色，这一点与后来他们的研究及伯南克和格特勒的研究强调的

---

① Roosa，R. V. "Interest Rates and the Central Bank"，in Johnson，H. G.，ed.，*Money，Trade，and Economic Growth*. London：Macmillan，1951，pp.270–295.

② Bernanke，B. S.，Blinder，A. S. "Credit，Money，and Aggregate Demand"，*The American Economic Review*，vol. 78，no. 2（1988），pp.435–439；
Tobin，J. "A General Equilibrium Approach to Monetary Theory"，*Journal of Money，Credit and Banking*，vol. 1，no，1（1969），pp.15–29；
Brunner，K.，Meltzer，A. H. "Friedman' s Monetary Theory"，*Journal of Political Economy*，vol. 80，no. 5（1972），pp.837–851；
Blinder，A. S. "Credit Rationing and Effective Supply Failures"，*Economic Journal*，vol. 97，no. 286（1987），pp.327–352；
Bernanke，B. S. "Non-Monetary Effects of the Financial Crisis in the Propagation of the Great Depression"，*The American Economic Review*，vol. 73，no. 3（1983），pp.257–276.

广义信贷渠道存在明显差别。[①] 但无论是广义信贷渠道还是狭义信贷渠道，都源自信贷市场存在的代理问题（agency problem）[②]。

我们先来讨论货币政策的狭义信贷传导机制，这种渠道也称为银行放贷渠道（bank lending channel）。伯南克和布林德是狭义信贷渠道理论的重要代表。其理论分析从三个市场出清条件出发，第一个是信贷市场出清条件，即

$$L(\rho, i, y) = \lambda(\rho, i) D(1-\tau); \tag{3-4}$$

其中在等式左边，$L(\cdot)$ 表示信贷函数，$\rho$ 代表贷款利率，$i$ 代表债券利率，$y$ 代表总体经济产出。在等式右侧，$\lambda(\rho, i)$ 表示与 $\rho$ 和 $i$ 相关的函数，$D$ 表示银行负债（即存款），$\tau$ 表示存款准备金率。这样不难看出，等式（3–4）的左侧实质上就是贷款需求，右侧是银行的贷款供给，在市场出清的条件下二者相等。

第二个是货币市场出清条件，即

$$D(i, y) = m(i) R; \tag{3-5}$$

其中 $D(i, y)$ 表示存款需求，$m(i)$ 是货币乘数，$R$ 表示银行准备金。根据这一设计，公式（3–5）实际上是一个传统的 LM 曲线模型。伯南克和布林德指出，因为货币需求加上债券需求再减去贷款需求就等于总体金融财富，所以等式（3–5）中的 $D(i, y)$ 与等式（3–4）中的 $L(\rho, i, y)$ 从实质上确定了非银行部门（即企业和私人）对债券的需求函数。

第三个市场出清条件是在产品市场上。产品市场出清条件相对比较简单，可以使用 IS 模型来概括，即

$$y = Y(i, \rho); \tag{3-6}$$

当然，如果使用更准确的定义，这里总需求函数 $Y(i, \rho)$ 中的利率应该为经过通胀预期调整后的真实利率，但伯南克和布林德在分析中假定通胀预期恒定不变，所以等式（3–6）中使用的仍然是名义利率。

通过以上三个市场出清条件，信贷（即银行贷款）被引入传统的 IS-LM 模型系统中。不难看出，在这样一个模型系统内，即使银行对大型企业的融资影响不大（因为大型企业可能不需要通过银行就能够直接通过股票和债券等市场进入信贷市场融资），但是银行在小企业或者是私人寻求贷款的过程中扮演着非常重要的角色。只要银行贷款与企

① Bernanke, B. S., Gertler, M. "Inside the Black Box: The Credit Channel of Monetary Policy Transmission", *Journal of Economic Perspectives*, vol. 9, no. 4 (1995), pp.27–48.

② 金融市场上存在的信息不对称及强制履行借贷契约会发生成本等问题，都会造成代理问题的出现。

业和私人的经营行为有所联系，那么中央银行就可以通过增加或者减少银行存款准备金来控制银行的贷款能力，从而影响实体经济。归纳起来，狭义信贷渠道传导机制可以用图 3–7 来表示。

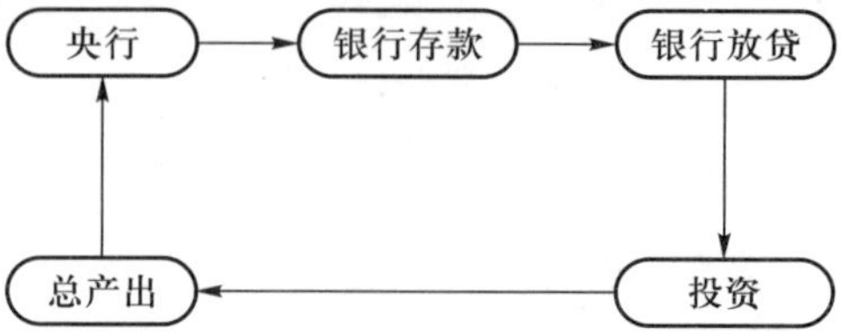


图 3–7　狭义信贷渠道传导机制

与狭义信贷渠道相对的是广义信贷渠道，也称为“资产负债表”（balance-sheet）渠道，这里的资产负债表指的是企业的资产负债表。货币政策的广义信贷渠道指货币政策通过影响企业资产负债表当中的企业净值（例如紧缩政策可能导致企业权益价格下降）、现金流及流动性资产等，来影响企业的融资能力，进而影响企业投资并最终导致总体经济产出发生变化。当然，在这个渠道的传导链条中，并不排除货币政策也会影响普通消费者的消费支出，特别是在耐用品和房地产方面的消费支出。从这个意义上讲，应该把企业的资产负债表理解为包括私人借贷者（当然同时也是消费者）在内的广义资产负债表。在下面的分析中我们将会看到，广义信贷渠道确实包含企业投资和私人消费两个层面的传导机制。

需要指出的是，伯南克和格特勒在广义信贷渠道分析中，将企业净值定义为企业资产负债表中可以用来进行质押的净值，并且从以下两个方面强调企业净值的重要性。第一，只要在借款和放贷双方之间存在信息不对称，那么相对于最优的完全信息均衡下的情况，即使最佳的财务安排也会出现无谓损失（deadweight loss），即代理成本。第二，这些代理成本相对于内部资金来说，属于外部的高成本。而对于企业来讲，其净值越高，预期代理成本就会越低。因此如果企业步入低净值时期，其投资就面临着相对较高的代理成本。正是从这个意义上说，中央银行的货币政策可以通过信贷渠道影响企业资产负债表（特别是净值）从而影响企业投资和最终的宏观经济表现。①

那么央行是通过什么过程来影响借贷人的资产负债表呢？米什金从企业投资和私人消费两个层面总结了货币政策的信贷传导机制。②

---

① Bernanke, B. S., Gertler, M. “Agency Costs, Net Worth, and Business Fluctuations”, *The American Economic Review*, vol. 79, no. 1 (1989), pp.14–31.

② Mishkin, F. S. “Symposium on the Monetary Transmission Mechanism”, *Journal of Economic Perspectives*, vol. 9, no. 4 (1995), pp.3–10.

首先，从企业投资层面看，货币政策对实体经济的传导渠道又可以细分为权益价格和现金流两个方面。对于权益价格，宽松的货币政策可以提高企业的权益价格，从而增加企业的净值。企业净值提高了，意味着企业拥有更高的质押价值用来贷款；由逆向选择问题带来的潜在损失就会降低，企业融资渠道和能力自然都会增强；同时企业也就会减少融资过程中的道德风险问题，投资随之更加旺盛，对总体经济的贡献增加；最后带来宏观经济产出的增加。与其他传导机制类似，总体经济产出的变化又会作用于中央银行的货币政策，形成完整的货币政策传导机制，图 3–8 归纳了货币政策通过权益价格传导的过程。

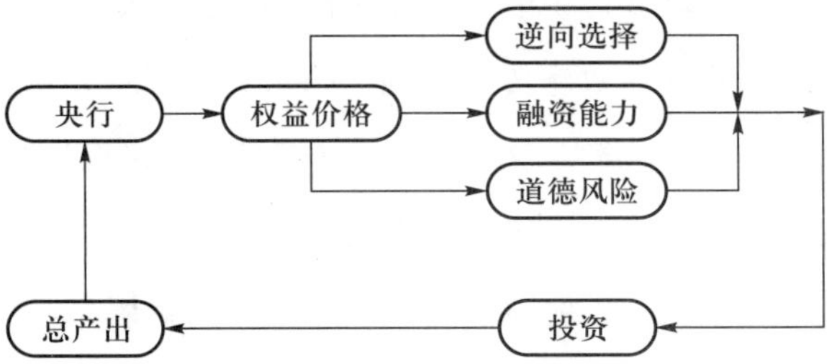

图 3–8　广义信贷渠道中的权益价格传导机制

对于现金流，信贷渠道理论认为宽松的货币政策可以提高企业的现金流，从而降低逆向选择和道德风险问题出现的可能性，增强企业融资能力，投资随之上升，进而促进总体经济产出。当然央行针对总经济产出的变化会反过来来调整货币政策，图 3–9 概括了上述传导机制。

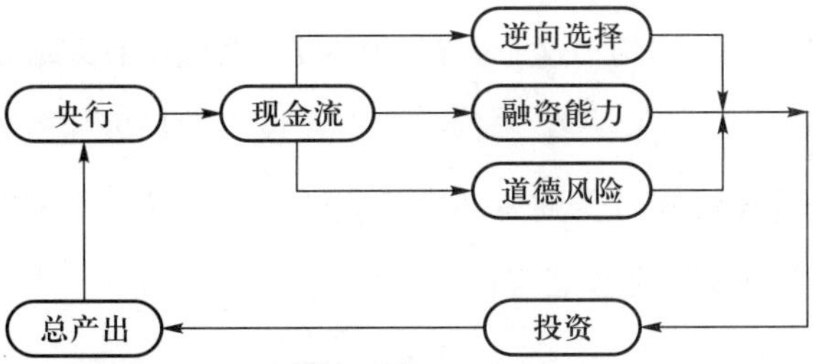

图 3–9　广义信贷渠道中的现金流传导机制

其次，从私人消费层面看，货币政策的广义信贷传导渠道主要体现在两个方面。第一是有限的信贷来源与现金流问题。众所周知，美国的私人储蓄率比较低，私人消费者一般在购置大件商品（特别是耐用消费品）及房产等时会向银行借款。这是他们长期以来形成的消费模式。当美联储开始实行紧缩的货币政策时，私人消费者就不那么容易得到贷款来购买耐用消费品，私人的家庭资产负债表上现金流也会出现短缺。私人消费受到打压，经过一段时间以后，总体经济就会受到消费不振的影响出现不同程度的下滑。

因此，使用图 3–9 同样能概括货币政策的广义信贷渠道中的私人消费传导机制。

当然，如果我们考虑中国的私人消费者，情况可能就有所不同。因为我们很清楚中国具有非常高的私人储蓄，所以私人消费者即使不向银行贷款，他在耐用商品方面的潜在消费能力也是相当高的。有很高比例的中国消费者在消费习惯和消费模式方面受到各方面因素的制约，而不可能完全像美国消费者那样进行消费。从这个角度讲，广义信贷渠道在私人消费层面的传导理论并不一定适用于中国的现实情况。

从私人消费层面理解信贷渠道的第二个方面是流动性效应问题。这里的流动性主要是指金融资产的流动性。流动性好说明资产变现能力高，流动性差指的是资产短期变现能力低。对于信贷渠道的流动性效应传导问题，归结起来实质上是心理预期因素起了主要作用。为什么这么说呢？当紧缩货币政策大行其道时，不仅仅是银行系统出现“惜贷”状况，更多的是私人消费者在心理上感受到个人的财务危机，在心理上预感到未来一段时间内自己财务状况可能不佳，不愿意去购买流动性差的耐用品，转而青睐于更具有流动性的金融资产。中小企业亦是如此。在这种情况下，我们可以用图 3–7 来归纳广义信贷渠道的流动性效应传导机制。

图 3–10 所刻画的是完全从私人消费层面理解广义信贷渠道的流动性效应传导机制。我们可以对这个机制加以拓展，将企业层面的因素考虑进来。例如当金融市场权益价格发生变化时，特别是当股市大跌的时候，企业手中拥有的资产价值会出现大幅缩水。此时，企业对短期内获得流动性资产的预期也会下降，从而导致众多行业谨慎投资或者是干脆不再扩大投资。正如上文提到的，这个时候即使银行系统没有采取惜贷措施，从企业自身来讲也没有动力和热情去向银行融资，因此企业投资的扩展速度就会下降。在这种情况下，私人消费与企业投资同时受到流动性效应的影响，综合起来对总产出的影响要比单独从私人消费或者单独从企业投资层面考虑更大。

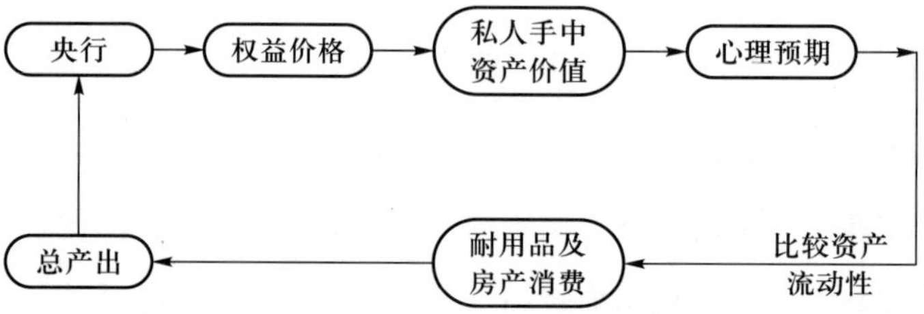


图 3–10　广义信贷渠道中私人消费层面的流动性效应传导机制

图 3–11 归纳了我们这里提出的广义信贷渠道中私人与企业综合层面的流动性效应传导机制。虽然这一机制从表面上似乎是图 3–8 和图 3–10 的合成，但这里强调的是从权

益价格影响心里预期因素，进而影响消费和投资并最终影响总产出的过程，而图 3-8 中所描述的传导机制并没有考虑预期因素。

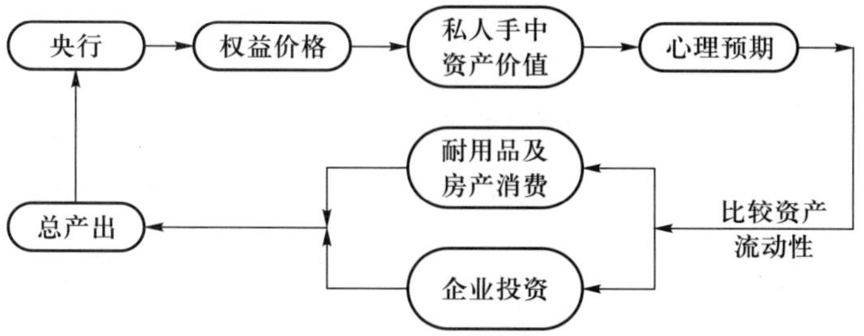


图 3-11　广义信贷渠道中私人与企业综合层面的流动性效应传导机制

总体来说，无论是狭义信贷渠道还是广义信贷渠道，其传导过程中的首要环节是央行的货币政策调整。是采取紧缩的政策，还是采取宽松的政策，货币政策的不同姿态主要通过短期利率变化表现出来。因此，信贷渠道的传导并不能排除利率传导机制的作用。从这个意义上讲，信贷传导渠道是放大了利率渠道的传导效应，称之为“金融加速器”[①]确实比较恰当。在信贷传导渠道从狭义渠道发展到广义渠道的进程中，我们也看到了预期要素在传导体系中从无到有的发展过程。这一发展暗示了前瞻性货币政策理念的重要性。

## 三、货币主义传导渠道

我们分析的第三个传导渠道是货币渠道，也可以称为货币主义渠道（monetarist channel），弗里德曼和梅尔策是货币渠道理论的主要代表。[②]货币渠道理论认为，当央行通过改变名义和真实货币供应量来调整货币政策时，并不只会带来某一个短期利率的变化，还会造成各种各样的本国和外国资产的实际价格和预期价格同时发生变化。货币渠道强调的是货币政策对投资人的投资组合中资产相对数量变化的直接影响。由于不同资产之间并非完全替代，所以货币政策变化带来的到期资产的投资组合变化，会导致资产

① Taylor，J. B. “Alternative Views of the Monetary Transmission Mechanism：What Difference Do They Make for Monetary Policy”，*Oxford Review of Economic Policy*，vol. 16，no. 4（2000），pp.60–73；
Kuttner，K. N.，Mosser，P. C. “The Monetary Transmission Mechanism：Some Answers and Further Questions”，*Economic Policy Review*，*Federal Reserve Bank of New York*，vol. 8，no. 1（2002），pp.15–26.

② Friedman，M. *The Quantity Theory of Money*. Chicago：The University of Chicago Press，1956，pp.35–446；
Friedman，M. “A Theoretical Framework for Monetary Analysis”，*Journal of Political Economy*，vol. 78，no. 2（1970），pp.193–238；
Meltzer，A. H. “Monetary，Credit and（Other）Transmission Processes：A Monetarist Perspective”，*Journal of Economic Perspectives*，vol. 9，no. 4（1995），pp.49–72.

的相对价格发生变化，进而影响真实经济表现。因为货币传导渠道明确指出利率变化对预期价格具有影响，所以尽管预期要素和前瞻性框架并不是货币传导渠道强调的核心内容，其传导机制中也会体现出一定程度的前瞻性理念。

在货币主义学派看来，我们前面分析中强调的利率只不过是众多相对资产价格当中的一种价格。梅尔策认为，如果仅仅从这一个利率渠道出发、以 IS-LM 模型系统为基础来分析货币政策传导机制，那么至少忽略了五个方面的重要内容。第一是忽略了资产存量的调整作为资本积累过程中新的投资；第二是不能准确地区分利率调整过程中短期利率与长期利率的角色；第三是没有考虑金融中介的重要作用；第四是没有分清货币究竟是债券还是真实资本的替代品；第五是忽略了短期利率的调整往往是极短时间内的一个随机变化、并不影响消费决策的事实。

梅尔策以资产市场（asset market）与产出市场（output market）两个市场的均衡条件为基础来分析货币渠道的货币政策传导机制。货币渠道分析强调，在投资人的资产组合中，基础货币变化和债券存量变化对利率和资产价格的影响是不同的，这种不同影响最后要传导到产出市场。至于如何传导到产出市场，梅尔策提出信息成本特别是区分永久性变化与暂时性变化的成本是关键。例如央行通过公开市场操作可以降低利率，但同时可能也会提高资产价格，使得投资组合又回到一个新的均衡状态，资产市场也回复到新的均衡状态。但是，此时产出市场并未进入均衡状态。由于现有资产价格上升，高于生产新产品的成本，新产品的相对价格实际上是下降的，也就说现在购买新产品要便宜，所以总需求就会发生变化（上升）。因此，只要资产市场价格在货币政策影响下发生变化，资产的相对价格就会随之改变，进而总需求就会受到影响，最后传导到总体经济产出。而总体经济产出的变化反过来又要作用于货币政策，从而形成完整的货币政策传导机制。

根据货币传导渠道的基本原理，图 3-12 分别描绘了资产市场均衡与产出市场均衡的情况。其中图 3-12（a）中的 MM 曲线代表货币市场均衡路径，CM 代表证券市场均衡路径。货币传导渠道理论强调，在投资人的资产组合中，基础货币变化和债券存量变化对利率和资产价格的影响是不同的，这种不同影响最后要传导到产出市场。至于如何传导到产出市场，梅尔策提出区分信息成本特别是永久性变化与暂时性变化的成本是问题的关键。例如央行通过公开市场操作可以降低利率，但同时可能提高了资产价格，使得投资组合又回到一个新的均衡状态，资产市场也回复到新的均衡状态。但是，此时产出市场并未进入均衡状态。由于现有资产价格上升，高于生产新产品的成本，新产品的相对价格实际上是下降的，也就说现在购买新产品要便宜，所以总需求就会发生变化（上升）。因此，只要资产市场价格在货币政策影响下发生变化，资产的相对价格就会随之改变，进而总需求也会受到影响，最后传导到总体经济产出。与前面介绍的思路类似，总体经济产出的变化反过来又要作用于货币政策，从而形成完整的货币政策传导机制。

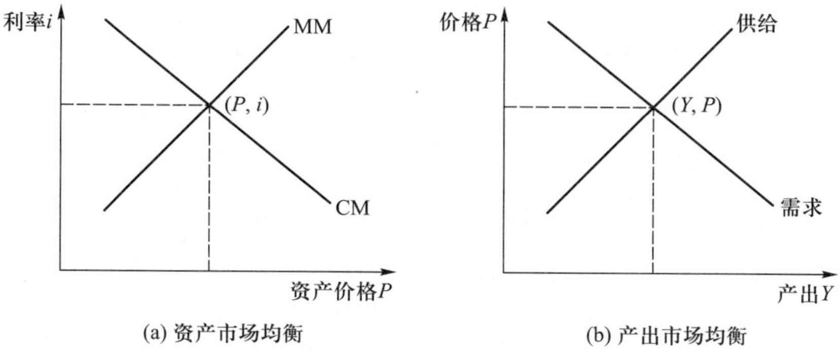


图 3–12　货币主义传导渠道分析中的均衡

从实质上看，货币主义传导渠道的理论支柱是托宾 $q$ 理论[①]。所谓托宾 $q$ 理论，实际上指的是用 $q$ 来定义企业的市场价格与资本的置换成本的比率，其中企业的市场价格一般可以用企业的权益价格来体现，企业的资本指的是厂房、设备等资产。所以顾名思义，置换成本就是指重新添置或者更新设备等需要消耗的成本。这样，从 $q$ 的高低可以比较出企业市场价格与置换资本的成本高低来。例如当 $q$ 值较低时，企业的市场价格相对于置换资本的成本就比较低，换句话说企业置换资本的成本高于企业的市场价格。此时，企业一般就不会以扩大发行股权的方式来购买和置换厂房设备等。反过来，当 $q$ 值较高时，企业的市场价格相对于置换资本的成本就比较高，企业就会有动力扩张权益，投资购买、置换厂房设备等，从而使投资规模扩大。

通过以上阐释不难看出，一个紧缩（宽松）的货币政策可以影响企业权益价格降低（上升），从而表现为 $q$ 值的下降（上升），进而影响投资并最终反映在总体经济产出上。因此，货币主义渠道可以用图 3–13 来概括，其中预期是指在央行影响利率进而影响权益价格的过程中，至少有一部分是通过预期因素形成的。我们在前面提到，梅尔策认为利率只不过是货币政策传导机制中众多的

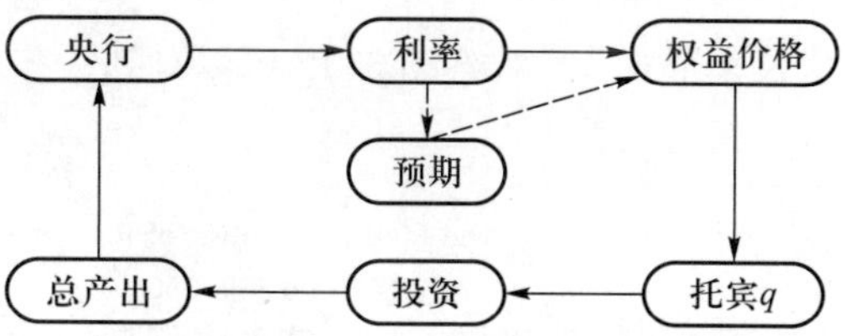


图 3–13　托宾 $q$ 与货币主义传导渠道

① Tobin, J. "A General Equilibrium Approach to Monetary Theory", *Journal of Money, Credit and Banking*, vol. 1, no. 1 (1969), pp.15–29.

资产相对价格其中之一。从这个角度看，先前研究[①]发现的利率在货币政策传导机制中的重要作用，都可以看成是资产相对价格的周期性变化。因此，梅尔策认为利率渠道中强调利率的角色与货币主义的分析实质上完全一致。只不过单从利率角度分析无法涵盖所有的相对价格变化情况。从这个意义上说，货币渠道似乎比利率渠道更具有广泛的适用性。

值得注意的是，梅尔策还认为，无论一个国家或地区是否有发达的金融市场，他所倡导的货币传导渠道对货币政策传导机制的分析都适用。特别是从相对资产价格变化角度看，公众在受到宽松货币政策影响的时候去购买房产等耐用品时，会带动新老房屋价格上升，市场对未来通胀的预期随即上升。因此，货币渠道分析认为货币出现持续性增长之后，真实资本资产的价格变化（即房地产等硬资产通胀率）要先于总体通胀水平。更精确地说，这种关系应该表现为硬资产价格特别是房地产价格通胀率的波峰时刻要先于总体通货膨胀的波峰时刻。

为了验证这一理论是否与现实相符，我们首先分析美国的数据。图 3–14 描绘的是 1976 年第一季度至 2017 年第二季度期间美国住房价格指数与 GDP 平减指数的时序图。从图 3–14 来看，在 1990 年以前，美国住房价格增长率的尖峰时期似乎确实要早于 GDP 平减指数。但是，在 1990 年之后，这种先后关系并不是非常明显，而且房地产价格增长率的波动幅度和频率都要比 GDP 平减指数更高。例如在 1995 年和 2005 年，美国住房价格指数出现明显的波峰，但是 GDP 平减指数并未在其后出现明显上升趋势，更没有出现大的波峰。另外，从图 3–14 可以看到，由于美国次贷危机的影响，2008 年美国房地产价格大幅下滑，住房价格指数甚至出现负值，这种状况直到 2012 年之后才得以扭转。

另外，我们特别注意到，梅尔策认为这种硬资产价格先涨而总体通胀率水平后升的现象不仅会出现在具有发达金融市场的美国等国家和地区，同样应该表现在金融市场欠发达的国家和地区。因此，从中国的具体情况来看，图 3–15 分别对比了自 2005 年第三季度至 2017 年第二季度中国 GDP 平减指数与房产价格指数的时序走势，数据均为同比增长率形式。[②] 观察图 3–15 可以看到，在最近十几年的大部分时期，中国的房产价格指

① Hardouvelis，G. A. “The Predictive Power of the Term Structure During Recent Monetary Regimes”，*The Journal of Finance*，vol. 43，no. 2（1988），pp.339–356；
Bernanke，B. S.，Blinder，A. S. “The Federal Funds Rate and the Channels of Monetary Transmission”，*The American Economic Review*，vol. 82，no. 4（1992），pp.901–921；
Friedman，B. M.，Kuttner，K. N. “Money，Income，Prices，and Interest Rates”，*The American Economic Review*，vol. 82，no. 3（1992），pp.472–492.

② 原始数据来源为中国国家统计局和 Wind，其中 GDP 平减指数采用国家统计局公布的 GDP 平减指数初步核算结果；房屋价格指数采用国家统计局公布的 70 个大中城市新建住宅价格指数，并取季度数据。

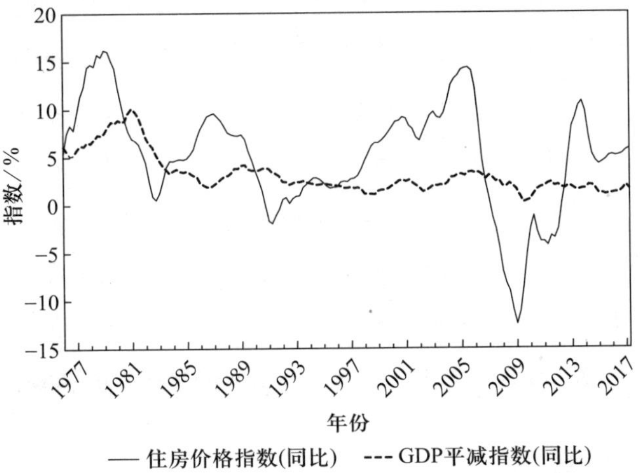


图 3–14　美国住房价格指数与 GDP 平减指数：1976 年第一季度至 2017 年第二季度

数据来源：根据美联储圣路易斯分行数据计算。

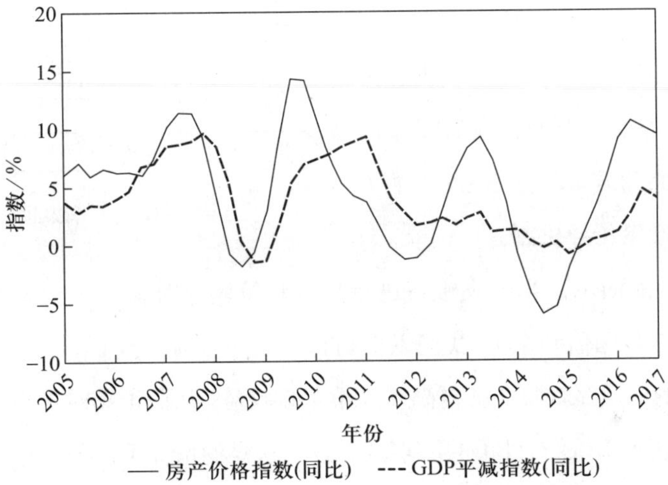


图 3–15　中国 GDP 平减指数与房产价格指数：2005 年第三季度至 2017 年第二季度

数据来源：根据中国国家统计局、Wind 数据库数据整理。

数的高峰期确实先于 GDP 平减指数，仅有个别年份（如 2007 年）GDP 平减指数短暂地先行于房产价格指数。在实践中，我们还进一步观察了居住用地价格通胀率与 GDP 平减指数的动态走势，结果与图 3–12 所示的情况基本一致。

从上面的比较可以看出，梅尔策所提出的房产价格与总体价格水平变化的先后顺序在美国最近十几年来没有得到很好的验证，但是从中国的现实情况看，却得到了较好的体现。为了避免由于房价指数选取问题可能带来结论的敏感性，我们还比较了房产价格指数与居民消费价格指数的时序数据，结果与以上结论基本一致。

以上这些现实情况说明，梅尔策的货币传导渠道在我国住房制度改革之后得到很好的印证。这种关于真实资产价格增长率与总体通胀率之间的关系暗示，现实经济生活中，硬资产的价格大幅上涨可能会通过心理预期因素等导致消费者在消费行为及投资者在投资行为模式方面发生明显变化，进而推动总体物价水平大幅上升。因此，要深入理解梅尔策的货币传导渠道在中国如何实现的，可能还需要进一步将通胀预期因素纳入分析框架内来，形成前瞻性货币政策分析框架，从而捕捉货币传导渠道的现实逻辑。张成思（Zhang）在这个方向做了有益的尝试，[①] 但这一领域仍然缺少更多的深入研究。

## 四、汇率传导渠道

在开放经济环境下，汇率渠道也是货币政策传导的一个重要渠道。汇率渠道的传导机理比较容易理解。它主要是利率变化通过国际平价关系中的利率平价影响本币汇率，从而影响本国的国际贸易净收支，进而体现在总产出的变化上面，最后反作用于央行的下一步货币政策。图 3–16 归纳了汇率渠道的货币政策传导机制。

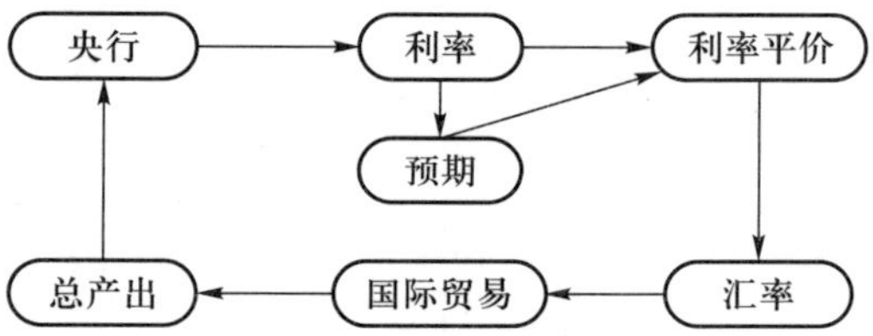

图 3–16　汇率渠道传导机制

根据图 3–16 的演示，当中央银行进行货币政策调整时，本国利率发生变化（一般考虑无风险利率，如国债利率）。我们以本国利率上升为例，当本币利率上升并且高于外币利率时，等量的本币存款收益就要高于外币存款收益，从而市场对本币的需求增加（假定资本可以自由流动），而对外币的需求减少。在这样的情况下，外币市场的供求关系决定了本币相对于外币的价格要升高，即本币升值。以上描述的关系就是利率平价的实质内容，用公式可以表示为：

$$\Delta Exchange \cong i^f - i^d; \qquad (3\text{–}7)$$

其中 $\Delta Exchange$ 表示以直接标价法（即 1 个单位外币等于多少本币）表示的汇率变化率，$i^f$ 和 $i^d$ 分别表示外国和本国的利率水平。公式（3–7）是严格的利率平价关系等式的线性约等形式，但理解起来更加直观，从中我们可以很容易看到，当本币利率高于外币时，直接变价法下的汇率变化为负值，即意味着本币升值。如果暂不考虑本币大幅升值可能

① Zhang，C. "Why Inflation in China Is a Monetary Phenomenon"，*China and World Economy*，vol. 19，no，3（2011），pp.1–17.

带来的短期国际资本流入问题，并且假定马勒（马歇尔－勒纳）条件满足；那么本币升值一定时期之后，会带来净出口的缩减，从而导致总产出相应下降；而总产出的变化又会反过来影响本国货币政策的进一步调整，从而形成货币政策的汇率传导机制。

当然，严格的利率平价又分为有抛补（covered）和无抛补（uncovered）利率平价关系两种。所谓有抛补利率平价是指平价关系中的远期汇率由外汇远期合约确定，而无抛补利率平价关系中的远期汇率则指对未来即期汇率的预期。在实践中，货币政策传导机制中的汇率渠道既可能通过无抛补又可能通过有抛补利率平价来影响未来汇率的动态走势，从而影响国际贸易当中本国的净出口额，并且进一步传导到总体经济产出。在这个过程中，央行调整利率的同时可能会引起市场预期发生变化，进而通过利率平价影响汇率并最终传导到总产出。

虽然汇率渠道的传导机制从表面上看容易理解，而且在 1995 年以前这种传导机制就已经作为一种标准的知识内容被写进主流的宏观经济学和货币银行学教材。[①] 但是汇率渠道的传导是否通畅，与很多复杂的因素联系在一起，包括资本是否自由流动、贸易国的消费习惯等。因此，在实际当中汇率渠道的货币政策传导效应可能未必完全符合前面讨论的理论。

为了进一步说明这一问题，我们以中国 1997—2017 年的季度数据为例，综合考虑经济产出（以工业增加值增长率来代表）、CPI 增长率、M2 增长率、名义工资增长率、进口价格通胀率和名义有效汇率变化率之间的动态互动影响情况。其中，进口价格通胀率使用经过人民币汇率变化调整后的大宗商品现货指数增长率（CRB）数据代表。工业增加值增长率、CPI 增长率的原始数据来源于中国国家统计局，名义工资原始数据来自 CEIC 数据库，CRB 数据来自美国大宗商品研究局，名义有效汇率来自国际清算银行。所有增长率数据均为同比增长率形式。

基于以上数据，我们可以建立一个无约束矢量自回归模型（VAR），即

$$Y_t=C+\Psi(L)\,Y_{t-1}+\varepsilon_t; \tag{3-8}$$

其中 $\Psi(L)$ 表示矢量形式的滞后算子多项式，最优滞后期数由 AIC 准则确定。另外，我们假定模型系统中的矢量扰动项 $\varepsilon_t$ 服从矢量高斯白噪声过程（$VGW$），即

$$\varepsilon_t \sim VGW(O, \Omega)。 \tag{3-9}$$

注意，因为 VAR 模型（3-8）是一个缩减式矢量模型而不是一个结构矢量自回归模

① Mishkin, F. S. *The Economics of Money, Banking, and Financial Markets*. New York: Pearson Education, 2009, pp.156–188.

型（SVAR），所以 $\varepsilon_t$ 的方差 – 协方差矩阵并不一定为对角矩阵。事实上，一般情况下，$\varepsilon_t$ 的方差 – 协方差矩阵是非对角矩阵，从而可以捕捉系统内隐含的各变量的结构关系[①]。也就是说，我们设立的缩减式 VAR 模型允许随机矢量扰动项彼此之间存在相关性，但只要满足（3–9）中的白噪声条件，就可以运用普通最小二乘法对模型系统内的每个等式分别进行回归估计，进而通过正交分解方法获得相应的脉冲响应函数。

基于以上讨论的内容，我们对 VAR 模型（3–8）进行了估计。我们尤其感兴趣的是汇率变动对总体经济产出（工业增加值增长率）是否具有显著动态驱动效应。从结果（为节省篇幅未列出）来看，有效汇率的系数估计为负值。根据有效汇率的定义，其值增加表示本币升值，反之则本币贬值。这一结果说明，如果本币升值，对工业增加值增长率的贡献是负值，即本币升值带来经济产出下降。结合前面对汇率渠道的讨论不难看出，这一结果从经济含义上是符合汇率渠道传导机理的。但是，系数估计并不具有统计显著性。

另外，要考察汇率变化对总体经济影响情况，还可以从 VAR 模型（3–8）的脉冲响应函数的动态轨迹来分析。需要注意的是，我们在上面提到，由于模型系统内的随机扰动项之间可能存在相关性，所以 $\varepsilon_t$ 的方差 – 协方差矩阵并不一定为对角矩阵。因此，在计算脉冲响应函数的时候，我们需要使用乔莱斯基分解（Cholesky decomposition），来获得正交的脉冲响应函数。所谓乔莱斯基分解，就是依据对称矩阵的性质（$\varepsilon_t$ 的方差 – 协方差矩阵为对称矩阵），将可能存在相关性的矢量扰动项 $\varepsilon_t$ 分解为互不相关（即正交）的扰动项，再进一步根据脉冲响应函数的基本定义来获得模型系统内每个变量对这些互不相关的扰动项的一阶导数。

根据这一算法，我们考察了经济产出变化率受到模型系统内 6 个变量（包括其自身）对应的正交干扰项冲击之后反应路径。结果显示，有效汇率变化率的正向冲击，即突然一个影响本币升值的随机因素出现，会带来经济产出的下降。这种影响经过一年左右的时间达到最高值，之后逐渐消逝。显然，这种影响似乎也符合汇率传导渠道的基本理论。当然，汇率渠道的货币政策传导机制对于不同国家、不同地区的适用性还有待于进一步开展更广泛的研究，而且只有充分考虑不同国家的具体汇率制度背景，才能得到具有稳健性的结论。

---

① 张成思：《金融计量学：时间序列分析视角》，中国人民大学出版社 2016 年版，第 193~213 页。

### 五、财富传导渠道

财富渠道传导机制的基本理论可以回溯到安多和莫迪利亚尼的消费—储蓄生命周期假说，即消费者追求生命周期内的效用最大化，其预算约束条件为生命周期内的收入与消费的合理平衡、合理配置资源。① 在这样一个基本框架内，居民财富是其消费支出的关键性决定因素。货币政策的财富传导机制仍然需要通过利率与居民财富的价格来实现。当然，这里的财富含义比较广泛，包括居民持有的股票、债券及房产等。而货币政策通过财富渠道的传导主要是通过利率变化改变居民财富的价值，从而影响居民消费支出，进而影响总体经济产出。

从图 3–17 中不难看出，货币政策在通过财富渠道与广义信贷渠道的传导过程中存在一个共同特点，即都是通过利率变化影响财富价值。只不过财富渠道更强调消费者这个层面；而广义信贷渠道则偏重于企业（和消费者）层面，特别是企业与银行之间的信贷关系。因此，尽管财富渠道与广义信贷渠道有交叉的地方，但是内在机理仍然存在一定差异。

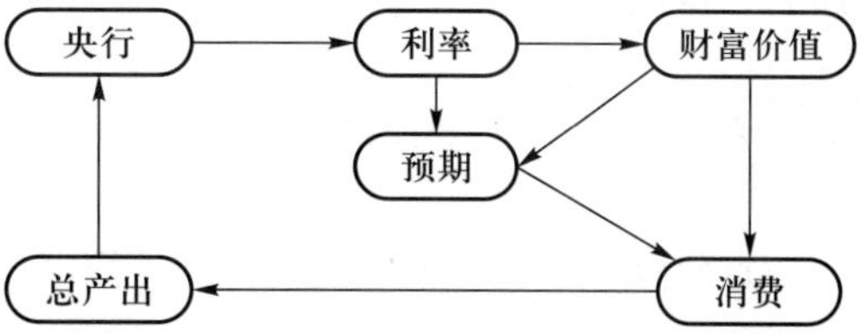

图 3–17　财富渠道传导机制

另外，在理解财富渠道传导机制时，不能简单地认为利率变化引起财富变化之后，消费支出一定会受到影响。这其中的心理预期因素同样重要。也就是说，货币政策的财富传导渠道，在深层次仍然依赖于预期要素，这种对预期的依赖本质上就是前瞻性的体现。例如在经济运行良好的时期，即使央行偶然加息使得居民财富缩水（如股价下滑），但只要经济基本面态势良好，消费者预期向好，消费可能并不会明显减少。而反过来，当经济发展接近或处于衰退期的时候，即使央行采取宽松的货币政策试图提升居民财富价值，但由于对经济发展缺乏信心，居民预期向下，消费就可能更加谨慎。因此货币政策的财富渠道传导机制就会失灵。

如果我们回顾一下 2007—2008 年出现的全球金融危机就不难理解上述过程。在全球金融市场动荡引发全球经济下滑之后，世界各国的消费者对经济前景表示忧虑。因此尽管在 2007—2008 年期间世界各国央行（包括中国人民银行）联手多次降息，但是消费

① Ando，A.，Modigliani，F. "The 'Life Cycle' Hypothesis of Saving：Aggregate Implications and Tests"，*The American Economic Review*，vol. 53，no. 1（1963），pp.55–84.

者大多依然采取观望态度。虽然此次全球新型金融危机具有与以往截然不同的鲜明特点，但是预期因素的重要性仍然体现得淋漓尽致。从某种程度上说，2008 年席卷全球的全球金融海啸不仅仅是信贷紧缩的结果，更是金融危局下"人人自危"的信心萎缩所催发的。

从以上对财富渠道的分析可以看出，要保证货币政策的传导效应，必须把握好政策实施的时间。考虑经济周期不同阶段可能对货币政策传导效果的不同影响，本质上是考验央行对市场预期的引导能力。这就要求中央银行具有高度的前瞻性，能够比较准确地预测经济发展趋势并对随机出现的局势变化灵活反应。当然，这些方面的问题常常是"说起来容易、做起来难"。随着历史数据的不断积累和经济预测机制的研究方法日渐发展和完善，以及中央银行前瞻性货币政策框架的具体实施，货币政策传导的有效程度也会得到进一步提高。

## 六、央行信息沟通渠道

近年来，央行信息沟通渠道在货币政策传导机制中的地位日益受到重视，而央行沟通是前瞻性货币政策理念的重要内容。斯文松对央行信息沟通渠道的理论分析是出现较早并且非常有影响力的一篇文献。[①] 这篇文章为构建央行信息沟通影响公众通胀预期并最终影响经济运行状况的理论框架奠定了基础。此后，海涅曼和乌尔里奇（Heinemann and Ullrich）基于欧洲央行的具体情况进一步构建了央行信息披露的指标，用以度量央行与公众及市场的信息沟通状况。[②] 但是海涅曼和乌尔里奇利用 probit 模型获得的经验结果显示，这种分析框架似乎并未得到现实数据的支撑。

随后，布林德等人的研究给出了令央行信息沟通渠道支持者欣喜的结果。[③] 这一研究对近 20 年的相关研究做了综述，将信息沟通分为长期与短期，并且认为央行信息的有效沟通在日益增强。该研究还认为央行信息沟通渠道应该成为决策层重点考虑的内容之一。但是这份研究同时也指出，央行信息沟通渠道是否放之四海而皆准，至今尚没有广泛共识，今后仍然需要更多的研究去分析如何才能充分实现央行信息沟通的有效性。

尽管如此，我们认为央行信息沟通渠道对中国货币政策传导机制的现实情况具有不

① Svensson，L. E. O. "What Is Wrong with Taylor Rules？ Using Judgment in Monetary Policy Through Targeting Rules"，*Journal of Economic Literature*，vol. 41，no. 2（2003），pp.426–477.

② Heinemann，F.，Ullrich，K. "Does It Pay to Watch Central Bankers' Lips？ The Information Content of ECB Wording"，*Swiss Journal of Economics and Statistics*，vol. 143，no. 2（2007），pp.155–185.

③ Blinder，A. S.，Ehrmann，M.，Fratzscher，M.，etc. "Central Bank Communication and Monetary Policy：A Survey of Theory and Evidence"，*Journal of Economic Literature*，vol. 46，no. 4（2008），pp.910–945.

可忽视的借鉴意义。事实上，自 20 世纪 90 年代后期以来，中国人民银行不断采取措施提高货币政策透明度，加强与公众的交流与沟通。张成思和克洛维斯（Zhang and Clovis）的研究表明，中国人民银行在信息沟通有效性方面已经取得了显著的政策效应。① 我们将在本书第十四章中对中国央行沟通与货币政策效果问题进一步分析。在今后宏观政策调控过程中，决策层可以考虑进一步促进市场对货币政策取向的正确理解。这有助于稳定通胀预期，并可能增强货币政策传导机制的有效性。

归纳起来，央行沟通渠道可以通过图 3-18 来概括：央行通过沟通渠道影响市场预期，这种预期可以反映在市场对未来经济走势的判断上，也可以反映在市场对通胀预期、利率预期等不同指标上。市场主体（消费者、投资者）受到央行沟通影响预期之后，会改变（消费、投资）行为，最终反映在总产出（和通胀率）的变化上。这样，中央银行就可以通过沟通形式实现“不战而屈人之兵”的效果。

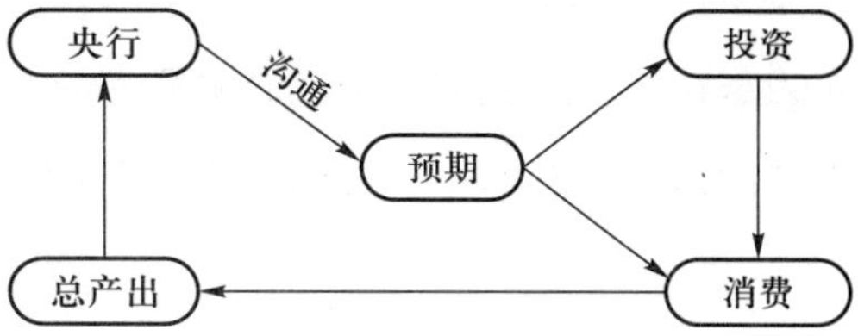

图 3-18　央行沟通渠道

## 第四节　本章小结

货币政策传导机制是货币政策分析中的最重要议题之一。虽然学界经过多年不断探索和实践，但是货币政策传导机制的理论发展与现实选择仍然是一个富有争论并需要深入研究的议题。② 尽管 2007 年以来由美国次贷危机引发的全球金融海啸对传统货币政策传导机制理论提出了诸多问题和挑战，但是深入理解传统货币政策传导渠道对开创新的货币政策传导机制理论仍然非常重要。

本章针对货币政策传导机制研究的发展脉络进行了梳理，使用简明直观的流程图说明各种传导机制的本质特征。更重要的是，我们在阐释货币政策传导机制过程中，重点探寻了传统传导机制框架中的前瞻性理念，将基于预期的前瞻性货币政策理念贯穿于传

① Zhang，C.，Clovis，J. “China Inflation Dynamics：Persistence and Policy Regimes”，*Journal of Policy Modelling*，vol. 32，no. 3，(2010)，373–388.

② Taylor，J. B. “Rules versus Discretion：Assessing the Debate over the Conduct of Monetary Policy”，Federal Reserve Bank of Boston Conference，Boston，October 2017.

统货币政策传导机制的不同渠道当中，从而为后续章节进一步分析前瞻性货币政策问题奠定了基础。

我们注意到，货币政策传导机制无论在理论层面还是实践层面都在随着时间发生微妙的变化。[①] 对传统机制理论的再讨论，并不代表我们完全拘泥于已有文献的逻辑。事实上，在诸多传统传导渠道中，原始文献并未强调预期等前瞻性要素，甚至在多数原始文献中，不曾出现预期和前瞻性的讨论。我们在本章内容中，增加的预期要素和前瞻性讨论，是基于传统机制的一种拓展和演绎，或者说是站在当前新的强调前瞻性的货币政策理念下重新审视传统机制。我们将在第四章中进一步延续这一思路和理念，提出含有前瞻性要素的综合货币政策传导机制和分析框架。

① Koenig，E.，Leeson，R.，Kahn，G. *The Taylor Rule and the Transformation of Monetary Policy*. Stanford：Hoover Press，2012，pp.180–225.

# 第四章　纳入前瞻性的综合货币政策体系



本章提要：

本章根据全球新型金融危机与货币政策之间的紧密联系，提出货币政策的金融市场传导渠道，并纳入预期等前瞻性要素，基于全景分析视角，将金融市场传导渠道与其他传统渠道共同纳入全景分析中的综合货币政策体系内，从而形成一个完备的货币政策传导机制的综合理论分析框架，为新形势下我国货币政策的现实选择提供新的理论基础。

本章概览：

- 新型金融危机对货币政策的影响
- 全球新型金融危机后的货币政策变化
- 综合货币政策框架中的前瞻性逻辑
- 本章小结

## 第一节　全球新型金融危机对货币政策的影响

2007 年美国次贷危机风暴引发全球金融海啸。这次危机发生在世界最发达经济体，对金融政策的制定和施行影响深远。自此金融市场（尤其是金融衍生产品市场）的发展与货币政策传导机制之间的联系引起了货币当局和经济学界的极大关注。虽然货币政策与金融市场的联系并不只是在危机期间才存在，但是金融市场渠道在货币政策传导机制中的重要角色在已有文献中被意外地忽略了。已有研究[①]涉及的金融市场主要是股票市场。但随着全球范围内金融创新进程的日益深化，货币政策通过金融市场的传导已经远远超越了股票市场渠道，而经济金融化和金融衍生化与货币政策的动态互动已经成为货币政策经由金融市场向实体经济传导的重要特征。[②]

近年来，我们越来越清楚地看到，货币政策的动态走势对金融市场的衍生交易具有重要影响，而金融市场衍生化的发展又进一步影响到银行信贷及金融机构营运情况，从而影响企业投资和参与金融衍生交易的机构主体的经济状况，进而作用于总体经济，最后反馈到中央银行的下一步政策调整上面来。当然，这个传导渠道还涉及货币政策调整对市场预期的影响及金融衍生化可能带来的信贷危机等一系列相关问题。在进一步讨论之前，我们利用图 4–1 来概括货币政策的金融市场传导机制。

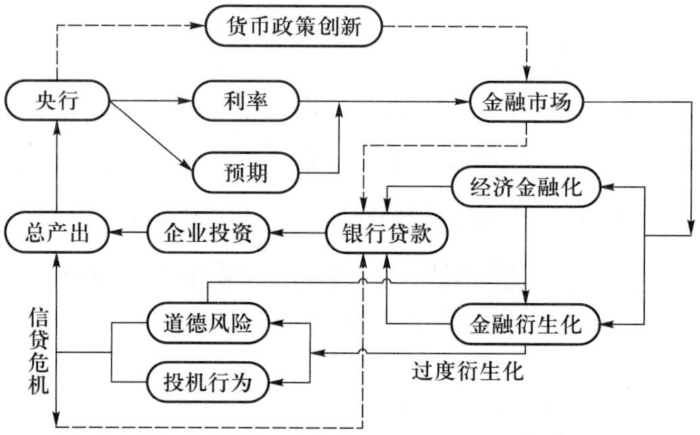


图 4–1　货币政策的金融市场传导机制

在图 4–1 描述的传导机制中，特别值得注意的是，在央行货币政策长期过于宽松的情况下（美国次贷危机爆发的政策背景就是典型的代表），金融市场衍生化可能会出现爆炸式的发展，导致参与交易的主体出现道德风险并鼓励了金融投机行为。当道德风险和投机行为的负面效应积累到一定程度，引发金融系统出现信贷危机之后，一方面可能直接冲击到实体经济，造成总产出受损；另一方面可能引发银行信贷紧缩，使企业难以融资，从而势必对总产出造成影响。此时，中央银行在面对信贷危机日渐恶化、实体经济不断

① Chami，R.，Cosimano，T. F.，Fullenkamp，C. “The Stock Market Channel of Monetary Policy”，*IMF Working Paper*，1999，No. WP/99/22.

② 张成思、张步昙：《再论金融与实体经济：经济金融化视角》，《经济学动态》2015 年第 6 期，第 56~66 页。

下滑的境况下，除调整利率等传统工具外，还会动用货币政策创新。例如美联储在危机时期采用定期竞标销售方式等对金融机构（包括非传统金融机构）直接注资，借以刺激银行信贷、鼓励企业投资。

另外，针对图 4–1 刻画的货币政策传导机制，我们还可以进一步进行解读。当中央银行长期施行低利率政策时，实质上是刺激了金融市场衍生产品的发展。由于此时传统的存贷差难以满足银行等金融机构的利润目标，所以金融机构会大力发展金融衍生产品和衍生交易。在金融衍生交易链条中（如资产证券化产品交易流程中），在打包转售衍生产品的过程中，每一个参与者都认为可以将风险向下无限转移，却无视交易对象的信用等级，致使不合格的交易者也能参与到交易链条中来。但是低利率政策在受到通胀等因素的制约下，不可能永远维持下去。当货币政策出现结构性转变、金融资产价格出现大幅盘整时，金融衍生交易链条底端的信用等级低下的参与者就会出现破产。骨牌效应最终会摧毁金融市场上的这种过度衍生交易链条。而这些交易的坍塌又不可避免地对金融机构信贷及实体经济造成巨大的冲击。

美国次贷危机爆发的货币政策背景正是上述过程的最佳例证。众所周知，21 世纪早期，网络股泡沫带来的股市繁荣在 2000 年前后破灭，随后又发生撼动了整个世界的“9・11”事件，使美国经济从 2001 年开始步入了一个低迷的下滑阶段，从图 4–2 描绘的美国真实 GDP 增长率与有效联邦基金利率可以看到，2001 年中后期美国真实 GDP 增长率几乎降为 0%。为了提振市场信心，刺激总需求增长，美联储在 2001 年初的几个月时间内将联邦基金利率从 6.5%调低至 3.5%，而在“9・11”事件之后又继续大幅下调，到 2003 年 7 月降到 1%的低点。从图 4–2 中不难看到，自 2001 年开始的低利率水平一直维持了长达近 4 年的时间（2008 年金融危机之后的低利率持续时间更长）。

在此期间，低利率环境极大地推动了金融市场上与房贷相关的资产证券化产品交易的空前繁荣。而引发危机的导火索，却往往是在蕴含着风险的繁荣阶段积累下来的。在 2004 年中后期，美联储的联邦公开市场委员会（FOMC）发现，针对当时的通货膨胀水平，美国的利率水平过于低下。而由于近年来美国在货币政策制定过程中特别强调前瞻性的特点[①]，所以为了应对潜在的通胀风险，美联储自 2004 年下半年就开始了一轮上调利率、紧缩银根的货币政策。美国的住房抵押贷款利率也相应开始上升。这就为次贷危机的爆发埋下了伏笔。图 4–2 中记录的美国联邦基金利率的动态走势清晰地再现了次贷危机爆

① The Federal Reserve System. "The Federal Reserve System: Purposes and Functions", *Board of Governors of the Federal Reserve System*, Washington D.C., 2005.

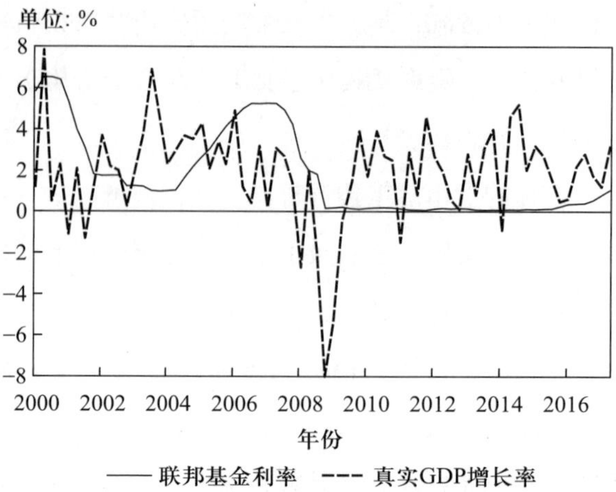


图 4–2　美国联邦基金利率与真实 GDP 增长率：2000 年第一季度至 2017 年第二季度

数据来源：根据美联储圣路易斯分行数据计算。

发前的货币政策背景。

基于以上分析不难理解，货币政策对金融市场的发展存在着不可忽视的重要影响。虽然这里的分析强调了过于宽松的货币政策环境导致的金融市场过度衍生化对实体经济的负面影响，但是如果货币政策实施得当，也可以利于金融市场的发展。回顾图 4–1 描述的传导机制可以看到，当金融市场在货币政策的推动下健康发展，适度的经济金融化与金融衍生化可以从一定程度上增强广义信贷渠道的传导效应，利于企业在投资过程中拓展融资渠道，进而促进整体经济的发展。

因此，金融市场在货币政策传导机制中的角色可正可负，关键问题在于中央银行在政策制定和施行过程中是否充分认识和准确把握金融市场渠道的传导机理，能否有效制衡金融市场适度发展与过度衍生化问题。从这个角度看，2007—2008 年爆发的新型金融危机为货币政策传导机制的理论发展提供了生动的素材，也为世界各国中央银行的货币政策选择提出了合理引导市场预期、重视货币政策的金融市场传导渠道等亟须纳入货币政策传导机制的综合分析框架中的议题。

## 第二节　全球新型金融危机后的货币政策变化

美国次贷危机引发全球金融市场剧烈动荡，全球金融危机对实体经济的巨大冲击余波仍在。反思危机形成的原因，除了信贷产品衍生化、信用评级机制及金融市场混业经营模式等存在问题[①]，西方国家特别是美国的货币政策施行不当是诱发危机的导火索。[②]并且，西方发达国家在长期宽松货币政策的刺激下，经济"金融化"与金融"衍生化"的程度过高已经成为全球新型金融危机的主要特征之一。[③]因此，新型金融危机的爆发为世界各国央行及经济学界提出了值得深刻思考和深入研究的重要课题：货币政策究竟通过什么样的传导机制才能实现既维持金融稳定又促进实体经济平稳发展？在这样的背景下，一系列非传统性的新型货币政策工具应运而生，从而使新的货币政策传导机制成为学界和决策层关注的焦点，随之也涌现出一批货币政策传导机制理论研究的前沿成果。这些成果不仅是推动货币政策研究向前发展的理论基石，也是世界各国在新形势下制定和实施货币政策及分析政策效果的重要参考依据。综合来看，这些新的前沿研究可以归纳为两大类，即流动性直接投放渠道与广义金融市场渠道。我们在本节讨论流动性直接投放渠道，在下一节阐释基于广义金融市场渠道的综合货币政策传导机制。

事实上，2007年美国次贷危机爆发之后，美国众多银行及其他金融机构在次级房贷抵押市场的巨额敞口，使这些金融机构面临成百上千亿美元的潜在损失，并最终导致金融机构在日常业务经营中出现严重流动性短缺问题。在这种情况下，美联储首先采取了一系列传统货币政策应对措施。2008年9月至12月连续降低联邦基金利率及一级（折现）贷款利率，累计下降100个基点。如果从传统的货币政策传导机制理论（如利率渠道传导机制）来看，央行基准利率的大幅下调应该可以帮助银行以更低的成本获得日常经营需要的流动性，从而促进银行进一步通过传统方式以发行短期债务和提供定期贷款业务来盈利。但是由于危机时期金融机构对信贷风险特别是"交易对手风险"（即合约对方不履约的风险）的恐惧[④]，以及资产证券化产品价值缩水导致金融机构对自身资产负债表状况的不确定性[⑤]，所以联邦基金利率的调整无法缓解金融机构的流动性危机问题，自然也



① Coval, J., Jurek, J., Stafford, E. "The Economics of Structured Finance", *The Journal of Economic Perspectives*, vol. 23, no. 1 (2009), pp.3-25.

② 张成思：《通货膨胀动态机制与货币政策现实选择》，中国人民大学出版社2009年版；
张成思、张步昙：《再论金融与实体经济：经济金融化视角》，《经济学动态》2015年第6期，第56~66页。

③ 陈雨露、张成思：《全球新型金融危机与中国外汇储备管理的战略调整》，《国际金融研究》2008年第11期，第4~11页。

④ Taylor, J. B., Williams, J. "A Black Swan in the Money Market", *American Economic Journal: Macroeconomics*, vol. 1, no. 1 (2009), pp.58-83.

⑤ Cecchetti, S. G. "Measuring the Macroeconomic Risks Posed by Asset Price Booms", in Campbell, J.Y., ed., *Asset Prices and Monetary Policy*. Chicago: University of Chicago Press, 2008, pp.9-43.

就无法传导到实体经济层面上。此时，传统的货币政策传导机制面临失灵的严峻挑战。①

在这样的情况下，美联储在2007年底推出了流动性直接投放工具，希望通过流动性直接投放渠道增加金融机构的流动性，进而推动投资并带到实体经济发展，从而实现货币政策传导机制的效果。表4-1归纳了2007年8月至2009年3月美联储先后推出的三种流动性直接投放工具的实施与进展情况，包括定期标售工具（Term Auction Facility，TAF）、定期证券借贷工具（Term Securities Lending Facility，TSLF）和一级交易商信贷工具（Primary Dealer Credit Facility，PDCF）。这些创新性的流动性直接投放工具与传统的利率等工具的传导机理相比具有明显的独特之处，因此立即引起了学界的关注。

**表4-1　流动性直接投放工具实施与进展时间表：2007年8月—2009年3月**

| 时间 | 工具名称 | 内容 |
|---|---|---|
| 2007年12月12日 | TAF | 宣布设立TAF |
| 2007年12月17日 | TAF | 首次发行TAF：额度200亿美元，期限28天 |
| 2008年3月7日 | TAF | 将TAF发行限额提高到1 000亿美元 |
| 2008年3月11日 | TSLF | 宣布设立TSLF |
| 2008年3月16日 | PDCF | 宣布设立PDCF |
| 2008年5月2日 | TAF | 将TAF发行限额提高到1 500亿美元 |
| 2008年7月30日 | TAF | 将TAF发行期限放宽到84天 |
| 2008年9月29日 | TAF | 发行TAF远期；TAF发行限额提高到3 000亿美元 |
| 2008年10月6日 | TAF | TAF发行限额提高到6 000亿美元 |
| 2008年12月19日 | TAF | 2009年1季度继续发行6期TAF |
| 2009年2月3日 | TAF/TSLF/PDCF | 宣布流动性直接投放工具由原定的2009年4月延至10月 |

资料来源：根据美联储纽约分行资料整理。

首先，TAF针对的是商业银行。TAF传导的途径是通过向商业银行注入流动性来恢复和促进银行的定期贷款业务，减小定期利率与隔夜利率的息差（即流动性风险溢价），从而增进企业投资并带动经济发展。例如对于美国的700多家商业银行，凡是出现流动性困境，均可参与贷款竞标。TAF最具吸引力的特点是其可以避免参与竞标的银行给市场留下经营状况不佳而急需资金的印象。这是因为美联储在通过TAF对中标银行注入流动性时并不公布中标银行的名称。切凯蒂（Cecchetti）强调指出，TAF的这种机制保证

① 注意，传统的利率传导途径并非直接通过短期利率（如隔夜联邦基金利率）向实体经济传导，而是通过长期利率的变化来影响投资和经济发展的。只不过在正常情况下长短期利率之间的利差相对稳定，短期利率调整会通过利率期限结构带动长期利率发生相应变化。但是在危机时期，金融机构严重惜贷定期资金，导致定期和长期利率与短期利率的利差陡然增加，此时传统的货币政策传导机制便不能正常运转。

了银行不会像在传统“折现窗口”机制中借款那样担心泄露经营状况信息而影响业务发展。这在危机时期显得尤为重要。①

虽然 TAF 的设计具有上述特点，但是学界对其传导效果存在不同的看法。例如麦克安德鲁斯（McAndrews）等人认为，TAF 的基本功能是增加银行间的信贷供给。② 因此判断 TAF 的传导机制是否有效，可以考查 TAF 的实施是否对定期资金借贷市场的基准利率产生显著影响，即对 LIBOR 是否具有向下的影响力。为了从这一角度验证 TAF 的传导效果，麦克安德鲁斯等人首先从理论角度论证了 TAF 会影响 LIBOR 与联邦基金利率的隔夜指数掉期（OIS）之差，进而依据 2007 年 1 月至 2008 年 8 月的数据验证了 TAF 对 LIBOR 与 OIS 的息差具有显著影响。③ 桑顿则指出，TAF 这种创新货币政策工具的运用，虽然有助于央行向市场注资，但也可能带来潜在的通胀风险。④

另外，学者们对 TAF 传导特征的理论分析及对 TAF 缓解资金市场融资萎缩的实证研究，从不同角度支持了 TAF 渠道传导有效性的结论。⑤ 但是与此相反，泰勒和威廉姆斯运用利率期限结构无套利定价模型的研究结果显示，TAF 自实施开始至 2008 年中期从未对 LIBOR 与 OIS 的息差产生过影响，因此货币政策通过 TAF 渠道传导是无效的。泰勒和威廉姆斯认为不同的经验结果是由于计量检验过程中针对 TAF 的虚拟变量设立不同以及 LIBOR 数据一定程度上失真造成的。

尽管已有研究对 TAF 传导机制的有效性尚未达成一致的意见，但从实质上看，TAF

① Cecchetti, S. G. “Crisis and Responses: The Federal Reserve in the Early Stages of the Financial Crisis”, *Journal of Economic Perspectives*, vol. 23, no. 1 (2009), pp.51–75.

② McAndrews, J., Sarkar, A., Wang, Z. “The Effect of the Term Auction Facility on the London Inter-Bank Offered Rate”, Staff Reports, Federal Reserve Bank of New York, 2008, No. 335.

③ OIS 是固定与浮息利率的掉期，浮息一端与有效联邦基金利率相捆绑。LIBOR 与 OIS 的利差大小是衡量 TAF 传导是否有效的重要指标；见 Armantier, O., Krieger, S., McAndrews, J. “The Federal Reserve’s Term Auction Facility”, *Current Issues in Economics and Finance*, vol.14, no.5, (2008), pp.1~11；
McAndrews, J., Sarkar, A., Wang, Z. “The Effect of the Term Auction Facility on the London Inter-Bank Offered Rate”, *Staff Reports*, *Federal Reserve Bank of New York*, 2008, No. 335；
Taylor, J. B., and Williams J. “A Black Swan in the Money Market”, *American Economic Journal: Macroeconomics*, vol. 1, no. 1 (2009), pp.58–83；
Cecchetti, S. G. “Crisis and responses: The Federal Reserve in the Early Stages of the Financial Crisis”, *Journal of Economic Perspectives*, vol. 23, no. 1 (2009), pp.51–75.

④ Thornton, D. “Negating the Inflation Potential of the Fed’s Lending Programs”, Federal Reserve Bank of St. Louis Economic Synopses, St. Louis, July 2009.

⑤ Armantier, O., Krieger, S., McAndrews, J. “The Federal Reserve’s Term Auction Facility”, *Current Issues in Economics and Finance*, vol. 14, no. 5 (2008), pp.1–11；
Wu, T. “On the Effectiveness of the Federal Reserve’s New Liquidity Facilities”, *Federal Reserve Bank of Dallas, Working Paper Series*, 2008, No. 0808.

的核心传导机制是降低流动性风险溢价，鼓励银行扩大信贷行为，保证银行系统稳健发展，进而促进投资并提振实体经济发展，使中央银行的货币政策能够得到有效传导。可见，TAF 主要是为了活跃商业银行在定期基金市场上的信贷行为从而带动经济发展。因此 LIBOR 与 OIS 的息差变化确实可以从一个侧面反映出 TAF 传导机制的效果：如果 TAF 实施之后这一息差明显降低，则说明定期基金市场开始活跃，银行间的定期放贷业务增加；贷款供给量的增加使 LIBOR 降低，从而使 LIBOR 与 OIS 的息差缩小，这表明 TAF 的传导效果明显。从彭博社公布的最新数据来看，这一息差自 2008 年底开始缓和，并且在 2009 年之后出现持续下降的趋势。由此看来，TAF 的传导效果还是值得肯定的。

其次，流动性直接投放措施中的其他两个工具，即 TSLF 和 PDCF，注资的对象都是美联储的一级交易商。这些一级交易商由投行和其他非存款性金融机构组成，均是非传统的商业银行，无法通过 TAF 获得短期流动性。因此 TSLF 和 PDCF 是美联储向一级交易商投放流动性的新工具。TSLF 通过竞拍的方式向一级交易商注资，主要是为了缓解危机时期一级交易商对于美国国债需求的急剧增加而导致的国债价格与按揭证券价格的过度偏离[①]。国债与按揭证券价差过大直接影响到国债在公开市场操作的回购协议中的利率，使得联邦基金利率与国债利率严重背离，从而导致央行无法通过利率变化调控宏观经济走势。弗莱明（Fleming）等人专门研究了 TSLF 的起源、设计与传导效应，并且验证了 TSLF 对修正以上问题的有效性。[②]

另外，由于一级交易商是直接参与公开市场操作业务的主体，他们出现流动性短缺问题极大地影响了美联储通过回购协议的买卖随时调整银行系统可贷资金规模从而影响实体经济发展的能力。在传统的回购协议中，一级交易商可以用来获得央行贷款的质押品范围非常窄，只有三类，即美国国债、美国机构债（例如房地美发行的证券）及 3A 级并有保险的按揭证券[③]。因此，PDCF 工具的设立就是为了拓宽一级交易商获取央行贷款的质押品范围，从以上三类扩展到更广泛的证券种类，包括投资级企业证券、市政证券、普通按揭证券及普通资产支持型证券。这样，一级交易商通过央行融资的能力增强，

---

① Cecchetti, S. G. "Measuring the Macroeconomic Risks Posed by Asset Price Booms", in Campbell, J.Y., ed., *Asset prices and Monetary Policy*. Chicago: The University of Chicago Press, 2008, pp.9–43.

② Fleming, M. J., Hrung, W. B. "The Term Securities Lending Facility: Origin, Design, and Effects", *Current Issues in Economics and Finance*, *Federal Reserve Bank of New York*, vol. 15, no. 2 (2009), pp.1–11;
Fleming, M. J., Hrung, W. B., Keane, F. M. "Repo Market Effects of the Term Securities Lending Facility", *The American Economic Review*, vol. 100, no. 2 (2010), pp.591–596.

③ Cecchetti, S. G. "Measuring the Macroeconomic Risks Posed by Asset Price Booms", in Campbell, J. Y., ed., *Asset prices and Monetary Policy*. Chicago: The University of Chicago Press, 2008, pp.9–43.

日常经营状况得到改善，又能够正常地参与回购协议买卖交易，从而使得央行通过公开市场操作业务调整经济发展的机制得到有效运行。

从以上分析不难看出，虽然TSLF和PDCF作用的渠道不完全相同，但二者的目标都是为了修正公开市场操作中的回购协议交易，从而增强货币政策通过信贷市场向实体经济传导的有效性。从这个角度看，PDCF并不是从根本上改变传统的传导机理，而是在危机时期对受阻的传统货币政策传导机制进行修正。

总体来看，流动性直接投放渠道的传导效果还有待于进一步考查[①]，并且央行必须加强对流动性投放的后续监管工作。一方面，央行的流动性直接投放渠道在应对流动性冲击方面可能很重要，另一方面央行也需要注意信息不对称与不完全市场对该渠道的不利影响[②]。此外，卡巴莱多和库拉特（Caballero and Kurlat）的研究还提出，央行在直接流动性投放渠道中，应该设计并使用新的可交易保险信贷工具，而不是仅仅停留在TAF等现有的流动性投放工具上面。[③]尽管如此，流动性直接投放措施为中央银行货币政策传导提供了新的途径，也从一定程度上推动了货币政策传导机制新理论的发展。



## 第三节　综合货币政策框架中的前瞻性逻辑

我们在第三章曾对货币政策传导机制的传统渠道进行了较为详细地阐释，并分析了各个传导渠道如何体现前瞻性。虽然每个传导渠道都有各自的理论和现实逻辑，但是随着金融市场的不断深化和金融市场全球化进程的快速发展，特别是受到全球新型金融危机的启示，任何单独一种传导渠道可能都无法完全刻画现实中货币政策的真实传导模式。因此，我们这里提出分析货币政策传导机制的全景视角，将传统货币政策传导渠道和新型金融市场传导渠道都纳入一个综合的货币政策框架中，来理解货币政策的综合传导机理，并突出基于预期要素的前瞻性货币政策理念。鉴于现实经济发展的复杂性及货币政策与现实经济互动的多面性，这种纳入前瞻性的多元化传导渠道更符合货币政策传导的

① Cecchetti，S. G. “Measuring the Macroeconomic Risks Posed by Asset Price Booms”，in Campbell，J.Y.，ed.，*Asset Prices and Monetary Policy*. Chicago：The University of Chicago Press，2008，pp.9–43.

② Nikolaou，K. “Liquidity（Risk）Concepts：Definitions and Interactions”，*European Central Bank Working Paper Series*，2009，No. 1008.

③ Caballero，R. J.，Kurlat，P. D. “The ‘Surprising’ Origin and Nature of Financial Crises：A Macroeconomic Policy Proposal”，Federal Reserve Bank of Kansas City Symposium，Kansas，September 2009.

现实规律。

注意，在已有关于货币政策传导机制的研究文献中，虽然提到的不同传导渠道的中间环节不同，但是在描述货币政策传导的最后一个环节时，几乎都是强调总体经济产出受到货币政策的一系列传导之后的冲击，进而又对货币政策的制定产生反馈作用。然而，大部分文献忽略了（或者是至少没有足够地强调）货币政策传导机制中另外一个非常重要的环节，就是总体经济产出变化对通货膨胀的影响及通货膨胀进一步对货币政策的反馈作用。

因此，我们这里讨论的货币政策的综合传导渠道，不仅强调货币政策的多种传导渠道是综合在一起作用于宏观经济的核心思想，并且明确提出通货膨胀指标在整个传导体系内的重要作用。事实上，在以泰勒为代表的关于货币政策反应方程的研究中，通货膨胀一直是货币政策调整方向的重要影响因素之一。[①] 例如以利率（$i_t$）为工具的货币政策反应方程的一般形式可以写成：

$$i_t=f(i_{t-1},\ x_t^*,\ \pi_t^*); \tag{4-1}$$

其中$f(\cdot)$表示货币政策反应函数，$x_t^*$表示真实经济产出缺口［即现实中的真实总体经济产出与完全就业情况下潜在经济产出之间的（自然对数）差］，$\pi_t^*$表示现实通胀率与央行目标通胀率之间的差，$i_{t-1}$用来捕捉货币政策的平滑特征。也就是说，不仅总体经济产出的变化会对中央银行的货币政策产生作用，通货膨胀同样对货币政策如何调节具有重要的影响。因此，在货币政策传导机制的分析中，遗漏通货膨胀对货币政策的反馈环节的传导机制是不完善的。

有鉴于此，我们将所有传导渠道概括在综合货币政策传导机制动态循环图示中。在图 4-3 中，我们将完整的货币政策传导机制分为四个阶段。

第一个阶段是中央银行政策调节阶段。央行通过公开市场操作影响银行系统内的准备金余额，而准备金的额度变化会影响基础货币，进而影响货币供给量。[②] 同时，准备金的变化也会影响银行间借贷的短期利率，并影响整个金融市场上的名义利率。

第二个阶段是市场名义利率向总需求传导阶段。在这一阶段，前面介绍的所有传导渠道均有所体现。首先，当市场名义利率发生变化时，企业和个人的资产价格受到影响，从而形成广义信贷渠道和财富渠道对总需求的影响。其次，市场名义利率通过对真实利

① Taylor, J. B. "Discretion versus Policy Rules in Practice", *Carnegie-Rochester Conference Series on Public Policy*, vol. 39, no.2 (1993), pp.195-214.

② 中国人民银行的公开市场操作业务在 1998 年才开始。此前主要通过信贷现金计划作为主要货币政策工具。

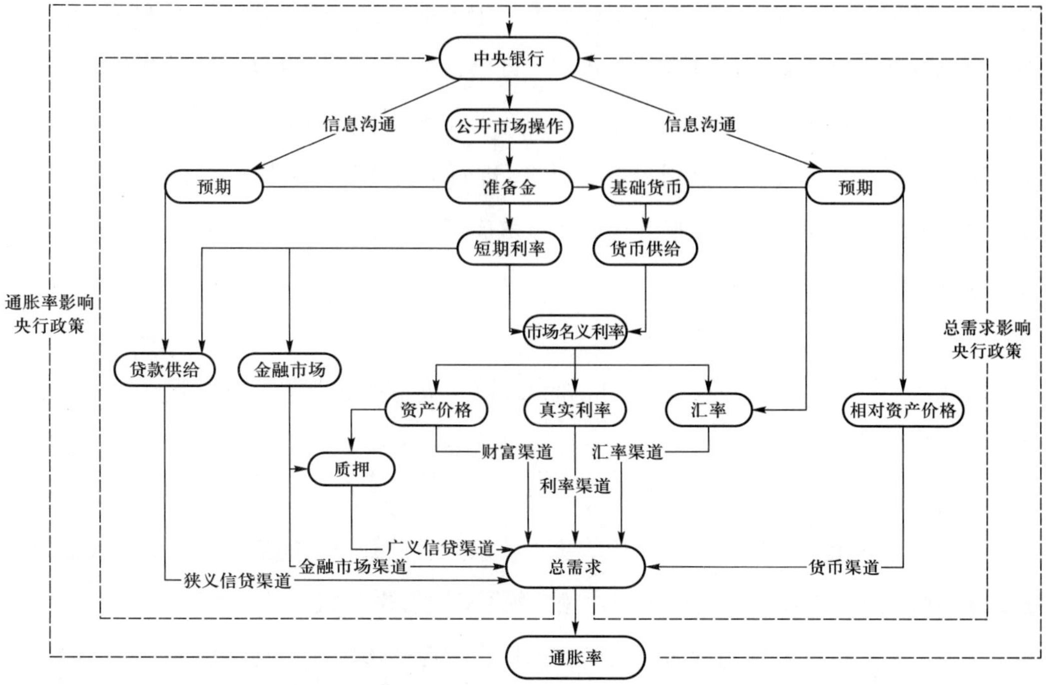


图 4–3　含有预期要素的货币政策传导机制综合渠道

率的影响作用于投资、消费，从而形成货币政策通过利率渠道对总需求的影响。再次，市场名义利率的变化（及基础货币的变化）还会影响汇率发生变化，进而通过汇率渠道作用于总需求。并且，银行间短期利率的变化会直接影响银行的贷款供给能力，从而通过狭义信贷渠道作用于总需求。最后，短期利率的变化还要对金融市场的发展产生影响。正如前面提到的，金融市场发展（如资产证券化等衍生产品的发展）拓宽了企业融资渠道，同时促进了广义信贷渠道的传导功能，共同作用于经济产出，从而形成货币政策的金融市场传导渠道。这样，包括金融市场渠道在内的货币政策六大传导渠道在第二个阶段就发挥得淋漓尽致。

第三个阶段是总需求向通货膨胀传导阶段。如果总需求非常旺盛，实际产出高于潜在产出，一般会形成对通货膨胀的压力。当然，在总需求高涨的时期，市场对未来通胀的预期也会影响当期的通货膨胀水平，从而进一步推动通货膨胀的上升。

第四个阶段是总需求与通货膨胀同时向中央银行反馈的阶段。在总需求和通货膨胀发生变化以后，中央银行会比较这两大经济指标与设定的目标之间的偏离程度。如果通货膨胀高于央行的目标水平，央行可能会考虑通过公开市场操作业务来提高市场利率、降低货币供给量等紧缩的货币政策来缓和平抑通胀上行压力。

更为重要的是，在这一综合货币政策框架中，中央银行将前瞻性货币政策理念纳入传导机制框架，运用各种信息沟通方式，通过信息沟通渠道或者以信息沟通方式来辅助其他渠道的有效传导。同时，央行的信息沟通可以形成前瞻指引（本书在第十五章对前瞻指引进行深入分析），更好地引导市场预期，进而对利率和通胀率等名义变量产生影响，促进货币政策传导机制更加顺畅。至此，就形成了含有前瞻性理念并融合多层面、多渠道的综合货币政策传导框架。

## 第四节　本章小结

本章基于新型金融危机爆发对传统货币政策分析框架提出的挑战，对货币政策的金融市场渠道传导机制做了探索性研究，并回顾了新型金融危机后货币政策的一些新变化。本章还针对现实经济发展与政策互动的多面性，将金融市场渠道与传统货币政策传导机制相结合，形成多渠道的综合传导机制。从这个综合传导机制当中我们看到，中央银行的货币政策调整，不只是通过某一个渠道对宏观经济产生作用，而可能是通过多个渠道同时对总体经济产生影响。

当然，在这样一个复杂的传导体系内，不可否认某些渠道可能对总体经济的影响比其他渠道更明显一些；而且对不同国家，中央银行在现实中所运用的货币政策传导渠道也不尽相同。因此，在货币政策传导机制的现实分析当中，强调某些渠道的作用也是不无道理的。但是我们应该看到，由于货币政策在传导过程中分为若干阶段，任何阶段的传导出现问题都可能会影响货币政策对实体经济和物价变化的作用，从而干扰中央银行既定目标的实现。因此，在货币政策传导机制分析过程中，理论模型固然非常重要，但科学、严谨的实证分析也必不可少。随着世界各国经济统计数据的不断积累，实证分析结果的精确程度也会随之不断提高。这为在现实中制定和施行正确的货币政策提供了重要的基础。

另外值得注意的是，从货币政策传导机制的综合渠道可以看出，无论是国内的名义资产价格变化，还是外汇市场上货币价格的变动，最终都要经过国内总体经济产出的变化来体现。而国内总体经济产出发生变化以后，会进一步影响通货膨胀的走势。从这样一个运行机制来看，在对通货膨胀的驱动因素进行建模分析时，应该主要关注总体经济产出的变动。也就是说，因为总体经济产出的变化（如 GDP 增长率或者 GDP 缺口）已经包含了汇率变动的信息，所以汇率因素可能并不应当作为核心要素出现在通货膨胀动态机制的模型当中。这一问题的实质归结为开放经济环境下货币政策传导机制体系中的通胀动态机制建模问题。今后这方面的研究应该引起国内外学者更多的关注。而最近关于动态随机一般均衡模型的理论与实证研究①为开放经济下的通胀动态机制模型研究奠定了一个很好的基础。

对于我们国家来说，货币政策传导机制的未来研究空间更为宽广。尽管每当提到中国的货币政策传导机制，多年来常见的评论是“金融体系市场化进程滞后”“利率市场化程度不高”等。但是我们确实应当客观地看到，从1998年公开市场操作业务恢复以来，中国的货币政策传导机制在不断发展和完善。在四十年左右的时间内，我们从改革开放之前的完全“信贷现金”指令性计划，经历了银行对国有企业的“全额信贷”模式，逐渐发展到“准利率市场化”，并逐步取消了对商业银行的贷款规模管理等，在“指导”（如窗口指导、指令性信贷计划）与“市场化”（如利率市场化）的双重机制下对宏观经济进行调控。从中国货币政策与宏观经济的协调发展来看，特别是当国际金融市场出现动荡（1998年亚洲金融危机、2008年全球金融危机）的时候，“中国模式”的宏观政策调控在稳定市场方面往往表现得更加有效。

如何在复杂的全球经济格局下，及时有效地运用前瞻性货币政策工具，增强货币政策传导机制中的前瞻性理念，并且在货币政策框架内制定科学的主权财富基金投资组合策略，进一步运用宏观审慎的监管框架，实现宏观金融和微观金融的双重稳定，这些都是需要深入研究和亟须解决的重大问题。未来的研究需要站在国家利益的大局下对这些问题进行深入探索，并为我国的经济发展战略提供有所裨益的政策主张。无论哪个方向的研究，前瞻性货币政策框架都应该是用于分析的基准框架。而运用前瞻性货币政策框架进行应用分析，一个重要的问题是如何获得蕴含前瞻性信息的预期变量数据。为此，我们将在下一章讨论预期数据转化的问题。



① Adolfson，M.，Laséen，S.，Lindé，J.，etc. “Bayesian Estimation of an Open Economy DSGE Model with Incomplete Pass-through”，*Journal of International Economics*，vol. 72，no. 2（2007），pp.481–511.

# 第五章　前瞻性货币政策中的通胀预期数据转化



本章提要：

中国人民银行调查数据中的物价扩散指数，可以通过统计方法转化成通胀预期变量。这种转化而来的通胀预期被广泛应用于前瞻性货币政策研究中。但是调查数据转化为通胀预期需要使用现实通胀率作为计算基础，进而通过统计算法获得通胀预期序列。因此，通胀预期的转化与计算过程是否科学对相关研究结论是否可信至关重要。本章基于中国人民银行调查数据转化为通胀预期的算法过程，给出四点重要结论：第一，通胀预期的计算必须使用同比通胀率；第二，如果使用环比数据计算，获得的预期通胀率预测误差是同比数据的 4 倍；第三，基于全国或城市 CPI 的转化结果没有显著差异，不存在必须使用城市 CPI 的问题；第四，通胀预期调研数据的计算基础与中国人民银行现行调查问卷内容的设计存在不匹配之处，问卷内容存在理解歧义，改进调研问题的具体内容可以消除理解歧义并解决不匹配问题。

本章概览：

- 通胀预期数据转化的模糊性
- 通胀预期数据的转化：算法基础
- 通胀预期的预测效果比较
- 问卷设计与理解分歧
- 本章小结

## 第一节　通胀预期数据转化的模糊性

我们在之前的章节中突出强调预期要素在前瞻性货币政策框架中的核心地位。在实践应用中，我们需要面对预期变量的数据转化问题。以通胀预期为例，通胀预期是未来价格走势分析的重要信息来源，它通过改变经济主体的投资、消费、定价等行为，影响总需求和总供给，进而影响未来的一般物价水平。[①]因此，管理好通胀预期，对于中央银行维持物价稳定和维护宏观经济平稳运行具有重要意义。

尽管各国中央银行都非常重视通胀预期的管理，但准确度量通胀预期并非易事。由于公众预期很难直接观测，加之预期的形成涉及复杂的信息交互过程和难以模型化的行为不确定性因素等，导致研究中普遍采用大样本微观调查数据来获取公众的通胀预期信息。通过直接询问受访者对未来物价走势的看法，问卷调查能够更加真实地反映公众预期状况。在我国，最具影响力的通胀预期数据就来源于中国人民银行城镇储户问卷调查[②]。中国人民银行公布的相应数据，实际上称为“城镇储户收入与物价扩散指数表”，包括当期收入感受指数、未来收入信心指数、当期物价满意指数和未来物价预期指数。

与国外大多数调查类似，在中国人民银行储户调查中，受访者仅就他们对未来物价变动的方向而非通胀率具体数值做出回答，进而获得未来物价预期指数。未来物价预期指数并非预期通胀率，因此要得到可以使用的通胀预期数据，首先要对调查数据进行定量转化。常见的转化算法包括差额法[③]、概率法[④]和回归法[⑤]。尽管算法多样，但从原理上讲，

---

① Forsells, M., Kenny, G. “Rationality of Consumer Inflation Expectation: Survey-Based Evidence for The Euro Area”, *European Central Bank Working Paper*, 2002, No.163.

② 中国人民银行自 1993 年起即建立了居民储蓄问卷调查制度，但早期调查数据并未对外公布。1999 年中国人民银行对调查样本点和问卷做了较大调整，目前可获得的连续数据自 1999 年第四季度始，其中包括各季度受访者中对于未来物价走向持不同观点的人数的百分比数据。关于问卷的详细内容和调查结果，参见张涛:《中国城镇居民储蓄状况调查与研究》，中国金融出版社 2010 年版。

③ Batchelor, R. A. “Quantitative v. Qualitative Measures of Inflation Expectations”, *Oxford Bulletin of Economics and Statistics*, vol. 48, no. 2 (1986), pp.99–120.

④ Carlson, J. A., Parkin, M. “Inflation Expectations”, *Economica*, vol. 42, no. 166 (1975), pp.123–138.
一些学者借鉴前人文献，对概率法进行了改进。但其计算原理的本质不变，而且都需要使用现实通胀率数据，因此这并不影响本章结论。
张蓓:《我国居民通货膨胀预期的性质及对通货膨胀的影响》,《金融研究》2009 年第 9 期;
张健华、常黎:《哪些因素影响了通货膨胀预期——基于中国居民的经验研究》,《金融研究》2011 年第 12 期。

⑤ Pesaran, M. H. “Expectation Formation and Macroeconomic Modelling”, in Malgrange, P., Muet, P. A., eds., *Contemporary Macroeconomic Modelling*. Oxford: Blackwell, 1984, pp. 27–55.

无论采用何种算法，预期通胀率都是基于现实通胀率计算获得的。因此，现实通胀率统计口径的差异可能会影响转化获得的预期通胀率的准确性和可信性。

但是，从国内研究现状看，基于中国人民银行调查数据转化获得通胀预期数据，其中现实通胀率的口径选择这一基础性问题长期以来一直被忽视。这使得通胀预期计算过程的科学性无法得到保证，从而削弱了研究结论和政策建议的可信性。为了方便说明问题，表 5–1 回顾了发表在《经济研究》和《金融研究》等权威学术期刊上颇具影响的国内相关研究成果。

**表 5–1　国内相关研究回顾**

| 文献 | 现实通胀率口径选择的依据 | 季度现实通胀率的数据性质（基期、时间跨度、来源地区） |
|---|---|---|
| 肖争艳和陈彦斌（2004） | 未说明 | 未说明 |
| 肖争艳等（2005） | 未说明 | 未说明 |
| 陈彦斌（2008） | 模型中变量的定义 | 季度环比、自然季度、全国 CPI |
| 陈彦斌和霍震（2009） | 未说明 | 季度同比、自然季度、全国 CPI |
| 张蓓（2009） | 央行调查的特征 | 季度环比、人为划分季度、城市 CPI |
| 张健华和常黎（2011） | 未说明 | 季度环比、自然季度、全国 CPI |
| 卞志村和张义（2012） | 央行调查的特征 | 季度环比、人为划分季度、城市 CPI |
| 王雅炯（2012） | 未说明 | 季度环比、自然季度、城市 CPI |
| 张成思和芦哲（2014） | 与其他变量性质匹配 | 季度同比、自然季度、全国 CPI |

从表 5–1 中不难发现，只有少部分研究提及通胀预期转化的基础，即现实通胀率的口径选择问题。同时，已有研究一般认为现实通胀率口径应该采用消费者价格指数（CPI）增长率的环比形式（即环比通胀率）。究其原因，主要是由央行调查问卷的问题设计方式决定的。央行调查问卷的问题是：您预计未来 3 个月的物价水平将比现在（如何变化）？从直觉上看，这一询问方式似乎隐含的是环比的语义[①]。然而，这一看上去似乎符合第一直觉的观点却难以解释中国人民银行储户调查结果中的一项基本事实：每一期的调查当中都有相当数量的人回答“下降”；然而从居民心理的角度去思考，一般而言很少会有人真的觉得未来物价水平会下降。一个合理的解释是，这部分人实际上想表达的是物价水平的上涨速度会下降，而这种情况只有用同比数据才能准确刻画。

我们注意到，尽管表 5–1 中有个别研究使用了同比数据，但并未深入分析使用何种

① 2000 年以来关于通胀预期的问题是“您预计未来 3 个月的物价水平将比现在 ___？”备选答案包括“上升；基本不变；下降”，2009 年第二季度起增设了“看不准”的备选项。

口径的数据所得结果更为科学可靠，更没有深入剖析这背后的经济逻辑。此外，从现实通胀率的数据性质层面看，不同研究对在使用现实通胀率时是应当基于全国 CPI 还是城市 CPI 方面也存在分歧。针对这一问题，张蓓及卞志村和张义在研究中都强调，由于中国人民银行储户调查在城市进行，所以通胀预期的计算应以城市 CPI 为基础，而不能基于全国 CPI 数据。①

综合来看，表 5-1 中所列示的一系列研究，为深入理解我国通胀预期的性质、指导通胀预期管理和进行货币政策分析做出了重要贡献。然而，关于通胀预期数据应用过程中最基础的两个问题，即通胀预期转化使用现实通胀率应采用环比还是同比口径的问题及相关数据应该基于城市还是全国数据的问题，尚无系统性分析和科学判断依据。

有鉴于此，本章针对通胀预期转化过程中的现实通胀率选择问题进行研究，以期为应用央行通胀预期调研数据的相关研究提供基础性依据。本章首先深入分析和比较通胀预期转化算法的基本原理，利用 2000 年第一季度至 2014 年第三季度的现实通胀率同比和环比数据，采取差额法和概率法对中国人民银行调查数据进行转化，比较不同转化结果的预测准确度，并且深入分析现实数据选择基础与央行调查问卷设计之间的微妙联系。

本章的研究结果给出四点明确结论：第一，通胀预期转化算法的基本原理内在决定了基于现实环比数据获得的通胀预期结果必然不可靠；第二，基于环比数据计算得到的通胀预期预测误差是基于同比数据结果的 4 倍；第三，基于全国 CPI 或城市 CPI 的通胀预期转化结果没有显著差异，不存在必须使用城市 CPI 的问题；第四，已有研究之所以普遍使用环比数据计算通胀预期，主要是因为央行调查问卷设计的字面表述与调查数据的实际性质不一致，本章针对这一问题给出了调查问卷问题设计的改进方案。

本章第二至第五节结构安排如下：第二节回顾差额法和概率法的通胀预期转化原理，第三节基于转化原理比较基于同比和环比及城市和全国现实通胀率数据进行转化的不同结果，第四节深入分析研究人员对央行调查数据的理解分歧与问卷设计之间的关系；第五节对全章内容进行总结归纳。

① 张蓓：《我国居民通货膨胀预期的性质及对通货膨胀的影响》，《金融研究》2009 年第 9 期，第 40~54 页；卞志村、张义：《央行信息披露、实际干预与通胀预期管理》，《经济研究》2012 年第 12 期，第 15~28 页。

## 第二节　通胀预期数据的转化：算法基础

现实通胀率的口径选择之所以会影响预期通胀率，归根结底是由转化算法的固有特征决定的。我们通过对常用的通胀预期转化方法——差额法和概率法——的计算原理进行分析，可以更加直观地考察现实通胀率与通胀预期之间的内在联系。在此基础上，结合同比和环比数据的基本特征，可以证明基于环比数据计算的通胀预期结果必然不可靠。

差额法和概率法的计算过程虽然从表面上看差异较大，但两者的基本思想是一致的，即寻找一个合适的折算系数，从而将调查数据与预期通胀率联系起来。这就要求折算系数同时包含调查数据与预期通胀率的信息。但预期通胀率作为待求序列，其数据特征我们无从了解。对此，两种转化方法均采取了一个合理的假设，即长期中公众在预期通胀时不会犯系统性错误。在这一假设下，样本期内预期通胀率与现实通胀率的数学期望相等，从而可以通过现实通胀率的均值替代预期通胀率的均值。正是这一必要假设的存在，使得现实通胀率成为通胀预期的计算基础。设位于 $t$ 期的实际通货膨胀率，为预期通胀率。在本章中定义为 $t$–1 期受访人群对于 $t$ 期通货膨胀率的预期值，则上述假设可以表示为：

$$\sum_{t=1}^{T}\pi_t^e=\sum_{t=1}^{T}\pi_t。\tag{5–1}$$

下面具体说明两种方法的计算原理。在差额法下，调查数据的信息来自受访人群中对未来物价变化方向预期相反的两类人的人数百分比之差。如果以 $R_t$ 表示在 $t$–1 期认为 $t$ 期物价将会上升的人数百分比，以 $F_t$ 表示在 $t$–1 期认为 $t$ 期物价将会下降的人数百分比，令 $B_t=R_t-F_t$；则 $B_t$ 即是两类人的人数百分比的差额。它可以刻画出受访人群对于未来物价预期的方向与强度。显然，$B_t\in[-1，1]$，当 $B_t>0$ 时，说明受访人群预期下一期物价会上升，取值越大预期越强，取 1 时说明全部受访者都认为下一期物价会上升；反之亦然。$\beta$ 设为折算系数，则可依据（5–2）式计算预期通胀率：

$$\beta=\frac{\sum_{t=1}^{T}\pi_t^e}{\sum_{t=1}^{T}B_t}=\frac{\sum_{t=1}^{T}\pi_t}{\sum_{t=1}^{T}B_t};\tag{5–2}$$

$$\pi_t^e=\beta B_t。\tag{5–3}$$

差额法具有简明易懂的优点，但其缺陷之一在于相同的差额并不必然表明相同的预期状况。卡尔森和帕金（Carlson and Parkin）提出的概率法（简称为 C-P 概率法）改进了这一点。[①]C-P 概率法同时使用了受访人群中对于未来物价变化方向预期上升和下降的两类人的人数百分比数据作为调查数据的信息来源，对信息的利用更为充分。

C-P 概率法假定：① 受访者在 $t$-1 期对 $t$ 期的通胀预期为随机变量 $x_t^e$，$x_t^e$ 服从某一概率分布，其概率密度函数为 $f_t(x)$；则 $\pi_t^e=E(x_t^e)$。这一概率分布是受访者作答的基础。② 存在一个以 0 为中心的敏感性区间（$-\delta_t$，$\delta_t$），$\delta_t>0$。当 $x_t^e$ 落在这一区间内时，受访者将回答"基本不变"；当 $x_t^e\geqslant\delta_t$ 时，受访者将回答"上升"；当 $x_t^e\leqslant-\delta_t$ 时，受访者将回答"下降"。

由此，$x_t^e\geqslant\delta_t$ 的概率就等于 $R_t$，$x_t^e\leqslant\delta_t$ 的概率就等于 $F_t$，定义 $N_t$ 表示在 $t$-1 期认为 $t$ 期物价将会基本不变的受访人数百分比，$-\delta_t<x_t^e<\delta_t$ 的概率就等于 $N_t$。对于整个受访者人群而言，可以假定 $x_t^e$ 服从某一特定概率分布，研究中一般假定其为正态分布。尽管部分研究质疑这一假设可能导致结果的偏误，但巴尔科姆（Balcombe）、伯克（Berk）、米切尔（Mitchell）等人的一系列研究表明采取其他分布对通胀预期计算无明显改善。[②] 鉴于此，本章采用服从正态分布的假定，则有：

$$P\left(\frac{x_t^e-\pi_t^e}{\sigma_t^e}\geqslant\frac{\delta_t-\pi_t^e}{\sigma_t^e}\right)=P\left(Z_t\geqslant\frac{\delta_t-\pi_t^e}{\sigma_t^e}\right)=R_t; \tag{5-4}$$

$$P\left(\frac{x_t^e-\pi_t^e}{\sigma_t^e}\leqslant\frac{-\delta_t-\pi_t^e}{\sigma_t^e}\right)=P\left(Z_t\leqslant\frac{-\delta_t-\pi_t^e}{\sigma_t^e}\right)=F_t; \tag{5-5}$$

其中，$\sigma_t^e$ 是 $x_t^e$ 的方差，$Z_t=\dfrac{x_t^e-\pi_t^e}{\sigma_t^e}$为标准正态分布随机变量，设 $\phi$（·）是标准正态分布的累积分布函数。令 $Z_1(t)=\phi^{-1}(F_t)$，$Z_2(t)=\phi^{-1}(1-R_t)$，代入式（5-4）、式（5-5）联立整理得到：

$$\pi_t^e=\delta_t\cdot\frac{Z_1(t)+Z_2(t)}{Z_1(t)-Z_2(t)}; \tag{5-6}$$

此处 C-P 概率法假定敏感性区间（$-\delta_t,\delta_t$）的边界不随时间变化，即 $\delta_t\equiv\delta$，同时式（5-1）

① Carlson, J. A., Parkin, M. "Inflation Expectations", *Economica*, vol. 42, no. 166 (1975), pp.123–138.

② Balcombe, K. "The Carlson-Parkin Method Applied to NZ Price Expectations Using QSBO Survey Data", *Economics Letters*, vol. 51, no. 1 (1996), pp.51–57;

Berk, J. M. "Measuring Inflation Expectations: A Survey Data Approach", *Applied Economics*, vol. 31, no. 11 (1999), pp.1467–1480;

Mitchell, J. "The Use of Non-Normal Distributions in Quantifying Qualitative Survey Data on Expectations", *Economics Letters*, vol. 76, no. 1 (2002), pp.101–107.

成立，由此我们可以得到 $\delta$：

$$\delta=\delta_t=\frac{\sum_{t=1}^{T}\pi_t^e}{\sum_{t=1}^{T}\frac{Z_1(t)+Z_2(t)}{Z_1(t)-Z_2(t)}}=\frac{\sum_{t=1}^{T}\pi_t}{\sum_{t=1}^{T}\frac{Z_1(t)+Z_2(t)}{Z_1(t)-Z_2(t)}};\tag{5-7}$$

继而通过式（5–6）即可得到预期通胀率的序列。

根据上面的介绍可以看出，差额法下的折算系数 $\beta$ 和概率法下的敏感性区间边界 $\delta$ 充当了调查数据和预期通胀率 $\pi_t^e$ 之间的桥梁，转化中使用的数据包括了调查数据和现实通胀率。然而这一转化过程并未保留调查数据和现实通胀率的全部信息。为直观展示这点，我们分别将式（5–2）代入式（5–3），式（5–7）代入式（5–6），则在差额法下，有：

$$\pi_t^e=\frac{\sum_{t=1}^{T}\pi_t}{\sum_{t=1}^{T}B_t}\cdot B_t;\tag{5-8}$$

而在概率法下，有：

$$\pi_t^e=\frac{\sum_{t=1}^{T}\pi_t}{\sum_{t=1}^{T}\frac{Z_1(t)+Z_2(t)}{Z_1(t)-Z_2(t)}}\cdot\frac{Z_1(t)+Z_2(t)}{Z_1(t)-Z_2(t)}。\tag{5-9}$$

式（5–8）与式（5–9）本质完全一致，令 $M_t=\frac{Z_1(t)+Z_2(t)}{Z_1(t)-Z_2(t)}$，则二者化为同一形式。[①] 因此以下分析仅以式（5–8）为例。由式（5–8）可得：

$$\pi_t^e=\frac{\overline{\pi_t}}{\overline{B_t}}\cdot B_t。\tag{5-10}$$

此时 $\pi_t^e$ 的方差为：

$$Var(\pi_t^e)=\frac{\overline{\pi_t}^2}{\overline{B_t}^2}\cdot Var(B_t);\tag{5-11}$$

而 $\pi_t$的方差可以写成：

① 事实上正如巴彻勒所指出的，差额法可以看作假定 $x_t^e$服从离散型概率分布的概率法特例。
Batchelor, R. A. "Quantitative v. Qualitative Measures of Inflation Expectations", *Oxford Bulletin of Economics and Statistics*, vol. 48, no. 2 (1986), pp.99–120.

$$Var(\pi_t)=\frac{1}{T-1}\sum_{t=1}^{T}(\pi_t-\overline{\pi_t})^2。\qquad(5\text{-}12)$$

通过式（5-8）和式（5-11）可以看出，预期通胀率中包含了调查数据的均值和方差信息及现实通胀率的均值信息，但以式（5-12）表示的现实通胀率的波动性信息丢失了。由于对于给定的时间段，调查数据是确定的，所以式（5-11）中 $\frac{Var(B_t)}{\overline{B_t}^2}$ 可以视为一个常数。此时得到的预期通胀率方差仅受现实通胀率的均值影响。但影响现实通胀率方差的因素还包括 $\pi_t$ 的个体值。注意，现实通胀率的同比和环比数据基本特征差异非常明显，环比数据因其季节性波动特征，方差显著大于同比，但二者的均值差异不大。这就导致由这二者得到的预期通胀率方差区别也不大，但与各自的现实通胀率相比较，情况就大不相同。环比预期通胀率方差必然远远小于环比现实通胀率方差，环比数据下的契合程度自然很差。

从折算系数的角度看，由于长期来看物价指数（不是通胀率）一般存在上升趋势，所以现实通胀率（即物价增长率）均值一般为正值。而调查数据中，认为下一期物价会上升的人数百分比一般都大于认为下一期物价会下降的人数百分比。因此由式（5-2）和式（5-7）得到的折算系数也是正值，从而得到的预期通胀率均为正值。具体到现实通胀率的环比数据，由于其强烈的季节性波动特征，所以在众多年份中都有负值出现。负值出现越多，现实通胀率的均值越小，折算系数也越小，得到的预期通胀率就越接近于横轴，与现实通胀率的契合程度就越差。在极端情况下，如果出现通胀率均值为 0 的情况，则折算系数为 0，得到的预期通胀率连线即为横轴上的线段，转化完全无效。而我国同比现实通胀数据则极少出现负值。因此这种算法对使用同比数据转化结果的影响可以忽略。

实际上，既有文献的实证结果为上述结论提供了部分佐证。采用环比数据的研究，无论采用差额法还是概率法，得到的预期通胀率与现实通胀率相关系数一般只有 0.5 左右，预期通胀率的预测性很差，在图像上表现为现实通胀率随季节大幅波动，而预期通胀率相当平缓[①]。即使采取季节调整的方法处理数据，对这一问题的改善也十分有限[②]。而在采用同比数据进行的研究中，预期通胀率数据的表现则较为良好[③]。当然，正如达斯古普塔和拉希里（Dasgupta and Lahiri）指出的，由于意外冲击的存在，预期通胀率并不必然与现实通胀率高度吻合。但预期通胀率在长期中应当具有捕捉未来现实通胀率变化趋

① 张健华、常黎：《哪些因素影响了通货膨胀预期——基于中国居民的经验研究》，《金融研究》2011 年第 12 期，第 19~34 页。

② 张蓓：《我国居民通货膨胀预期的性质及对通货膨胀的影响》，《金融研究》2009 年第 9 期，第 40~54 页；卞志村、张义：《央行信息披露、实际干预与通胀预期管理》，《经济研究》2012 年第 12 期，第 15~28 页。

③ 张成思、芦哲：《媒体舆论、公众预期与通货膨胀》，《金融研究》2014 年第 1 期，第 29~43 页。

势并及时调整的能力。而这一点正是采用环比数据时得到的预期通胀率序列所缺乏的。[①]

## 第三节　通胀预期的预测效果比较

通过第二节的分析可以看出，由于转化算法依赖现实通胀率作为计算基础，同时算法的固有特征导致现实通胀率的波动性信息在转化过程中丢失，导致由环比数据得到的预期通胀率对现实通胀率缺乏预测能力。尽管从已有文献中即可找到部分证据证明这一观点，但尚无研究直接对比同一时段同比和环比数据的转化结果。本节的主要工作包括两部分：一是通过实际对比基于同比和环比现实数据的转化结果，证明环比数据的结果预测能力很差；二是对张蓓、卞志村和张义主张的使用城市 CPI 作为计算基础的观点进行实证检验。

为直观展示同比和环比数据的转化结果，本章依照上述差额法和概率法计算得出 2000 年第一季度至 2014 年第三季度期间基于不同现实通胀数据转化得到的预期通胀率。其中，调查数据来源于张涛和中国人民银行每季度发布的城镇储户问卷调查报告。[②] 我们手工收集了其中报告的预期未来物价上涨和下降的人数百分比及未来物价预期指数[③]，并对缺失数据进行了插补。缺失数据主要集中在 2010 年第一季度至 2012 第一季度，其间可直接获得的数据仅包括未来物价预期指数及预期物价上涨的人数百分比。考虑到自 2009 年第二季度出现“看不准”选项后，每季度选择该选项的人数百分比基本稳定在 10% 左右，波动很小，因而我们计算了 2009 年第二季度后有数据各期选择“看不准”选项的人数百分比的均值，以此补全该选项其他各期的缺失值。预期物价下降的人数百分比数据继而可以通过未来物价预期指数计算公式套算得到。现实通胀率数据来源于国家统计局公布的 CPI 月度同比数据（上年同月 =100）、CEIC 统计数据库中的 CPI 月度环比数据（上月 =100），通过计算得到季度通胀率数据。

我们认为，对季度的划分应当以调查进行的时间为依据。因此，季度同比数据使用每年 3 月至 5 月、6 月至 8 月、9 月至 11 月、12 月至次年 2 月的 CPI 月度同比数据的算术平均值，季度环比数据则沿用张蓓的做法，通过每年 3 月至 5 月、6 月至 8 月、9 月至 11 月、

---

① Dasgupta，S.，Lahiri，K. “A Comparative Study of Alternative Methods of Quantifying Qualitative Survey Responses Using NAPM Data”，*Journal of Business and Economic Statistics*，vol. 10，no. 4（1992），pp.391–400.

② 张涛：《中国城镇居民储蓄状况调查与研究》，中国金融出版社 2010 年版，第 108~115 页。

③ 中国人民银行公布的未来物价预期指数是反映居民对下季物价判断的扩散指数。该指数的计算方法是先扣除选择“看不准”的受访者人数，然后对选择“上涨”和“基本不变”的受访者人数百分比分别赋予权重 1 和 0.5，二者加总得出未来物价预期指数。

12 月至次年 2 月的 CPI 月度环比数据连乘后年化得到（为便于说明，在本章中以上四个时段分别被称为第二、第三、第四季度和次年第一季度）。[①] 这种做法保证了同比数据与环比数据在数值上具有了可比性。基于同样的原因，这里未对环比数据进行季节调整。

图 5–1 和图 5–2 分别给出了差额法和概率法下基于全国同比 CPI 和环比 CPI 的计算结果，可以很明显地看出，无论使用何种口径的现实通胀率，预期通胀率始终处在横轴之上。同比预期数据基本准确地反映了未来实际通胀的走势。反观环比预期通胀率，其走势过于平缓，对大幅波动的现实通胀率预测极其乏力。这一结果印证了我们在第二节中做出的判断。考虑到公众从历史经验中学习的能力，相对实际变化如此微弱的预期变动让人不得不怀疑基于环比数据转化的依据存在问题。

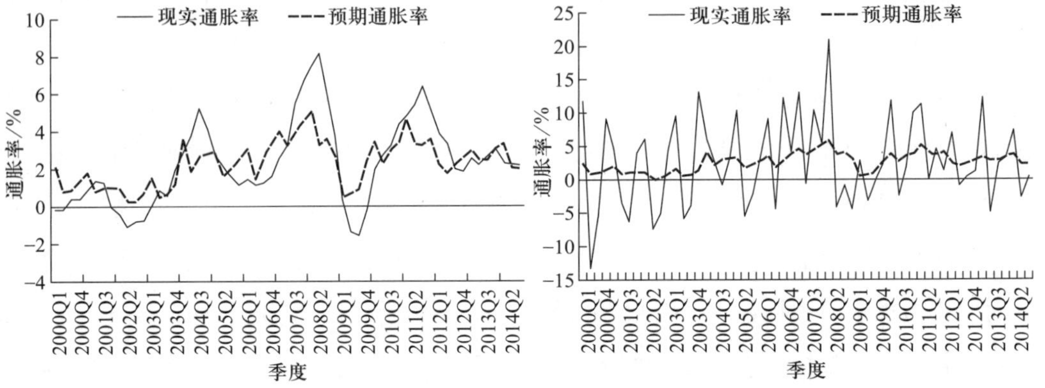


(a) 基于同比CPI　　(b) 基于环比CPI

图 5–1　差额法下基于全国 CPI 的计算结果

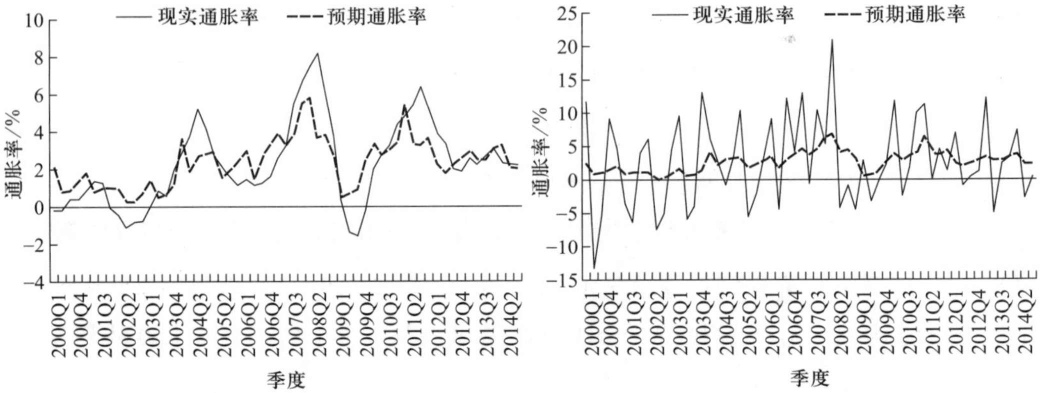


(a) 基于同比CPI　　(b) 基于环比CPI

图 5–2　概率法下基于全国 CPI 的计算结果

① 张蓓：《我国居民通货膨胀预期的性质及对通货膨胀的影响》，《金融研究》2009 年第 9 期，第 40~54 页。

表 5-2 中给出了现实通胀率和转化得到的预期通胀率的样本特征，由于差额法和概率法的结果差异很小。为简洁起见，此处仅给出概率法下得到的预期通胀率 $\pi_t^e$。从中可以看出，同比现实通胀率的标准差仅为环比的 34%，但均值为环比的 87%。这就导致得到的同比预期通胀率和环比预期通胀率标准差大小相近，但环比预期通胀率的标准差远小于环比现实通胀率的标准差。这一差异当然的表现为环比预期通胀率的预测性能较差。

**表 5-2　同比和环比现实通胀率和转化得到的预期通胀率的描述性统计结果**

| | 同比 | | 环比 | |
|---|---|---|---|---|
| | 现实 | 预期 | 现实 | 预期 |
| 均值 | 2.31 | 2.31 | 2.66 | 2.66 |
| 中位数 | 2.1 | 2.37 | 2.42 | 2.73 |
| 最大值 | 8.17 | 5.79 | 20.95 | 6.67 |
| 最小值 | −1.57 | 0.24 | −13.14 | 0.28 |
| 标准差 | 2.25 | 1.30 | 6.61 | 1.49 |
| 偏度 | 0.54 | 0.49 | 0.26 | 0.49 |
| 峰度 | 2.82 | 3.05 | 2.78 | 3.05 |

为了进一步定量判别两种口径数据转化得到的预期通胀率对现实通胀率的预测能力，我们计算了预期通胀率与现实通胀率的相关系数，二者间的平均绝对误差 MAE 和均方根误差 RMSE。表 5-3 给出了相应的结果。从指标上看，同比数据得到的预期通胀率与现实通胀率相关性远高于环比数据，环比预期通胀率的预测误差达到了同比的四倍。这一结果充分说明环比数据的结果预测能力很差。

**表 5-3　同比和环比数据得到的预期通胀率的预测性能**

| | 差额法 | | 概率法 | |
|---|---|---|---|---|
| | 同比 | 环比 | 同比 | 环比 |
| $\rho$ | 0.79 | 0.54 | 0.81 | 0.52 |
| MAE | 1.17 | 4.90 | 1.12 | 4.91 |
| RMSE | 1.49 | 5.94 | 1.41 | 5.93 |

为了分析张蓓、卞志村和张义主张的使用城市 CPI 的观点，我们使用城市的同比和环比 CPI 数据重复了上面的实证过程。同样出于行文简洁的考虑，图 5-3 仅给出了概率法下使用全国 CPI 和城市 CPI 得到的预期通胀率的对比情况。从图 5-3 可以明显看出，不论是使用城市还是全国数据，得到的预期通胀率高度一致。因此，使用何种数据不会对结果造成显著影响。事实上，考虑到 CPI 的调查抽样方案并不像中国人民银行城镇储户调查方案做了公开，选择城市 CPI 并不能保证与中国人民银行调查数据相匹配。我们从新闻报道中可以发现，CPI 的调查点分布具有大城市比重偏高的特点，而中国人民银行的调查则无论

城市大小每座城市抽取约 400 人进行调查。二者样本结构差异十分明显。同时在中国人民银行城镇储户调查的时间范围内，我国人口流动规模不断扩大，城市化进程不断加快，经济结构也处在不断变化的过程中。我们认为，这种抽样方案上的差异和不断变化的经济现实使得在这一问题上区分全国 CPI 和城市 CPI 的意义不大,不存在必须使用城市 CPI 的问题。

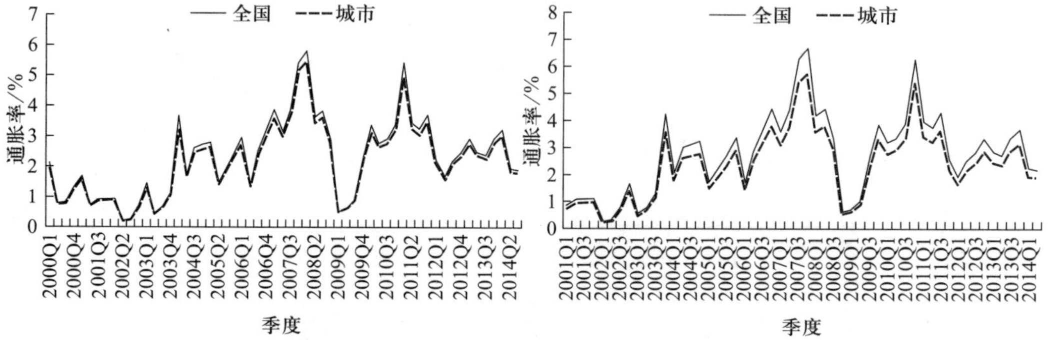


(a) 基于同比数据　　(b) 基于环比数据

图 5-3　概率法下基于全国和城市数据计算的预期通胀率

另外，通过对图 5-3（a）和图 5-3（b）的对比发现，预期通胀率的同比和环比序列相差不大，这一点在表 5-2 中也有反映。造成这一情况的原因在于，式（5-10）表明预期通胀率同比和环比序列数值上的差异仅受现实通胀率的均值影响，而表 5-2 中现实通胀率的同比序列和环比序列均值差异很小。必须强调的是，预期通胀率的同比和环比序列数值虽然相近，但基期的差异决定了二者绝不可混为一谈。特别是在以预期通胀率进行回归分析的研究中，各变量统计性质应当匹配，采用何种数据必须做严格区分，否则回归将失去意义。

综合来看，环比数据转换得到的预期通胀率预测能力很差，基于环比数据获得的通胀预期序列无法准确刻画通胀预期。用它作为公众预期的代理变量，缺乏统计意义和经济意义上的合理性。同时，基于全国 CPI 或城市 CPI 的转化结果没有显著差异，不存在必须使用城市 CPI 的问题。

## 第四节　问卷设计与理解分歧

通过以上分析我们发现，由于转化算法的固有特性，采用环比数据得到的预期通胀率预测效果极差，以此为基础的后续研究的可信性降低。而从表 5-1 可以看到，已有文献大多数采用的都是环比数据。通过对中国人民银行调查问卷的分析我们发现，研究人员这一普遍选择的原因在于对问卷问题的理解存在分歧。中国人民银行调查问卷的问题是：您预计未来 3 个月物价水平将比现在的变化方向如何？从字面意义上理解，由于“未来 3 个月比现在”似乎隐含着以当前为基期的下一季度的语义，所以容易对应为环比数据的概念。

但是，采取何种数据进行转换，需要考虑的不仅是调查问卷问题的设计初衷，最终决定数据性质的是受访者对这一问题的理解和思考方式。中国人民银行调查问卷具有明显的主观性和定性特征，答案依赖于受访者的心理预期。对受访者而言，其对未来物价的涨跌判断是基于经验和信息的。这一判断当然部分源于受访者在日常生活中通过消费得到的直观感受，但也同时受到其所接触的相关物价信息的影响。回答问卷的受访者基于现实环境进行反馈，研究人员基于问卷问题的字面概念进行分析。这二者的差异很容易导致回答问题的受访者与使用数据的研究人员对同一问题理解不一致。

对研究者而言，确定受访者对问题理解与自己是否一致存在一定的困难，对受访者进行回访确认并不现实，一个可能的替代策略是尝试获知受访者回答时所依据的现实信息集。然而，正如肖争艳和陈彦斌指出的，大部分人在作出判断时基于的信息是零散模糊的，我们同样难以获知其构成。[①] 但是，我们可以通过对公众所处信息环境的分析间接推断其性质。当代社会的信息环境由各类媒体一手塑造。关于媒体报道在通胀预期形成过程中扮演的重要角色，兰亚德（Ranyard）等进行了比较全面的综述。[②] 德雷格尔（Dräger）进一步从实证角度证明了媒体在通胀感知到通胀预期转化过程中的重要作用。[③] 本章的一个基本观点即在于，媒体报道不仅可能影响通胀预期的大小，而且可能塑造了通胀预期的时间尺度特征。

在我国，公众对于物价的关注度一直比较高，其中最受普通公众关注的就是 CPI。各类媒体对相关消息进行报道时普遍基于同比数据状况，一般在标题中提到 CPI 时多指同比 CPI；各类政府公报、专家评论解读也以同比数据为主。中央电视台“新闻联播”栏目关于 CPI 的报道更是一个典型的例子，每月国家统计局公布上月 CPI 数据后，当日“新闻联播”基本都会对此进行报道，而报道的内容长期以来以同比数据为主，出现在标题当中的更是几乎全部为同比数据。这种媒体对信息传导有所侧重的状况，可能与我国统



① 肖争艳、陈彦斌：《宏观经济预期的测度：基于行为经济学的调查方法研究》，《中国人民大学学报》2006年第3期，第61~67页。

② Ranyard, R., Del Missier, F., Bonini, N., et al. "Perceptions and Expectations of Price Changes and Inflation: A Review and Conceptual Framework", *Journal of Economic Psychology*, vol. 29, no. 4 (2008), pp.378–400.

③ Dräger, L. "Inflation Perceptions and Expectations in Sweden—Are Media Reports the Missing Link ? ", *Oxford Bulletin of Economics and Statistics*, vol. 77, no. 5 (2014), pp.681–700.

计数据公布和报道的历史传统有关，当然也与环比数据高度波动不便比较的固有特点不无关系。在这样的信息环境下，受访者掌握的概念信息一般是基于同比数据的。事实上，媒体报道对于同比数据的侧重在世界范围内都广泛存在（下文将会进一步提及）。因此这种特征的信息环境并不仅仅存在于我国。

对受访者而言，在回答问题时与其说是在预测未来物价水平较现在的变化趋势，不如说是预测未来物价相对近期物价信息会发生何种方向的偏移。受访者作为一般储户，有限理性决定了他们对于当前一般物价水平不可能有准确的把握，他们从日常消费中感受到的，是近期物价发生了怎样的变化：是“上升”“下降”还是“基本不变”。这一感知本身是模糊定性的，但媒体报道可以赋予其一个定量的基准：通过直接阅读报道或与他人交流的方式，公众得以获知报道中的最新统计数据。由此，外界提供的定量数据和消费中的亲身感受分别构成了公众关于近期物价的理性认知和感性认知，二者紧密联系，互相影响，互为印证。其中，影响理性认知的统计数据在媒体报道中集中反映为同比数据，其数值虽然不会被公众准确记忆，但其大致区间却会潜移默化的导致公众衡量物价时采用同比标准。假设受访者根据近期消费体验，感觉最近物价在上升但幅度不大，同时他模糊地知道最新数据显示上月物价同比上涨了约 2%，当面对预测物价走势的问题时，他很可能会结合媒体报道中的经济信息去考虑未来 3 个月的物价会同比变动超过 2% 还是不到 2%。

由于公众长期习惯于接触和使用同比数据，对物价“上升”或“下降”这类概念的理解也多是从同比角度出发。在日常语境下，公众谈到通胀、CPI 等概念，指的大都是同比数据。进而，在形成自身预期时，公众通过媒体报道接触到的专家预测信息也多为同比信息。这一长期形成的同比性质的信息环境，决定了受访者回答问题时参考近期同比通胀数据的大致区间，依据专家的同比预测信息做出回答。认为仅仅因为问卷问题的字面含义就会导致受访者改用环比标准，实为对受访者不切实际的要求。

研究人员应该使用同比数据的另一重要原因在于，国外的成熟研究及问卷体系给出了支持同比的证据。我们注意到，国外研究虽然并未对现实通胀数据的选择问题多着笔墨，但大都默认了受访者以同比数据为基准回答问卷问题这一前提。例如卡尔森和帕金的经典文献中的研究数据来源于盖洛普公司（Gallup）每月对英国进行的问卷调查。该研究起始于 1960 年 7 月，该问卷中关于物价走势的问题是：您认为您购买的大多数物品的价格未来 6 个月会更高、更低还是基本不变。[①] 由于并未包含“比现在”这样似乎暗示着环

① Carlson，J. A.，Parkin，M. “Inflation Expectations”，*Economica*，vol. 42，no. 166（1975），pp.123–138.

比性质的字眼，这一问题较中国人民银行城镇储户问卷调查的物价问题更为模糊。卡尔森和帕金采取了同比数据进行后续处理，这一做法也在后续有关短于一年的预期通胀率研究中得到了延续。①

另一个能够从侧面印证本章观点的例子来源于著名的密歇根大学消费者调查（surveys of consumers）。在关于物价的问题中，当受访者对于未来12个月的物价走势回答“保持不变”时，该调查会追加提问“您的意思是物价未来12个月会以跟现在相同的速率上升，还是物价整体上不会上升”。这一追加问题的设置是为了避免误解，从中可以推断出问卷设计者考虑到了受访者的一种可能倾向，即以当前的物价信息作为判断基准回答问题。然而无论是国外研究者默认的同比信息前提，还是比较成熟的问卷设置中暗示的受访者心理状况，在我国之前的研究中都被忽略了。

在上述逻辑分析的基础之上，通过粗略的计算分析，我们能够找到支持调查数据同比性质的进一步证据。这里我们使用的是第三节提到的未来物价预期指数，我们定义 $I_t$ 为 $t$-1 期居民对 $t$ 期物价判断的扩散指数，图 5-4 给出了未来物价预期指数与同比和环比 CPI 数据的时序图，从图中可以看出，未来物价预期指数并不具有环比数据的季节性波动特征，而与同比数据相对契合。

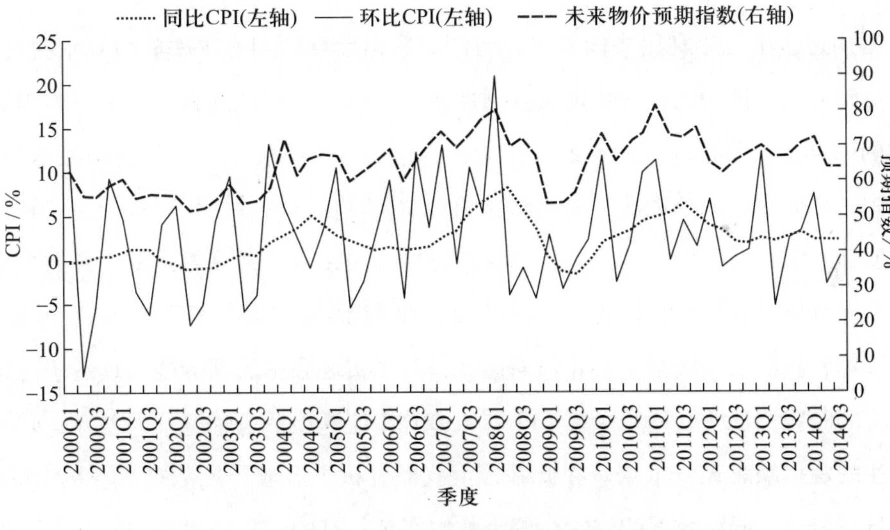


图 5-4 未来物价预期指数、同比 CPI 和环比 CPI 时序图

① Pesaran, M. H. “Formation of Inflation Expectations in British Manufacturing Industries”, *The Economic Journal*, vol. 95, no. 380 (1985), pp.948–975;

Pesaran, M. H. *The Limits to Rational Expectations*, Oxford: Blackwell, 1987, pp.145–167.

为了便于量化比较，我们对各项数据进行了标准化处理，进而分别计算了同比 CPI、环比 CPI 与未来物价预期指数的契合程度，结果归纳在表 5–4 中。显然，同比 CPI 与未来物价预期指数的相关系数明显高于环比数据对应的结果，而同比 CPI 与未来物价预期指数之间无论以平均绝对误差 MAE 和还是均方根误差 RMSE 衡量的差异都比环比 CPI 更小。以上分析说明，中国人民银行关于物价变化的调查数据中所包含的信息更可能与同比 CPI 数据相对应。环比预期序列表现差，是其口径与调查数据口径不符的必然结果。因此，不论从调查数据本身属性还是从转化算法的固有特征角度，作为转化基础的现实通胀率数据都应当使用同比数据。

**表 5–4　基于同比和环比 CPI 得到的预期通胀率与未来物价预期指数的契合程度**

| 差额法 | 相关系数 | MAE | RMSE |
|---|---|---|---|
| 同比 CPI | 0.78 | 0.52 | 0.66 |
| 环比 CPI | 0.52 | 0.79 | 0.98 |

## 第五节　本章小结

从国内过去十几年利用中国人民银行调查数据计算预期通胀率的研究中我们发现，研究人员对通胀预期转化过程中的现实通胀率口径选择问题缺乏重视。这一基本但却极为关键的问题既严重削弱了已有研究结论的可信性，更不利于今后研究的继承与发展。在本章中，我们回顾了差额法、概率法这两种主要转化方法的原理，指出由于转化算法的固有属性，实际通胀序列的方差信息在转化中丢失，从而必然导致基于环比数据的通胀预期数据预测性能很差。通过对 2000 年第一季度到 2014 年第三季度同比和环比数据的转化计算，我们直观展示了环比预期通胀率对现实通胀率的预测能力远逊于同比序列的情况。同时我们证明，使用全国 CPI 和城市 CPI 计算预期通胀率并无差异，必须使用城市 CPI 的观点缺乏充分依据。在此基础上我们分析了造成环比数据表现极差的原因：由于信息环境对于同比数据的偏重，调查数据本身具有的即是同比性质，故而采用环比数据与现实情况不符。因此，基于中国人民银行调查数据转化通胀预期的一个必要条件是采用同比数据作为转化基础。

需要强调的一点是，无论是本章还是问卷设计者，对不可观测的受访者心理先验的了解都十分有限。从问题的提问方式看，设计者似乎希望得到环比性质的数据，前人的众多研究也据此认为调查数据就会具有环比性质，然而这一想当然的结论并不必然正确。出于严谨考虑，我们应当从现实出发，分析受访者所处环境，推断其可能的心理和行为模式，以此作为假设，然后从实际的调研数据中寻找证据。本章的研究即遵循这一逻辑，而实证的结果显示，多条线索均指向中国人民银行城镇储户问卷调查数据中的通胀预期数据是同比而非环比性质。

本章指出，实际通胀数据选择的模糊状况很大程度上与中国人民银行现行的问卷内容的字面表述有关。根据公众所处的现实信息环境及发达国家同类调查问卷的成熟经验，本章建议中国人民银行在未来改进调查问卷设计时，应删除“比现在”这样的表述，同时进一步细化问题，从而避免理解分歧。一种可能的方案为，保留“您预计未来 3 个月物价将会如何变动”的主问题，沿用目前的选项，同时参考密歇根大学消费者调查的做法对选择“基本不变”的受访者做追加提问。另一种可选的方案是参考欧盟消费者调查的做法，问题仍为“您预计未来 3 个月物价将会如何变动”，但将变化选项进一步细分。同时，中国人民银行应尽快在调查问卷中加入直接针对通胀预期的定量问题，从而通过主客观结合的方式更加准确的把握公众预期的性质和变化趋势。

总之，基于通胀预期转化的基本算法特性、公共信息环境和已有调查问卷设计经验，未来研究在应用中国人民银行调查数据进行通胀预期转化时，需要使用同比口径的现实通胀数据；而选择全国 CPI 或者城市 CPI 对结果并无显著影响。同时，中国人民银行调查问卷的内容设计亟须改进，以便为相关研究提供科学基础。

在阐述了预期变量的数据转化问题之后，应用研究马上需要面临下一个问题，就是预期变量的统计特征，特别是预期变量所蕴含的信息粘性和信息更新频率等问题。为此，接下来的第六章将对以上问题进行细致分析，以便为后续章节中前瞻性货币政策反应机制的定量分析提供基础。

# 附录 5-1　基于中国人民银行公布的预期物价指数的预期通胀率

**基于中国人民银行公布的预期物价指数的同比预期通胀率：**

**2000 年第一季度至 2014 年第三季度**　　（单位：%）

| | | | | | | | | | |
|---|---|---|---|---|---|---|---|---|---|
| 2000Q1 | 2.10 | 2003Q1 | 1.42 | 2006Q1 | 2.95 | 2009Q1 | 0.54 | 2012Q1 | 2.23 |
| 2000Q2 | 0.79 | 2003Q2 | 0.48 | 2006Q2 | 1.48 | 2009Q2 | 0.63 | 2012Q2 | 1.71 |
| 2000Q3 | 0.83 | 2003Q3 | 0.68 | 2006Q3 | 2.47 | 2009Q3 | 0.89 | 2012Q3 | 2.18 |
| 2000Q4 | 1.31 | 2003Q4 | 1.14 | 2006Q4 | 3.22 | 2009Q4 | 2.31 | 2012Q4 | 2.46 |
| 2001Q1 | 1.69 | 2004Q1 | 3.66 | 2007Q1 | 3.86 | 2010Q1 | 3.35 | 2013Q1 | 2.91 |
| 2001Q2 | 0.75 | 2004Q2 | 1.82 | 2007Q2 | 3.15 | 2010Q2 | 2.78 | 2013Q2 | 2.47 |
| 2001Q3 | 0.93 | 2004Q3 | 2.63 | 2007Q3 | 3.80 | 2010Q3 | 2.93 | 2013Q3 | 2.37 |
| 2001Q4 | 0.96 | 2004Q4 | 2.74 | 2007Q4 | 5.46 | 2010Q4 | 3.36 | 2013Q4 | 2.93 |
| 2002Q1 | 0.97 | 2005Q1 | 2.82 | 2008Q1 | 5.79 | 2011Q1 | 5.43 | 2014Q1 | 3.21 |
| 2002Q2 | 0.24 | 2005Q2 | 1.53 | 2008Q2 | 3.63 | 2011Q2 | 3.43 | 2014Q2 | 1.96 |
| 2002Q3 | 0.27 | 2005Q3 | 1.94 | 2008Q3 | 3.84 | 2011Q3 | 3.25 | 2014Q3 | 1.92 |
| 2002Q4 | 0.67 | 2005Q4 | 2.39 | 2008Q4 | 2.88 | 2011Q4 | 3.73 | | |

注：① 表中为通过 C-P 概率法计算得到的预期通胀率。

② Q 代表季度。

# 第六章　前瞻性货币政策中的预期变量特征：信息粘性与更新机制



本章提要：

不同微观群体的预期具有明显的异质性特征。而厘清预期变量的信息粘性和信息更新频率特征是构建前瞻性货币政策体系的重要基础。本章对前瞻性货币政策中涉及的预期变量的信息粘性和更新机制进行研究，拓展经典的流行病学传染模型，并估算我国居民与专家两类通胀预期调研数据的信息粘性和信息更新频率特征。本章分析表明：居民和专家的通胀预期存在交互影响机制而非单向传染；二者的信息粘性特征迥异，居民预期具有很高的信息粘性，而专家预期不具有粘性；居民预期的信息更新频率约为每 4~6 个季度一次，而专家则是每季度都进行信息更新。

本章概览：

- 预期中的信息更新机制
- 对公众预期和专家预期的解读
- 信息粘性与更新机制
- 信息粘性与信息更新频率的估计
- 稳健性分析
- 本章小结

## 第一节 预期中的信息更新机制

由于货币政策作用于宏观经济存在时滞，货币政策的制定和执行都必须具有前瞻性。近年来，各国中央银行的一项重要共识是，借助管理公众通胀预期将有助于实现和维持低而稳定的通货膨胀率。[①]因此，理解和把握预期特征及预期形成机制具有重要的现实意义。然而，在主流的理性预期分析框架下，现实宏观经济数据的一些基本特征，例如通胀的巨大惯性[②]、通胀与失业间的替代关系[③]则难以得到合理的解释。

曼昆和里斯（Mankiw and Reis）等人的一系列研究指出，通过假定经济主体并非实时更新信息从而构建粘性信息的菲利普斯曲线（SIPC），可以较好地解决理论与现实不符的问题。[④]西姆斯（Sims，C.A.）的理性疏忽理论尽管在对信息不完全的情形设定上与曼昆和里斯的模型存在差异，但基本思想是一致的。两者都可以为现实当中经济主体并未及时利用所有可用信息的行为提供有力的解释。[⑤]

卡罗尔借鉴医学上的流行病传染模型，为粘性信息模型构建提供了微观机制基础。[⑥]卡罗尔基本模型形式极为简洁，方程左侧为公众预期，右侧为专家预期和滞后一期的公

---

① Reid，M. “Inflation Expectations of the Inattentive General Public”，*Economic Modelling*，vol. 46（2015），pp.157-166.

② Fuhrer，J.，Moore，G. “Inflation Persistence”，*The Quarterly Journal of Economics*，vol. 110，no. 1（1995），pp.127-159.

③ Ball，L. “What Determines the Sacrifice Ratio? ”，in Mankiw，N. G.，ed.，*Monetary Policy*. Chicago：The University of Chicago Press，1994，pp.155-193；

Mankiw，N. G. “The Inexorable and Mysterious Tradeoff Between Inflation and Unemployment”，*The Economic Journal*，vol. 111，no. 471（2001），pp.45-61.

④ Mankiw，N. G.，Reis，R. “Sticky Information versus Sticky Prices: A Proposal to Replace the New Keynesian Phillips Curve”，*The Quarterly Journal of Economics*，vol. 117，no. 4（2002），pp.1295-1328；

Mankiw，N. G.，Reis，R. “What Measure of Inflation Should a Central Bank Target? ” *Journal of the European Economic Association*，vol. 1，no. 5（2003），pp.1058-1086；

Mankiw，N. G.，Reis，R. “Pervasive Stickiness”，*The American Economic Review*，vol. 96，no. 2（2006），pp.164-169；

Mankiw，N. G.，Reis，R. “Sticky Information in General Equilibrium”，*Journal of the European Economic Association*，vol. 5，no. 2-3（2007），pp.603-613.

⑤ Sims，C. A. “Implications of Rational Inattention”，*Journal of Monetary Economics*，vol. 50，no. 3（2003），pp.665-690；

Sims，C. A. “Rational Inattention and Monetary Economics”，*Handbook of Monetary Economics*，vol. 3（2010），pp.155-181.

⑥ Carroll，C. D. “Macroeconomic Expectations of Households and Professional Forecasters”，*The Quarterly Journal of Economics*，vol. 118，no. 1（2003），pp.269-298.

众预期。卡罗尔的实证分析表明，通过问卷调查得到的美国通胀预期数据支持每个季度仅有部分居民参照专家预测更新自身预期的观点。以卡罗尔提供的估计模型为基础，一系列既有研究对粘性信息理论在美国①、欧洲②、南非③等地的解释能力进行了检验。实证结果均支持该理论的基本观点，即现实中人们对信息的更新存在明显的粘性特征。

值得注意的是，公众预期的更新频率在不同时段的各国差异明显，同时，卡罗尔构建的单方程估计模型的各项系数的显著性状况在各国也大不相同。此外应当关注的是，卡罗尔在其研究中并未报告其对变量平稳性的检验结果，同时对于是否存在内生性问题也未作讨论，多普克（Döpke）等和里德（Reid）因此对其单方程模型估计结果的可信性提出了质疑，在后续研究中他们进一步采取了向量误差修正模型（VECM）进行估计，结果均显示对单方程模型的 OLS 估计低估了信息更新的频率。

20 世纪 80 年代末至 90 年代初，我国曾经历过两位数的高通胀时期，物价上涨给民众生活带来了明显的负面影响。由此导致我国公众对于通胀比较敏感。近年来，中国人民银行愈发强调货币政策的前瞻性。由此理解和把握通胀预期的性质和形成机制就显得尤为重要。与此同时，一系列实证研究④已经证明，我国的通货膨胀同样具有极强的惯性。因此，建立在理性预期之上的宏观模型同样很难契合于我国的实际。然而，迄今为止，采用预期形成的传染机制模型对我国通胀预期形成机制进行的实证研究尚十分有限。何运信等人的研究成果是本领域在国内权威刊物上发表的仅有的研究成果。该成果对后续研究具有重要的参考意义。但我们在仔细分析了该研究的通胀预期数据转化过程和模型估计过程后发现，该成果中存在比较严重的问题，导致实证结果缺乏可信性。⑤

具体来说，何运信等人的研究参考了张蓓的做法，在使用 C-P 概率法⑥将中国人民银行城镇储户问卷调查数据转化为公众预期数据时，采用环比 CPI 增长率的现实数据作



① Pfajfar，D.，Santoro，E. “News on Inflation and the Epidemiology of Inflation Expectations”，*Journal of Money，Credit and Banking*，vol. 45，no. 6（2013），pp.1045–1067.

② Döpke，J.，Dovern，J.，Fritsche，U.，etc. “The Dynamics of European Inflation Expectations”，*The BE Journal of Macroeconomics*，vol. 8，no. 1（2008），pp.1–23.

③ Reid，M. “Inflation Expectations of the Inattentive General Public”，*Economic Modelling*，vol. 46（2015），pp.157–166.

④ 张成思：《中国通胀惯性特征与货币政策启示》，《经济研究》2008 年第 2 期，第 33~43 页。

⑤ 何运信、沈宏、耿中元：《居民与专家通货膨胀预期的差异及两者间关系——流行病学模型在中国的检验》，《金融研究》2014 年第 5 期，第 17~33 页。

⑥ Carlson，J. A.，Parkin，M. “Inflation Expectations”，*Economica*，vol. 42，no. 166（1975），pp.123–138.
张蓓：《我国居民通货膨胀预期的性质及对通货膨胀的影响》，《金融研究》2009 年第 9 期，第 40~54 页。

为转化基础。然而，张蓓的这一做法的依据仅仅是问卷问题的字面含义①，并未考虑受访者对问题的理解。事实上，由于我国媒体报道中明显侧重于同比数据，甚至在许多情况下对环比通胀率只字不提，因此受访者更倾向于参考同比通胀数据去考虑问题，从而使其回答具备了同比数据的性质。由此，在转化时使用的现实通胀率必须是同比通胀率，否则就违背了卡罗尔提出的“公众依赖媒体报道获取宏观经济信息”的基本思想，研究逻辑难以自洽。事实上，还有一系列证据支持使用同比数据，本章第二节对此会做更详细的阐述。由于错判预期数据的性质，何运信等人的研究认定得到的公众预期为环比序列，由此产生了序列性质不匹配的问题。

即使抛开这一问题不谈，上述研究还忽视了时序数据回归中经常存在的问题，即同期的公众预期和专家预期很可能共同受到模型中未包含的其他因素影响，从而导致方程存在内生性。此时使用 OLS 进行系数估计，结果不仅有偏而且不具有统计一致性。如果我们更细致地去分析我国公众和专家进行预测的时间点和数据公布的时间点，就会发现还存在其他可能导致内生性问题的因素。何运信等人的研究使用的专家预期来自“朗润预测”。中国人民银行城镇储户问卷调查在每年的 2 月、5 月、8 月、11 月进行，在次月公布；而与之预测期对应的专家预测在每年的 4 月、7 月、10 月和次年 1 月进行，在当月下旬或更晚公布。由此可知，专家在进行预测时公众预期数据已经公布了。考虑到专家在这一模型中被视为具有专业技能、会主动搜集宏观经济信息的群体，因此公众预期数据无疑也会影响专家预期。这就导致直接套用卡罗尔的模型很可能面临着反向因果的问题。

更进一步，我们认为现实当中信息的交互过程原本就是双向的。公众预期和专家预期相互影响，并共同受到其他因素的影响，这样的表述可更贴近于实际。因此，通过拓展卡罗尔的模型，同时考察公众预期和专家预期的形成过程，可能有助于我们更加全面地把握我国通胀预期的形成机制。

鉴于已有研究存在的不足，本章在前面章节阐释预期变量的数据转化问题基础上，进一步对不同预期变量之间的信息传递特征进行分析，并明确指出，公众和专家间的信息流并非是单向的。通过全面考察公众和专家这两个群体的预期形成过程，我们的研究体现了流行病传染模型的一项基本设定——专家群体凭借其知识经验和精力，会尽可能利用一切可得信息。这其中当然包括公众预期数据。在模型估计过程中，我们充分考虑了可能存在的内生性和序列相关性等一系列问题，在传统的单方程估计的基础上，通过

① 从 1999 年第四季度开始，中国人民银行调查问卷的问题是：您预计未来 3 个月的物价水平将比现在（如何变化）？备选答案包括“上升；基本不变；下降”。2009 年第二季度起增设了“看不准”的备选项。

联立方程系统给出了更为精确可靠的结论。同时我们还以多组预期数据进行了稳健性检验。

本章的研究结果显示：我国公众预期和专家预期之间确实存在着交互影响的机制。粘性信息模型较好地刻画了我国的公众预期。平均而言，每季度我国 18.0%~28.6% 的公众会从专家处更新自身预期，同时公众预期数据也是专家预期的重要参考信息。公众对于新公布的统计数据并不十分关心，而专家则充分利用了这些信息。公众预期具有明显的粘性，而专家预期则更接近于理性预期。对于专家和公众，都存在其他的作用机制影响其预期的形成。本章的研究不仅给出了较前人更为可信的实证结果，而且更有助于全面把握公众和专家这两个群体预期的动态特征和相互作用机制。这一结果意味着，接近于理性预期的专家预期可以作为货币政策的重要参考，而预期管理的对象则是具有显著粘性且不完全理性的公众预期。



## 第二节　对公众预期和专家预期的解读

长期以来，宏观经济研究者十分重视预期的重要作用，然而直接应用现实预期数据检验预期形成机制的实证研究曾一度十分匮乏。有趣的是，在欧美，这一情况并非因为数据的缺乏。例如在美国，密歇根大学调查研究中心对通胀等一系列宏观变量的公众预期数据的消费者调查已经超过半个世纪，世界大型企业联合会（The Conference Board）的类似调查至今也有 30 余年。

专家预期方面，专业预测者调查（SPF）的数据亦可以上溯到 20 世纪 60 年代。欧洲的情况稍逊一筹，但如多普克等人使用的多国公众和专家预期数据依然可以追溯到 20 世纪 80 年代。[①] 一系列早期研究检验了这些预期序列是否符合理性预期假设，但在卡罗尔之前，几乎没有文献利用这些数据去探究现实中的预期形成机制，卡罗尔的研究正是为了回应这一尚待解答的问题。[②]

然而，在我国，数据质量在一定程度上成为对预期形成机制进行实证研究的制约因

① Döpke，J.，Dovern，J.，Fritsche，U.，etc. "The Dynamics of European Inflation Expectations"，*The BE Journal of Macroeconomics*，vol. 8，no. 1（2008），pp.1–23.

② Carroll，C. D. "Macroeconomic Expectations of Households and Professional Forecasters"，*The Quarterly Journal of Economics*，vol. 118，no. 1（2003），pp.269–298.

素。在实证分析中，需要同时取得较长时段的公众预期和专家预期数据。居民预期数据方面，中国人民银行城镇储户问卷调查的可得数据自1999年第四季度始，但不同于部分同时提供了定量数据的调查（如密歇根大学消费者调查），其受访者仅就他们对未来物价变动的方向而非通胀率具体数值做出回答。调查得到的原始数据为定性形式。因此要使用通胀预期要先对调查数据进行定量转化。而转化中会不可避免地存在近似处理和信息损失，不当的转化方法更会严重影响数据的可信性。

关于专家预期，我国没有由官方或半官方机构组织开展的专家预测，也不存在类似多普克等人研究中的专业预测公司。在过往的研究中，国内研究者使用的数据主要有两组：《证券市场周刊》组织的“远见杯”中国宏观经济预测的季度预测数据①；北京大学中国经济研究中心（现北京大学国家发展研究院）的“朗润预测”②。前者开始于2001年第一季度，后者开始于2005年第三季度。这两项预测除了时间跨度不同，在参与机构、预测时段、预测内容等各方面都十分相似。两项预测均为每季度进行一次，内容为对本季度包括通胀率（同比CPI增长率）在内的多项宏观指标的定量预测，都具有相当程度的代表性和权威性。

虽然数据上可得，但由于公众预期调查和专家预期调查由不同机构分别展开，并无任何协调，因此从数据性质讲二者有一定差异。本章第一部分即已提到，中国人民银行城镇储户问卷调查关于公众对下一季度物价水平的预期调查在每年的2月、5月、8月、11月进行，其预测期依次为第二季度、第三季度、第四季度和次年第一季度，调查结果一般在3月、6月、9月、12月公布。而预测期与之对应的“远见杯”和“朗润预测”一般是在4月、7月、10月和次年1月进行，在当月下旬或更晚公布。为便于说明，在本章中，对于预期数据的时期一律按照预测期而非调查开展时期来定义。由此，当提到2014年第一季度的通胀预期时，对于公众预期是指2013年11月中国人民银行城镇储户问卷调查得到的相关数据，对于专家预期则是指2014年1月开展的“远见杯”或“朗润预测”获得的数据，其他季度的情况依次可知。依据这一划分，我们可以具体计算各预期序列。但需要说明的一点是，张蓓在研究中强调了对公众预期的季度划分应当与调查开展时期保持一致，即分别采用每年3—5月、6—8月、9—11月、12月—次年2月的

① 张成思、芦哲：《媒体舆论、公众预期与通货膨胀》，《金融研究》2014年第1期，第29~43页。

② 何运信、沈宏、耿中元：《居民与专家通货膨胀预期的差异及两者间关系——流行病学模型在中国的检验》，《金融研究》2014年第5期，第17~33页。

数据进行计算。[①] 关于这种顾虑，我们会在稳健性分析部分做进一步讨论。

## 一、公众预期

将定性形式的调查数据进行定量转化的常见算法包括差额法、概率法和回归法。其中，卡尔森和帕金提出的C-P概率法具有原理简明、信息利用充分的优点，因此在研究中得到了广泛应用。设受访者在 $t$–1 期对 $t$ 期的通胀预期为随机变量 $x_t^e$。C-P 概率法假定整个受访者人群的通胀预期服从某一概率分布，同时存在一个以 0 为中心的敏感性区间（$-\delta_t$，$\delta_t$），$\delta_t>0$。当 $x_t^e$ 落在这一区间内时，受访者将回答“基本不变”；落在这一区间左右两侧则分别回答“上升”和“下降”。

在本章，我们还假定受访者人群的通胀预期服从正态分布，敏感性区间（$-\delta_t$，$\delta_t$）的边界不随时间变化，同时假定长期中公众在预期通胀时不会犯系统性错误。此时，如果将对于未来物价变化方向预期上升和下降的两类人的人数百分比作为概率，那么逆推即可得到预期通胀率。

在计算过程中，我们之所以要假定长期中公众在预期通胀时不会犯系统性错误，是为了保证样本期内预期通胀率与现实通胀率[②]的数学期望相等。从而我们可以使用已知的现实通胀率去替代待求的预期通胀率。需要再次强调的是，这里使用的现实通胀率必须是同比通胀率。除本章第一部分从研究逻辑一致角度进行的分析外，从同比和环比序列本身的性质上也能找到支持使用同比通胀率的证据。如果对中国人民银行城镇储户问卷调查数据计算得到的未来物价预期指数[③]略做相关性分析，就会发现其与同比 CPI 增长率的相关系数明显高于与环比 CPI 增长率的相关系数（2000 年第一季度至 2014 年第四季度时调查数据与同比 CPI 和环比 CPI 的相关系数分别为 0.80 和 0.47），因此该调查数据更可能具有同比性质。此外，由于 C-P 概率法的特性，环比 CPI 增长率转化得到的预期序列预测性能很差，不具备应有的捕捉通胀基本趋势的能力。同样以 2000 年第一季度至 2014 年第四季度为例，如果使用环比数据计算，获得的预期通胀率预测误差是同比数据

① 张蓓：《我国居民通货膨胀预期的性质及对通货膨胀的影响》，《金融研究》2009 年第 9 期，第 40~54 页。

② 现实通胀率在这里充当了换算标准，从经济逻辑上讲，这里还可以使用 HP 滤波处理后的现实通胀率（多普克等，2008），或使用公众的感知通胀率（尼尔森，2003），但由于实际上只有其均值进入计算过程，而各方法下通胀率均值差异极小，因此对结果无显著影响。

③ 中国人民银行公布的未来物价预期指数是反映居民对下季物价判断的扩散指数，该指数的计算方法是先扣除选择“看不准”的受访者人数，然后对选择“上涨”和“基本不变”的受访者人数百分比分别赋予权重 1 和 0.5，二者加总得出未来物价预期指数。

的 4 倍[①]。此外，在文献层面，卡尔森和帕金在计算英国公众未来 6 个月的通胀预期时使用的也是同比数据，类似的研究还包括皮萨伦（Pesaran）等。[②]

依照 C-P 概率法，我们计算得出我国 2000 年第一季度至 2014 年第四季度的公众预期序列。其中，调查数据来源于张涛和中国人民银行每季度发布的城镇储户问卷调查报告。[③]我们手工收集了其中报告的预期未来物价上涨和下降的人数百分比及未来物价预期指数，对于缺失数据进行了插补。现实通胀率数据来源于国家统计局公布的 CPI 月度同比数据（设上年同月 =100），通过计算算术平均值并取百分数得到季度通胀率数据。

## 二、专家预期

“远见杯”和“朗润预测”提供了每个季度各机构对该季度 CPI 同比增长率的预测值，我们取其算术平均值作为专家通胀预期，其中“远见杯”预期序列覆盖时段为 2001 年第一季度至 2014 年第四季度（2002 年第三季度数据缺失，使用相邻值插补得到），“朗润预测”预期序列覆盖时段为 2005 年第三季度至 2014 年第四季度。“远见杯”是《证券市场周刊》组织的“中国宏观经济预测”竞赛，虽然这一预测数据自 2001 年开始记录，但公开发布的数据是从 2004 年开始的。2004 年之前的数据，是通过《证券市场周刊》内部记载资料获得。“朗润预测”是北京大学中国经济研究中心邀请约 14 家业界(和学界）经济研究机构进行的季度宏观数据预测，这项工作以北京大学中国经济研究中心所在的“朗润园”命名，故称“朗润预测”。“朗润预测”参与机构包括光大证券股份有限公司、国家信息中心经济预测部、国泰君安证券股份有限公司研究所、花旗集团（亚太区）、华夏证券研究所、清华大学中国与世界经济研究中心等，这些机构组织较为资深的专家参与预测。“朗润预测”内容涉及宏观经济多项指标，包括 GDP、工业增加值、CPI、投资、利率和汇率等。

## 三、数据特征及平稳性检验

我们在图 6–1 中展示了公众预期（YH）、专家预期［“远见杯”（YJB）、“朗润预测”（LR）］的走势情况，同时为了便于比较，给出了上文中计算的现实通胀率（CPI），即同

① 由于篇幅所限，此处未给出详细的计算结果。

② Pesaran，M. H. “Formation of Inflation Expectations in British Manufacturing Industries”，*The Economic Journal*，vol. 95，no. 380（1985），pp.948–975.

③ 张涛:《中国城镇居民储蓄状况调查与研究》，中国金融出版社 2010 年版，第 108~115 页。

比 CPI 增长率的走势。从图中容易看出，各序列走势十分相似，公众预期波动性更大，数值上偏小，“远见杯”和“朗润预测”序列走势极其相似，这也印证了上文提到的两项预测参与机构高度重合这点。

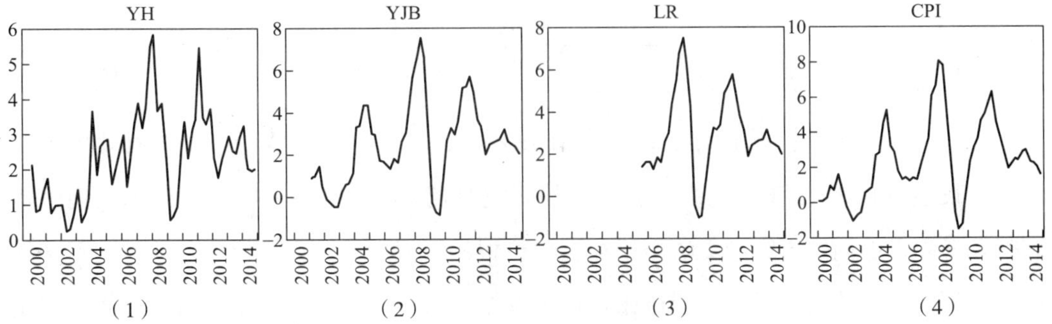


图 6–1　通胀预期及实际通胀序列

表 6–1 进一步给出了各序列的描述性统计特征，并报告了 ADF 和 PP 两种单位根检验（$p$ 值）的结果。表 6–2 给出了各序列的相关性状况。从表 6–1 可以看出，各序列特征比较相似，“朗润预测”均值较大主要是因为它所覆盖的时段整体通胀水平较高，公众预期的最小值为正数是由 C-P 概率法算法本身特性决定的。表 6–2 进一步表明，各序列高度相关，特别是“远见杯”和“朗润预测”，其相关系数约等于 1，反映了二者高度的同质性。

在序列平稳性方面，在 10% 的显著性水平下，基本可以认定各序列为平稳序列，当然，现实通胀率序列和“朗润预测”序列在分别在 ADF 检验和 PP 检验中未能拒绝原假设。然而，这里我们必须强调的一点是，通胀序列的平稳性问题长期以来存在争议。[1]

**表 6–1　变量描述性统计及单位根检验结果**

| | 样本量 | 均值 | 中位数 | 最大值 | 最小值 | 标准差 | 偏度 | 峰度 | ADF | PP |
|---|---|---|---|---|---|---|---|---|---|---|
| YH | 60 | 2.31 | 2.30 | 5.83 | 0.24 | 1.29 | 0.53 | 3.13 | 0.033 | 0.034 |
| YJB | 56 | 2.45 | 2.54 | 7.52 | –0.90 | 1.98 | 0.40 | 2.76 | 0.003 | 0.086 |
| LR | 38 | 2.92 | 2.57 | 7.53 | –1.05 | 1.96 | 0.25 | 3.07 | 0.005 | 0.195 |
| CPI | 60 | 2.31 | 2.13 | 8.03 | –1.53 | 2.22 | 0.59 | 2.97 | 0.205 | 0.076 |

注：ADF 检验的滞后阶数由 SIC 确定，PP 检验的谱估计使用标准的 Bartlett 核估计法（Newey-West 自动带宽），表中报告的 $p$ 值依据麦金农（MacKinnon）计算；[2] 所有检验中均含截距项。

① Reid，M. “Inflation Expectations of the Inattentive General Public”，*Economic Modelling*，vol. 46（2015），pp.157–166.

② MacKinnon，G. “Numerical Distribution Functions for Unit Root and Cointegration Tests”，*Journal of Applied Econometrics*，vol. 11，no. 6（1996），pp.601–618.

表 6-2 各序列相关性分析

| | YH | YJB | LR | CPI |
|---|---|---|---|---|
| YH | 1.00 | | | |
| YJB | 0.83 | 1.00 | | |
| LR | 0.78 | 1.00 | 1.00 | |
| CPI | 0.82 | 0.98 | 0.98 | 1.00 |

同时，样本容量较小的情况下单位根检验的功效相对较低。由于我们的样本的时间跨度最长也不超过 15 年，与多普克等人的研究时长（1989Q4—2004Q2）近似，而多普克等人强调，他们的研究中无法拒绝存在单位根的原假设或许只是检验自身表现不佳的结果。我们回顾了之前国内关于通胀及通胀预期的研究，一般都认定我国的通胀序列是平稳的。因此，可以在经典回归分析的框架下进行研究。

## 四、预期数据间的基本关系

考虑到两组专家预期序列相关系数几乎等于 1，统计性质高度类似，在下面的分析中我们选用时间更长的“远见杯”预测数据作为专家预期数据，以期得到更加稳健的结论，而把“朗润预测”数据作为稳健性分析的一部分。我们参考了卡罗尔、多普克等人的研究逻辑，在回归分析之前，先检验了公众预期和专家预期之间的基本关系。

（1）预测能力

对于两组预期数据，一个自然的问题是比较两组数据谁总体上表现更好，即各自的预期能力大小。我们在表 6-3 中给出了公众预期（YH）和专家预期（YJB）相对于现实通胀率的相关系数、平均绝对误差（MAE）和均方根误差（RMSE）。很显然，公众预期的预测偏差明显高于专家预期，反映了专家主动获取信息的努力和预测上的专业知识与技能，与我们的经济直觉相一致。

表 6-3 各序列相关性分析

| | $\rho$ | MAE | RMSE |
|---|---|---|---|
| YH | 0.82 | 1.06 | 1.35 |
| YJB | 0.95 | 0.52 | 0.68 |

在此基础上，我们考虑采用回归模型粗略检验二者的预测能力大小。这一检验的基本原理是，把现实通胀率作为被解释变量，解释变量则包括同期的公众预期、专家预期和滞后一期的现实通胀率，通过分步引入预期变量，考查不同预期序列的解释能力。以

模型表示为：

$$\pi_{t-3,t+1}=\alpha_0+\alpha_1 H_t[\pi_{t-3,t+1}]+\alpha_2 F_t[\pi_{t-3,t+1}]+\alpha_3\pi_{t-4,t}+\varepsilon_t; \tag{6-1}$$

其中，$\pi_{t-3,t+1}$ 和 $\pi_{t-4,t}$ 分别为 $t$+1 期和 $t$ 期的同比现实通胀率，$F_t[\pi_{t-3,t+1}]$ 和 $H_t[\pi_{t-3,t+1}]$ 分别表示专家和公众在 $t$ 期对 $t$+1 期的同比通胀率做出的预测值。

表 6–4 报告了回归的结果，各方程不存在明显的序列相关问题。从结果中可以看出，公众预期和专家预期在各自的方程中系数均在 1% 的显著性水平下显著。这反映了二者均对未来的通货膨胀率具有一定的预测能力，预期当中包含了上一期现实通胀率之外的信息；但是两相比较，专家预期的预测能力更强。表 6–4 中方程 3 显示，引入专家预期与公众预期“竞争”后，公众预期的系数不再显著，这表明专家预期包含了公众预期所不包含的信息，这也同时表明公众预期在传统的理性预期模型中是非理性的。原因是从理论上讲使得专家做出更有力的预测的信息对于公众也是可得的。由此可以粗略地说，专家预期比公众预期更理性，公众并未充分利用可得的信息。

这一结果与卡罗尔对美国的研究情况十分类似，而与何运信等人的结果显著不同。事实上，表 6–4 中方程 3 的回归结果显示公众预期的系数不仅更显著，数值上更是接近于专家预期系数的 4 倍。这一结果在经济理论上是难以得到合理解释的，我们认为这很有可能是其研究中公众预期序列计算有误的结果。

**表 6–4　预期序列预测能力的回归分析**

| 方程编号 | $\alpha_0$ | $\alpha_1$ | $\alpha_2$ | $\alpha_3$ | LM 检验 | $R^2$ |
|---|---|---|---|---|---|---|
| 1 | −0.563**<br>（0.240） | 0.667***<br>（0.140） | | 0.588***<br>（0.090） | 0.101 | 0.84 |
| 2 | −0.227*<br>（0.119） | | 1.349***<br>（0.163） | −0.255*<br>（0.147） | 0.296 | 0.91 |
| 3 | −0.335*<br>（0.197） | −0.109<br>（0.128） | 1.251***<br>（0.191） | −0.219<br>（0.150） | 0.456 | 0.91 |

注：括号内报告的是 white 修正标准差，***、** 和 * 分别表示相应统计量在 1%、5% 和 10% 的显著性水平具有统计显著性，LM 检验报告的是 Breusch–Godfrey 序列相关性检验 $F$ 统计量对应的 $p$ 值。

（2）格兰杰因果检验

预期的流行病传染机制表明公众预期的形成依赖于专家预期，由此从理论上暗示了专家预期应当是专家预期的格兰杰原因。但本章第一部分即已提到，由于我国的数据特征，专家在进行预测时反倒是有同期公众预期数据的。由此我们推断可能存在反向的因果关系。我们建立向量自回归（VAR）模型考查二者是否存在统计上的因果关系。

表 6–5 展示了格兰杰因果检验的结果，在最大滞后阶数给定为 8 的条件下，LR 检验、AIC、SIC 信息准则等方法指向的最优滞后期均为 4 期，因此滞后阶数取 4。这一检验结果印证了我们的推测：专家预期确实是公众预期的格兰杰原因，但专家预期作为因变量时，系数为 0 的联合检验在 10% 的显著性水平下非常接近于被拒绝；这显示公众预期很可能是专家预期的格兰杰原因。这一点在之前的研究中鲜有涉及，但绝非意料之外，而是我国预期序列特殊时间属性的必然结果。这一结果暗示在对公众预期形成机制模型进行估计时可能面临着比较严重的内生性问题，同时它为考查专家预期形成机制的模型提供了统计意义上的依据。

**表 6–5　格兰杰因果检验**

| 因变量 | 滞后阶数：4 |
|---|---|
| $H_t[\pi_{t-3,t+1}]$ | 0.001 |
| $F_t[\pi_{t-3,t+1}]$ | 0.108 |

注：表中报告的是构造的 Wald 统计量的 $p$ 值。

## 第三节　信息粘性与更新机制

卡罗尔模型的基本思想是，普通人并不完全理解宏观经济模型，也不会长期有意追踪最新公布的统计数据，他们对于宏观经济的观点主要来源于媒体报道。[①] 此外，并非每个人都对全部宏观经济新闻十分关注。事实上，一般公众对于经济新闻的获取被假定是或有事件。只有一小部分有着知识经验和时间精力的经济主体，我们称之为专家。专家在每一期主动获取未来通胀的相关信息，并以此为依据进行理性的预测。这些预测被刊登在报纸等媒体上。然而，公众觉得有意去阅读报纸从而实时更新信息很麻烦，他们不愿为此付出相应的成本，因此每一期仅有随机的一部分公众碰巧阅读了最新的通胀信息进而更新了自身预期，剩余的人沿用了过去的预期。这就导致关于通胀的新信息在公众中以类似流行病传染的模式缓慢传播。宏观经济环境变化的新闻为经济中全部个体所获知将需要相当长的一段时间。根据这一描述，平均的公众通胀预期满足模型（6–2）：

① Carroll, C. D. "Macroeconomic Expectations of Households and Professional Forecasters", *The Quarterly Journal of Economics*, vol. 118, no. 1 (2003), pp.269–298.

$$M_t[\pi_{t,t+4}]=\lambda S_t[\pi_{t,t+4}]+(1-\lambda)M_{t-1}[\pi_{t-1,t+3}]。\quad (6-2)$$

模型（6–2）为卡罗尔实证分析的基本方程，其中 $S_t[\pi_{t,t+4}]$ 表示专家在 $t$ 期做出的预测值，$M_{t-1}[\pi_{t-1,t+3}]$ 和 $M_t[\pi_{t,t+4}]$ 分别表示在 $t-1$ 和 $t$ 期公众做出的预期，数据来源分别为 SPF 和 Michigan。关于通胀的新闻可以被想象为一种在人群中缓慢传播的疾病，每一期感染全部公众中 $\lambda$ 部分的人。

这一模型成立的前提假定之一是通货膨胀是一个随机游走过程（至少公众相信其为随机游走），或 $M_t[\pi_{t-3,t+1}]\approx M_{t-1}[\pi_{t-4,t}]$。考虑到实际 CPI 增长率表现出的极高惯性特征，这两个假定在一般情况下都可以得到满足。模型中暗含了两个解释变量系数之和为 1 的假定，其经济含义为公众如果更新预期，那么他们的信息一定来自专家预期。在长期中，专家预期是公众预期的唯一信息来源。

考虑到实际公布的通货膨胀率统计数据也可能影响公众预期，卡罗尔在模型中加入了最新公布的现实通胀率。同时，考虑到模型（6–2）对信息传播的刻画可能并非准确完美，可能存在媒体报道之外的影响因素（邻里的交谈等），常数项也可能是必要的。因此，在实际估计中，他采用了模型（6–3）：

$$M_t[\pi_{t,t+4}]=\alpha_0+\alpha_1 S_t[\pi_{t,t+4}]+\alpha_2 M_{t-1}[\pi_{t-1,t+3}]+\alpha_3 P_t[\pi_{t-5,t-1}]+\varepsilon_t;\quad (6-3)$$

其中，$P_t[\pi_{t-5,t-1}]$ 为最新公布的通胀率统计数据。在估计过程中，卡罗尔将变量依此加入，从而考察各变量的影响是否显著。当然，在各项系数中最受关注是 $\alpha_1$ 的大小和显著性。它衡量了平均而言公众当中有多大比例在当期更新了信息。由此可以计算得到公众预期的更新频率。过往研究中对于更新频率一般采取如下的粗略计算方法：取更新预期的公众人数百分比的倒数乘以每一期包含的月份数（对于季度数据即为 3），得到的数字即为平均多少个月公众更新一次通胀预期。

需要特别注意的一点是，卡罗尔的模型中使用的是季度同比预期通胀率，衡量的是 4 个季度后的物价水平相对于当前物价水平的变化率，这一时间跨度是调查问卷的问题所决定的。密歇根大学消费者调查每个月都会进行，受访者被问及对未来 12 个月物价平均上涨的百分比的预测值；而专业预测者调查则在每季度第二个月询问受访专家对于未来 5 个季度的通货膨胀率的预期。由此，卡罗尔能够通过计算调查数据的均值得出以 $t$ 期为基期的 $t+4$ 期季度同比预期通胀率。

但是，在我国，中国人民银行调查问卷的问题仅为对下一季度物价水平的预期，同时在上一部分我们已经阐明，受访者很可能是从同比角度去考虑问卷问题的。因此 $t$ 期做出的公众预期表现为以 $t-3$ 期为基期的 $t+1$ 期季度同比预期通胀率，专家预期的情况与此类似。由此我们参考模型（6–3），得到估计模型（6–4）：

$$H_t[\pi_{t-3,t+1}]=\alpha_0+\alpha_1F_t[\pi_{t-3,t+1}]+\alpha_2H_{t-1}[\pi_{t-4,t}]+\alpha_3P_t[\pi_{t-5,t-1}]+\varepsilon_t; \quad (6–4)$$

其中，$F_t[\pi_{t-3,t+1}]$为专家在 $t$ 期做出的预测值，$H_{t-1}[\pi_{t-4,t}]$和 $H_t[\pi_{t-3,t+1}]$分别表示在 $t$–1 及 $t$ 期公众做出的预期，$P_t[\pi_{t-5,t-1}]$是 $t$ 期可从统计公报中完全获得的最新季度通胀率数据。注意，这一模型的预测时期跨度与模型（6–3）不同，同时我们在这里假定公众预期和专家预期同样在 $t$ 期进行，即二者的信息集相同。此外，需要特别强调的是，在 $t$ 期进行预测时，$t$ 期的统计数据至少对于公众是不可得的，例如公众对于 2014 年第一季度的预期要在 2013 年 11 月做出，而 2013 年第四季度的数据最早也要在 2014 年 1 月初才公布。因此此处只能使用 $t$–1 期的统计数据。

在此基础上，我们反过来考虑专家预期的情况。根据我们上面的分析，专家在做出预测时公众预期数据已经公布，而专家被视为主动获取各类可得的宏观经济信息来辅助预测的人群。因此公众预期很可能也会影响专家预期。我们可以类比模型（6–4），建立模型来刻画专家预期的形成过程：

$$F_t[\pi_{t-3,t+1}]=\alpha_0+\alpha_1H_t[\pi_{t-3,t+1}]+\alpha_2F_{t-1}[\pi_{t-4,t}]+\alpha_3P_t[\pi_{t-4,t}]+\varepsilon_t。 \quad (6–5)$$

模型（6–5）中各变量定义参照模型（6–4）可知。但需要注意的是，由于预测进行时间上的差别，专家在进行预期时是拥有上季度的统计数据的，即 $P_t[\pi_{t-4,t}]$，这与模型（6–4）的情况不同。当然，从预期形成的流行病传染机制理论出发，将模型（6–5）中的系数 $\alpha_1$ 的含义解释为专家预期的更新频率是不妥的。原因是作为主动持续更新信息的群体，专家预期不应当具有明显的粘性特征，公众预期只是其信息的来源之一。

通过上面的分析，我们得以建立起分析我国公众和专家预期形成机制的两个模型，即模型（6–4）和模型（6–5）。这两个模型与前人研究既有继承亦有发展，同时考虑到了我国数据的特征和经济现实，有助于把握公众和专家预期间的交互作用。在进一步的估计过程中，我们采用了与卡罗尔相同的做法：将变量依次加入，从而考察各变量的影响是否显著。

## 第四节　信息粘性与信息更新频率的估计

对于模型（6–4）和（6–5）的估计，有两种思路，第一种是单方程估计，第二种是联立方程估计。单方程估计的好处在于估计过程简单直观，且与已有研究有直接可比性。卡罗尔、多普克等人、里德在研究中均是先给出了单方程估计的结果。联立方程估计的优点在于充分考虑了模型间可能存在的相关性并加以控制和处理，从而可能给出更加稳健的结论。考虑到本章分析的公众预期和专家预期间可能存在的双向因果关系，以及同时受到宏观经济变量影响的可能性；采取联立方程系统来刻画两组预期变量的关系很可能是更为稳妥的办法。为保证实证分析的严谨完备，我们先进行单方程估计，然后进行联立方程估计，再综合二者的结果进行分析判断。

## 一、单方程估计

在计量估计过程中，除了上面提到的反向因果问题，由于模型（6–4）和（6–5）中公众预期和专家预期为同期变量，二者也可能会共同受到其他因素的影响，所以为确定适当的估计方法必须首先检验模型的内生性问题。考虑到这一情况，我们对于存在同期预期变量的方程进行了杜宾－吴－豪斯曼（Durbin–Wu–Hausman）检验，确定有无变量内生性问题，对存在内生性的方程利用工具变量法进行回归估计，我们选择模型右侧预期变量各自的 1 至 2 期滞后项及现实通胀变量本身作为工具变量（根据模型形式决定是否包含常数项），同时进行了过度识别检验。

考虑到样本是时间序列，我们还考察了是否存在序列相关的问题。由于模型（6–4）和（6–5）均为动态模型，如果同时存在序列相关问题，则即使使用上述工具变量进行估计，系数估计也是有偏且不一致的。由于传统的序列相关性检验，如布罗斯－戈弗雷（Breusch–Godfrey）LM 检验对工具变量估计方程无效，我们对 IV 估计的方程使用了戈弗雷（Godfrey）工具变量序列相关性检验。[①] 为检验系数是否具有某些理论上预测的特征，我们还进行了 Wald 检验。

我们首先对模型（6–4）进行估计，分析方法与卡罗尔相同，表 6–6 报告了回归结果。注意到 Durbin–Wu–Hausman 内生性检验表明表 6–6 中方程 1~4 都存在明显的内生性问题，这与之前的分析一致。整体上各项检验结果良好，当然，我们注意到表 6–6 中方程 3 和方程 5 须在 5% 的显著性水平下方可通过序列相关性检验，方程 1 须在 5% 的显著性水平下方可通过过度识别检验，但这并不会对我们的分析产生明显的影响。

① Godfrey, L. "Testing for Serial Correlation by Variable Addition in Dynamic Models Estimated by Instrumental Variables", *The Review of Economics and Statistics*, vol. 76, no. 3 (1994), pp.550–559.

表 6–6　模型（6–4）的回归结果

| 方程编号 | $\alpha_0$ | $\alpha_1$ | $\alpha_2$ | $\alpha_3$ | $\overline{R}^2$ | $p$-endo | $p$-auto | $p$-J | Wald 检验 |
|---|---|---|---|---|---|---|---|---|---|
| 1 | | 0.166<br>（0.110） | 0.757***<br>（0.142） | | 0.49 | 0.011 | 0.739 | 0.094 | $\alpha_1+\alpha_2=1$<br>0.189 |
| 2 | 0.901***<br>（0.210） | 0.286***<br>（0.094） | 0.337**<br>（0.162） | | 0.63 | 0.012 | 0.176 | 0.191 | $\alpha_0=0$<br>0.000 |
| 3 | | 0.296**<br>（0.134） | 0.774***<br>（0.133） | –0.147*<br>（0.078） | 0.55 | 0.054 | 0.052 | 0.230 | $\alpha_1+\alpha_2+\alpha_3=1$<br>0.165 |
| 4 | 0.892***<br>（0.206） | 0.400***<br>（0.097） | 0.357**<br>（0.152） | –0.132**<br>（0.060） | 0.68 | 0.060 | 0.666 | 0.873 | $\alpha_3=0$<br>0.032 |
| 5 | | | 1.012***<br>（0.108） | –0.071<br>（0.078） | 0.43 | | 0.071 | | $\alpha_2+\alpha_3=1$<br>0.317 |

注：表中方程 1 至方程 4 使用的是 IV 估计，方程 5 使用的是 OLS 估计；括号报告的是 White 修正标准差；$p$-endo 指 Durbin–Wu–Hausman 内生性检验对应的 $p$ 值（原假设为变量不具有内生性）；$p$-auto 对于 IV 估计指 Godfrey 工具变量序列相关性检验的 $p$ 值（原假设为无序列相关性），对 OLS 估计指 Breusch–Godfrey 序列相关性检验 $F$ 统计量对应的 $p$ 值；$p$–J 指汉森（Hansen）J 检验对应的 $p$ 值（原假设为所有工具变量为外生）①；Wald 检验报告了系数约束条件和相应的 $p$ 值；***、** 和 * 分别表示相应统计量在 1%、5% 和 10% 的显著性水平具有统计显著性。

对比已有研究，这一结果暗示了一系列有趣的结论。在表 6–6 的方程 1 中，我们最为关注的专家预期系数并不显著。这似乎表明专家预期并非公众预期更新的信息源。但这一源于模型（6–2）的方程其经济含义为专家预期是公众预期更新的唯一渠道。这一过强假设很可能会带来遗漏解释变量的问题。表 6–6 中加入常数项后的方程 2 显示，模型整体的拟合优度有了明显的改善，且常数项在 1% 的显著性水平上显著；Wald 检验进一步拒绝了常数项为 0 的原假设，这表明形如模型（6–2）的不包含截距项的模型很可能存在模型设定偏误，现实当中存在着其他影响预期的因素。

表 6–6 中的方程 3 重新回到了无截距的形式。它检验了公众是否有可能依据专家预期及过去的通胀统计数据更新预期。这一结果在系数的显著性和正负上与卡罗尔的研究结果一致，其中过去的通胀统计数据系数在 10% 的显著性水平下显著为负。但是，在加入常数项变为表 6–6 中的方程 4 后，我们的回归中过去的通胀统计数据系数仍然显著为负，Wald 检验也拒绝了系数为 0 的原假设。而在卡罗尔的研究中这一变量不再显著。进一步观察表 6–6 中的方程 5，当解释变量不再包含专家预期时，过去的通胀统计数据系数却不再显著。综合来看，我们认为，这一结果事实上表明公众并不会有意去关注过去的通胀

① Hansen，L. “Large Sample Properties of Generalized Method of Moments Estimators”，*Econometrica*，vol. 50，no. 4（1982），pp.1029–1054.

统计数据。这一变量在回归方程中实际上是专家预期和常数项的调整项，从而干扰了回归的结果。另外，值得注意的事实是，方程 4 的常数项高度显著，且模型拟合优度较缺少常数项的方程 3 有了显著改善。这进一步佐证了正确的模型设定理应包含截距项。

我们注意到，卡罗尔和多普克等人在分析公众预期更新频率时的做法是，对表 6–6 中的方程 1 中公众预期滞后项和专家预期系数施加 $\alpha_1+\alpha_2=1$ 的系数约束，以约束回归得到的系数估计值进行分析评判。然而综合以上分析，我们认为，描述我国公众预期形成机制最为合适的模型形式应当为表 6–6 中的方程 2。对于方程 1，尽管 Wald 检验无法拒绝系数之和为 1 的原假设；但由于此时专家预期系数并不显著，且存在模型设定偏误，所以采取约束回归很可能无法得到具有统计显著性的结果。

但需要注意的是，如果采用方程 2 进行分析，则无法像卡罗尔那样简单使用系数估计值的百分数作为更新频率或是信息粘性的指标。原因是系数之和并不满足等于1的条件。此时，专家预期的系数仍然可以衡量公众预期更新的速度，且在采取这一模型形式的不同研究中，该系数数值是可比的。然而，如果希望将这一系数具体解释为人数百分比（即平均每季度有百分之多少的公众从专家处更新了预期），我们必须回到方程 1 进行分析。

首先，我们直接由方程 1 计算专家预期系数对于公众预期形成的贡献率，此时的估计结果表明，在我国平均而言每季度约有 18.0%［0.166/（0.166+0.757）］的公众从专家那里更新了其对未来物价水平的预期。也可以十分粗略地说，我国公众平均每 17 个月更新一次预期。公众预期的滞后项则表明，每季度平均有 82.0% 的公众完全沿用了上一季度的预期。由此我们可以得出，平均而言有 45.2%（即 $0.820^4$）的公众关于通胀的预期是根据过时一年或更久的信息做出的。

其次，我们采用约束回归的方法重新估计方程 1，当施加 $\alpha_1+\alpha_2=1$ 的系数约束时，估计得到的 $\alpha_1$ 为 0.098，$\alpha_2$ 为 0.902。可见，$\alpha_1$ 不具有统计显著性，$\alpha_2$ 则在 1% 的显著性水平下显著。此时的估计结果可以解读为，在我国平均而言每季度有 9.8% 的公众从专家处更新通胀预期，也即我国公众平均每 31 个月更新一次预期。这一结果似乎表明，我国公众预期更新的频率明显低于卡罗尔和多普克等给出的结果（美国 27%，欧洲 17%）。公众预期的粘性在这一估计结果中体现得更为明显，平均而言有 66.2%（即 $0.902^4$）的公众关于通胀的预期是根据过时一年或更久的信息做出的。但需要注意的是，此时专家预期估计系数不显著，因此给出这一约束回归结果主要是为了便于与前人研究进行对照。事实上，使用约束回归相当于否定了其他影响机制的存在，然而高度显著的常数项表明其他影响机制的存在不容忽视，因此过分追求模型简洁性而舍弃设定合理性的做法恐怕并十分不可取。

最后，还需要说明的一点是，我们之前的分析表明，同期专家预期比公众预期晚两个月做出。因此从现实角度出发，公众如何能够利用未来两个月做出的且更晚时间才会公布的专家预期来更新自身预期？这样的问题自然会使人怀疑这一模型的经济含义是否合理。对此，我们认为，尽管这种时间上的差距使得公众预期序列和专家预期序列在信息集上的确存在时期上的差异，但这并不会完全否定公众通过专家预期更新预期的可能性。这是因为专家对于宏观经济的预测是一个持续性的过程，期间他们会不断通过媒体发布预测信息。因此，在最终通过《证券市场周刊》刊出其预测之前，其预期已经在很大程度通过各类媒体报道传达到外界，部分公众是可以由此更新其预期的。

当然，必须承认，由于时间的推移，新信息的加入，最终刊出的专家预期自然包含了新信息的成分。因此我们使用的专家预期很可能只是公众做出预期时可得的专家预期的代理变量。关于这一问题，我们会在稳健性分析部分做更深入的讨论。

由于我们认为方程 2 的模型形式更适于描述公众预期的形成机制，但同时衡量更新预期的人数比例又不得不使用方程 1 进行分析。因此为了便于横向可比，我们在表 6–7 中同时报告了不同研究中的预期更新频率（表 6–6 中的方程 1 中系数 $\alpha_1$ 的贡献率，可直接解释为每季度更新预期的人数百分比）和预期更新速度（表 6–6 中的方程 2 中系数 $\alpha_1$ 的数值，即专家预期对公众预期的影响大小）。需要注意的是，由于模型形式不同，方程 2 的常数项同时衡量了其他传导机制（卡罗尔的推测是邻里交谈的传染机制）。因此各国更新速度和更新频率的相对大小并不完全一致。我们主要关注预期更新频率一列，同时将预期更新速度作为参考指标。

**表 6–7　预期更新频率的横向比较**

| 国家 | 文献 | 研究时段 | 预期更新变化率 / % | 预期更新频率 / % | 平均通胀率 / % | 通胀波动性 / % |
|---|---|---|---|---|---|---|
| 美国 | 卡罗尔（2003） | 1981Q3—2000Q2 | 0.51 | 35.3 | 3.60 | 1.67 |
| 美国 | 普法尔和桑托罗（2013） | 1978Q1—2011Q2 | 0.28 | 26.7 | 3.98 | 2.91 |
| 欧洲（4 国） | 多普克等（2008） | 1989Q4—2004Q2 | 0.29 | 17.0 | 2.64 | 1.34 |
| 德国 | 多普克等（2008） | 1989Q4—2004Q2 | 0.29 | 18.0 | 2.23 | 1.41 |
| 法国 | 多普克等（2008） | 1989Q4—2004Q2 | 0.33 | 35.2 | 1.90 | 0.81 |
| 意大利 | 多普克等（2008） | 1989Q4—2004Q2 | 0.25 | 14.0 | 3.71 | 1.64 |
| 英国 | 多普克等（2008） | 1989Q4—2004Q2 | 0.53 | 23.0 | 2.70 | 2.12 |

续表

| 国家 | 文献 | 研究时段 | 预期更新变化率 / % | 预期更新频率 / % | 平均通胀率 / % | 通胀波动性 / % |
|---|---|---|---|---|---|---|
| 南非 | 里德（2015） | 2000Q3—2010Q2 | 0.46 | 40.6 | 5.49 | 3.69 |
| 中国 | 本章 | 2001Q1—2014Q4 | 0.29 | 18.0 | 2.46 | 2.24 |

注：表中的研究时段是指各文献估计预期更新频率时的时段；预期更新速度和频率根据文献中报告的回归结果计算得到；平均通胀率和通胀波动性分别指各研究时段内各国 CPI 季度同比增长率的算术平均值和标准差，欧洲数据为四国的算术平均值，为便于比较，相关数据均根据美联储圣路易斯分行数据整理。

表 6–7 的数据表明，我国公众的预期更新频率和速度与欧洲四国的平均水平相当，低于美国和南非的水平，这在一定程度上是我国在本章的研究时段内通胀水平整体较低的结果。值得注意的是，各国公众的预期更新频率差异明显。关于这一点目前尚缺乏跨国研究给出详尽的解释和证据，同时限于样本量，分段回归分析的做法亦不可取。但是，结合前人研究、宏观经济学的基本理论和上述研究涉及时段内的宏观经济指标，我们仍可以做出一些合理推测。

如多普克等人强调的，经济环境的不确定性程度很可能是影响公众预期更新频率的主要因素，特别是在高通胀、通胀波动程度高的时期，公众倾向于更频繁的更新信息。这一倾向与菜单成本的概念是对应的，也体现了卡罗尔当通胀报道增多时（一般也即是通胀高企的时期），公众会加快信息更新频率的观点。在表 6–7 中，南非作为上述研究中通胀水平及波动性最高的国家，其公众更新信息的频率也较高。美国公众的预期更新频率之所以较高，原因可能是 20 世纪 80 年代初物价水平较高的结果。自 20 世纪 90 年代后的十数年间，美国的物价长期保持在低而稳定的水平上，从而大幅削弱了公众更新预期的动机，事实上，多普克等人的研究也表明当使用 1989Q4—2004Q2 期间的数据时，美国公众的预期更新频率有大幅的下降（16%）。

当然，经济环境的不确定性并不足以解释全部问题。譬如英国和意大利，二者的通胀波动性和通胀水平各有一方较高，然而英国公众的信息更新频率远高于意大利，此时里德强调的制度因素、央行可信性乃至各国公众对待信息更新的态度等其他因素也很可能影响信息更新频率。

另外，需要强调的一个问题是，由于问卷设计的差异，其他研究中公众预期的预测期长度均为一年，而本章中为 3 个月。这一点使得我国的公众预期更新频率与其他国家并不完全具有可比性。更严格地讲，不同研究中公众预期来源于定量数据还是定性数据也会影响可比性。关于这一点，德雷格尔和拉姆拉（Dräger and Lamla）在研究中已有论述。他们的分析表明，长期预期（5~10 年）的更新频率比短期预期（1 年）低，同时定性预期的更新频率比定量预期低。由此，我们可以推测，我国公众预测期长度为 1 年的通胀预期的更新频率可能会比 18% 低。[①]整体而言，上面的回归分析表明，我国公众预期表现出了明显的粘性特征。在全部方程中，公众预期的滞后项在 5% 的显著性水平下显著，这说明粘性信息理论在我国也同样适用。同时，流行病传染模型较好地刻画了我国公众预期的形成过程：我国公众通过专家更新自身预期，他们并未把过去的统计信息纳入预期时的决策信息集，此外还存在其他机制影响其预期形成。这一结果与前人研究的基本结论是一致的。

必须强调的一点是，信息粘性对经济主体行为造成的影响可能十分严重。我们的估计结果表明，有超过半数的公众预期信息集在一年以内，由此可能会有人质疑这并不会对经济运行产生明显影响。然而曼昆和里斯的模拟显示，在每期有 25% 的公众更新预期的情况下，经济运行模式与理性预期下的情形就会产生极其明显的差异。我国比 25% 更低的预期更新人数比例意味着宏观经济运行更为明显的偏离理性预期框架，因此必须给予充分重视。[②]

尽管专家拥有专业知识技能，更愿意主动去搜集信息，相对于公众更为理性；但理性疏忽理论暗示，专家也同样会权衡信息获取的成本和收益，而不会面面俱到地更新信息。实证中安德雷德和勒比昂（Andrade and Le Bihan）也给出了支持这一理论的证据。[③]此外，本章的格兰杰因果检验表明，公众预期也可能影响专家预期的形成。因此，我们接下来对模型（6–5）进行了估计，以此分析专家预期的形成过程，分析步骤比照上面对公众预期的研究，估计结果在表 6–8 中报告。注意到表 6–8 中方程 1 和方程 5 无法通过序列相关性检验，此外方程 3 无法通过过度识别检验的工具变量检验，因此对于这几个方程的参数估计结果应谨慎看待。

① Dräger，L.，Lamla，M. J. "Updating Inflation Expectations: Evidence from Micro-Data"，*Economics Letters*，vol. 117，no. 3（2012），pp.807–810.

② Mankiw，N. G.，Reis，R. "Sticky Information Versus Sticky Prices: A Proposal to Replace the New Keynesian Phillips Curve"，*The Quarterly Journal of Economics*，vol. 117，no. 4（2002），pp.1295–1328.

③ Andrade，P.，Le Bihan，H. "Inattentive Professional Forecasters"，*Journal of Monetary Economics*，vol. 60，no. 8（2013），pp.967–982.

表 6-8　模型（6-5）的回归结果

| 方程编号 | $\alpha_0$ | $\alpha_1$ | $\alpha_2$ | $\alpha_3$ | $\overline{R^2}$ | *p*-endo | *p*-auto | *p*-J | Wald 检验 |
|---|---|---|---|---|---|---|---|---|---|
| 1 | | 0.531***<br>（0.089） | 0.549***<br>（0.096） | | | | | | |
| 2 | −1.275***<br>（0.355） | 1.145***<br>（0.218） | 0.402***<br>（0.092） | | 0.83 | 0.004 | 0.185 | 0.097 | $\alpha_0$=0<br>0.001 |
| 3 | | 0.486***<br>（0.061） | −0.293*<br>（0.149） | 0.848***<br>（0.146） | 0.94 | 0.016 | 0.048 | 0.004 | $\alpha_1+\alpha_2+\alpha_3$=1<br>0.220 |
| 4 | −0.772*<br>（0.407） | 0.856***<br>（0.252） | −0.013<br>（0.217） | 0.493*<br>（0.268） | 0.90 | 0.001 | 0.216 | 0.102 | $\alpha_3$=0<br>0.072 |
| 5 | | | −0.259<br>（0.183） | 1.169***<br>（0.161） | 0.88 | | 0.000 | | $\alpha_2+\alpha_3$=1<br>0.053 |

注：表中方程 2 至方程 4 使用的是 IV 估计，方程 1 和方程 5 使用的是 OLS 估计；其他同表 6-6。

从表 6-8 中的回归结果看，首先，公众预期的系数在各个方程中均十分显著，且数值较大，可见公众预期数据的确是专家进行预期时重要的参考资料。其次，从方程 3 至方程 5 看，一旦引入了上一期的通胀统计数据，专家预期的滞后项就不再具有统计显著性或显著性明显降低。这表明专家预期的粘性实际上来自通胀自身的惯性特征，由于专家在进行预期时参考了最新的统计数据，从而导致当模型中缺失这一解释变量时专家预期才表现出粘性特征。最后，常数项具有统计显著性，Wald 检验也表明常数项显著异于 0。这表明在专家预期的形成过程中也存在其他的信息来源机制。这一点非常易于理解，毕竟统计公报数据和调查数据只是专家可以参考的资料的一小部分。因此，对于专家预期模型而言，模型设定的正确形式很可能是未受上述检验结果困扰的方程 4。

值得一提的是，此处常数项符号为负，而在模型（6-4）及卡罗尔的研究中，公众预期形成机制模型的常数项显著为正，这可能表明，在模型探究的机制之外，公众预期与专家预期有着不同的形成机制。除了卡罗尔提到的邻居之间交谈的信息传播机制，我们猜测，德雷格尔强调的通胀感知（inflation perception）可能在公众预期的形成过程中扮演了重要角色，毕竟，人们不是简单的信息接收者，而是会根据自身的感受和经验作出判断。考虑到长期中我国物价水平持续上涨的态势，公众根据日常感受和经验对预期进行向上修正似乎是顺理成章的。而对于更具专业能力的专家，他们诉诸其他宏观经济数据和理论模型的可能性更大。这种在其他机制上的差异可能是造成回归结果差异的原因之一。

## 二、联立方程系统估计

根据单方程估计的结果，公众预期和专家预期确如我们的分析那样，互相依存，互为因果，这很自然会使我们考虑通过建立联立方程组的方式来更加准确地描述这种交互影响机制。对于由模型（6–4）和模型（6–5）组成的联立方程系统，估计方法可以考虑 2SLS 或者 3SLS。这两种估计方法均可以较好地处理变量和残差相关的问题，区别在于后者在残差存在异方差和同期相关时更为有效。考虑到不论是公众还是专家，其预期很可能同时受其他因素影响（如宏观经济状况），从而残差很可能存在同期相关性，因此采用 3SLS 可以较好地解决这一问题。

表 6–9 给出了 3SLS 回归估计的结果，为便于比较我们同时给出了 4 种模型设定形式下的系统估计结果。从表中可以看到，采用 3SLS 估计时各联立方程的系数估计值与单方程估计时存在一定差异，但符号和相对大小上变化不大。值得注意的是，在联立方程系统估计下，预期变量的估计系数都有一定程度的增大。更重要的是，系数估计值的统计显著性水平有了相当大幅度的提高。以不含截距项及统计数据的模型（6–4）为例，此时估计出的公众预期更新频率明显提高，平均而言每季度更新预期的公众比例约为 28.6%［0.261/（0.261+0.650）］，也即我国公众平均约每 10 个月更新一次预期，同时使用超过一年的陈旧信息的公众比例降至 26.0%。此时公众预期的系数尽管只是在 10% 的显著性水平下显著，但较之表 6–6 中对应的系数其估计结果的改善已经非常明显。这一统计显著性上的大幅改进在很大程度说明残差的同期相关性对于估计可能造成的影响，考虑到方程间的相关关系，这一结果比单方程得到的 18% 的公众预期更新频率可信度更高。

**表 6–9　模型（6–4）和模型（6–5）联立方程系统的回归结果**

| 方程编号 | $\alpha_0$ | $\alpha_1$ | $\alpha_2$ | $\alpha_3$ | $\overline{R}^2$ | Wald 检验 |
|---|---|---|---|---|---|---|
| 1 | | 0.261*<br>（0.147） | 0.650***<br>（0.166） | | | |
| | | 0.643***<br>（0.099） | 0.462***<br>（0.081） | | 0.85 | $\alpha_1+\alpha_2=1$<br>0.011 |
| 2 | 1.121***<br>（0.211） | 0.512***<br>（0.098） | 0.011<br>（0.131） | | 0.67 | $\alpha_0=0$<br>0.000 |
| | −1.624***<br>（0.301） | 1.448***<br>（0.151） | 0.246***<br>（0.069） | | 0.73 | $\alpha_0=0$<br>0.000 |

续表

| 方程编号 | $\alpha_0$ | $\alpha_1$ | $\alpha_2$ | $\alpha_3$ | $\overline{R^2}$ | Wald 检验 |
|---|---|---|---|---|---|---|
| 3 | | 0.580***<br>(0.130) | 0.537***<br>(0.142) | −0.226***<br>(0.074) | 0.58 | $\alpha_1+\alpha_2+\alpha_3=1$<br>0.012 |
| | | 0.569***<br>(0.067) | −0.256**<br>(0.106) | 0.752***<br>(0.108) | 0.93 | $\alpha_1+\alpha_2+\alpha_3=1$<br>0.023 |
| 4 | 1.008***<br>(0.198) | 0.621***<br>(0.084) | 0.148<br>(0.129) | −0.199**<br>(0.062) | 0.70 | $\alpha_3=0$<br>0.001 |
| | −0.777**<br>(0.354) | 0.864***<br>(0.206) | −0.027<br>(0.174) | 0.500**<br>(0.216) | 0.90 | $\alpha_3=0$<br>0.021 |

注：表中联立方程组采用 3SLS 估计，其他同表 6–6。

综上所述，我们的研究显示，公众预期和专家预期之间确实存在着交互影响的机制；粘性预期模型在我国同样适用。公众预期确实存在明显的粘性特征，在我国每季度平均有 18.0%~28.6% 的公众从专家处更新了自身预期。公众对可获得的统计数据也不敏感。模型中显著的常数项暗示存在着模型刻画之外的其他作用机制影响公众预期的形成。而我们建立的专家预期形成机制模型则表明，专家预期不存在明显的粘性特征。专家在搜集信息方面的确做了很多工作，可为之利用的公众预期信息和统计信息都是其做出预期的重要参考，但对于专家而言同样有其他因素影响其预测。

## 第五节　稳健性分析

在稳健性分析中，我们主要从以下两个角度检验了本章的研究结论：① 使用“朗润预测”数据重复上述回归；② 分析公众预期的季度划分对本章研究结论可能带来的影响，同时探究了仅以完全可得的信息是否能够解释公众预期的形成。通过下面的分析，我们认为，本章以模型（6–4）和模型（6–5）分别刻画公众和专家预期，进而进行回归分析得出的结论是稳健的。

### 一、“朗润预测”

我们首先以“朗润预测”序列作为专家预期序列对模型（6–4）和模型（6–5）分别重新做回归，结果在表 6–10 和表 6–11 中报告。注意，表 6–10 和表 6–11 中的方程 5 均不包含专家预期变量，因此它们与表 6–6 和表 6–8 中方程 5 的差别仅在于估计的时间段较短（2005Q3—2014Q4）。

表 6–10　模型（6–4）的回归结果：“朗润预测”

| 方程编号 | $\alpha_0$ | $\alpha_1$ | $\alpha_2$ | $\alpha_3$ | $\overline{R^2}$ | $p$-endo | $p$-auto | $p$-J | Wald 检验 |
|---|---|---|---|---|---|---|---|---|---|
| 1 | | 0.093<br>（0.140） | 0.841***<br>（0.169） | | | | | | |
| 2 | 1.395***<br>（0.338） | 0.307**<br>（0.122） | 0.195<br>（0.220） | | 0.55 | 0.034 | 0.001 | 0.019 | $\alpha_0=0$<br>0.000 |
| 3 | | 0.172<br>（0.170） | 0.926***<br>（0.168） | −0.159*<br>（0.087） | 0.36 | 0.009 | 0.083 | 0.389 | $\alpha_1+\alpha_2+\alpha_3=1$<br>0.314 |
| 4 | 1.611***<br>（0.261） | 0.612***<br>（0.090） | 0.029<br>（0.153） | −0.212***<br>（0.051） | 0.68 | 0.148 | 0.402 | | $\alpha_3=0$<br>0.000 |
| 5 | | | 1.076***<br>（0.118） | −0.119<br>（0.088） | 0.27 | | 0.202 | | $\alpha_2+\alpha_3=1$<br>0.499 |

注：表中方程 1 至方程 3 使用的是 IV 估计，方程 4 至方程 5 使用的是 OLS 估计；其他同表 6–6。

表 6–11　模型（6–5）的回归结果：“朗润预测”

| 方程编号 | $\alpha_0$ | $\alpha_1$ | $\alpha_2$ | $\alpha_3$ | $\overline{R^2}$ | $p$-endo | $p$-auto | $p$-J | Wald 检验 |
|---|---|---|---|---|---|---|---|---|---|
| 1 | | 0.518***<br>（0.102） | 0.555***<br>（0.112） | | | | | | |
| 2 | −1.875***<br>（0.454） | 1.175***<br>（0.204） | 0.497***<br>（0.081） | | 0.84 | 0.010 | 0.937 | 0.058 | $\alpha_0=0$<br>0.000 |
| 3 | | 0.468***<br>（0.065） | −0.403<br>（0.282） | 0.955***<br>（0.280） | 0.91 | 0.050 | 0.284 | 0.006 | $\alpha_1+\alpha_2+\alpha_3=1$<br>0.599 |
| 4 | −0.870<br>（0.608） | 0.743***<br>（0.271） | 0.037<br>（0.370） | 0.529<br>（0.401） | 0.90 | 0.034 | 0.586 | 0.013 | $\alpha_3=0$<br>0.197 |
| 5 | | | −0.506<br>（0.306） | 1.394***<br>（0.281） | 0.85 | | 0.000 | | $\alpha_2+\alpha_3=1$<br>0.005 |

注：表中方程 2 至方程 4 使用的是 IV 估计，方程 1 和方程 5 使用的是 OLS 估计；其他同表 6–6。

综合这些估计结果可以看出，尽管在参数估计值上大小有一定变化，但整体上系数的显著性水平、相对大小、正负号变化不大。由此我们的一系列基本结论不会发生变化。当然，由于“朗润预测”的时期较短，各方程通过检验的情况明显不如使用“远见杯”数据时。表 6–9 的回归结果表明，以方程 1 衡量时，我国每季度平均有 10.0% 的公众从专家处更新预期。这似乎与“远见杯”18.0% 的结果不尽相同。此时同样存在专家预期系数不显著的问题，而更为合理的方程 2 中的估计值为 0.307，和“远见杯”0.286 的结果相差不大。其他方面的结果也与上文分析比较类似，如公众并不十分关注新公布的统计数据，公众预期体现出明显的粘性特征。表 6–10 的结果显示，公众预期影响专家预期，专家利用了统计数据信息。表 6–10 和表 6–11 的常数项表明，对于专家和公众，均存在其他的影响预期形成的机制。

## 二、季度划分

考虑到中国人民银行城镇储户问卷调查在每年的 2 月、5 月、8 月、11 月进行，预期相关问题为受访者对未来三个月物价走势的看法，所以张蓓强调对季度的划分应当与之保持一致，即分别采用每年 3—5 月、6—8 月、9—11 月、12 月—次年 2 月的数据进行计算。这一观点有一定的道理，但采取这一划分时，公众预期和专家预期会存在时期交错的问题，即同样是 2014 年 1 季度的预期数据，对公众预期而言其覆盖时段为 2013 年 12 月—2014 年 2 月，而对专家预期而言其覆盖时段则为 2014 年 1 月—2014 年 3 月，其他季度类比可知。

对于调查时期深入分析可能带来的更严重的顾虑在于，对于在 2 月、5 月、8 月、11 月进行的公众预期，与之预测期对应的专家预测在每年的 4 月、7 月、10 月、次年 1 月进行。由此公众可能无法获得实际上是未来的专家预期。我们在上面的分析中指出，由于专家预测是一个持续进行、不断更新的过程，所以“远见杯”和“朗润预测”数据可以视为是与公众预期完全同期的专家预期的代理变量。事实上，如果我们拥有月度频度的专家预期数据，那么使得专家预期与公众预期时期上完全匹配将不成问题。但很遗憾，目前“远见杯”并未按月公布其预测数据。

如果我们强调对于公众信息必须绝对可得，那么我们可以尝试以模型（6–6）分析公众预期的形成机制：

$$H_t[\pi_{t-3,t+1}]=\alpha_0+\alpha_1 F_{t-1}[\pi_{t-3,t+1}]+\alpha_2 H_{t-1}[\pi_{t-4,t}]+\alpha_3 P_t[\pi_{t-5,t-1}]+\varepsilon_t\ 。\qquad (6–6)$$

在模型（6–6）中，方程右侧各变量时期上均在被解释变量之前，因此可以满足可得性的前提。但它可能存在的一个问题在于，它暗含了公众在 $t$ 期对 $t$+1 期进行预测时所用信息均为以前各期的陈旧信息的假设，然而公众是否会准确回忆起过去的统计公报数据和专家数据也是值得怀疑的。

我们以重新划分季度后得到的公众预期数据对模型（6–4）和（6–5）重新进行了回归，继而对模型（6–6）进行了回归。专家预期数据使用的是“远见杯”数据[①]，结果在

① 使用“朗润预测”数据结果无明显差异。

表 6–12 ~ 表 6–14 中展示。表 6–12、表 6–13 的结果与表 6–6、表 6–8 的结果十分相似，如公众预期更新速度仅仅是由 0.286 变为 0.284，其他系数估计值的变化很小，由此季节划分本身对于本章结论不会产生显著的影响。

**表 6–12　模型（6–4）的回归结果：季度重划分**

| 方程编号 | $\alpha_0$ | $\alpha_1$ | $\alpha_2$ | $\alpha_3$ | $\overline{R^2}$ | $p$-endo | $p$-auto | $p$-J | Wald 检验 |
|---|---|---|---|---|---|---|---|---|---|
| 1 | | 0.165<br>（0.110） | 0.757***<br>（0.142） | | | | | | |
| 2 | 0.896***<br>（0.209） | 0.284**<br>（0.094） | 0.337***<br>（0.162） | | 0.63 | 0.012 | 0.176 | 0.191 | $\alpha_0=0$<br>0.000 |
| 3 | | 0.236*<br>（0.123） | 0.801***<br>（0.139） | −0.116<br>（0.071） | 0.53 | 0.024 | 0.046 | 0.170 | $\alpha_1+\alpha_2+\alpha_3=1$<br>0.163 |
| 4 | 0.909***<br>（0.206） | 0.361***<br>（0.091） | 0.374**<br>（0.153） | −0.119**<br>（0.055） | 0.67 | 0.032 | 0.713 | 0.984 | $\alpha_3=0$<br>0.035 |
| 5 | | | 1.014***<br>（0.105） | −0.075<br>（0.076） | 0.43 | | 0.052 | | $\alpha_2+\alpha_3=1$<br>0.301 |

注：表中方程 1 至方程 4 使用的是 IV 估计，方程 5 使用的是 OLS 估计；其他同表 6–6。

**表 6–13　模型（6–5）的回归结果：季度重划分**

| 方程编号 | $\alpha_0$ | $\alpha_1$ | $\alpha_2$ | $\alpha_3$ | $\overline{R^2}$ | $p$-endo | $p$-auto | $p$-J | Wald 检验 |
|---|---|---|---|---|---|---|---|---|---|
| 1 | | 0.534***<br>（0.090） | 0.549***<br>（0.096） | | | | | | |
| 2 | −1.275***<br>（0.355） | 1.152***<br>（0.219） | 0.402***<br>（0.092） | | 0.83 | 0.004 | 0.185 | 0.097 | $\alpha_0=0$<br>0.001 |
| 3 | | 0.669***<br>（0.088） | −0.319<br>（0.246） | 0.736***<br>（0.210） | 0.87 | 0.019 | 0.003 | 0.000 | $\alpha_1+\alpha_2+\alpha_3=1$<br>0.057 |
| 4 | −1.209***<br>（0.375） | 1.139***<br>（0.217） | 0.201<br>（0.285） | 0.186<br>（0.279） | 0.83 | 0.000 | 0.237 | 0.101 | $\alpha_3=0$<br>0.507 |
| 5 | | | 0.164<br>（0.351） | 0.750**<br>（0.324） | 0.75 | | 0.000 | | $\alpha_2+\alpha_3=1$<br>0.104 |

注：表中方程 2 至方程 4 使用的是 IV 估计，方程 1 和方程 5 使用的是 OLS 估计；其他同表 6–6。

**表 6–14　模型（6–6）的回归结果**

| 方程编号 | $\alpha_0$ | $\alpha_1$ | $\alpha_2$ | $\alpha_3$ | $\overline{R^2}$ | $p$-endo | $p$-auto | $p$-J | Wald 检验 |
|---|---|---|---|---|---|---|---|---|---|
| 1 | | −0.010<br>（0.096） | 0.945***<br>（0.129） | | | | | | |
| 2 | 0.725***<br>（0.259） | −0.088<br>（0.142） | 0.800***<br>（0.221） | | 0.45 | 0.058 | 0.188 | 0.346 | $\alpha_0$=0<br>0.007 |
| 3 | | 0.229<br>（0.177） | 0.893***<br>（0.127） | −0.198<br>（0.142） | 0.43 | 0.281 | 0.110 | | $\alpha_1+\alpha_2+\alpha_3=1$<br>0.206 |
| 4 | 0.866***<br>（0.240） | 0.412**<br>（0.156） | 0.499***<br>（0.160） | −0.280**<br>（0.129） | 0.52 | 0.979 | 0.778 | | $\alpha_3$=0<br>0.035 |
| 5 | | | 1.014***<br>（0.105） | −0.075<br>（0.076） | 0.43 | | 0.052 | | $\alpha_2+\alpha_3=1$<br>0.301 |

注：表中方程 2 使用的是 IV 估计，方程 1 及方程 3 至方程 5 使用的是 OLS 估计；其他同表 6–6。

如我们上面分析的，模型（6–6）的优点在于模型右侧变量在时间上一定是可得的，不必顾虑出现公众利用未来信息更新预期这样的情况。但随之带来的问题是陈旧的信息对于预期更新可能帮助不大。回归结果也证明了我们的猜测。调整可决系数显示这一组回归整体上拟合优度不佳，右侧变量的解释能力不足。事实上，由于模型（6–6）的动态特征，滞后一期的公众预期包含着 $t$ 期以前各期的专家预期和通胀统计数据的信息，所以这一模型的解释力不足反过来表明。公众在 $t$ 期进行预测时确实至少部分使用了最新信息。

具体到专家预期，各方程中的系数多不显著，显示公众在对 $t$+1 期进行预测时并不十分在意专家对 $t$ 期的预测情况。这在逻辑上也很好理解。虽然专家对 $t$ 期的预测的确属于最新的可得信息，但最新的可得信息却不止于这部分的专家预期。一方面类似《证券市场周刊》这样的纸媒刊出整理好的预测数字本身就存在时滞，而专家在各类媒体上披露其预测则是在不断重复发生的事件；另一方面，在媒体报道中专家往往会同时给出针对长短期的一系列预测，而这里的专家预期变量刻画的却只是对公众预测时所处时期（$t$ 期）的预测。显然公众更可能利用的是专家针对 $t$+1 期的预期，但很可惜，目前并无合适的数据用以刻画这一预测。

## 第六节　本章小结

通胀预期在前瞻性货币政策分析框架和逆周期政策制定中都扮演重要角色，因此厘清不同微观群体的通胀预期特征的差异对货币政策的有效传导至关重要。本章基于通胀预期的流行病学模型，建立我国居民和专家预期的交互影响机制模型，并运用中国人民银行调查数据和《证券市场周刊》组织的“远见杯”专家预期数据，对两种异质性通胀预期的信息粘性和信息更新频率特征进行研究。在实证分析过程中，本章注重调研数据的科学转化和时序变量在模型设立中时间节点的准确对应，并且依据较为完备的诊断检验确保回归结果科学可靠。

本章研究结果为理解我国通胀预期的信息粘性和信息更新频率提供了三点重要结论：第一，我国居民预期和专家预期之间存在着显著的交互影响关系，而不是仅仅存在从专家向普通居民的单向传染途径；第二，居民预期的信息粘性很高，而专家预期则没有粘性；第三，每季度大约有 20%~30% 的居民会更新其通胀预期信息，即预期更新频率约为每 4~6 个季度一次，而专家则每季度利用居民预期、统计数据等多种信息源全面更新自身预期。这些研究结果有助于深入理解居民和专家两类不同预期的动态特征和相互作用机制。研究结果还暗示，前瞻性货币政策可以选择接近于理性预期的专家预期作为重要名义锚，但同时需要对具有高信息粘性的居民预期进行及时反应，以利于货币政策的有效传导。

从通胀预期的信息粘性方面看，我国居民预期具有较高的信息粘性。这种粘性特征导致由理性预期架构的模型无法准确把握未来的一般物价水平。更重要的是，费列罗（Ferrero）的研究表明，中央银行可以通过对私人部门的预期做出强烈反应从而影响其学习过程，进而加快私人部门预期向理性预期收敛的速度，最终导致宏观经济趋向于理性预期下的均衡状态，提高社会福利水平。[①] 因此，中国人民银行在进行前瞻性货币政策操作时，可能需要考虑居民预期自身的动态特征，及时正确引导居民预期。而对于专家预期而言，则不存在明显的粘性特征，居民预期和统计数据都是其做出预期的重要参考，性质上接近于理性预期。

---

① Ferrero，G. “Monetary Policy，Learning and the Speed of Convergence”，*Journal of Economic Dynamics and Control*，vol. 31，no. 9（2007），pp.3006–3041.

最后，本章还为进一步的拓展研究提供了方向：例如居民预期形成中其他机制的作用不容忽视，通胀感知这一因素很可能在其中起到了重要作用；再如，专家及居民预期所体现出的预测能力及其中包含的信息集对于货币政策的前瞻性操作意义重大，中国人民银行如何充分利用这一信息值得进一步分析；当然，未来研究还可以从含有预期变量的前瞻性货币政策反应函数入手，细致比较究竟谁的预期（居民还是专家）影响了货币政策。沿着这一思路，我们将在第七和第八章对前瞻性货币政策反应机制进行深入分析。

## 附录 6–1　居民预期与专家预期的季度数据

**居民预期与专家预期的季度数据：2001 年第一季度至 2014 年第四季度**

| 时间 | 专家 | 居民 | 时间 | 专家 | 居民 | 时间 | 专家 | 居民 |
|---|---|---|---|---|---|---|---|---|
| 2001Q1 | 0.85 | 1.71 | 2005Q4 | 1.62 | 2.40 | 2010Q3 | 2.92 | 2.95 |
| 2001Q2 | 0.94 | 0.76 | 2006Q1 | 1.47 | 2.97 | 2010Q4 | 3.42 | 3.39 |
| 2001Q3 | 1.36 | 0.94 | 2006Q2 | 1.26 | 1.49 | 2011Q1 | 5.10 | 5.46 |
| 2001Q4 | 0.39 | 0.97 | 2006Q3 | 1.74 | 2.49 | 2011Q2 | 5.21 | 3.45 |
| 2002Q1 | –0.12 | 0.97 | 2006Q4 | 1.53 | 3.24 | 2011Q3 | 5.69 | 3.28 |
| 2002Q2 | –0.36 | 0.24 | 2007Q1 | 2.57 | 3.89 | 2011Q4 | 5.03 | 3.76 |
| 2002Q3 | –0.48 | 0.27 | 2007Q2 | 2.89 | 3.18 | 2012Q1 | 3.62 | 2.25 |
| 2002Q4 | –0.51 | 0.67 | 2007Q3 | 4.15 | 3.83 | 2012Q2 | 3.28 | 1.72 |
| 2003Q1 | 0.13 | 1.43 | 2007Q4 | 5.68 | 5.50 | 2012Q3 | 1.91 | 2.20 |
| 2003Q2 | 0.51 | 0.48 | 2008Q1 | 6.47 | 5.83 | 2012Q4 | 2.37 | 2.47 |
| 2003Q3 | 0.59 | 0.69 | 2008Q2 | 7.52 | 3.65 | 2013Q1 | 2.52 | 2.93 |
| 2003Q4 | 1.01 | 1.14 | 2008Q3 | 6.50 | 3.87 | 2013Q2 | 2.56 | 2.49 |
| 2004Q1 | 3.28 | 3.69 | 2008Q4 | 3.80 | 2.90 | 2013Q3 | 2.72 | 2.39 |
| 2004Q2 | 3.31 | 1.83 | 2009Q1 | –0.38 | 0.54 | 2013Q4 | 3.14 | 2.95 |
| 2004Q3 | 4.33 | 2.64 | 2009Q2 | –0.81 | 0.64 | 2014Q1 | 2.58 | 3.23 |
| 2004Q4 | 4.31 | 2.76 | 2009Q3 | –0.90 | 0.90 | 2014Q2 | 2.39 | 1.97 |
| 2005Q1 | 2.92 | 2.84 | 2009Q4 | 0.44 | 2.33 | 2014Q3 | 2.28 | 1.93 |
| 2005Q2 | 2.84 | 1.54 | 2010Q1 | 2.60 | 3.38 | 2014Q4 | 1.98 | 1.95 |
| 2005Q3 | 1.66 | 1.95 | 2010Q2 | 3.20 | 2.28 | | | |

注：专家预期来自“远见杯”预测，居民预期基于中国人民银行城镇储户问卷调查转化（概率法），预期通胀率口径均为同比。Q 代表季度。

# 第七章　基于单预期的前瞻性货币政策反应机制



本章提要：

货币政策变量对通胀预期的反应机制是前瞻性货币政策的重要内容之一。本章首先讨论基于单预期（即通胀预期）的前瞻性货币政策反应机制模型的设立问题；然后分析在强调通胀预期管理的现实背景下，中国人民银行决策信息集中是否包含通胀预期变量，从而有助于评价货币政策的科学性和理解货币当局的决策机制。本章通过设定通胀单预期目标的前瞻性货币政策反应方程，阐明央行对居民、专家的通胀预期均做出显著反应，但对专家预期反应更强；从预期的微观主体来看，我国央行对于国家信息中心和中银国际这两家机构的预测数据反应最强，其预测信息集可能与央行信息集重合度较高。

本章概览：

- 预期中的异质性问题
- 前瞻性货币政策反应函数的理论机制
- 通胀预期与货币政策指标的时序特征
- 货币政策反应机制的现实逻辑
- 本章小结

## 第一节　预期中的异质性问题

我们在前面章节对预期概念、理论及现实预期数据的特性进行了分析。本章以通胀预期在前瞻性货币政策中的角色为研究重点，分析央行是否及如何对通胀预期进行反应。因为本章只讨论通胀预期在前瞻性货币政策反应机制中的情况，所以称为基于单预期的前瞻性货币政策。我们知道，通胀预期能够通过影响总需求和总供给，进而影响未来的物价水平和通胀率。因此，管理好通胀预期，被视为中央银行平抑通货膨胀的核心任务，受到各国央行的高度重视。在宏观经济学理论分析框架中，通胀预期同样具有极其重要的地位。当代宏观经济学主流范式的各类模型大都引入了预期变量，从而保证了理论模型更贴近于现实情况。从近年来货币政策规则相关研究的发展脉络来看，从泰勒提出原始的泰勒规则到如今前瞻性泰勒规则成为研究的主流，体现的正是对预期作用的日益重视。①

近年来，中国人民银行愈发强调货币政策的前瞻性，在其政策文件和信息沟通中屡见“预调”“引导预期”等类似的词语。作为中央银行，中国人民银行试图引导和调控的对象当然是现实中的预期，由此分析中国人民银行实际干预和信息沟通等手段对于预期的引导作用就构成了一个重要的实证问题。一系列文献②就此问题进行了探讨，然而这些研究忽视了问题的另一个方面，即中国人民银行在货币政策操作中是否真的将现实中的预期纳入了考虑范围。显然，如果中国人民银行要对宏观经济变化前瞻性地采取应对策略，其科学决策的前提就必然包括对预期信息的充分利用。

我们注意到，近年来关于我国前瞻性货币政策规则的研究文献大都包含了预期变量③，然而众多文献沿用的是克拉里达等的研究方法，通过广义矩估计得到通胀预期，而这一“预期”并不等同于现实中的公众预期。④同时，在实际操作中由于克拉里达等的方

---

① Taylor, J. B. “Discretion Versus Policy Rules in Practice”, *Carnegie-Rochester Conference Series on Public Policy*, vol. 39, no.2 (1993), pp.195-214.

② 卞志村、张义：《央行信息披露、实际干预与通胀预期管理》，《经济研究》2012 年第 12 期，第 15~28 页。

③ 谢平、罗雄：《泰勒规则及其在中国货币政策中的检验》，《经济研究》2002 年第 3 期，第 3~12 页，第 92 页；
张屹山、张代强：《前瞻性货币政策反应函数在我国货币政策中的检验》，《经济研究》2007 年第 3 期，第 20~32 页。

④ Clarida, R., Galí, J., Gertler, M. “Monetary Policy Rules in Practice: Some International Evidence”, *European Economic Review*, vol. 42, no. 6 (1998), pp.1033-1067;
Clarida, R., Galí, J., Gertler, M. “Monetary Policy Rules and Macroeconomic Stability: Evidence and Some Theory”, *The Quarterly Journal of Economics*, vol. 115, no. 1 (2000), pp.147-180.

法需要当期不可得的事后数据，因此不具有可操作性。在现实中，当期的宏观数据须在下一期才能获得，欧菲尼德斯（Orphanides）因此强调，在探究政策制定者对当前信息如何反应时，必须使用实时数据（real time data）。①在主流的前瞻性货币政策规则下，如果进一步要求这一实时数据来源于现实，则意味着这一预期数据需通过调研得到。为此，我们希望厘清的问题就是源于调研数据的通胀预期是否会影响货币政策。

然而，尽管近年来中国人民银行在信息公开方面有了长足进步，但外界对于其决策信息集的了解依然非常有限。这种相对较低的透明度可能会削弱中国人民银行货币政策的可信性，不过又不必然得出货币政策缺乏科学依据的结论。长期以来，我国的货币政策形成机制往往被一些媒体形容为“封闭的黑箱”，其决策的科学性和程序的合理性时常受到质疑。更有部分声音指责中国人民银行仅仅是领导意志的贯彻者。但我们注意到，外界对中国人民银行货币政策动因的解读基本停留在猜测层面，各类媒体报道中对于中国人民银行货币政策的指责和辩护也多着眼于政策冲击对于宏观经济的可能影响。迄今为止，尚无基于现实数据的实证研究为“中国人民银行实施货币政策过程中是否利用了预期数据”这一问题提供答案。

值得一提的是，虽然我国学者对基于微观调研数据的通胀预期研究时间不长，但已取得了一定成果。例如肖争艳和陈彦斌的研究为中国人民银行调查数据向居民预期的转化提供了基本思路。②此后肖争艳等就居民预期自身的异质性问题进行了分析，张蓓、张健华和常黎等人的研究更进一步分析了居民预期的性质、作用和影响因素。③从卡罗尔提出的居民预期的微观形成机制出发，何运信等初步探讨了异质性群体预期的差异及关系问题。④这些研究为本章探究基于调研数据的通胀预期对货币政策的影响提供了研究基础。

事实上，货币政策规则领域的实证研究很少关注预期数据的异质性问题。现有研究

① Orphanides, A. “Monetary Policy Rules Based on Real-Time Data”, *The American Economic Review*, vol. 91, no. 4 (2001), pp.964–985;
Orphanides, A. “Monetary Policy Rules, Macroeconomic Stability, and Inflation: A View from the Trenches”, *Journal of Money, Credit, and Banking*, vol. 36, no. 2 (2004), pp.151–175.

② 肖争艳、陈彦斌：《中国通货膨胀预期研究：调查数据方法》，《金融研究》2004 年第 11 期，第 1~18 页。

③ 肖争艳、唐寿宁、石冬：《中国通货膨胀预期异质性研究》，《金融研究》2005 年第 9 期，第 51~62 页；
张蓓：《我国居民通货膨胀预期的性质及对通货膨胀的影响》，《金融研究》2009 年第 9 期，第 40~54 页；
张健华、常黎：《哪些因素影响了通货膨胀预期——基于中国居民的经验研究》，《金融研究》2011 年第 12 期，第 19~34 页。

④ Carroll, C. D. “Macroeconomic Expectations of Households and Professional Forecasters”, *The Quarterly Journal of Economics*, vol. 118, no. 1 (2003), pp.269–298;
何运信、沈宏、耿中元：《居民与专家通货膨胀预期的差异及两者间关系——流行病学模型在中国的检验》，《金融研究》2014 年第 5 期，第 17~33 页。

大都使用的是专家群体的预期，如欧菲尼德斯使用的是为联邦公开市场委员会会议准备的 Greenbook 预测数据，李（Lee）等使用的则是 SPF。① 当然，也有极少数研究使用了居民群体的预期。②然而，卡罗尔以来的一系列实证，特别是上述何运信等人的研究表明，专家预期和居民预期在众多方面差异明显，同时两组预期的代表性也大不相同。可见，两个异质性群体的预期对于央行的政策意义也可能不同。由此，在中国人民银行是否对预期做出反应的问题之外，一个更进一步的问题在于货币政策对于谁的通胀预期反应更加强烈。

本章以上述两个问题为切入点，利用微观调查数据获取通胀预期信息，建立起包含通胀预期变量的单预期货币政策反应函数，考察中国人民银行面对两个异质性群体——居民和专家的通胀预期变化时的政策反应。从而分析得出央行决策信息集中是否包含有预期变量，反应强度的相对大小如何。由此为正确评价中国人民银行决策的科学性提供实证依据。这一研究具有重要的现实意义和理论价值，一方面，对于中国人民银行决策信息集的探究十分少见，本章有助于理解我国货币政策形成机制和央行的行为模式；另一方面，本章有助于揭示在过去的政策操作中可能存在的不足之处，从而为未来的改进提供政策建议。

本章的实证结果揭示了三点结论。第一，中国人民银行对于居民预期和专家预期均会做出反应，但对专家预期反应更强。平均而言，专家对下一季度通胀率的预期值提高1%，本季度央行会降低货币供应量增长率 0.44%，拆借利率则会上浮 0.09%。第二，在长期中，央行遵循着如下规则：当通胀预期上升时，采取紧缩的货币政策（升息、减少货币供给增量）；当通胀预期下降时，采取扩张的货币政策（降息、增加货币供给增量）。这种相机抉择的行为模式显示预期变量构成央行信息集的重要组成部分。第三，在专家预期当中，货币政策对国家信息中心和中银国际这两家机构的预期反应最强，其预测信息集可能与中国人民银行决策信息集重合度较高。这暗示着中国人民银行对预期数据重要性的评判所依据的可能不仅是数据本身的预测能力。

---

① Lee, K., Morley, J., Shields, K. "The Meta Taylor Rule", *Journal of Money, Credit and Banking*, vol. 47, no. 1 (2015), pp.73–98.

② Chen, Y., Huo, Z. "A Conjecture of Chinese Monetary Policy Rule: Evidence from Survey Data, Markov Regime Switching, and Drifting Coefficients", *Annals of Economics and Finance*, vol. 10, no. 1 (2009), pp.111–153.

## 第二节 前瞻性货币政策反应函数的理论机制

我们首先需要确定合适的估计模型，用以衡量居民预期和专家预期对中国人民银行货币政策是否会产生影响。这里我们借鉴了货币政策规则理论，特别是麦卡勒姆规则和泰勒规则来构建模型。需要说明的是，本章关注的重点并不在于分析适合我国的货币政策反应函数的模型形式或探究我国的最优货币政策规则；而是以货币政策反应函数为分析工具，从而捕捉央行对于预期的反应大小。因此本章并不会过度纠缠于模型细节问题。

学术界关于货币政策规则的讨论已有相当长的历史，凯恩斯学派主张的相机抉择与货币主义学派奉行的单一规则之争即是最典型的例子。如果以数量化的方式表述货币政策规则，则可以称之为货币政策反应函数。它刻画了当面对宏观经济变量的变化时，货币政策应当做出系统性、规律性的调整。通过赋予央行货币政策操作以纪律性，货币政策规则有助于提高央行的透明度和政策可信性，从而在长期中稳定居民预期。

货币政策规则领域在最近三十年最重要的突破之一是麦卡勒姆规则和泰勒规则。[①]两者尽管在变量和模型形式上有明显差异，但基本思想均为央行应当对通胀和产出偏离目标的状况做出反应，确定和调节基础货币增速或利率水平。泰勒以美国数据进行的实证表明，泰勒规则很好地刻画了样本区间内美联储货币政策的运行模式：联邦基金利率的确会对当期通货膨胀和产出缺口做出反应。此后，又有众多文献进一步检验了美联储的利率政策是否符合泰勒规则的描述。哈马莱宁（Hamalainen）对此有一个较全面的综述。他指出，总的来说，泰勒规则形式简洁，易于处理，较好地把握住了央行行为的关键因素。[②]此外，泰勒规则有助于降低时间不一致问题的影响，同时为中央银行的货币政策操作提供了一个比较的基准。因此，它同时受到了政策制定者和学术界的青睐。

---

① McCallum，B. T. "The Case for Rules in the Conduct of Monetary Policy: A Concrete Example"，*FRB Richmond Economic Review*，vol. 73，no. 5（1987），pp.10–18；
McCallum，B. T. "Robustness Properties of a Rule for Monetary Policy"，*Carnegie Rochester Conference Series on Public Policy*，vol. 29，no. 1（1988），pp.173~203；
McCallum，B. T. "Discretion Versus Policy Rules in Practice: Two Critical Points，a Comment"，*Carnegie–Rochester Conference Series on Public Policy*，vol. 1993，no. 39（1993），pp.215–220；
Taylor，J. B. "Discretion Versus Policy Rules in Practice"，*Carnegie–Rochester Conference Series on Public Policy*，vol. 39，no.2（1993），pp.195–214.

② Hamalainen，N. "A Survey of Taylor-Type Monetary Policy Rules"，*Department of Finance Canada Working Paper*，2004，No. 2004–02.

在后续研究中，众多学者对泰勒规则进行了拓展和改进，其中特别值得关注的改进有两点。其一是对预期变量的引入，即认定央行在调整利率时的依据是未来物价水平，而非滞后期的通胀，如克拉里达等给出的修正的泰勒规则方程。这一改进使得货币政策规则具备了前瞻性。[①] 其二是引入了利率平滑机制，即央行倾向于逐步调整利率直至理想水平。卡拉里达等强调了央行的利率平滑意愿，更重要的是，考虑到经济运行中的不确定性因素，多次小幅调整利率的做法更谨慎也更符合现实。滞后因变量的引入也有助于捕捉央行制定货币政策时可能具有的后顾性，从而避免出现遗漏解释变量问题。[②]

尽管相较麦卡勒姆规则而言，已有研究对泰勒规则更为强调和重视，但在研究中必须加以考虑的是，我国的情形与已有研究关注的欧美差异很大。一方面，中国人民银行明确宣布我国货币政策的中介指标是货币供应量，数量型工具在实际干预中使用的也更为频繁；另一方面，我国的利率长期处在管制之下，即使是银行间拆借利率其市场化程度也是在发展和完善中逐渐提高的。因此分析我国货币政策对预期的反应时不应局限于利率，也应当考虑货币供给情况。从政策目标角度看，虽然关于中国人民银行的政策目标学术界存在一定的争议，但无论是《中华人民共和国中国人民银行法》中“货币政策目标是保持货币币值的稳定，并以此促进经济增长”这一正式表述，还是中国人民银行长期的政策实践，都表明促进经济增长和维持物价稳定无疑是我国货币政策当局追求的主要目标。如果承认中国人民银行在追求这样的政策目标，同时认可其能够在一定程度上主动调控货币供应量和基准利率，那么我们即可借鉴上述模型建模中的前瞻性和平滑调整的思想，建立如下货币政策反应函数来刻画中国人民银行的政策操作：

$$MP_t=\alpha_0+\sum_{i=1}^{p}\beta_i MP_{t-i}+\alpha_1 F_t[\pi_{t+1}]+\alpha_2 H_t[\pi_{t+1}]+\alpha_3 GDP_t+\varepsilon_t; \qquad (7\text{-}1)$$

其中，$MP_t$ 为 $t$ 期的货币政策中介指标。在实证中我们选取广义货币供给量同比增长率 $M2_t$ 用以衡量数量型货币政策，以 $t$ 期全国银行间同业拆借加权平均利率 $i_t$ 来衡量价格型货币政策。$MP_{t-i}$ 为中介指标的滞后项；$F_t[\pi_{t+1}]$和 $H_t[\pi_{t+1}]$分别为 $t$ 期专家和居民对 $t+1$ 期同比通胀率的预期值，在实际回归中将分别引入估计模型。$GDP_t$ 为 $t$ 期同比 GDP 增长率（以不变价格计算）。各序列均为季度数据。残差 $\varepsilon_t$ 一方面描述了央行货币政策中的随机扰

① Clarida, R., Galí, J., Gertler, M. "Monetary Policy Rules and Macroeconomic Stability: Evidence and Some Theory", *The Quarterly Journal of Economics*, vol. 115, no. 1 (2000), pp.147–180.

② Sims, C. A., Zha, T. "Were There Regime Switches in U.S. Monetary Policy? ", *The American Economic Review*, vol. 96, no. 1 (2006), pp.54–81.

动因素，另一方面捕捉了影响货币供给或同业拆借利率的内生因素。除预期数据外，各序列原始数据均来自 CEIC 统计数据库。货币供给量季度同比增长率取计算得到的月度同比增长率每季度的算术平均值；季度同业拆借利率通过计算以交易量为权重、加权平均的月度同业拆借利率得到；计算 GDP 真实增长率时，季度真实（real）GDP 采用类似陆军和钟丹的处理方法，利用年度 GDP 平减指数将季度名义 GDP 转化为真实值，继而通过计算得到增长率。①

关于模型设定和变量选取需要做以下几点说明。

第一，对于价格型调控，我们采用的全国银行间同业拆借加权平均利率包括了隔夜拆借、7 天拆借等不同期限的交易品种。我们注意到，在一系列对泰勒规则在我国适用性进行检验的研究中，大都采用了 7 天同业拆借利率②。然而，从我国银行间同业拆借市场近年来的发展态势来看，隔夜拆借的交易量从 2007 年起即逐步超过 7 天拆借的交易量，同时其他品种的交易量所占份额很小（在我们的研究时段内，隔夜拆借和 7 天拆借的交易规模之和在绝大多数季度占到当季拆借市场总交易规模的 90% 以上）。考虑到央行货币政策对于短期利率的影响，为真实反映货币市场上的资金供求状况，采用全品种加权平均利率更为合理。③

第二，对于数量型调控，我们采用了广义货币供给量同比增长率来进行衡量，而非麦卡勒姆规则原始模型中的基础货币增长率，这是由于尽管央行对于基础货币具有较强的掌控能力，但其与政策目标间的关系稳定性相对较低。葛结根和向祥华指出，估计麦卡勒姆规则下的中国货币政策反应函数必须考虑固定汇率制带来的影响。④引入汇率制度的影响必然导致模型的复杂化，同时更多宏观变量的引入也会干扰本章对主要关注问题的探究。事实上，如果对基础货币增长率做细致分析，会发现基础货币增长率数据非平稳，且与通胀预期等变量间缺乏即期的相关性。因此不适合用以刻画中国人民银行的货币政策反应函数。

第三，由于本章研究的是货币政策是否对通胀预期做出反应，更关注货币政策对于异质性预期反应上的差异，所以我们没有在模型内引入各类变量的目标值，也没有以缺

① 陆军、钟丹：《泰勒规则在中国的协整检验》，《经济研究》2003 年第 8 期，第 76~85 页，第 93 页。

② 谢平、罗雄：《泰勒规则及其在中国货币政策中的检验》，《经济研究》2002 年第 3 期，第 3~12 页，第 92 页；
陆军、钟丹：《泰勒规则在中国的协整检验》，《经济研究》2003 年第 8 期，第 76~85 页，第 93 页；
张屹山、张代强，2007：《前瞻性货币政策反应函数在我国货币政策中的检验》，《经济研究》2007 年第 3 期，第 20~32 页。

③ 另一种可以用来刻画我国市场利率的指标是银行间债券质押式回购利率，使用这一利率得到的结果与本章基本结论完全一致。

④ 葛结根、向祥华：《麦卡勒姆规则在中国货币政策中的实证检验》，《统计研究》2008 年第 11 期，第 24~29 页。

口形式考虑变量偏离目标的状况。此外，对于 GDP 增长率，我们没有采用 GDP 增长率的预期数据。这是因为产出预期对货币政策的影响并非本章关注的重点。

第四，滞后被解释变量一方面赋予了模型动态性，另一方面也体现了货币政策平滑化的思想。为尽可能降低序列相关问题的影响，避免模型误设定问题，我们对货币总量 $M2$ 和利率 $i$ 建立自回归模型；最大滞后期给定为 8 阶；通过“向下检验”以 AIC 统计量判断最优滞后阶数 $p$。检验结果表明，对于两组模型，最优滞后阶数均为 2 阶。这一结果与克拉里达等人的结果是一致的。

第五，本章选取线性模型形式，是根据研究的主题和目标做出的选择。从已有文献看，采用非线性货币政策反应函数的研究对于我国货币政策的结构性变化、时变因素等方面进行了探讨，具有很强的现实意义。然而这些研究的侧重毕竟与本章不同。就本章而言，基于泰勒规则的货币政策反应方程能够满足研究需要。这一点在关于中国货币政策反应方程的文献中也得到支持。①

第六，本章之所以要区分居民预期和专家预期，是因为已有文献发现这两个群体的行为模式有显著差异；此外，这两个群体的代表性及对于未来一般物价水平的影响大小也大不相同。基于流行病学模型的一系列研究指出，不同于通过媒体不定期更新自身预期的居民群体，专家群体会利用自身专业技能主动获取一切可得信息辅助预测。专家预期预测能力更强，更趋近于理性预期，但与此同时，居民群体在社会中占大多数，其行为更可能会影响到未来的一般物价水平。具体到本章的研究主题，预期信息量和代表性上的差异意味着居民预期和专家预期对于央行的政策意义可能存在显著的差异，央行对于这两个群体通胀预期的反应强度也可能不尽相同。因此在研究中有必要进行区分。

由此，我们得以确定针对数量型和价格型货币政策的估计模型的具体形式。由于本章试图衡量的是现实中的中国人民银行面对不同群体预期时的政策反应，所以必须保证使用的预期数据与我国经济现实相一致，这就涉及在已有研究中重视度不够的预期数据的选择问题。在具体进行计量分析之前，我们先对本章使用的数据做以介绍。

---

① 谢平、罗雄：《泰勒规则及其在中国货币政策中的检验》，《经济研究》2002 年第 3 期，第 3~12 页，第 92 页；
陆军、钟丹：《泰勒规则在中国的协整检验》，《经济研究》2003 年第 8 期，第 76~85 页，第 93 页；
张屹山、张代强，2007：《前瞻性货币政策反应函数在我国货币政策中的检验》，《经济研究》2007 年第 3 期，第 20~32 页；
Chen, Y., Huo, Z. "A Conjecture of Chinese Monetary Policy Rule: Evidence from Survey Data, Markov Regime Switching, and Drifting Coefficients", *Annals of Economics and Finance*, vol. 10, no. 1 (2009), pp.111–153.

## 第三节 通胀预期与货币政策指标的时序特征

本章使用的数据主要有两类。一类是货币政策中介指标的统计数据。这部分数据的选择依据和来源在上文已有介绍。另一类则是对本章实证科学性和可信性至关重要的通胀预期数据。在本节，我们将介绍通胀预期数据的选择标准和选择依据，报告来自调查数据的两组预期数据的描述性统计特征，以及货币政策中介指标的描述性统计特征。

### 一、通胀预期

要考察中国人民银行货币政策是否对通胀预期反应，就要先获得合适的通胀预期数据。一方面，我们需要保证所用数据能够真实反映实际中的通胀预期。以往的研究中，通胀预期变量往往来自现实通胀率，无论是克拉里达等人采用的广义矩估计方法，[①] 还是其他一些研究中直接采用提前一期的现实通胀率的做法，其存在的缺陷均在于过于依赖事后的统计数据，得到的预期通胀率序列很难真实反映实际的通胀预期状况，也就很难保证其中包含的信息对决策具有重要性。另一方面，我们必须要同时考虑预期数据对于中国人民银行的信息可获得性，从而使得中国人民银行利用这些预期数据进行决策至少从理论上讲是可能的。

综合考虑这两点，我们选取了来自中国人民银行的城镇储户问卷调查的居民预期数据和来自《证券市场周刊》的“远见杯”专家预期数据，来衡量居民和专家这两个具有代表性的异质性群体的通胀预期状况。其中，居民预期数据与前面章节中使用过的数据一致，即中国人民银行管理和发布的未来物价预期指数，这一指数是基于问卷调查而获得的。城镇储户问卷调查是一项中国人民银行每季度进行的全国性调查，受访者为全国 50 个城市的储蓄网点随机抽取的 2 万名城镇储户。该调查现已公布自 1999 年第四季度以来各季度受访者中对于未来物价走向持不同观点的人数百分比数据。因此可以通过对调查数据进行定量转化获得通胀预期数据。



① Clarida, R., Galí, J., Gertler, M. “Monetary Policy Rules in Practice: Some International Evidence”, *European Economic Review*, vol. 42, no. 6 (1998), pp.1033–1067.
Clarida, R., Galí, J., Gertler, M. “Monetary Policy Rules and Macroeconomic Stability: Evidence and Some Theory”, *The Quarterly Journal of Economics*, vol. 115, no. 1 (2000), pp.147–180.

专家预期数据方面,《证券市场周刊》组织的“远见杯”中国宏观经济预测竞赛自2001年第一季度始,每季度进行一次,各受邀机构在各季度初对本季度通胀率(CPI同比增长率)等宏观指标进行定量预测并填写问卷。《证券市场周刊》汇总后刊登各机构预测结果,并根据预测准确度每年进行排名。[①] 显然,由于这两组预期数据均直接来自调查问卷,所以能更真实地反映现实预期状况;而且一组是居民,另一组是专家级的央行观察者,比较具有代表性。

这两组预期数据不仅具有与现实联系紧密的优点,而且对于央行也具有及时获知的可能性。对于居民预期,我国居民对于未来物价走势的预期数据从一开始就是由中国人民银行主持开展的储户调查获得的。鉴于这一季度调查由中国人民银行各分支机构开展,数据向总行汇总,所以相关信息可以及时为央行决策提供参考。对于专家预期,虽然“远见杯”预测每季度开展时间较晚(每季度第一个月进行本季度的预测),似乎不易被央行及时获取,但我们仍有相当充分的理由相信相关信息具有可获得性。

第一,从学术发表、人员学历结构等角度,我们相信中国人民银行内部拥有着具有较高水平的研究团队,拥有自行开展预测的能力。这些研究团队的预测信息对于中国人民银行决策是可得的。而“远见杯”的参与机构包括了国内外的银行、证券公司、保险公司、高等院校及其他研究机构和金融机构,主要预测人员往往是该机构的首席经济学家或学术带头人,他们同样具有很强的专业能力。尽管更为市场化的“远见杯”预测与中国人民银行的预测不一定完全一致。但是,从进行预测时所依据信息集的角度去分析,无论是中国人民银行,还是“远见杯”涉及的各家机构,作为具有专业技术能力、较为理性的预测者,其预测的信息来源均为各类经济信息和统计数据。虽然来源于未公开信息的部分存在差别,但经济系统的内在联系决定了不同渠道的信息一般不会有根本上的背离。这就使得同为理性预期者的央行和各家机构不会出现明显的意见分歧。

第二,我们注意到,央行与业界和学界专家长期保持着较为密切的沟通,这其中就包括了部分参与“远见杯”的专家。这种沟通一方面体现为央行主动邀请各界专家参加其组织的各类会议研讨;另一方面也体现在央行人员与各界专家在其他论坛、访谈等场合的交流接触。这些信息交流使得即使中国人民银行自身并未开展预测,也能在相当程度上及时获知专家预期信息。这些信息交流可能进一步导致了预测上的趋同。因此,“远见杯”预测可以很好地刻画中国人民银行拥有的专家预期信息。

---

① “远见杯”的开展方式和年度排名计算方法可参见《证券市场周刊》2011年第45期,高善文:《“远见杯”排名之我见》。

1. 居民预期

本章采用 C-P 概率法对中国人民银行城镇储户问卷调查的定性数据进行转化。这一方法具有原理简明、信息利用充分、假设相对合理的优点。[①] 设受访者在 $t$ 期对 $t+1$ 期的通胀预期为随机变量 $x_t^e$。我们假定整个受访者人群的通胀预期 $x_t^e$ 服从正态分布，同时存在一个以 0 为中心、边界不随时间变化的敏感性区间（$-\delta$，$\delta$），$\delta>0$。当 $x_t^e$ 落在这一区间内时，受访者将回答“基本不变”；当 $x_t^e$ 落在这一区间左右两侧时，则分别回答“下降”和“上升”。如果将对于未来物价变化方向预期下降和上升的两类人的人数百分比作为概率，同时假定长期中居民在预期通胀时不会犯系统性错误，那么根据正态分布的性质即可计算得到预期通胀率。

依照 C-P 概率法，我们计算得出 1999 年第四季度至 2014 年第四季度的居民预期序列。注意，这里的时间段为我国居民做出预期的时间段，其对应的预测期为 2000 年第一季度至 2015 年第一季度。其中，调查数据来源于张涛和中国人民银行每季度发布的城镇储户问卷调查报告。[②] 对于 2010—2013 年期间存在的部分缺失数据，我们先通过相邻期数值插补的方法得到 2010 年第一季度回答“上升”的人数百分比；再根据增设“看不准”选项后，每季度选择该选项的人数百分比基本维持在 10% 左右的这一数据特征，通过计算 2009 年第二季度后各期选择“看不准”的人数百分比均值，用以补全该选项其他各期的缺失值。由此，我们得到了样本期内每季度的未来物价预期指数[③]、回答物价“上升”和“看不准”的人数百分比。通过城镇储户问卷调查报告编制说明给出的未来物价预期指数计算公式，[④] 即可套算得到预期物价“基本不变”的人数百分比；继而通过扣减其他各项得到预期物价“下降”的人数百分比；从而补全所有数据。现实通胀率数据来源于国家统计局公布的 CPI 月度同比数据（设上年同月为 100），通过计算月度数据均值得到季度数据。

2. 专家预期

“远见杯”提供了每个季度各家机构对该季度 CPI 同比增长率的预测值。我们取其算术平均值作为专家通胀预期。考虑到“远见杯”预测在季度之初做出，专家的信息集基本上是上一季度的信息，所以也可以认为对本季度的预测在上一季度末做出。由此我们收集整理得出 2000 年第四季度至 2014 年第四季度专家做出的预测，其对应的预测期

① Carlson，J. A.，Parkin，M. “Inflation Expectations”，*Economica*，vol. 42，no. 166（1975），pp.123–138.

② 张涛：《中国城镇居民储蓄状况调查与研究》，中国金融出版社 2010 年版，第 108~115 页。

③ 央行公布的“未来物价预期指数”是反映居民对下季物价判断的扩散指数。

④ 计算方法是先扣除选择“看不准”的人数，然后对选择“上升”和“不变”的受访人数百分比分别赋予权重 1 和 0.5，二者加总得到来物价预期指数。

为 2001 年第一季度至 2015 年第一季度（2002 年第三季度数据缺失，使用相邻值插补得到）。显然，较之居民预期，专家预期序列较短，为统一比较的基准，在实证中我们仅使用居民预期序列与专家预期时段长度相同的部分。

我们在图 7–1 中展示了居民预期（YH）、专家预期（YJB）和与二者预测期对应的现实通胀率（CPI）的基本走势。在表 7–1 中给出了各序列的描述性统计特征，并报告了 ADF 和 PP 两种单位根检验（$p$ 值）的结果。由图 7–1 可以看出，预期序列与现实通胀序列走势十分相似，各序列表现出高度的相关性。表 7–1 进一步证明了各序列在统计性质上比较相近。在序列平稳性方面，在 10% 的显著性水平下，基本可以认定各序列为平稳序列。

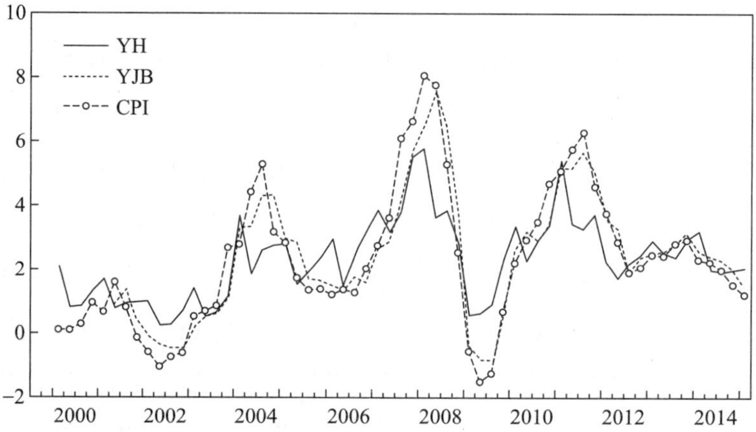


图 7–1　通胀预期及现实通胀序列

**表 7–1　变量描述性统计及单位根检验结果**

| | 样本量 | 均值 | 中位数 | 最大值 | 最小值 | 标准差 | 偏度 | 峰度 | ADF | PP |
|---|---|---|---|---|---|---|---|---|---|---|
| YH | 61 | 2.29 | 2.27 | 5.80 | 0.24 | 1.27 | 0.55 | 3.18 | 0.030 | 0.031 |
| YJB | 57 | 2.43 | 2.52 | 7.52 | −0.90 | 1.96 | 0.43 | 2.80 | 0.003 | 0.085 |
| CPI | 61 | 2.29 | 2.07 | 8.03 | −1.53 | 2.20 | 0.62 | 3.02 | 0.219 | 0.074 |

注：ADF 检验的滞后阶数由 AIC 确定，PP 检验的谱估计使用标准的 Bartlett 核估计法（Newey–West 自动带宽），表中报告的 $p$ 值依据麦金农的方法计算[①]；所有检验中均含截距项。

## 二、货币政策指标变量

我们在图 7–2 中给出了货币供给量（M2）及同业拆借利率（SHIBOR）在 2001 年第一季度至 2014 年第四季度的走势，同时为便于比较，我们同时给出了同期的现实通胀率

① MacKinnon，G. "Numerical Distribution Functions for Unit Root and Cointegration Tests"，*Journal of Applied Econometrics*，vol. 11，no. 6（1996），pp.601–618.

（CPI）。从图 7–2 可以看出，货币供给量增长率与通胀水平似乎存在负相关关系，而拆借利率则与通胀率正相关，这与一般的经济学常识相符。当然，中介指标与同期通胀率之间的关系并不等同于它们与通胀预期的关系，它们与预期变量间的关系尚需通过回归分析得出结论。表 7–2 进一步给出 M2 和 SHIBOR 在样本区间（2001 年第一季度至 2014 年第四季度）的描述性统计和平稳性检验结果。

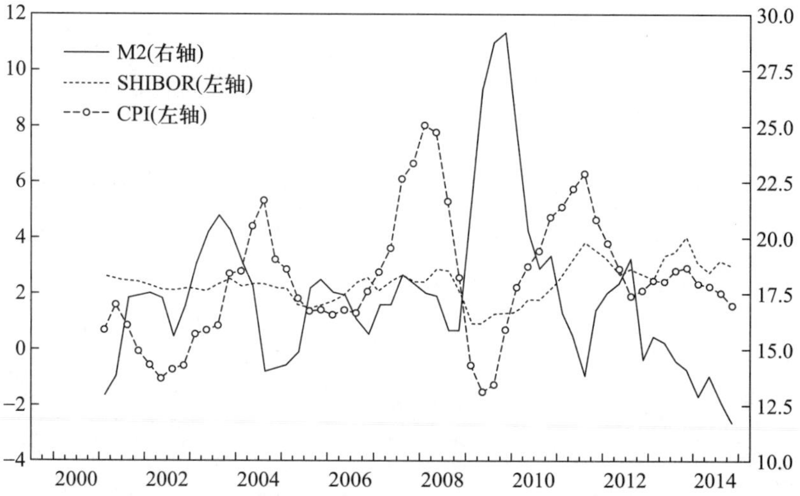


图 7–2　货币供给量和银行间同业拆借利率序列

**表 7–2　其他变量描述性统计及平稳性检验结果**

| | 样本量 | 均值 | 中位数 | 最大值 | 最小值 | 标准差 | 偏度 | 峰度 | ADF | PP |
|---|---|---|---|---|---|---|---|---|---|---|
| M2 | 56 | 17.37 | 17.27 | 29.18 | 11.68 | 3.57 | 1.48 | 5.77 | 0.034 | 0.156 |
| SHIBOR | 56 | 2.36 | 2.35 | 4.04 | 0.86 | 0.67 | 0.07 | 3.16 | 0.087 | 0.258 |

注：同表 7–1 注释。

## 第四节　货币政策反应机制的现实逻辑

在分析中国人民银行货币政策对于预期是否做出反应之前，我们还需要论证预期数据对于货币政策操作是必要的。从经济逻辑上讲，由于来自调查的预期数据包含了未来的部分信息，所以对中国人民银行前瞻性货币政策有参考价值。但从这个意义上讲，如果预期数据预测能力不佳，使得中国人民银行有意不使用这些数据；那么也就无所谓对预期是否做出反应的问题了。因此，我们要先考查居民预期和专家预期的预测能力，再进行回归分析。

## 一、预测性能

在本章中，我们需要评判的是居民预期和专家预期各自的预测能力如何，而非比较两组数据谁的预期能力更强，因此需要来自调查数据之外的预测数据作为比较基准。我们注意到，已有文献对于调查数据在预测能力上相对乏力这一点已有论述，如巴彻勒（Batchelor）发现，包含调查数据的模型其预测能力并不比传统的 ARMA 模型更好，汉森斯和旺当 – 阿伯勒（Hanssens and Vanden-Abeele）的研究也给出了类似的结果。[①] 由此，我们首先以表 7-1 中给出的现实通胀率数据为样本，建立 ARMA 模型，作为比较的基准。根据 CPI 数据的 SACF 和 SPACF，我们首先设定最大滞后期为 8 期，采取向下检验的方法，依据 AIC 准则判断 ARMA 模型的形式，经检验我们确认应当建立 ARMA（3，3）模型。

我们通过静态预测方式得到了 ARMA 模型对于 2001 年第一季度至 2015 年第一季度通胀率的预测值。图 7-3 中对于预测期为 2001 年第一季度至 2015 年第一季度的居民预期（YH）、专家预期（YJB）和 ARMA 模型预测值（ARMA）的走势做了对比，专家预期序列与 ARMA 模型预测序列走势十分接近，而居民预期则与二者存在一定差距。

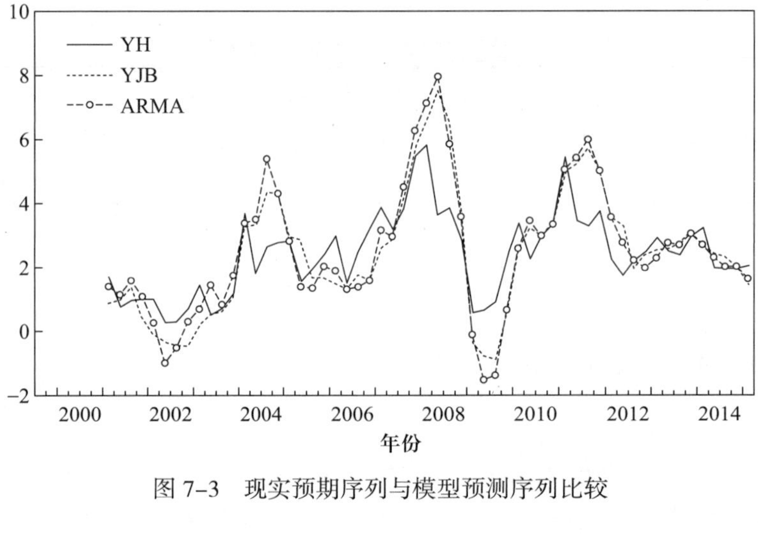


图 7-3　现实预期序列与模型预测序列比较

① Batchelor，R. A. “Expectations，Output and Inflation: The European Experience”，*European Economic Review*，vol. 17，no. 1（1982），pp.1–25；
Hanssens，D. M.，Vanden–Abeele，P. M. “A Time-Series Study of the Formation and Predictive Performance of EEC Production Survey Expectations”，*Journal of Business and Economic Statistics*，vol. 5，no. 4（1987），pp.507–519.

表 7-3 中进一步给出了这三个序列相对于现实通胀率的相关系数 $\rho$、平均绝对误差（MAE）和均方根误差（RMSE）。很显然，居民预期、专家预期和 ARMA 模型均具有一定的预测能力。其中居民预期的预测偏差明显高于专家预期，反映了专家主动获取信息的能力和预测上的专业性。但更值得注意的是，ARMA 模型的预测能力明显强于居民预期，甚至比专家预期还稍强一些。

**表 7-3　预期变量的预测性能分析**

| | $\rho$ | MAE | RMSE |
|---|---|---|---|
| YH | 0.82 | 1.07 | 1.36 |
| YJB | 0.95 | 0.52 | 0.67 |
| ARMA | 0.97 | 0.44 | 0.58 |

如果单从这一结果上看，似乎中国人民银行本来就没有必要去参考来自调查数据的预期信息，因为最基本的 ARMA 模型即能更准确地预测未来的物价走势。这里需要注意两点。第一，我们构建 ARMA 模型时利用的信息即包括了该时段内的全部现实通胀率数据，拟合得到预测模型后进行的又是样本内预测。因此这一模型具有较强的预测能力是意料之中的事，并不必然表明它比来自调查数据的预期序列预测性能更佳，特别是专家预期即使在这种情况下的表现也只是稍逊于 ARMA 模型。第二，费列罗的研究则表明，中央银行可以通过对私人部门的预期做出强烈反应从而影响其学习过程，进而加快私人部门预期向理性预期收敛的速度，使得宏观经济趋向于理性预期下的均衡状态，提高社会福利水平。① 因此，即使不考虑预测能力，中国人民银行也有必要对预期做出反应。特别是对于居民预期而言，卡罗尔、多普克等人的一系列实证研究表明，居民预期具有明显的粘性特征，其特征与理性预期有明显差异，其向理性预期的收敛速度是央行必须要加以考虑的问题。②

## 二、估计结果

由于宏观经济变量间复杂的交互作用机制，变量之间可能相互影响或是共同受到其

① Ferrero，G. “Monetary Policy，Learning and the Speed of Convergence”，*Journal of Economic Dynamics and Control*，vol. 31，no. 9（2007），pp.3006–3041.

② Carroll，C. D. “Macroeconomic Expectations of Households and Professional Forecasters”，*The Quarterly Journal of Economics*，vol. 118，no. 1（2003），pp.269–298；
Döpke，J.，Dovern，J.，Fritsche，U.，etc. “The Dynamics of European Inflation Expectations，” *The BE Journal of Macroeconomics*，vol. 8，no. 1（2008），pp.1–23.

他因素的影响。此外前人研究更是以预期变量作为被解释变量、以央行货币政策操作作为解释变量。因此为确定适当的估计方法必须首先检验模型的内生性问题。①考虑到这一情况，我们通过 Durbin-Wu-Hausman 检验确定是否存在变量内生性问题。对存在内生性的方程，我们采用工具变量法进行回归估计，选取被解释变量、预期变量和产出变量各自的 1 至 4 期滞后项作为工具变量，同时进行了过度识别检验。

考虑到我们的样本是时间序列，模型均为动态模型，我们还考察了是否存在序列相关的问题。如果同时存在序列相关问题，则即使使用上述工具变量进行估计，系数估计也是有偏且不一致的。由于传统的序列相关性检验，如 Breusch-Godfrey LM 检验对工具变量估计方程无效，所以我们对 IV 估计的方程使用了 Godfrey 工具变量序列相关性检验。②

表 7-4 和表 7-5 分别报告了数量型和价格型货币政策反应函数的估计结果。两表中的方程 1 和方程 2 均分别为模型（7-1）使用专家预期和居民预期时的估计结果。样本时间范围为 2001 年第一季度至 2014 年第四季度，注意对于预期序列而言这里指的是做出预测的时间，即 $F_t[\pi_{t+1}]$和 $H_t[\pi_{t+1}]$中 $t$ 的时间。整体上各项检验结果良好，特别是各估计方程都通过了序列相关性检验。

**表 7-4 模型（7-1）的回归结果（$MP_t=M2_t$）**

| 方程编号 | 解释变量 | | | | | | $\overline{R}^2$ | p-endo | p-auto | p-J |
|---|---|---|---|---|---|---|---|---|---|---|
| | $\alpha_0$ | $\beta_1$ | $\beta_2$ | $\alpha_1$ | $\alpha_2$ | $\alpha_3$ | | | | |
| 1 | 3.996**<br>（1.613） | 1.135***<br>（0.135） | −0.329**<br>（0.124） | −0.439***<br>（0.162） | | 0.049<br>（0.133） | 0.77 | 0.022 | 0.873 | 0.130 |
| 2 | 4.028**<br>（1.590） | 1.198***<br>（0.151） | −0.407***<br>（0.130） | | −0.274<br>（0.234） | 0.027<br>（0.129） | 0.75 | 0.106 | 0.389 | |
| 3 | 3.905**<br>（1.591） | 1.132***<br>（0.130） | −0.341***<br>（0.123） | −0.705***<br>（0.237） | 0.651<br>（0.451） | −0.009<br>（0.158） | 0.76 | 0.006 | 0.800 | 0.418 |

注：表中方程 1 和方程 3 使用的是 IV 估计，方程 2 使用的是 OLS 估计；括号报告的是 White 修正标准差；p-endo 指 Durbin-Wu-Hausman 内生性检验对应的 $p$ 值（原假设为变量不具有内生性）；p-auto 对于 IV 估计指 Godfrey 工具变量序列相关性检验的 $p$ 值（原假设为无序列相关性），对 OLS 估计指 Breusch-Godfrey 序列相关性检验 $F$ 统计量对应的 $p$ 值；p-J 指 Hansen 的 J 检验对应的 $p$ 值（原假设为所有工具变量为外生）；***、** 和 * 分别表示相应统计量在 1%、5% 和 10% 的显著性水平具有统计显著性。

① 卞志村、张义：《央行信息披露、实际干预与通胀预期管理》，《经济研究》2012 年第 12 期，第 15~28 页。

② Godfrey，L. "Testing for Serial Correlation by Variable Addition in Dynamic Models Estimated by Instrumental Variables"，*The Review of Economics and Statistics*，vol. 76，no. 3（1994），pp.550–559.

**表 7–5　模型（7–1）的回归结果（$MP_t=i_t$）**

| 方程编号 | 解释变量 | | | | | | $\overline{R^2}$ | p-endo | p-auto |
|---|---|---|---|---|---|---|---|---|---|
| | $\alpha_0$ | $\beta_1$ | $\beta_2$ | $\alpha_1$ | $\alpha_2$ | $\alpha_3$ | | | |
| 1 | 0.713*<br>（0.361） | 0.923***<br>（0.142） | −0.207*<br>（0.117） | 0.090***<br>（0.028） | | −0.027<br>（0.027） | 0.75 | 0.304 | 0.280 |
| 2 | 0.400<br>（0.315） | 0.954***<br>（0.141） | −0.169<br>（0.123） | | 0.126***<br>（0.038） | −0.020<br>（0.025） | 0.74 | 0.565 | 0.447 |
| 3 | 0.657*<br>（0.377） | 0.914***<br>（0.138） | −0.186<br>（0.122） | 0.063<br>（0.041） | 0.057<br>（0.056） | −0.032<br>（0.027） | 0.75 | 0.471 | 0.182 |

注：表中方程均为 OLS 估计；其他同表 7–4。

从表 7–4 和表 7–5 的估计结果看，中国人民银行货币政策的确考虑了预期变量，特别是专家预期，无论是在价格型反应函数中还是数量型反应函数中均在 1% 的显著性水平下具有统计显著性，平均而言，专家对于下一季度通胀率的预期值提高 1%，本季度央行会降低货币供应量增长率 0.439%，拆借利率则会上浮 0.090%。居民预期仅在价格型调控方程中具有统计显著性。预期变量回归系数的符号表明，长期来看，中国人民银行货币政策遵循着以下规则：当居民或专家预期物价上涨时，采取紧缩的货币政策（升息、减少货币供给增量）；当居民或专家预期物价下降时，采取扩张的货币政策（降息、增加货币供给增量）。这一相机抉择的行为模式体现了中国人民银行对预期信息的利用和维护经济稳定的努力。

此外，货币政策中介指标的滞后项大都显著。这显示了央行在制定货币政策的过程中，不仅利用了前瞻性的预期信息，也同时把历史数据纳入了考虑范围中。我们注意到，表 7–5 的估计结果中，通胀预期项的系数大小与张屹山和张代强基于拆借利率的估计结果比较接近，但统计显著性方面显著高于后者。[①] 在统计显著性的基础上，我们进一步考查了预期变量的经济显著性。测量方法为计算估计系数和预期变量标准差的乘积与被解释变量标准差的比值，然后取百分数。这一指标衡量了预期变量对于被解释变量的变化的解释能力。计算结果在表 7–6 中报告。从经济显著性上看，专家预期的解释能力也同样强于居民预期，它可以解释货币供应量增长率或拆借利率约 1/4 的变化。

**表 7–6　预期变量的经济显著性**

| 因变量 | 居民预期（1.29） | 专家预期（1.97） |
|---|---|---|
| *M*2（3.57） | −9.90% | −24.22% |
| 利率 *i*（0.67） | 24.26% | 26.46% |

注：括号内报告的是各变量样本区间内的标准差。

① 张屹山、张代强：《前瞻性货币政策反应函数在我国货币政策中的检验》，《经济研究》2007 年第 3 期，第 20~32 页。

尽管从统计显著性和经济显著性上看，中国人民银行对于居民预期的反应都要弱于对专家预期的反应；但要严格检验中国人民银行对于居民预期和专家预期二者谁的反应更强，仍需进一步讨论。对此一个自然的想法是将居民预期和专家预期同时作为货币政策反应函数中的解释变量，考查二者系数的显著性和大小。然而这一做法可能面临的问题在于，居民预期和专家预期同样作为利用现有信息对未来物价水平的判断，出现在同一模型的右侧很可能带来多重共线性问题，此时对于结果的解读会因为方差膨胀导致的系数显著性水平下降而难以进行。表 7–4 和表 7–5 中的方程 3 分别展示了解释变量同时纳入两组预期时的回归结果。在表 7–4 中，方程 1 中的专家预期系数显著，方程 2 中的居民预期系数不显著，方程 3 中延续了这一情况，但居民预期系数的符号甚至都发生了变化。表 7–5 中各方程的回归结果则显示，居民预期和专家预期独自作为解释变量时系数均是显著的，但当同时进入方程时显著性水平均出现了大幅下降。这些情况表明，高度相关的预期变量的确导致了多重共线性问题。

为解决多重共线性对于分析的影响，我们采取了非嵌套模型检验的方式，从而分别衡量了只包含居民预期变量的模型和只包含专家预期变量的模型的解释能力。具体来说，我们采用的是戴维森和麦金农（Davidson and MacKinnon）的非嵌套模型 J 检验。[①] 在检验中，我们具体的处理方式是，通过只包含一种预期变量的回归模型得到因变量的拟合值。将这一拟合值序列作为解释变量加入只包含另一种预期变量的模型中，进而检验这一解释变量的显著性水平。具体到本章给出的模型形式，以价格型调控方程为例（价格型调控方程的货币政策变量为 $i_t$，数量型调控方程的则为 $M2_t$），只包含专家预期和居民预期的模型（7–1）形式如式（7–2）和式（7–3）：

$$i_t=\alpha_0+\beta_1 i_{t-1}+\beta_2 i_{t-2}+\alpha_1 F_t[\pi_{t+1}]+\alpha_2 GDP_t+\varepsilon_t; \tag{7–2}$$

$$i_t=\alpha_0^*+\beta_1^* i_{t-1}+\beta_2^* i_{t-2}+\alpha_1^* H_t[\pi_{t+1}]+\alpha_2^* GDP_t+\varepsilon_t^*。 \tag{7–3}$$

我们首先估计这两个模型各系数的估计值，即表 7–5 中方程 1 和方程 2 展示的系数估计结果，继而计算得到 $i_t$ 在两个竞争模型中的拟合值 $\hat{I}_t^F$ 和 $\hat{I}_t^H$。将这两个拟合值作为新的解释变量分别加入模型（7–3）和模型（7–2）中，则有：

$$i_t=\alpha_0^*+\beta_1^* i_{t-1}+\beta_2^* i_{t-2}+\alpha_1^* H_t[\pi_{t+1}]+\alpha_2^* GDP_t+\gamma_F \hat{I}_t^F+\mu_t^*; \tag{7–4}$$

$$i_t=\alpha_0+\beta_1 i_{t-1}+\beta_2 i_{t-2}+\alpha_1 F_t[\pi_{t+1}]+\alpha_2 GDP_t+\gamma_H \hat{I}_t^H+\mu_t。 \tag{7–5}$$

① Davidson, R., MacKinnon, J. G. "Several Tests for Model Specification in the Presence of Alternative Hypotheses", *Econometrica*, vol. 49, no. 3 (1981), pp.781–793.

由此 J 检验的内容为对于式（7–4）和式（7–5）$\gamma_F=0$ 和 $\gamma_H=0$ 的原假设是否会被拒绝。如果我们拒绝了 $\gamma_F=0$，同时不能拒绝 $\gamma_H=0$ 的原假设，则说明（7–2）是较优的模型形式，中国人民银行对于专家预期确实反应更强；反之，则说明中国人民银行对居民预期反应更强。当然，检验的结果也可能是原假设都无法被拒绝或都被拒绝。我们在表 7–7 中给出了检验的结果。

从表 7–7 的结果上看，数量型货币政策反应函数中，$\gamma_F=0$ 的原假设被拒绝，无法拒绝 $\gamma_H=0$ 的原假设，表明包含专家预期的模型是较优模型；而价格型调控模型中，原假设均无法被拒绝，这一结果表明，从模型竞争的角度看，中国人民银行的数量型货币政策主要是对专家预期反应，价格型货币政策则无法区分出只包含单一预期的两个模型孰优孰劣，这与上文分析的结论是一致的。我们注意到，事实上 $\gamma_F=0$ 的原假设在模型（7–4）中非常接近于被拒绝，专家预期仍然比居民预期更可能引起中国人民银行的政策反应。

**表 7–7　戴维森和麦克金农的非嵌套模型 J 检验结果**

| 因变量 | $\gamma_F$ | $\gamma_H$ |
|---|---|---|
| $M2$ | 0.040** | 0.481 |
| 利率 $i$ | 0.130 | 0.314 |

注：方程估计方法与表 7–4、表 7–5 中对应方程相同，表 7–7 给出的是 J 检验对应的 $p$ 值，***、** 和 * 分别表示相应统计量在 1%、5% 和 10% 的显著性水平具有统计显著性。

从经济现实来看，货币政策对专家预期反应更强的这一结果也非常易于理解：一方面，货币政策是具有极强专业性的领域，中国人民银行在内部决策过程中可能更看重专业预测的结果，同为理性预期的这些预测跟外部专家的预测一般会保持一致；另一方面，由于媒体报道的倾向，专家的声音更可能被包括决策者在内的其他人听到，因此会产生更强的影响。当然，这里还有一个值得关注的问题，即为何数量型和价格型反应函数中居民预期变量的显著性水平会有明显差异？我们推测，造成这一结果的原因可能是货币供应量和拆借利率虽然同为中介指标，但距离中国人民银行的操作工具距离不同，所需传导时间也就不同。由于中国人民银行货币政策对于居民预期反应较弱，因此导致较为敏感的拆借利率对居民预期有显著反应，但货币供应量则由于传导时滞等各类因素对居民预期反应不足。

## 三、分机构回归

上面的分析结果表明，中国人民银行无论是数量型还是价格型货币政策对于专家预期都会有显著反应，而对居民预期仅在价格型货币政策下有较弱的反应。我们使用的专家预期，即“远见杯”预期数据，不同时期包含的参与机构数目变化很大，从2001年最初的8家增长到目前的约40家。尽管这些机构都可以被视为理性预期者，但预测中除了公开信息，部分机构还可能有私人信息，由此各家机构的预期本身也有一定的差异。

在上文的分析中，我们将中国人民银行内部可能存在的预测团队或至少是预测信息收集团队同样视为理性预期者，考虑到央行一般拥有的信息优势，中国人民银行自身的预期信息集应当比一般机构更为全面，其中具有决策重要性的信息应当会引起中国人民银行做出显著的反应。由此，一个更有趣的问题是，中国人民银行对于哪家机构的预期反应更为强烈，这将有助于揭示哪家机构的预期更接近央行自身的预期。通过探究这一问题，我们可以更进一步了解实际中的央行决策信息集。我们选取了时间长度最长、数据最为完整的七家机构进行分析，各机构基本情况在表7–8中给出。

**表7–8　专家预期情况**

| 机构编号 | 预测机构 | 主要预测人员 | 做出预测时期 |
|---|---|---|---|
| 1 | 社科院数经所 | 沈利生、汪同三、李雪松 | 2001Q4—2014Q4 |
| 2 | 中金公司 | 哈继铭、彭文生 | 2001Q1—2014Q4 |
| 3 | 华夏证券 / 中信建投 | 诸建芳、潘向东 | 2001Q1—2014Q4 |
| 4 | 中银国际 | 程漫江、曹远征 | 2001Q1—2014Q4 |
| 5 | 国泰君安 | 周克瑜 | 2001Q1—2014Q3 |
| 6 | 国家信息中心 | 祝宝良 | 2001Q1—2014Q4 |
| 7 | 北京天则经济研究所 | 张曙光 | 2001Q1—2014Q4 |

注：各期预测人员有变动，表中仅给出主要参与人员。2002Q2、2010Q1各机构预测数据缺失，此外，中金公司2007Q1、中银国际2012Q3、国家信息中心2006Q2、2006Q3数据缺失，我们采用相邻数据对缺失值进行了插补。

表7–9和表7–10给出了采用各家机构预测作为预期变量时的估计结果。总体上来说，几乎全部机构的预期都在5%水平下具有统计显著性，说明各家机构预期均把握住了通胀未来的基本走势，中国人民银行的决策信息集中有相当部分与机构拥有的信息重合。但比较表中预期变量的系数$\alpha_1$的大小，会发现各家机构之间存在比较明显的差异，例如表7–9中，社科院数经所预期的系数大小达到了中信建投预期系数的2倍多，表7–10中系数大小差异虽然不像表7–9中那么大，但具体到数值上看，中银国际和社科院数量经济与技术经济研究所对物价的预期同时上升1%时，平均而言对于拆借利率的影响会相差0.017%。

**表 7–9　分机构专家预期的模型（7–5）回归结果（$MP_t$=$M2_t$）**

$$M2_t=\alpha_0+\beta_1 M2_{t-1}+\beta_2 M2_{t-2}+\alpha_1 F_t[\pi_{t+1}]+\alpha_2 GDP_t+\varepsilon_t$$

| 机构编号 | 解释变量 | | | | | $\overline{R^2}$ | p-endo | p-auto | p-J |
|---|---|---|---|---|---|---|---|---|---|
| | $\alpha_0$ | $\beta_1$ | $\beta_2$ | $\alpha_1$ | $\alpha_2$ | | | | |
| 1 | 4.488**<br>（1.767） | 1.094***<br>（0.123） | –0.291**<br>（0.118） | –0.599***<br>（0.184） | 0.057<br>（0.136） | 0.77 | 0.023 | 0.760 | 0.273 |
| 2 | 3.935**<br>（1.633） | 1.127***<br>（0.143） | –0.330**<br>（0.128） | –0.422**<br>（0.159） | 0.065<br>（0.138） | 0.77 | 0.024 | 0.773 | 0.080 |
| 3 | 3.843**<br>（1.533） | 1.153***<br>（0.144） | –0.370***<br>（0.125） | –0.284*<br>（0.143） | 0.065<br>（0.115） | 0.76 | 0.102 | 0.524 | |
| 4 | 3.799**<br>（1.477） | 1.129***<br>（0.136） | –0.342***<br>（0.120） | –0.369**<br>（0.144） | 0.088<br>（0.106） | 0.77 | 0.162 | 0.765 | |
| 5 | 4.173**<br>（1.572） | 1.116***<br>（0.142） | –0.341***<br>（0.121） | –0.314**<br>（0.146） | –0.057<br>（0.111） | 0.76 | 0.142 | 0.496 | |
| 6 | 3.900**<br>（1.575） | 1.128***<br>（0.132） | –0.338***<br>（0.117） | –0.461***<br>（0.168） | 0.088<br>（0.133） | 0.77 | 0.037 | 0.824 | 0.218 |
| 7 | 4.616***<br>（1.652） | 1.139***<br>（0.142） | –0.350***<br>（0.12） | –0.395**<br>（0.164） | 0.013<br>（0.118） | 0.77 | 0.044 | 0.868 | 0.047 |

注：表中机构 1、机构 2、机构 6、机构 7 使用的是 IV 估计，其余为 OLS 估计；其他同表 7–4。

**表 7–10　分机构专家预期模型（7–5）的回归结果（$MP_t=i_t$）**

$$i_t=\alpha_0+\beta_1 i_{t-1}+\beta_2 i_{t-2}+\alpha_1 F_t[\pi_{t+1}]+\alpha_2 GDP_t+\varepsilon_t$$

| 机构编号 | 解释变量 | | | | | $\overline{R^2}$ | p-endo | p-auto |
|---|---|---|---|---|---|---|---|---|
| | $\alpha_0$ | $\beta_1$ | $\beta_2$ | $\alpha_1$ | $\alpha_2$ | | | |
| 1 | 0.659*<br>（0.366） | 0.941***<br>（0.147） | –0.219*<br>（0.121） | 0.078***<br>（0.026） | –0.020<br>（0.027） | 0.74 | 0.383 | 0.438 |
| 2 | 0.712*<br>（0.378） | 0.940***<br>（0.143） | –0.219*<br>（0.118） | 0.082***<br>（0.028） | –0.026<br>（0.028） | 0.74 | 0.085 | 0.510 |
| 3 | 0.731**<br>（0.353） | 0.923***<br>（0.138） | –0.210*<br>（0.116） | 0.094***<br>（0.029） | –0.029<br>（0.027） | 0.75 | 0.305 | 0.273 |
| 4 | 0.680*<br>（0.347） | 0.896***<br>（0.136） | –0.183<br>（0.116） | 0.095***<br>（0.029） | –0.026<br>（0.027） | 0.76 | 0.167 | 0.055 |
| 5 | 0.659*<br>（0.373） | 0.926***<br>（0.154） | –0.199<br>（0.122） | 0.084***<br>（0.029） | –0.022<br>（0.029） | 0.74 | 0.297 | 0.196 |
| 6 | 0.830**<br>（0.370） | 0.924***<br>（0.141） | –0.226*<br>（0.116） | 0.095***<br>（0.029） | –0.035<br>（0.028） | 0.75 | 0.198 | 0.501 |
| 7 | 0.601*<br>（0.347） | 0.948***<br>（0.143） | –0.227*<br>（0.120） | 0.079***<br>（0.026） | –0.015<br>（0.026） | 0.74 | 0.341 | 0.267 |

注：表中机构均为 OLS 估计；其他同表 7–4。

我们注意到，在数量型和价格型反应函数中，各家机构的影响大小次序并不一致，为便于比较，我们借鉴了“远见杯”中国宏观经济预测的评比方法，以表 7–9 和表 7–10 中预期变量系数绝对值的大小为依据对各家机构分别进行了排名。系数绝对值最大的排名第一，记 1 分，第二的记 2 分，依此类推。将数量型和价格型反应函数中两项排名得分相加，得分较小的则认为其预期对中国人民银行货币政策的影响更强。这一排名的结果在表 7–11 中展示。

**表 7–11　各机构预期的影响大小排名**

| 机构编号 | 1 | 2 | 3 | 4 | 5 | 6 | 7 |
|---|---|---|---|---|---|---|---|
| $M2$ | 1 | 3 | 7 | 5 | 6 | 2 | 4 |
| 利率 $i$ | 7 | 5 | 3 | 1 | 4 | 2 | 6 |
| 总分 | 8 | 8 | 10 | 6 | 10 | 4 | 10 |

注：表中给出为排名得分，越小表示排名越高，系数越大。

表 7–11 的结果显示，表现最佳的依次为国家信息中心和中银国际。这一结果在一定程度上比较令人意外。尽管国家信息中心和中银国际两家机构在预测能力方面有着良好的表现（国家信息中心是“远见杯”2013 年季度预测的冠军，2014 年的第三名；中银国际在季度预测方面近年未进入过前三名，但年度预测方面则获得过 2014 年的冠军和 2013 年的第三名），但我们进行比较的多家机构均在预测方面有着不俗的表现，特别是中信建投，更是长年出现在“远见杯”预测的前三名之列。

但同时，从机构的背景讲，国家信息中心作为发改委直接领导的具有官方性质的决策支持机构，与包括央行在内的政府经济部门有着天然的联系，拥有着其他商业机构和科研机构无可比拟的信息优势，其信息集与央行高度重合实为情理之中。至于中银国际，它并没有国家信息中心这样鲜明的官方性质，或者至少可以说它并不比其他机构在这方面更“官方”，但一个有趣的事实是，其主要预测人员曹远征具有在国家体改委的长期任职经历。

当然，个人的经历是否与其信息渠道有关我们不得而知，但这或许暗示了预测人员背景在这一问题上的可能影响。综合来讲，对表 7–11 结果的一个可能的解释是，在中国人民银行决策信息集当中，决定预期数据信息权重大小的并非仅是通过 CPI 统计数据衡量出的预测性能的高低，来自调查数据的预期数据中可能还包含其他重要信息。这也在一定程度上印证了上文预测性能检验中的结论，即虽然纯粹的统计模型似乎也具有不俗的预测能力，但央行并非将政策实践仅仅建立在数理模型之上。

应当承认，表 7–11 使用的是一个对非常粗略的衡量方法。这一方法忽略了单项排名中不同机构预期系数绝对值上的差异，同时对于各家机构在数量型和价格型货币政策中的表现赋予了相等权重，相当于认定数量型和价格型货币政策在我国具有同等程度的重要性。尽管如此，考虑到排名相邻的机构间预期系数差别并不大，简单排序的模式不会对评价影响大小造成过度的扭曲，同时数量型和价格型货币政策在政策实践中的实际权重目前尚无深入研究。在此种情况下，这一衡量方法在简洁明了的同时也具有一定的合理性。当然，如果未来能够建立起基于理论与实践的货币政策综合评价体系，赋予不同类型政策具体的权重，相关结论会更为可靠。

## 四、稳健性分析

在上文的分析当中，我们使用的货币政策反应函数更强调前瞻性。这一模型考量了中国人民银行在 $t$ 期时对于居民和专家对 $t$+1 期预期做出的反应，当然此时存在 GDP 增长率和预期数据的时期不一致的问题。如果我们使用过去的预期，如 $t$–1 期时对 $t$ 期的预期作为解释变量，则可以解决这一问题。由此模型（7–1）转化为后顾性货币政策反应函数，即模型（7–6）：

$$MP_t=\alpha_0+\sum_{i=1}^{p}\beta_i MP_{t-i}+\alpha_1 F_{t-1}[\pi_t]+\alpha_2 H_{t-1}[\pi_t]+\alpha_3 GDP_t+\varepsilon_t。\qquad(7\text{–}6)$$

这在一定程度上反映了货币政策操作的结果，即中国人民银行货币政策对于预期变化实际做出的调整。我们以该模型重新估计了表 7–4 和表 7–5，估计流程与上文相同，结果在表 7–12 和表 7–13 中报告。可以看到，后顾性模型的估计结果与前瞻性模型有所不同，具体体现在数量型反应函数模型中，预期变量均具有统计显著性，而价格型反应函数模型中，预期的系数不再显著。对于这一点，一个可能的解释是，以短期利率特别是短于一个月的利率为主要成分的拆借利率，其敏感性更高，它及时体现着市场主体的资金供求和对未来形势的判断。因此主要对真正的预期变量起反应。而货币供应量更接近于政策目标。由于货币政策操作传导本身存在时滞，所以它可能体现了货币政策对过去预期的反应。它的变动是央行过去前瞻性操作导致的结果。除上述解决时期不一致的方法外，我们还使用了提前一期的 GDP 增长率作为产出变量进行回归分析，此时得到的基本结论依然不变。

表 7–12 后顾性模型（7–6）的回归结果（$MP_t=M2_t$）

| 方程编号 | 解释变量 | | | | | | $\overline{R}^2$ | p-endo | p-auto |
|---|---|---|---|---|---|---|---|---|---|
| | $\alpha_0$ | $\beta_1$ | $\beta_2$ | $\alpha_1$ | $\alpha_2$ | $\alpha_3$ | | | |
| 1 | 4.858***<br>（1.427） | 1.089***<br>（0.134） | −0.332**<br>（0.130） | −0.327**<br>（0.135） | | 0.019<br>（0.106） | 0.77 | 0.556 | 0.358 |
| 2 | 4.526***<br>（1.437） | 1.150***<br>（0.130） | −0.370***<br>（0.130） | | −0.419*<br>（0.210） | 0.032<br>（0.113） | 0.76 | 0.180 | 0.995 |
| 3 | 4.840***<br>（1.446） | 1.091***<br>（0.136） | −0.333**<br>（0.132） | −0.299<br>（0.224） | −0.055<br>（0.343） | 0.024<br>（0.112） | 0.77 | 0.538 | 0.364 |

注：表中方程均为 OLS 估计；其他同表 7–4。

表 7–13 后顾性模型（7–6）的回归结果（$MP_t=i_t$）

| 方程编号 | 解释变量 | | | | | | $\overline{R}^2$ | p-endo | p-auto |
|---|---|---|---|---|---|---|---|---|---|
| | $\alpha_0$ | $\beta_1$ | $\beta_2$ | $\alpha_1$ | $\alpha_2$ | $\alpha_3$ | | | |
| 1 | 0.393<br>（0.408） | 0.981***<br>（0.147） | −0.222<br>（0.146） | 0.045<br>（0.031） | | 0.007<br>（0.027） | 0.72 | 0.216 | 0.042 |
| 2 | 0.214<br>（0.393） | 1.035***<br>（0.149） | −0.220<br>（0.151） | | 0.027<br>（0.048） | 0.016<br>（0.027） | 0.71 | 0.089 | 0.325 |
| 3 | 0.430*<br>（0.412） | 0.998***<br>（0.149） | −0.246<br>（0.150） | 0.075<br>（0.048） | −0.059<br>（0.073） | 0.011<br>（0.027） | 0.72 | 0.111 | 0.032 |

注：表中方程均为 OLS 估计；其他同表 7–4。

## 第五节 本章小结

通过引入基于微观调查数据的预期变量，本章建立了基于通胀预期的前瞻性货币政策反应函数，用以衡量央行对于居民和专家两个异质性群体的通胀预期是否会做出反应；进而尝试探究央行并不对外公开的自身决策信息集。我们的实证结果表明，总体上央行对通胀预期的反应具有显著性，而且无论居民还是专家预期均会影响央行反应。不过，央行对专家预期反应更强，平均而言，专家对于下一季度通胀率的预期值提高 1%，本季度央行会降低货币供应量增长率 0.44%，拆借利率则会上浮 0.09%（基于估计结果计算得出），反之亦然。在专家预期当中，国家信息中心和中银国际这两家机构对货币政策的影响最大，其预测信息集可能跟中国人民银行决策信息集重合度较高，这同时暗示央行对预期数据重要性的评判依据并不限于预测能力。

在对中国人民银行决策信息集的探究之后，本章的结论为央行货币政策科学性的评判提供依据。从我们的实证结果来看，央行对预期的重视并非仅仅停留在口头层面，在长期中，央行遵循着如下规则：当通胀预期上升时，采取紧缩的货币政策（升息、减少货币供给增量）；当通胀预期下降时，采取扩张的货币政策（降息、增加货币供给增量）。这一相机抉择的行为模式体现了央行对预期信息的利用。人民银行试图前瞻性熨平经济波动的做法也符合一般的经济理论。

不过，我们注意到央行对于居民预期似乎反应不足，而上文已经提到，由于居民预期远非理性预期，央行有必要通过对居民预期做出显著反应从而促使其向理性预期收敛。另外，与之前包括谢平和罗雄、张屹山和张代强等一系列研究类似，我们的回归结果显示央行对通胀预期的反应系数小于 1，也即存在反应不足的问题。① 由此尽管央行采取了逆预期操作的方式也无法保证能够有效地稳定经济。当然，这种反应不足很可能与我国货币市场尚不够发达、存在市场分割等因素有关。同时，尽管我们的分析似乎表明中国人民银行的决策过程具有一定的科学性，然而这毕竟只是通过分析预期数据和央行行为间的因果联系从外部做出的推断，央行真实的决策信息集、决策过程、决策机制可能无法完全通过这样粗略的方式得到揭示。

对于央行而言，应逐步增强自身透明度，加强与市场、居民的信息沟通，增强各方对央行行为模式的了解和信任，从而从根本上稳定长期中的预期水平。这将有助于减小各方行为不一致对政策效果的抵销作用，使得央行更好地实现自身政策目标，保证宏观经济长期平稳运行。随着中国利率市场化进程的不断推进，央行一方面需要在现实货币政策执行过程中进一步设计使用好前瞻性措施，促进数量型和价格型等各种货币政策工具在未来的政策操作中发挥更大的政策功效；另一方面，如何在包括但不限于货币政策方面建立起行之有效、公开透明的决策机制，建立与市场的良性互信和互动机制，都是影响货币政策有效性的重大而迫切的现实问题。



① 谢平、罗雄：《泰勒规则及其在中国货币政策中的检验》，《经济研究》2002 年第 3 期，第 3~12 页，第 92 页；张屹山、张代强：《前瞻性货币政策反应函数在我国货币政策中的检验》，《经济研究》2007 年第 3 期，第 20~32 页。

# 第八章　基于双预期的前瞻性货币政策反应机制



本章提要：

本章的研究逻辑是第七章的拓展，将单预期（仅考虑通胀预期）货币政策反应机制拓展至双预期反应方程，同时考虑通胀预期和经济增长率预期在前瞻性货币政策框架中的角色。本章的研究结果含义更为丰富：我国数量型指标和价格型指标分别对应的货币政策反应方程具有不同的动态机制，但动态机制对应的平滑性程度较为接近；同时，货币政策的前瞻性主要体现在对通胀预期的反应上，而对经济增长率预期没有显著反应；另外，我国央行对通胀预期的调控呈逆周期，而对经济增长率预期的反应则呈顺周期，这种非对称反应特征暗示出央行的调控理念更倾向于抑通胀促增长。

本章概览：


- 基于双预期的反应机制背景
- 基于双预期的泰勒规则
- 宏观变量与预期指标的刻画
- 反应机制分析
- 本章小结

## 第一节　基于双预期的反应机制背景

货币政策规则刻画宏观经济变量变化时，货币政策应当做出系统性、规律性的调整。通过赋予央行货币政策操作纪律性，让货币政策规则有助于建立和提高央行的透明度和政策可信性，从而维护经济的平稳运行。改革开放以来，中国经济长期保持着高增长低通胀的发展态势，其良好表现受到了国内外研究者的广泛关注。探究中国经济发展的内在机制自然要做全方位的考虑，其中货币政策在这一历史进程中的作用值得关注。《中华人民共和国中国人民银行法》总则第三条明确规定："货币政策目标是保持货币币值的稳定，并以此促进经济增长。"由此，一个自然的问题在于，中国人民银行遵循了何种货币政策规则？对于这一问题的回答，不仅关系我国货币政策操作模式的取向，而且对决策层厘清相关政策的调整思路具有重要意义。

在已有研究中，具有代表性的是谢平和罗雄及张屹山和张代强发表于《经济研究》的文章。[①] 这些研究都采用了货币政策反应方程这一凝练的模型表达形式，来刻画货币政策中介指标对核心经济目标变量做出的系统性反应。然而值得注意的是，尽管从模型设定上看，已有研究的目标变量多数都提及了预期变量，即默认中国人民银行货币政策操作具有前瞻性；但前瞻性政策的反应变量是否涵盖前述法律规定中的双重目标，以及预期变量的测度与前瞻性模型的动态机制设定问题，都缺乏深入研究。

首先，已有研究对反应方程中包含单预期目标还是双预期目标缺乏共识。例如谢平和罗雄采用了单预期目标（通胀预期），而张屹山和张代强则采用了双预期目标的模型设立形式。这种先验的模型设立形式在此类研究当中较为普遍。同时，大部分文献专注于分析中国人民银行对于通胀的前瞻性反应，对产出目标的反应机制关注不多。与此形成鲜明对比的是，在中国人民银行近年来的政策文件和领导讲话中，对经济产出的"预调""引导预期"和"前瞻指引"等类似表述屡见不鲜。事实上，要实现经济平稳较快增长，货币政策引导的预期变量似乎应该同时包括通胀和产出两个方面。我们注意到，一些研究[②]在分析和讨论中已经涉及了货币政策对通胀和产出的反应均随预期变化的思想，但由于

① 谢平、罗雄：《泰勒规则及其在中国货币政策中的检验》，《经济研究》2002 年第 3 期，第 3~12 页，第 92 页；张屹山、张代强：《前瞻性货币政策反应函数在我国货币政策中的检验》，《经济研究》2007 年第 3 期，第 20~32 页。

② 欧阳志刚、王世杰：《我国货币政策对通货膨胀与产出的非对称反应》，《经济研究》2009 年第 9 期，第 27~38 页。

这些研究中的政策反应目标并非真正的现实预期变量，其结论难以作为判断央行是否同时对产出和通胀进行前瞻性反应的依据。

其次，相关研究的实证分析过程中有两方面尚未解决的问题，一是预期变量的度量问题，二是前瞻性货币政策反应模型的动态机制设定问题。这两个问题直接关系到研究结论是否科学可信。在预期变量的度量方面，已有研究都借鉴或者模仿加利和格特勒的理性预期测度方式，即以未来现实通胀率作为预期通胀率指标（$E_t\pi_{t+1}=\pi_{t+1}-\varepsilon_{t+1}$，其中 $\pi$ 表示通胀率，$\varepsilon_{t+1}$ 表示预测误差）。[①] 这种做法至少会带来以下两个问题。第一，使用事后统计数据并不能真实反映现实通胀预期状况，同时由于中央银行无法在当期获取事后数据，这样的货币政策规则不具有现实操作性。第二，这一做法引入了额外的预测误差，即使是在理性预期假设成立的情况下，考虑到样本的有限性，理性预期测度方法仍然可能对模型的估计和统计推断造成困难。[②]

与理性预期测度方式不同的是基于微观调研的预期数据测度，后者可以有效避免上述问题。通过调研汇总的现实预期数据，直接来源于市场中的个体，能更精确地反映经济主体对未来通胀率走势的判断。欧菲尼德斯等的一系列研究，都强调了分析过去的货币政策时预期调研数据的重要性。[③] 根据受访者的不同，常用的调研数据一般包括专家预期和居民预期。二者反映了信息集和专业技能存在显著差异的两类人群的预期情况。已有文献中，采用现实调研数据研究中国前瞻性货币政策的研究相对较少。更重要的是，中国人民银行的调研预期数据目前还是物价扩散指数的形式，并非真正的通胀预期变量。因此已有研究使用的通胀预期数据本质上并非真正的居民预期，而是通过统计方法（净额法或概率法）转化而来的统计数据。[④]

最后，一个常被忽视的重要问题在于，已有研究在对货币政策反应方程进行估计过程中，沿用或借鉴了克拉里达等人的广义矩估计方法，然而并未考虑可能存在的序列相



---

① Gali, J., Gertler, M. "Inflation Dynamics: A Structural Econometric Analysis", *Journal of Monetary Economics*, vol. 44, no. 2 ( 1999 ), pp.195–222.

② Zhang, C., Osborn, D. R., Kim, D. H. "Observed Inflation Forecasts and the New Keynesian Phillips Curve", *Oxford Bulletin of Economics and Statistics*, vol. 71, no. 3 ( 2009 ), pp.375–398.

③ Orphanides, A. "Monetary Policy Rules Based on Real-Time Data", *The American Economic Review*, vol. 91, no. 4 ( 2001 ), pp.964–985;
Orphanides, A. "Monetary Policy Rules, Macroeconomic Stability, and Inflation: A View from the Trenches", *Journal of Money, Credit, and Banking*, vol. 36, no. 2 ( 2004 ), pp.151–175.

④ 张成思、党超：《基于央行调查数据的通胀预期转化：算法基础与理解分歧》，《金融评论》2016 年第 1 期，第 1~12 页，第 124 页。

关问题对工具变量有效性的影响。[①] 在一个动态时序模型当中，如果扰动项存在序列相关，则因变量及其他相关时序变量的滞后项均是无效工具变量，此时估计结果不具有统计一致性。已有研究中货币政策反应函数右手侧变量普遍包含了滞后因变量及其他宏观变量的滞后项。这一问题的严重性同样不容忽视。

值得说明的是，张成思和党超在部分通胀预期数据的应用和序列相关性问题的处理与本章的做法类似，但其研究主题集中于现实通胀预期对货币政策影响的比较，而且更关注微观机构的通胀预期。[②] 本章在研究主题上与已有文献不同，在研究设计上也完全不同。特别是，本章通过前瞻性货币政策反应机制的检验，甄别数量型指标和价格型指标分别对应的货币政策反应方程是否具有不同的动态机制，以及动态机制对应的平滑性程度情况。更重要的是，本章基于双预期的反应机制，分析中国货币政策的前瞻性显著体现在对通胀预期还是产出预期层面。这些问题对理解中国的前瞻性货币政策反应机制特征具有重要意义。

与已有研究相比，本章的主要增量工作在三个方面：一是设立了基于双预期变量的前瞻性货币政策反应模型，用以甄别和检验 2001 年以来我国货币政策的前瞻性反应机制。二是采用了现实预期的调研数据来刻画货币政策反应方程中的预期变量（包括通胀和产出变量）。调研数据来自《证券市场周刊》的专家预期调研数据。这一数据与美联储广泛使用的美国 SPF 的调研形式和市场信息捕捉度都相当类似，是研究我国货币政策问题的重要数据源。三是充分考虑了内生性（及序列相关性问题）对于动态货币政策反应方程的影响，并基于严谨的诊断检验实现计量模型设立的完备性，甄别数量型和价格型货币政策反应方程是否具有不同的动态机制，以及动态机制对应的平滑性程度情况。

本章得到以下结论：第一，数量型指标和价格型指标分别对应的货币政策反应方程具有不同的动态机制，但动态机制对应的平滑性程度较为接近。第二，中国货币政策在样本区间内具有前瞻性反应机制特征，但这种前瞻性主要体现在对通胀预期的反应上，而对真实 GDP 增长率预期没有显著反应。第三，中国人民银行对通胀预期的调控表现为逆周期调节方式，而对产出的反应则呈现为顺周期性，这种非对称反应特征暗示出，中国央行对最终目标的调控理念更倾向于抑通胀促增长，而非稳增长。

---

① Clarida，R.，Galí，J.，Gertler，M. "Monetary Policy Rules in Practice: Some International Evidence"，*European Economic Review*，vol. 42，no. 6（1998），pp.1033–1067；
Clarida，R.，Galí，J.，Gertler，M. "Monetary Policy Rules and Macroeconomic Stability: Evidence and Some Theory"，*The Quarterly Journal of Economics*，vol. 115，no. 1（2000），pp.147–180.

② 张成思、党超：《谁的通胀预期影响了货币政策？》，《金融研究》2016 年第 10 期，第 1~15 页。

## 第二节　基于双预期的泰勒规则

为确定适当的模型设定形式，我们首先回顾近年来文献中关于货币政策规则的探讨，进而结合我国实际和研究目标确定计量模型形式。近年来针对现实中的中央银行采取的货币政策规则进行的实证研究，大都以泰勒提出的泰勒规则作为研究起点。① 这一广为人知的政策规则可以表述为如式（8–1）的函数形式：

$$i_t^*=r^*+\alpha_1(\pi_t-\pi^*)+\alpha_2 y_t 。\tag{8–1}$$

原始的泰勒规则描述的是同一时期（$t$ 期）目标名义利率 $i_t^*$ 与通货膨胀 $\pi_t$、产出缺口 $y_t$、目标通胀率 $\pi^*$ 及长期均衡真实利率 $r^*$ 之间的线性关系。它反映了兼顾产出和通胀双目标的中央银行在价格型货币政策中遵循的政策逻辑。通过调节名义利率影响真实利率，进而影响经济主体的决策行为，中央银行得以在复杂多变的经济环境下实现其维护经济稳定、促进充分就业的目标。泰勒强调，为稳定经济，模型（8–1）中 $\alpha_1$ 应当大于 1，$\alpha_2$ 则应大于 0。

最近二十多年来，众多学者不断对原始的泰勒规则进行拓展和实证，形成了一系列影响深远的重要文献，而预期变量和平滑机制的引入，是系列文献形成的两个最主要贡献。第一，克拉里达等人在泰勒规则中引入了前瞻性因素，他们将模型（8–1）中的 $\pi_t$ 替换为 $E_t\pi_{t+1}$，亦即 $t$ 期对 $t+1$ 期通胀率的预期。预期因素的引入也使得这一规则更契合于当代宏观经济主流的分析框架，有助于减轻“卢卡斯批判”问题，而且同时也与近年来重视央行信誉、强调预期管理的货币政策实践相一致。②

第二个值得关注的改进是利率平滑机制的引入。例如克拉里达等人特别强调了央行逐步调整利率直至理想水平的倾向。这一点也非常易于理解，虽然偶发的巨大外部冲击确实可能迫使央行采取大幅调整利率等非常规应对手段，但在大多数情况下，考虑到经济运行中的不确定性因素，多次小幅调整利率是更谨慎可行的做法。由此克拉里达等人

① Taylor，J. B.“Discretion Versus Policy Rules in Practice”，*Carnegie–Rochester Conference Series on Public Policy*，vol. 39，no.2（1993），pp.195–214.

② Clarida，R.，Galí，J.，Gertler，M.“Monetary Policy Rules in Practice: Some International Evidence”，*European Economic Review*，vol. 42，no. 6（1998），pp.1033–1067；
Clarida，R.，Galí，J.，Gertler，M.“Monetary Policy Rules and Macroeconomic Stability: Evidence and Some Theory”，*The Quarterly Journal of Economics*，vol. 115，no. 1（2000），pp.147–180.

给出了描述实际名义利率部分调整特征的关系式（8–2）：

$$i_t=\rho(L)i_{t-1}+(1-\rho)i_t^*;\qquad (8\text{–}2)$$

其中 $\rho(L)=\rho_1+\rho_2L+\cdots+\rho_nL^{n-1}$，$L$ 表示滞后算子，$\rho\equiv\rho(1)$。$\rho$ 取值应当在（0,1）的区间内，它衡量了利率的平滑程度。$\rho$ 接近于 0 意味着几乎没有平滑行为，反之 $\rho$ 越大表明利率平滑性越高。

将前瞻性因素和利率平滑机制结合起来，即可得到如模型（8–3）的操作规则：

$$i_t=\rho(L)i_{t-1}+(1-\rho)\left[r^*+\alpha_1(E_t\pi_{t+1}-\pi^*)+\alpha_2y_t\right];\qquad (8\text{–}3)$$

模型（8–3）可以被视为近年来前瞻性泰勒规则实证研究中常用的基准经济模型。将模型（8–3）转化为计量模型然后进行估计，便可获知央行的货币政策反应机制。然而，对这一模型进行估计并不容易，实证分析中需要科学处理预期变量的测度和模型的序列相关性等问题。这些问题都关键性地决定了实证分析结果是否科学可信。

首先，基于模型（8–3）进行估计需要面临预期变量的测度问题。$E_t\pi_{t+1}$ 不像其他宏观变量可以直接获得数据。对此文献中常见的处理方法是采用理性预期假设，间接获得预期序列，即假定 $\pi_{t+1}=E_t\pi_{t+1}+\varepsilon_{t+1}$。其中 $\pi_{t+1}$ 为 $t+1$ 期的现实通胀率，$\varepsilon_{t+1}$ 为预测误差。注意，理性预期的关键前提是假设 $\varepsilon_{t+1}$ 为白噪声过程（即均值为零、方差恒定的独立同分布过程），进而可以使用 $\pi_{t+1}$ 来表示 $E_t\pi_{t+1}$。这一做法的优势在于规避了通胀预期的测度问题。特别需要注意的是，这种规避并非是无代价的。它至少可能导致两方面的问题：一是过度依赖事后统计数据，得到的预期通胀率序列可能难以真实反映现实通胀预期状况；二是引入了额外的噪声信息（即预测误差），致使模型扰动项变成了由模型（8–3）的设定误差和变量替代带来的预测误差组成的复合扰动项，对模型的准确估计和统计推断带来了难以克服的计量困境①。在关于我国的前瞻性货币政策反应机制研究中，谢平和罗雄、张屹山和张代强就是借鉴了类似做法，因此无法准确获知我国的前瞻性货币政策反应机制。②如果能够获得现实中的通胀预期调研数据，此时 $E_t\pi_{t+1}$ 直接来源于调查统计的现实预期，就可以避免上述问题。

其次，在实际参数估计过程中，我们还需要确定模型（8–3）的适当滞后阶数。西姆斯和查（Sims and Zha）指出，滞后因变量的引入有助于捕捉央行制定货币政策时可能

① Zhang, C., Osborn, D. R., Kim, D. H. "Observed Inflation Forecasts and the New Keynesian Phillips Curve", *Oxford Bulletin of Economics and Statistics*, vol. 71, no. 3 (2009), pp.375–398.

② 谢平、罗雄：《泰勒规则及其在中国货币政策中的检验》，《经济研究》2002 年第 3 期，第 3~12 页，第 92 页；张屹山、张代强：《前瞻性货币政策反应函数在我国货币政策中的检验》，《经济研究》2007 年第 3 期，第 20~32 页。

具有的后顾性，从而避免出现遗漏解释变量问题。[①] 另一方面，确定合适的滞后阶数也有助于尽可能降低序列相关问题的影响，避免模型误设定问题。这一点看似细微却非常重要，因为对于时间序列模型而言，残差序列相关是十分常见的情况。对于形如模型（8-3）的动态时序模型，如果要使用工具变量估计方法，那么一旦存在残差序列相关，则因变量及其他相关时序变量的滞后项即均为无效的工具变量，此时估计结果将不具有统计一致性。鉴于已有研究广泛采用滞后因变量及其他宏观变量的滞后项作为工具变量，这一问题对估计结果的可信性影响不能低估。然而，尽管部分学者报告了序列相关检验的结果，但一方面这些研究采用的检验方法存在明显的问题，例如一些研究中报告的是 DW 统计量，该检验对动态模型无效，另一些则仅报告单一滞后阶数的 Q 统计量，本质上也无法消除上述顾虑；另一方面，即使检验结果表明可能存在序列相关性，也并未引起应有的重视。事实上，序列相关会导致扰动项与模型右手侧变量非正交进而致使动态模型的所有估计全部坍塌。对于这一问题，科学的解决途径是，通过建立自回归模型确定因变量的动态特征，以此为依据确定最优滞后阶数，并同时进行严谨的序列相关性检验。

最后，模型设定的具体形式、核心变量的具体衡量指标及货币政策变量的确定还需要进一步讨论。

第一，模型（8-3）假定央行对通胀做出前瞻性反应而对产出做出即期反应，这种设定形式可能不够全面，而且似乎与央行的政策实践不尽相同。从已有研究来看，各国央行更倾向于遵循某种混合型政策规则，关于我国的此类研究同样无法排除央行货币政策反应机制依赖不同时期信息的可能性。例如刘斌的研究表明中国人民银行的前瞻性行为权重系数超过 0.6，同时表明了后顾性因素同样具有重要作用。[②] 类似的，吉拉尔丹（Girardin）等也发现中国人民银行的货币政策兼具前瞻性和后顾性特征。[③] 因此，为探究中国人民银行真实的反应方程形式，对于模型（8-3）中的产出和通胀变量可能需要充分考虑前瞻、即期和后顾的多种可能性，而非先验确定某一特定形式。

第二，我们需要关注产出和通胀变量应采取何种指标衡量，模型（8-3）中二者分别为产出缺口和通胀偏离目标值。传统的处理方式是采用克拉里达等人的做法，假定可以用样本期内平均真实利率替代真实均衡利率，产出缺口一般采用趋势分解法或生产函

① Sims，C. A.，Zha，T. "Were There Regime Switches in U.S. Monetary Policy? "，*The American Economic Review*，vol. 96，no. 1 ( 2006 )，pp.54–81.

② 刘斌：《稳健的最优简单货币政策规则在我国的应用》，《金融研究》2006 年第 4 期，第 12~23 页。

③ Girardin，E.，Lunven，S.，Ma，G. "Inflation and China's Monetary Policy Reaction Function: 2002–2013"，*BIS Working Paper*，2014，No. 77.

数法测算得到。由于模型（8-3）央行的目标通胀率被设定为非时变的，所以它将与真实均衡利率共同体现在模型（8-3）变形后估计式的截距项中，可以通过估计结果计算得出隐含的通胀目标值。采用经典的缺口形式时，产出和通胀变量的估计系数的政策含义将更为鲜明。但上述这一做法的问题之一是得到的通胀目标值必然与平均通胀率相差不大。此外考虑到我国金融市场不断发展完善的经济现实和利率市场化的历史进程，平均利率等于均衡利率或许是一个过强的假定。

更为关键的是，通过对我国货币政策实施情况的具体分析可以发现，使用包含缺口特别是产出缺口的经典模型形式对我国进行实证分析需要非常谨慎。原因包括以下三方面。① 这一模型形式与《中国货币政策执行报告》中阐述的现实情况不完全相符。对我国央行的相关文件（如《中国货币政策执行报告》）及相关讲话[①]进行文本分析可以发现，通胀目标、潜在增速等相关概念仅是偶尔被提及，而央行关注的重点是十分明确的增长率指标的现实情况。与此同时，我国官方公布的宏观经济指标的目标值（如历年《政府工作报告》中的 GDP 增长率目标和 CPI 增长率目标）更多反映的是政策的指引性。实际经济运行结果表明，绝大多数年份的经济增长率都明显高于目标值，而通胀率都明显低于目标值。这意味着目标值本身很可能不是产出潜在水平或是均衡物价水平好的代理变量[②]，也说明包括中国人民银行在内的各政府部门追求的可能是更高的增长和更低的通胀。② 产出缺口的估计结果不稳健。从已有研究来看，不同估计方法得到的产出缺口往往有显著差异。[③]同时，缺口的不同估计方法各有利弊，采用何种方法更为合理亦无定论。这些具有明显差异的产出缺口指标，进入货币政策反应函数后的估计结果无法保证稳健性。事实上，早期经典文献如谢平和罗雄已经指出，不同方法估计得到的产出缺口的明显差异，导致依赖产出缺口的政策规则的分析有很大的局限性。③ 从已有文献看，真实 GDP 增长率和产出缺口其实可以视为是真实经济活动的不同衡量指标。[④]从这一角度去考虑，中央银行应该对真实经济活动的活跃程度做出反应。产出指标无论是采用真实 GDP 增长率还是产出缺口衡量政策含义都是足够明确的，拘泥于后者必要性不大。[⑤]

---

① 周小川：《合适的货币政策可为供给侧改革提供更大空间》，《上海证券报》2016 年 3 月 7 日，第 2 版。

② Girardin，E.，Lunven，S.，Ma，G. "Inflation and China's Monetary Policy Reaction Function: 2002–2013"，*BIS Working Paper*，2014，No. 77.

③ 郑挺国、王霞：《中国产出缺口的实时估计及其可靠性研究》，《经济研究》2010 年 10 期，第 129~142 页。

④ Stock，J. H.，Watson，M. W. "Forecasting Inflation"，*Journal of Monetary Economics*，vol. 44，no. 2（1999），pp.293–335.

⑤ Stock，J. H.，Watson，M. W. "Forecasting Inflation"，*Journal of Monetary Economics*，vol. 44，no. 2（1999），pp.293–335.

第三，模型（8–3）中左侧变量是短期名义利率。这一前瞻性规则主要强调的是价格型规则。我们注意到，与原始泰勒规则同一时期提出的另一重要政策规则——麦卡勒姆规则的左侧变量则是基础货币增长率，因此可以被视为一种数量型规则。就我国而言，中国人民银行明确宣布的货币政策中介指标是货币供应量，数量型工具在实际干预中使用的也更为频繁。此外，我国利率在2012年之前长期处于管制之下，即使是银行间拆借利率其市场化程度也是在发展和完善中逐渐提高的。有学者指出，尽管近年来数量型工具面临诸多困难，而价格型工具正在发挥越来越重要的作用，但就目前而言，同时采用利率和货币供应量工具仍是有助于实现社会福利最大化的策略。兼顾数量型和价格型货币政策调控模式，也确实是央行当前采取的现实方式。因此，分析中国货币政策规则并设立模型时，需要同时考虑价格型反应机制和数量型反应机制。这与已有文献的研究范式比较一致。需要说明的是，部分研究从货币政策操作非连续性角度出发，采取多元选择模型①或统合数量型和价格型工具建立货币政策指数。②虽然此类研究在方法上具有一定创新性，但是无法区分不同类型货币政策反应机制的特征。因此本章并未考虑这些方法。

根据上述分析，本章设立如下货币政策反应方程的计量模型，用以刻画中国人民银行的政策反应机制，即

$$MP_t=\alpha_0+\sum_{t=1}^{p}\beta_i MP_{t-i}+\alpha_1\tilde{\pi}_{t+j}+\alpha_2\tilde{y}_{t+k}+\varepsilon_t; \qquad (8\text{–}4)$$

其中 $MP_t$ 为 $t$ 期货币政策中介指标；$MP_{t-i}$ 为中介指标滞后项；$p$ 为滞后阶数（其取值通过信息准则确定）；$\tilde{\pi}_{t+j}$ 为 $t+j$ 期的通胀率；$\tilde{y}_{t+k}$ 为 $t+k$ 期的真实经济产出变量（产出缺口或增长率）；$j$ 和 $k$ 设定取值为 –1，0 和 1 三种情况，用以捕捉货币政策对预期变量、当期变量和过去变量的反应特征。不难看出，当 $j$ 取 1 时，$\tilde{\pi}_{t+j}$ 即为预期变量 $E_t\pi_{t+1}$。当 $k$ 取 1 时，$\tilde{y}_{t+k}$ 即为预期变量 $E_t y_{t+1}$。当 $j$=1，$k$=0 时，模型（8–4）即转化为类似模型（8–3）的形式，注意此时长期真实均衡利率 $r^*$ 将在截距项 $\alpha_0$ 中体现。

考虑到模型左侧变量 $MP_t$ 需要分别以两个指标衡量价格型和数量型货币政策，右侧变量则存在时期不同的问题（也即 $j$、$k$ 的取值不同），模型（8–4）合计共有 18 种组合情况。

① Zhang, W. "China's Monetary Policy: Quantity versus Price Rules", *Journal of Macroeconomics*, vol. 31, no. 3 (2009), pp.473–484;
Liu, L., Zhang, W. "A New Keynesian Model for Analysing Monetary Policy in Mainland China", *Journal of Asian Economics*, vol. 21, no. 6 (2010), pp.540–551.

② Hu, L., Phillips, P. C. "Dynamics of the Federal Funds Target Rate: A Nonstationary Discrete Choice Approach", *Journal of Applied Econometrics*, vol. 19, no. 7 (2004), pp.851–867.

当然，在实证过程中，我们事实上没有必要遍历所有组合，只需要固定产出和通胀其一的时期，从而根据估计结果先行确定另一变量的时期，继而确定先前固定时期变量应是前瞻、即期还是后顾形式。

## 第三节　宏观变量与预期指标的刻画

本章使用的数据主要有两类，一类是宏观经济变量的统计数据，如货币政策中介指标等；另一类则是对本章实证科学性和可信性至关重要的预期数据。在本章这一部分，我们先介绍宏观经济变量数据的选择依据和来源，报告其描述性统计特征；然后介绍选取的预期数据和计算方法，报告各预期序列的描述性统计特征。

### 一、宏观经济变量数据

本章涉及的宏观经济变量主要包括货币政策中介指标 $MP_t$ 及通胀和产出变量。对于前者，在实证中我们选取广义货币供给量同比增长率 $M2_t$ 用以衡量数量型货币政策，以 $t$ 期全国银行间同业拆借加权平均利率 $i_t$ 来衡量价格型货币政策。对于后者，我们以同比 CPI 增长率衡量通胀，以同比 GDP 增长率（采用不变价格计算）衡量产出。各序列原始数据均来自 CEIC 统计数据库，经处理得到季度数据。货币供给量季度同比增长率取当季月度同比增长率的算术平均值；季度同业拆借利率通过计算以交易量为权重、加权平均的月度同业拆借利率得到；季度同比 CPI 增长率取当季月度 CPI 同比增长率算术平均值；在计算 GDP 真实增长率时，季度真实 GDP 利用年度 GDP 平减指数将季度名义 GDP 转化为真实值，继而通过计算得到增长率。

需要说明的是，对于数量型调控，我们采用 M2 的同比增长率来进行衡量，而非麦卡勒姆规则中的基础货币增长率。这是由于尽管央行对于基础货币具有较强的掌控能力，但其与政策目标间的关系稳定性相对较低。特别是考虑到结售汇制度，这种联系就进一步被削弱了。事实上，如果对基础货币增长率做细致分析，会发现基础货币增长率数据非平稳，且与通胀预期等变量间缺乏即期相关性。对于价格型调控，我们采用的全国银行间同业拆借加权平均利率包括了隔夜拆借、7 天拆借等不同期限的交易品种（与第七章一致）。

得到货币政策中介指标序列后，我们得以确定模型（8–4）的滞后阶数 $p$。我们对 2001 年第一季度至 2015 年第二季度的 $M2_t$ 和 $i_t$ 序列建立自回归模型，最大滞后期给定为

8 阶，通过“向下检验”以 AIC 统计量判断最优滞后阶数。检验结果表明，对于两组模型，最优滞后阶数分别为 2 阶和 1 阶。这说明数量型和价格型货币政策中介指标的动态特征存在一定差异，已有文献中统一设定 1 阶滞后的做法，可能导致残差序列相关，进而影响参数估计的准确性。

我们在图 8-1 中给出了货币供给量 $M2_t$（M2）及同业拆借利率 $i_t$（CHIBOR）在 2001 年第一季度至 2015 年第三季度的走势；同时为便于比较，我们同时给出了同期的现实通胀率（CPI）。我们注意到，货币供给量增长率与通胀水平似乎存在负相关关系，而拆借利率则与通胀率正相关，当然这只是根据现实通胀率数据做出的非常粗略的判断，明确的结论尚需通过回归分析得出。表 8-1 进一步给出 $M2_t$ 和 $i_t$ 在上述时期内的描述性统计和平稳性检验结果。

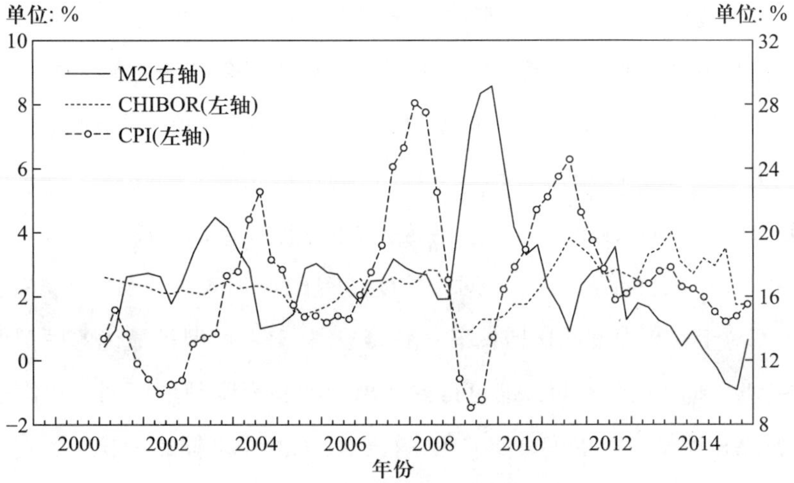


图 8-1　货币供给量和银行间同业拆借利率序列

**表 8-1　货币政策中介指标变量描述性统计及平稳性检验结果**

| | 样本量 | 均值 | 中位数 | 最大值 | 最小值 | 标准差 | 偏度 | 峰度 | ADF | PP |
|---|---|---|---|---|---|---|---|---|---|---|
| $M2_t$ | 59 | 17.06 | 16.97 | 29.18 | 10.13 | 3.74 | 1.21 | 5.36 | 0.023 | 0.145 |
| $i_t$ | 59 | 2.36 | 2.34 | 4.04 | 0.86 | 0.68 | 0.13 | 3.00 | 0.108 | 0.090 |

注：ADF 检验的滞后阶数由 AIC 确定，PP 检验的谱估计使用标准的 Bartlett 核估计法（Newey-West 自动带宽），表中报告的 $p$ 值依据麦金农的方法计算 [①]；所有检验中均含截距项。

## 二、预期数据

本章第二部分已经阐明了基于调查的预期数据对于得到可信的实证结论的重要性，因

① MacKinnon, G. “Numerical Distribution Functions for Unit Root and Cointegration Tests”, *Journal of Applied Econometrics*, vol. 11, no. 6 (1996), pp.601–618.

此，我们使用了来自《证券市场周刊》的“远见杯”专家预期数据（YJB）。我们取每个季度各家机构对该季度GDP同比增长率和CPI同比增长率的预测值的算术平均值作为专家预期。考虑到“远见杯”预测在季度之初做出，专家的信息集基本上是上一季度的信息，可以认为对本季度的预测在上一季度末做出。由此我们收集整理得出2000年第四季度至2015年第二季度专家做出的预测，其对应的预测期为2001年第一季度至2015年第三季度（2002年第三季度数据缺失，使用相邻值插补得到）。这组数据直接来源于定量问卷调查，最为贴近现实,同时中国人民银行对其也具可得性。此外,由于专家具有专业知识和技能，已有研究已经表明其预测准确性明显优于需要经过统计算法转化的中国人民银行城镇储户问卷调查预期。①

考虑到中国人民银行也可能采用其他预期数据辅助决策，我们还引入了两组预期数据作为调查数据的比较基准。这两组数据分别是：完全理性预期，亦即直接采用对应时期的通胀或产出的实际值。这意味着中央银行需具备完全准确的预测能力；模型预测，即采用最为常见的ARMA模型和VAR模型进行静态预测得到的预测通胀率。具体来说，我们对得到的季度真实GDP增长率、CPI季度同比增长率分别建立ARMA模型，样本区间为2001Q1—2015Q3，最大滞后期给定为8阶；通过“向下检验”以AIC统计量判断最优滞后阶数$p$。分析结果显示，对于季度真实GDP增长率，AR（1）模型是最优的模型形式，而对于CPI季度同比增长率，ARMA（3，3）模型是最优的模型形式。分别以这两组模型，通过静态预测，即可得到产出预期和通胀预期序列。我们采用的另一模型形式为VAR模型。以季度真实GDP增长率、CPI季度同比增长率、广义货币供应量M2增长率建立模型，样本区间同样为2001Q1—2015Q3，最大滞后期给定为4阶。AIC、SIC、HQ等各类准则指向的最优滞后阶数均为2阶。由此同样以静态预测获得样本内预测值。注意，为兼顾模型的简约度和拟合程度，ARMA模型和VAR模型最优形式下的动态特征有明显差异。

值得说明的是，如果从预期模式的角度来看，上述完全理性预期、ARMA模型和VAR模型乃至专家预测将具有更丰富的内涵。完全理性预期对应于已有研究中最为常见的直接采用事后实际变量作为近似的做法，但存在引入预测误差和对央行数据不可得的问题。ARMA模型则对应于适应性预期的情形，其预测信息来源单一。VAR模型相当于假设GDP、CPI和M2代表了所有信息集，可以视为是$t$期对未来通胀率条件期望的近似；

① 张成思、党超：《异质性通胀预期的信息粘性与信息更新频率》，《财贸经济》2015年第10期，第7~20页。

显然其包含的信息较 ARMA 模型更为丰富。而基于调查的专家预期的信息集应当比 VAR 模型更为丰富,理论上它应该更接近于理性预期。更广义的来看,传统的单预期模型当中,产出变量实际上相当于静态预期。由此不同的预期数据乃至变量形式对应于理性程度不同的预期模式。

需要说明的是，模型预测与理性预期在本章中主要是为了检验基础结论的稳健性。事实上，从模型预测数据的获取方式不难看出，这组数据与完全理性预期数据一样，对于央行是不可得的（因为它使用了整个样本区间的信息进行建模）。这里分析这两组数据是为调查数据的结果提供比较基准。注意，鉴于专家在 $t$ 期对 $t$+1 期的预期信息集仅限于 $t$ 期及之前各期，如果要求模型预测的信息集时期与专家预期相同，则建立模型时应对每一期分别建模，且至多采用 $t$ 期及之前各期的统计数据，进而对 $t$+1 期进行样本外预测，最终得到的模型预测应当建立在滚动更新的统计数据之上。不过，这一做法潜在的问题在于数据的敏感性可能会导致模型过度拟合，各期预测模型的样本外预测结果不稳健。本章使用简化做法（即静态预测）以保证模型预测序列具备统一计算标准。当然，此时从信息集角度看，专家预测优于 VAR 模型，而 VAR 模型又优于 ARMA 模型。这样的预测能力顺序并不一定成立，但这并不影响本章的研究结论。

我们在图 8-2 中展示了产出和通胀的两种模型预测序列（GDP_ARMA、GDP_VAR 和 CPI_ARMA、CPI_VAR）、产出和通胀的专家预期序列（GDP_YJB和 CPI_YJB）和与预测期对应的产出和通胀的现实序列（GDP_REAL 和 CPI_REAL，同时也是完全理性预期序列）的基本走势，进而在表 8-2 中给出了各序列的描述性统计特征，并报告了 ADF 和 PP 两种单位根检验（$p$ 值）的结果。由图 8-2 可以看出，各预期序列与现实序列走势十分相似，序列间表现出高度的相关性。表 8-2 进一步证明各序列在统计性质上比较相近。序列平稳性方面,虽然对于各产出序列似乎缺乏充分证据表明其平稳,但根据之前的研究,我们仍认定各序列为平稳序列。

总体而言，上述图表显示预期序列具有优良的预测性能，为进一步衡量其预测能力。我们在表 8-3 中给出了各预期序列相对于现实序列的相关系数 $\rho$、平均绝对误差（MAE）和均方根误差（RMSE）。从表 8-3 中可以看出，专家预期均具有很强的预测能力，即使是相较利用事后数据建模得到的模型预测数据，其误差也只是稍大。当然，正如我们上面所分析的，预测模型的估计和预测方式决定了专家预测并不一定是预测能力最强的序列。具体来说，从 GDP 序列来看，VAR 的预测能力最佳，其次是 ARMA 模型，最后才是专家预测。从 CPI 来看，ARMA 模型最佳，专家预测次之，最后是 VAR 模型。

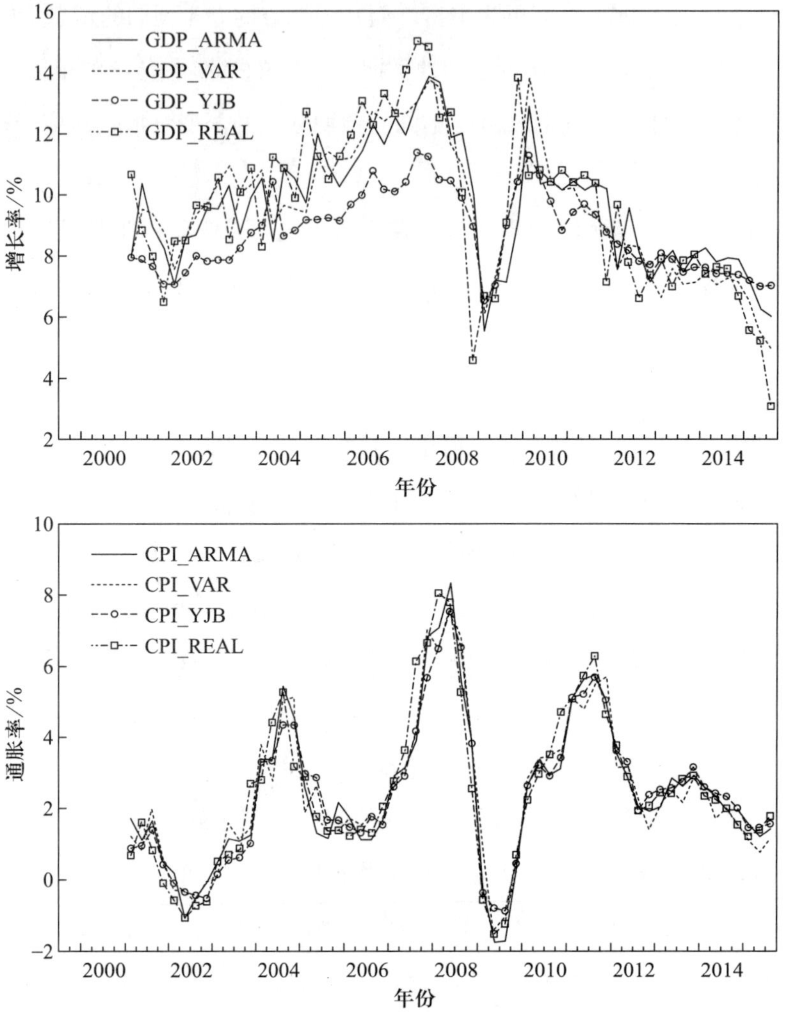


图 8-2 真实 GDP 增长率与通胀率的预期序列

**表 8-2 变量描述性统计及单位根检验结果**

| | 样本量 | 均值 | 中位数 | 最大值 | 最小值 | 标准差 | 偏度 | 峰度 | ADF | PP |
|---|---|---|---|---|---|---|---|---|---|---|
| GDP_ARMA | 59 | 9.57 | 9.73 | 13.86 | 5.51 | 1.97 | 0.16 | 2.37 | 0.822 | 0.095 |
| GDP_VAR | 59 | 9.54 | 9.50 | 13.79 | 4.93 | 2.15 | 0.08 | 2.33 | 0.779 | 0.477 |
| GDP_YJB | 59 | 8.72 | 8.73 | 11.36 | 6.50 | 1.28 | 0.33 | 2.02 | 0.099 | 0.362 |
| GDP_REAL | 59 | 9.57 | 9.85 | 15.01 | 3.08 | 2.59 | –0.05 | 2.63 | 0.938 | 0.262 |
| CPI_ARMA | 59 | 2.40 | 2.03 | 8.30 | –1.78 | 2.08 | 0.54 | 3.40 | 0.002 | 0.093 |
| CPI_VAR | 59 | 2.40 | 1.96 | 7.81 | –1.59 | 2.04 | 0.63 | 3.14 | 0.078 | 0.045 |
| CPI_YJB | 59 | 2.40 | 2.39 | 7.52 | –0.90 | 1.94 | 0.48 | 2.89 | 0.124 | 0.077 |
| CPI_REAL | 59 | 2.40 | 2.20 | 8.03 | –1.53 | 2.18 | 0.56 | 3.07 | 0.151 | 0.069 |

注：变量后缀分别对应行文中定义的预期形式。

表 8–3　预期变量的预测性能比较

| | GDP_ARMA | GDP_VAR | GDP_YJB | CPI_ARMA | CPI_VAR | CPI_YJB |
|---|---|---|---|---|---|---|
| $\rho$ | 0.76 | 0.82 | 0.82 | 0.96 | 0.93 | 0.95 |
| MAE | 1.27 | 1.10 | 1.52 | 0.47 | 0.62 | 0.50 |
| RMSE | 1.68 | 1.48 | 1.90 | 0.63 | 0.79 | 0.66 |

注：变量后缀分别对应行文中定义的预期形式。

需要补充说明的一点是，图 8–2 中 2004—2008 年期间，GDP 的专家预测明显低于实际值，也低于以实际值拟合得到的两组模型的预测值。形成这一结果的原因在于，真实 GDP 增长率的初步核算数据和最终核实的修订数据之间存在差异。初步核算的真实 GDP 增长率一般都低于最终核实的真实 GDP 增长率，二者之间的差额在 2004—2008 年期间相对较大（部分年份超过 2%）。专家预测是根据当期所有可得信息进行的预测，其参照标准是在预测期结束后一般在 15 日内公布的初步核算数据；而 GDP 增长率实际值一般都经过了多轮修订。因此，专家预测与实际数据的偏离是由于数据修正导致的。不过，这种实际数据与事后修正数据间的明显差异，进一步佐证了使用调研预期数据进行前瞻性政策分析的重要性，采用实际中不可得的数据进行分析，则很难保证结论与现实的一致性。

## 第四节　反应机制分析

为不失一般性，本章给出的模型（8–4）根据变量时期不同，可变为多种具体形式。考虑到已有研究中预期形式多采用单一的通胀预期形式，实证分析中我们亦从前瞻性的通胀变量出发，先确定模型中产出变量的时期，分析中国人民银行对产出的反应是否具有前瞻性；然后再以稳健性检验考察通胀变量的时期特征是否符合先验的设定。各模型如果涉及预期变量，均以使用专家预期数据得到的参数估计结果作为分析的基准和依据，理性预期和模型预测数据的结果则同样用作稳健性检验。

在估计过程中，由于宏观经济变量间往往存在复杂的交互作用机制，所以变量之间可能相互影响或是共同受到其他因素的影响。有文献分析了央行干预对预期的引导作用。这些研究多以预期变量作为被解释变量、以央行货币政策操作作为解释变量。这两种情况均可能导致模型（8–4）面临内生性问题。有鉴于此，我们首先通过 Durbin-Wu-Hausman 检验确定是否存在变量内生性问题。对存在内生性的方程，采用工具变量法进行回归估计，选取被解释变量、预期变量和产出变量各自的 1 至 4 期滞后项作为工具变量，同时进行过度识别检验。考虑到我们的样本是时间序列，模型均为动态模型，我们还考察了是否存在序列相关的问题。如果同时存在序列相关问题，则即使使用上述工具变量进行估计，系数估计也是有偏且不一致的。由于传统的序列相关性检验，如 Breusch-Godfrey LM 检验对工具变量估计方程无效，所以我们对 IV 估计的方程使用了 Godfrey 工具变量序列相关性检验。①

对于模型（8–4），我们先取 $j$=1，即固定通胀变量的时期，然后对 $k$=−1、0、1 时的模型分别进行估计。此时，如产出和通胀为绝对值（GDP 增长率和 CPI 增长率），则 $\tilde{\pi}_{t+j}$ 可写为 $E_t\pi_{t+1}$，$\tilde{y}_{t+k}$ 则依次可写为 $y_{t-1}$、$E_{t-1}y_t$ 和 $E_ty_{t+1}$，通胀和产出为预期数据时统一使用专家预期数据，为历史数据时则使用现实序列。按此设计，表 8–4 报告了相应估计结果，样本期间为 2001 年第一季度至 2015 年第二季度。

**表 8–4　模型（8–4）产出变量（增长率）取不同时期时的回归结果（$j$=1）**

| 方程编号 | 解释变量 | | | | | $\overline{R}^2$ | $p$-endo | $p$-auto | $p$-J |
|---|---|---|---|---|---|---|---|---|---|
| | $\alpha_0$ | $\beta_1$ | $\beta_2$ | $\alpha_1$ | $\alpha_2$ | | | | |
| $MP_t=M2_t$（$p$=2） | | | | | | | | | |
| 1 | 2.221<br>（1.474） | 1.161***<br>（0.142） | −0.341**<br>（0.135） | −0.595***<br>（0.210） | 0.239*<br>（0.137） | 0.77 | 0.009 | 0.808 | 0.196 |
| 2 | 0.516<br>（2.114） | 1.127***<br>（0.148） | −0.372***<br>（0.134） | −0.650**<br>（0.269） | 0.603<br>（0.371） | 0.77 | 0.008 | 0.332 | 0.152 |
| 3 | 0.956<br>（1.775） | 1.037***<br>（0.135） | −0.269**<br>（0.122） | −0.552***<br>（0.182） | 0.495*<br>（0.264） | 0.80 | 0.009 | 0.064 | 0.110 |
| $MP_t=i_t$（$p$=1） | | | | | | | | | |
| 4 | 0.669*<br>（0.363） | 0.712***<br>（0.086） | | 0.105***<br>（0.025） | −0.026<br>（0.033） | 0.65 | 0.552 | 0.678 | NA |
| 5 | 1.079<br>（0.661） | 0.679***<br>（0.100） | | 0.118***<br>（0.035） | −0.070<br>（0.066） | 0.66 | 0.298 | 0.739 | NA |
| 6 | 1.296**<br>（0.748） | 0.638***<br>（0.124） | | 0.120***<br>（0.035） | −0.084<br>（0.066） | 0.66 | 0.837 | 0.431 | NA |

注：表中预期数据均为专家预期；$\tilde{y}_{t+k}$ 为真实 GDP 增长率；方程 1 和方程 4 中 $k$=−1，方程 2 和方程 5 中 $k$=0，方程 3 和方程 6 中 $k$=1；方程 1~3 使用的是 IV 估计，方程 4~6 使用的是 OLS 估计（根据诊断检验结果）；括号报告的是 White 修正标准差；$p$-endo 指 Durbin-Wu-Hausman 内生性检验对应的 $p$ 值（原假设为变量不具有内生性）；$p$-auto 对于 IV 估计指 Godfrey 工具变量序列相关性检验的 $p$ 值（原假设为无序列相关性），对 OLS 估计指 Breusch-Godfrey 序列相关性检验 $F$ 统计量对应的 $p$ 值；$p$-J 指 Hansen 的 J 检验对应的 $p$ 值（原假设为所有工具变量为外生；表中 NA 表示回归等式不涉及此检验）；***、** 和 * 分别表示相应统计量在 1%、5% 和 10% 的显著性水平具有统计显著性。

① Godfrey, L. "Testing for Serial Correlation by Variable Addition in Dynamic Models Estimated by Instrumental Variables", *The Review of Economics and Statistics*, vol. 76, no. 3（1994）, pp.550–559.

为了与已有研究进行对照，我们同时考虑了采用缺口指标的情况，估计过程参考了克拉里达等人的做法，假定真实均衡利率等于样本期内平均真实利率，通胀目标在样本期内为常数，由此实际估计中的通胀变量与上面采用绝对值指标时并无不同。① 对于产出缺口，目前并无合适的调查数据可以直接利用。本章中采用最为常见的 HP 滤波方法处理真实 GDP 序列得到产出缺口，其计算方法如下：先通过 HP 滤波处理经 X-12 季节调整后的真实 GDP，得到潜在 GDP；然后据此计算产出缺口［即产出缺口 =（真实 GDP-潜在 GDP）/ 潜在 GDP］。表 8-5 报告了使用产出缺口进行估计的结果。

**表 8-5　模型（8-4）产出变量（产出缺口）取不同时期时的回归结果（$j$=1）**

| 方程编号 | 解释变量 | | | | | $\overline{R^2}$ | $p$-endo | $p$-auto | $p$-J |
|---|---|---|---|---|---|---|---|---|---|
| | $\alpha_0$ | $\beta_1$ | $\beta_2$ | $\alpha_1$ | $\alpha_2$ | | | | |
| $MP_t=M2_t$（$p$=2） | | | | | | | | | |
| 1 | 3.423***<br>（1.213） | 1.160***<br>（0.127） | −0.325**<br>（0.124） | −0.288<br>（0.177） | −0.240<br>（0.292） | 0.80 | 0.019 | 0.359 | 0.327 |
| 2 | 3.260**<br>（1.323） | 1.173***<br>（0.136） | −0.345**<br>（0.131） | −0.207<br>（0.185） | −0.500<br>（0.445） | 0.76 | 0.006 | 0.662 | 0.495 |
| 3 | 3.539***<br>（1.133） | 1.190***<br>（0.124） | −0.354***<br>（0.119） | −0.290**<br>（0.128） | 0.134<br>（0.157） | 0.80 | 0.137 | 0.537 | NA |
| $MP_t=i_t$（$p$=1） | | | | | | | | | |
| 4 | 0.692***<br>（0.247） | 0.653***<br>（0.112） | | 0.058**<br>（0.025） | 0.118**<br>（0.055） | 0.69 | 0.992 | 0.295 | NA |
| 5 | 0.563***<br>（0.198） | 0.708***<br>（0.095） | | 0.057**<br>（0.024） | 0.087***<br>（0.032） | 0.67 | 0.487 | 0.851 | NA |
| 6 | 0.481**<br>（0.209） | 0.733***<br>（0.095） | | 0.066**<br>（0.026） | 0.067<br>（0.041） | 0.66 | 0.668 | 0.779 | NA |

注：表中 $E_t\pi_{t+1}$ 统一使用专家预期 CPI_YJB；$\tilde{y}_{t+k}$ 为通过 HP 滤波得到的产出缺口；方程 1 和方程 4 中 $k$=−1，方程 2 和方程 5 中 $k$=0，方程 3 和方程 6 中 $k$=1；方程 1 和方程 2 使用的是 IV 估计，方程 3~6 使用的是 OLS 估计；其他同表 8-4。

从表 8-4 和表 8-5 的诊断检验结果来看（即序列相关性检验和过度识别检验），我们可以判定各方程残差项无序列相关性，且工具变量选择较为合理。从各变量的系数估计值来看，可以发现数量型和价格型反应方程的平滑性特征非常接近（即动态系数点估计值对于数量型是 $\beta_1$ 和 $\beta_2$ 的点估计值之和）。平滑性值无论是在表 8-4 还是表 8-5 中都介于 0.6 至 0.8 之间（越接近 1 越平滑），反映出央行政策调整具有较高的平滑性（利于

① Clarida, R., Galí, J., Gertler, M. "Monetary Policy Rules in Practice: Some International Evidence", *European Economic Review*, vol. 42, no. 6（1998）, pp.1033−1067;
Clarida, R., Galí, J., Gertler, M. "Monetary Policy Rules and Macroeconomic Stability: Evidence and Some Theory", *The Quarterly Journal of Economics*, vol. 115, no. 1（2000）, pp.147−180.

平抑宏观经济波动)。通胀预期变量系数估计值的大小会随产出变量的不同而发生比较明显的变化，但其符号和显著性水平基本一致；采取绝对值和缺口两种形式的产出变量的估计结果有非常明显的差异。

更具体的来看，通胀预期变量方面，除表 8–5 的方程 1 和方程 2 外，通胀变量的系数 $\alpha_1$ 均在 5% 的显著性水平下具有统计显著性。这一结果表明无论假定产出变量采取何种时期和形式，中国人民银行对于通胀基本都会做出前瞻性反应。在这个意义上，已有研究中的单预期模型的设定不存在根本性问题。当然，这并未排除中国人民银行同时考虑多个时期通胀的可能性。对于本章关注的双预期的模型形式，表 8–4 中的方程 3 和方程 6 分别表明，平均而言，专家对于下一季度通胀率的预期值提高 1%，本季度央行会降低货币供应量增长率 0.552%，拆借利率则会上浮 0.120%；表 8–5 中的方程 3 和方程 6 分别表明，本季度央行会降低货币供应量增长率 0.290%，拆借利率则会上浮 0.066%。长期来看，中国人民银行货币政策遵循着以下规则：当专家预期物价上涨时，采取紧缩的货币政策（升息、减少货币供给增量）；当专家预期物价下降时，采取扩张的货币政策（降息、增加货币供给增量）。这一逆预期操作的行为模式体现了中国人民银行对预期信息的利用和维护经济稳定的努力。这一结果反映了现实当中中国人民银行在信息沟通时对于通胀预期重要性的强调落到了实处，物价稳定确实是货币政策的主要目标。值得一提的是，虽然价格型规则中 $\alpha_1$ 的估计值（表 8–4 中为 0.120）表明央行对通胀预期反应还有较大提升空间，但在数值上这一结果较张屹山和张代强的估计结果（0.078）高出了 50%，同时这一估计结果也高度显著（之前的研究中系数并不显著）。

产出变量方面，表 8–4 当中 $\alpha_2$ 仅在代表数量型规则的方程 1 和方程 3 中在 10% 的显著性水平下具有统计显著性，其余四个方程中 $\alpha_2$ 均不显著。数量型规则下，$\alpha_2$ 符号为正，说明中国人民银行对产出的反应是顺周期的，这不符合稳定经济的需要，但符合本章第二部分所做的分析，即中国人民银行追求的目标可能是更高的经济增长率。综合来看，中国人民银行对于以 GDP 增长率衡量的产出变量反应不够显著。而在表 8–5 当中，尽管在数量型货币政策反应方程中，产出缺口的系数完全不显著，但是在价格型反应方程中，我们发现货币政策对于过去和当前的产出缺口在 5% 的显著性水平下均会做出反应，并且这一反应同样表现为反向调节机制——经济过热则加息，反之则降息以促进充分就业。有趣的是，在对不同时期产出缺口的反应当中，价格型货币政策对于过去的产出缺口反应最为强烈。尽管表 8–4 和表 8–5 的在产出方面结果差异很大，但在对产出的前瞻性反应方面，二者基本都给出了否定的结论。综合通胀和产出变量的结果，表 8–4 和表 8–5 显示中国人民银行所遵循的货币政策规则很可能是一种混合规则，对于通胀的反应具有前瞻性的，对于产出则更可能是后顾性反应。

从结果可以看到，中国人民银行对产出缺口反应的显著性程度略高于对 GDP 增长率的反应。这一情况似乎与本章第二部分所做的分析不完全一致。尽管央行在信息沟通中并未明确说明，但无法排除它在政策操作中确实考虑了实际值与目标值的偏离程度的可能。由此产出缺口也是其反应对象。回到具体的模型形式，表 8–5 中采取的是克拉里达等人的经典处理方式，表 8–4 和表 8–5 估计式的差异仅体现于产出变量方面。实际上，表 8–4 可以被视为是假定潜在增速、通胀目标、真实均衡利率三者均为常数情况下，对采用缺口指标的模型变形后得到的估计式的回归结果。表 8–4 的估计式与表 8–5 的潜在增速同样在截距项中体现，不过，由于潜在增速和通胀目标二者同时隐含于截距项中，所以，表 8–4 无法像表 8–5 那样计算得到隐含的通胀目标水平。

需要注意的是，一方面，上文已经提到，产出缺口的估计可能不稳健；另一方面，即使是在表 8–5 中，上述分析依然是在假定真实均衡利率和通胀目标不随时间变化的前提下进行的。随着我国经济情况的变化，这些指标或许均会随时间发生变化。针对这些问题，我们进一步做了三方面的稳健性检验。首先，我们采用不同方法（线性趋势、二次趋势等）重新估计产出缺口，结果仍然显示产出缺口会因为估计方法的不同而产生比较显著的差异，进入货币政策反应函数后，其估计系数也出现明显差异。[①] 例如保持表 8–5 的模型形式不变，产出缺口改用二次趋势（quadratic trend）方法计算。此时的估计结果显示，仅有方程 3（即数量型规则中 $k=1$ 的情况）中的 $\alpha_2$ 在 5% 的显著性水平下显著，其估计值为 0.248，在其他 5 个方程中 $\alpha_2$ 均不具有统计显著性。这一结果与表 8–5 完全不同，反而与表 8–4 的估计结果更为类似。它同样表明了央行对产出的反应是顺周期的。其次，针对用常数近似通胀目标、潜在产出和真实均衡利率可能不符合现实的顾虑。我们通过安德鲁斯（Andrews）的未知结构分割点检验对采用绝对值指标的回归方程截距项是否稳定进行了检验。[②] 这一检验的基本思路是：如果通胀目标、潜在产出和真实均衡利率这三者在样本区间内发生显著变化，则其影响将表现在截距项的估计值上。我们对表 8–4 的各方程进行了结构性变化检验，结果显示，仅方程 1 和方程 2 拒绝原假设，而其余方程均无法拒绝原假设。从这一检验结果来看，至少在双预期的模型设定下，样

① 限于篇幅，此处未报告详细估计结果。

② Andrews，D. W. “Tests for Paramctural Change with Unknown Change Point”，*Econometrica*，vol. 61，no. 4（1993），pp.821–856.

本区间内我国货币政策反应函数的截距项未发生显著结构性变化；用常数近似通胀目标、潜在产出和真实均衡利率的做法具有一定合理性。再次，我们考虑了采用《政府工作报告》中的 GDP 增长率的目标值和 CPI 增长率的目标值计算得到缺口。此时历年的产出和通胀目标值均是时变的。之所以采用 GDP 增长率目标值而非潜在 GDP 增长率计算缺口，一方面是为了与通胀缺口指标保持逻辑上的一致性；另一方面这样做规避了潜在产出估计依赖计算方法的问题。从经济增长率损失函数的角度来看，采用目标值也是合理的。

我们先计算专家预期（对于 $k=-1$ 为实际值）与对应时期政策目标值的差值得到缺口，继而进行回归估计。

模型如式（8–5）：

$$MP_t=\alpha_0+\sum_{t=1}^{p}\beta_i MP_{t-i}+\alpha_1(E_t\pi_{t+1}-\pi^*_{t+1})+\alpha_2(\tilde{y}_{t+k}-y^*_{t+k})+\varepsilon_t; \tag{8–5}$$

估计结果如表 8–6 所示。

**表 8–6　采用政策目标值计算缺口时的回归结果**

| 方程编号 | 解释变量 | | | | | $\overline{R^2}$ | $p$-endo | $p$-auto | $p$-J |
|---|---|---|---|---|---|---|---|---|---|
| | $\alpha_0$ | $\beta_1$ | $\beta_2$ | $\alpha_1$ | $\alpha_2$ | | | | |
| $MP_t=M2_t$（$p=2$） | | | | | | | | | |
| 1 | 0.708<br>（1.427） | 1.105***<br>（0.140） | –0.246*<br>（0.144） | –1.042***<br>（0.314） | 0.409**<br>（0.177） | 0.75 | 0.001 | 0.701 | 0.982 |
| 2 | 1.879<br>（1.317） | 1.101***<br>（0.128） | –0.295**<br>（0.134） | –0.896***<br>（0.324） | 0.628<br>（0.470） | 0.77 | 0.004 | 0.294 | 0.722 |
| 3 | 1.988<br>（1.268） | 1.015***<br>（0.136） | –0.205*<br>（0.121） | –0.801***<br>（0.213） | 0.529<br>（0.368） | 0.80 | 0.008 | 0.139 | 0.678 |
| $MP_t=i_t$（$p=1$） | | | | | | | | | |
| 4 | 0.876***<br>（0.195） | 0.712***<br>（0.085） | | 0.156***<br>（0.030） | –0.042<br>（0.031） | 0.68 | 0.434 | 0.506 | NA |
| 5 | 0.955***<br>（0.243） | 0.691***<br>（0.092） | | 0.165***<br>（0.036） | –0.095<br>（0.064） | 0.68 | 0.081 | 0.436 | NA |
| 6 | 1.043***<br>（0.336） | 0.656***<br>（0.115） | | 0.162***<br>（0.043） | –0.102<br>（0.071） | 0.68 | 0.886 | 0.903 | NA |

注：表中预期数据均为专家预期；$\pi^*_{t+1}$ 和 $y^*_{t+k}$ 分别为对应时期《政府工作报告》中的 CPI 增长率和 GDP 增长率的目标值；方程 1 和方程 4 中 $k=-1$，方程 2 和方程 5 中 $k=0$，方程 3 和方程 6 中 $k=1$；方程 1 和方程 2 使用的是 IV 估计，方程 3~6 使用的是 OLS 估计；其他同表 8–4。

从估计结果来看，尽管较之表 8–4 各方程估计得到的系数大小有明显差异，但符号并未发生改变，同时在系数符号和显著性水平方面，表 8–6 的结果也与表 8–4 而不是表 8–5 更为接近。将政策目标值引入反应函数后，中国人民银行对通胀的逆预期调节体现得更为鲜明，$\alpha_1$ 在全部方程中均在 1% 的显著性水平下显著。但在产出方面，$\alpha_2$ 仅在表 8–6 方程 1 中具有统计显著性，且符号为正，即上一期经济增长率超出目标值时，货币供给增速不降反升。这与传统货币政策规则下追求经济稳定的做法明显不符。值得注意的是，尽管其他方程中 $\alpha_2$ 不够显著，但其符号同样表明中国人民银行对产出的反应具有明显的顺周期特征。这一结果与我们之前的分析高度一致，也契合我国银行主导的金融体系下货币政策主要依赖信贷渠道传导并集中体现为货币供给增速调控的经济现实。

综合来看，表 8–6 进一步佐证了中国人民银行采取的是混合型货币政策规则观点：中国人民银行对通胀预期会做出前瞻性反应，但对产出的反应主要体现为后顾性。中国人民银行对通胀的反应是逆周期的，而对产出则表现为顺周期反应。表 8–6 同时也表明，对我国货币政策的分析仍应从现实出发，更多的关注增长率指标的情况。

鉴于在上面的分析当中，通胀变量的时期是先验给出的，我们接下来希望检验是否会是这一设定干扰了产出预期的回归结果。表 8–7 报告了 $k$=1，通胀变量为其他时期时（$j$=–1 和 $j$=0，即 $\tilde{\pi}_{t+j}=\pi_{t-1}$ 和 $\tilde{\pi}_{t+j}=E_{t-1}\pi_t$）的回归结果。将表 8–7 的结果与表 8–4 的方程 3 和方程 6（即 $j$=$k$=1）的结果做以对比，可以发现通胀变量从前瞻变为即期后仍具有一定的统计显著性，但其显著性程度和数值大小都有明显的下降，而过去的通胀水平系数完全不显著。这说明中国人民银行对于通胀的反应确实主要是前瞻性的。与此同时，产出预期无一显著，进一步验证了中国人民银行对产出的反应没有明显的前瞻性。为进一步验证结论的稳健性，我们还对 $k$=0 和 –1 且通胀变量取不同时期的情况分别进行了回归，其结论与表 8–7 完全一致，即对即期通胀变量反应较弱，对后顾性通胀变量完全不反应。

**表 8–7　模型（8–4）通胀变量取不同时期时的回归结果（$k$=1）**

| 方程编号 | 解释变量 | | | | | $\overline{R^2}$ | $p$-endo | $p$-auto | $p$-J |
|---|---|---|---|---|---|---|---|---|---|
| | $\alpha_0$ | $\beta_1$ | $\beta_2$ | $\alpha_1$ | $\alpha_2$ | | | | |
| | | | | $MP_t$=$M2_t$（$p$=2） | | | | | |
| 1 | 3.361**<br>（1.587） | 1.185***<br>（0.146） | –0.411***<br>（0.126） | –0.129<br>（0.090） | 0.092<br>（0.207） | 0.78 | 0.542 | 0.967 | NA |
| 2 | 2.817*<br>（1.495） | 1.093***<br>（0.137） | –0.338***<br>（0.120） | –0.333***<br>（0.119） | 0.248<br>（0.189） | 0.80 | 0.153 | 0.290 | NA |
| | | | | $MP_t$=$i_t$（$p$=1） | | | | | |
| 3 | –0.075<br>（0.867） | 0.808***<br>（0.167） | | 0.024<br>（0.035） | 0.053<br>（0.068） | 0.61 | 0.117 | 0.420 | NA |
| 4 | 0.428<br>（0.790） | 0.725***<br>（0.144） | | 0.066*<br>（0.035） | 0.007<br>（0.065） | 0.62 | 0.490 | 0.291 | NA |

注：预期数据均为专家预期；方程 1 和方程 3 中 $j$=–1；方程 2 和方程 4 中 $j$=0；各方程使用的均是 OLS 估计；其他同表 8–4。

再进一步，考虑到上面的分析当中预期变量采用的仅为专家预期，为考察结论是否稳健，我们还对通胀和产出变量分别采用理性预期的情形进行了回归。模型形式沿用双预期形式（即 $j=k=1$），估计结果在表 8–8 中报告。从估计结果来看，通胀预期的系数依然高度显著，而产出预期的系数则只在数量型方程中在 10% 的显著性水平下具有统计显著性，同时系数符号仍然表明央行对产出的反应是顺周期的。这些结果均与使用专家预期的结果一致。值得一提的是，与表 8–4 中的方程 3 和方程 6 相比，在表 8–8 当中，采用理性预期的变量其系数估计值（方程 2 和方程 4 中 $\alpha_1$，方程 1 和方程 3 的 $\alpha_2$）的绝对值相对较小。这一结果不难理解：一方面，理性预期数据包含了部分具有决策重要性的前瞻性信息，因此在估计中体现为对货币政策中介指标有显著的影响；另一方面，不同于可实时获取的专家预期，理性预期序列同时包含了部分对于央行不可得的事后信息，这些信息实际上无法服务于货币政策决策，由此削弱了其对中介指标的影响。在此基础上，我们还对通胀和产出变量分别采用模型预测（即第三部分展示的 ARMA 模型和 VAR 模型的预测值）的情形进行了回归，其结果与表 8–8 非常类似。从这一系列稳健性检验来看，通胀和产出预期使用何种预期形式同样不会影响本章的基本结论。

**表 8–8　模型（8–4）通胀和产出变量分别采用理性预期时的回归结果**

| 方程编号 | 解释变量 | | | | | $\overline{R}^2$ | $p$-endo | $p$-auto | $p$-J |
|---|---|---|---|---|---|---|---|---|---|
| | $\alpha_0$ | $\beta_1$ | $\beta_2$ | $\alpha_1$ | $\alpha_2$ | | | | |
| $MP_t=M2_t$（$p=2$） | | | | | | | | | |
| 1 | 2.460*<br>（1.226） | 1.100***<br>（0.139） | −0.303**<br>（0.126） | −0.404**<br>（0.151） | 0.202*<br>（0.106） | 0.80 | 0.064 | 0.382 | 0.067 |
| 2 | 1.313<br>（1.521） | 1.112***<br>（0.134） | −0.344***<br>（0.122） | −0.312**<br>（0.123） | 0.389*<br>（0.209） | 0.80 | 0.087 | 0.883 | NA |
| $MP_t=i_t$（$p=1$） | | | | | | | | | |
| 3 | 0.382<br>（0.438） | 0.745***<br>（0.089） | | 0.084***<br>（0.025） | 0.001<br>（0.032） | 0.65 | 0.486 | 0.686 | NA |
| 4 | 1.272<br>（0.783） | 0.661***<br>（0.123） | | 0.102***<br>（0.034） | −0.083<br>（0.070） | 0.65 | 0.149 | 0.674 | NA |

注：在方程 1 和方程 3 中，$E_t\pi_{t+1}$ 为 CPI_YJB，$E_ty_{t+1}$ 为专家预期 GDP_REAL；在方程 2 和方程 4 中，$E_t\pi_{t+1}$ 为 CPI_REAL，$E_ty_{t+1}$ 为专家预期 GDP_YJB；方程 1 使用的是 IV 估计，其他方程使用的均为 OLS 估计；其他同表 8–4。

综上所述，在通胀方面，中国人民银行无论对于专家预期、理性预期还是模型预测都有显著的政策反应，前瞻性行为明确，且遵循“逆预期”操作模式。而在产出方面，当使用 GDP 真实增长率衡量时，无论我们假定这一目标是前瞻还是后顾的，央行一般都未表现出显著反应。而且，在各回归方程中，产出的系数符号在价格型反应方程中为负，在数量型反应方程中为正，即经济增长率提高时向下调整利率，增加货币供给，反之亦然。将产出增长率替换为以 HP 滤波得到的产出缺口后，在价格型反应方程中，产出的系数符号表明：当经济增长超出其潜在增长率时，央行会采取提高利率的措施。这一结果无论是使用 $t-1$ 期或是 $t$ 期的产出缺口时都成立，但对过去的产出缺口反应最强。值得注意的是，产出缺口的结论可能受缺口估计方法的影响，而经济增长率的结论则不会因为引入政策目标、采用理性预期或模型预测取代专家预期等做法而发生明显变化。整体上，不同的产出指标都表明中国人民银行对于产出变量并无明显的前瞻性反应特征。

可见，央行可能采取的是一种混合的货币政策规则，其前瞻性目标主要体现在通胀方面，而产出方面更多的是对历史做出反应。另外，数量型和价格型反应方程所表现出的前瞻性反应机制存在明显差异，这一点可能源于二者在货币政策传导机制中的权重不同。随着市场化进程的不断推进，货币政策体系也随之调整。由于数量型和价格型货币政策的相对重要性随时间推移在发生变化，所以二者对预期变量的反应程度可能也存在变化。



## 第五节 本章小结

本章在第七章的基础上，探索基于通货膨胀和经济增长双预期的前瞻性货币政策反应机制。与第七章类似，我们仍然基于货币政策实施的具体特征，建立具有丰富动态特征的前瞻性货币政策反应模型，用以刻画数量型和价格型政策反应机制。在模型的动态机制设定方面，我们充分考虑数量型和价格型指标对应的反应方程可能存在不同的动态机制，根据信息准则和序列相关性检验，科学设定不同指标对应模型的最优滞后阶数。另外，在对货币政策反应机制的实证分析过程中，本章集中使用专家预期调研数据作为预期变量的基础数据，解决了单纯使用居民物价扩散指数而必须面对的统计转化算法困境，也解决了单纯使用理性预期假设带来的额外噪声信息问题，从而使相关实证分析结论具有较好的科学性和可信度。

经过细致的实证分析工作我们发现，中国货币政策反应方程的设立，需要区分数量型指标和价格型指标。这是由于二者对应的实证模型具有不同的动态机制：数量型指标的反应方程表现出相对复杂的动态反应特征，而价格型指标的反应方程一般只包含因变量的一期滞后。不过，无论是数量型还是价格型反应方程，二者对应的政策平滑性程度比较接近，价格型反应机制的平滑性系数在各种情况设定下一般都为 0.64 到 0.80 之间，数量型对应的平滑性水平集中在 0.75 到 0.80 之间，均表现出较高的平滑性操作特征。这种平滑性政策操作，有利于平抑宏观经济的波动性。

在此基础上，我们进一步发现，我国货币政策的操作规则具有前瞻性特征。有意思的是，这种前瞻性操作主要表现在对通胀预期的反应上，而对真实产出变量（无论是增长率还是产出缺口）没有体现出显著的前瞻性反应特征。另外，从实证结果的系数正负层面看，中央银行对通胀预期的调控表现为逆周期形式，而对产出变量的反应则多表现为顺周期性形式。从这种系统性规则所获得的非对称反应特征推断，中国人民银行谙熟中国经济周期运行特征，在货币政策调控的实践中，遵循“抑通胀促增长”的调控理念。这可能更加符合新的经济转型期的现实需要。

我们还注意到，近年来最优货币政策理论的研究对货币政策理论领域的研究产生了深远影响，未来研究如能从理论上给出符合我国实践的最优货币政策形式，则可能为政策实践提供重要的理论指导。这里就涉及一个非常有趣的问题，即中央银行的目标函数应采取何种形式。这一问题集中体现在应如何设立中国人民银行的损失函数。以产出目标为例。在传统设定下，经济增长率的损失函数往往被设定为二次型，最小化损失函数意味着经济增长率的实际值应尽可能接近潜在水平或目标值。在特定约束条件求解后会得到包含缺口形式的最优货币政策规则。不过，我国的政策目标的一个典型特征是产出目标是下限目标，中央银行的实际操作可能并非是为了最小化传统定义下的损失函数。这就意味着研究中需要更为深入地分析中国人民银行及政府的偏好特征，而不是简单沿用他人的设定形式。本章研究的重点在于对中国人民银行是否对双预期做出反应进行分析，故未将更多精力放在货币政策目标的设定和函数的求解上，但这些内容无疑非常重要，是未来研究值得关注的选题。

# 第九章　媒体中的前瞻性货币政策：研究逻辑回顾



本章提要：

本章已有文献对媒体中的前瞻性货币政策前沿研究进行梳理和回顾，从理论分析和实证研究两个角度阐释货币政策的具体措施如何通过媒体渠道影响公众预期，并最终通过公众的消费和投资行为进一步传导至总体宏观经济指标。本章从阐述已有文献关于媒体中的前瞻性货币政策理论框架和实证研究入手，对文献进行归纳总结，得出媒体中的货币政策理论框架和经验证据，提出相关研究对我国货币政策传导机制的启示，从而为后续章节进一步深入分析媒体中的前瞻性货币政策提供研究基础。

本章概览：

- 媒体中的货币政策：概念与背景
- 媒体中的前瞻性货币政策：理论逻辑
- 媒体中的前瞻性货币政策：经验证据
- 相关启示
- 本章小结

## 第一节 媒体中的货币政策：概念与背景

前瞻性货币政策的研究逻辑中，媒体扮演着日益重要的角色。因此，从本章开始，我们将焦点转向媒体中的货币政策。随着媒体技术的不断发展，信息技术在媒体报道中的广泛应用，媒体在货币政策制定和执行的过程中越来越具有影响力，这种影响力直接体现在货币政策相关信息通过媒体对市场预期的影响上。

作为信息的传递方式，一方面，媒体利用有效传播途径将货币政策信息传递给公众，从而影响公众的预期与相应的决策。以通货膨胀为例，货币政策可以通过媒体影响公众对于通货膨胀的预期，进而影响其消费与投资行为，最终传导至宏观经济。

媒体对于货币政策传导机制的影响，主要通过媒体报道或者媒体舆论对公众预期（特别是通胀预期）的影响而发生。2003 年发表于《经济学季刊》（*The Quarterly Journal of Economics*）上的一篇重要文献①将这一问题推向了阶段性的高潮。卡罗尔将医学领域早在 1927 年就发展起来的流行病传染模型引入媒体报道对通胀预期的影响机制分析，并通过实证研究发现，当媒体出现“通货膨胀”相关报道时，公众会关注这些报道，同时形成自己的通胀预期。当媒体增加相关报道时，公众会形成正向的通胀预期，预计未来通胀率会上涨。

另一方面，媒体也可以为货币政策制定者提供多种经济市场信息，反映公众对于政策制定的意见和建议②，帮助制定者进一步修改货币政策；为宏观经济正常运行提供良好的环境基础；确保经济运行的各个部门的协调发展。从而我们可以发现，媒体在货币政策传导中有着十分重要的作用。

国内外学者对媒体影响公众预期已经有了大量的研究，包括媒体信息如何影响公众形成合理预期，以及将媒体纳入整个货币政策传导机制后的作用机制。本章通过对国内外相关文献的梳理，阐述媒体中的货币政策的理论逻辑，总结相关实证分析类文章的经验证据，提出对货币政策传导机制的启示，以此作为完善我国前瞻性货币政策传导机制的借鉴。

---

① Carroll, C. D. “Macroeconomic Expectations of Households and Professional Forecasters”, *The Quarterly Journal of Economics*, vol. 118, no. 1 (2003), pp.269–298.

② Blinder, A. S., Krueger, A. “What Does the Public Know about Economic Policy, and How Does It Know It? ”, *Brookings Papers on Economic Activity*, vol. 35, no. 1 (2004), pp.327–397.

## 第二节　媒体中的前瞻性货币政策：理论逻辑

本节从两个角度阐明媒体中的货币政策理论逻辑，首先通过前沿研究综述阐明信息传播之于公众形成合理预期并引导公众消费（投资）行为的内在逻辑，然后通过梳理文献资料说明将媒体作为信息传播的载体纳入整个货币政策传导机制中所形成的理论框架。

媒体中的货币政策理论逻辑是指中央银行发布货币政策信息通过媒体和其他正式渠道影响公众预期，进而影响公众的投资消费行为，最终传导至宏观经济的总体传导路径。徐亚平提出，中央银行对公众预期起到了举足轻重的作用。[①] 信息披露程度影响人们的行为，[②] 当中央银行的信息披露较为精确时，信息披露能够有效地引导公众预期。而中央银行货币"政策沟通"被广泛地理解为央行影响宏观经济或者影响公众对于未来隔夜拆借利率市场预期的能力。[③] 布林德等人将中央银行的"货币政策沟通"定义为中央银行向公众提供信息的过程。[④] 这些信息包括货币政策目标、货币政策策略、经济前景和未来政策决定的前景。

这些信息提供的渠道，对公众而言，媒体占有很大比重。已有研究表明，公众一般通过电视和报纸等媒体获取相关经济信息；同时，通过这两种途径传播的相关信息对公众的预期具有显著影响。布林德和克鲁格、里斯对外国的研究及张成思和芦哲对中国的研究都说明，公众通过媒体报道的信息形成对宏观经济和对未来经济走势的基本判断。[⑤] 不难看出，媒体作为信息的提供者和接收者，传递中央银行发布的货币政策信息的媒介与桥梁，是中央银行沟通的重要渠道。

媒体，即信息的传播媒介，它对公众的认知环境活动有极大的影响，目前有关该方

---

① 徐亚平：《公众学习、预期引导与货币政策的有效性》，《金融研究》2009 年第 1 期，第 50~65 页。

② Morris, S., Shin, H. S. "Social Value of Public Information", *The American Economic Review*, vol. 92, no. 5 (2002), pp.1521–1534.

③ Amato, J. D., Morris, S., Shin, H. S. "Communication and Monetary Policy", *Oxford Review of Economic Policy*, vol. 18, no. 4 (2002), pp.495–503.

④ Blinder, A. S., Ehrmann, M., Fratzscher, M., etc. "Central Bank Communication and Monetary Policy: A Survey of Theory and Evidence", *Journal of Economic Literature*, vol. 46, no. 4 (2008), pp.910–945.

⑤ Blinder, A. S., Krueger, A. "What Does the Public Know about Economic Policy, and How Does It Know It? ", *Brookings Papers on Economic Activity*, vol. 35, no. 1 (2004), pp.327–397;
Reis, R. "Inattentive Producers", *The Review of Economic Studies*, vol. 73, no. 3 (2016), pp.793–821;
张成思、芦哲：《不对称的螺旋：媒体情绪与通胀预期传染》，《财贸经济》2016 年第 6 期，第 51~66 页。

面的研究分为宏观与微观两个方面。微观方面主要考虑传播学中的沉默的螺旋理论。[①]微观金融领域认为，这一理论首先由德国女传播学家诺尔－诺伊曼提出并且在《沉默的螺旋：舆论——我们的社会皮肤》一书中进行了全面的概括。[②]此后，微观金融学领域逐渐把该理论运用到行为金融层面的研究中。沉默的螺旋理论描述了人们在表达自己的想法和观点时，如果看到自己赞同的观点，并且受到广泛欢迎就会积极参与进来，导致被赞同的观点越发大胆地被发表和扩散。如果公众发现某一种观点没有人或很少有人理会，即使自己赞同，也会保持沉默。意见一方的沉默增强了意见另一方的声势。随着时间的推移，会形成一方的声音越来越强大，而另一方的声音不断沉默的螺旋发展的过程。根据沉默的螺旋理论：人们如果看到自己赞同的观点，并且受到广泛欢迎就会积极参与进来，那么被赞同的观点就会被越发大胆地发表和扩散；如果媒体报道在认同相关报道的人群中扩散开来，那么不同观点的意见即使存在，也会随着时间的推移慢慢“沉默”。那些被广泛接收的信息会引起公众预期的变化。

然而，对宏观金融领域而言，沉默的螺旋理论并不是最早刻画信息通过媒体扩散传播的理论。宏观领域是将更早的在 1927 年就出现的“流行病学模型”[③]运用到媒体报道对公众预期影响的研究中。流行病学模型通常定义为疾病传播和相关进程的数学或逻辑表达。模型从传染疾病的管理角度出发，包括一系列除疾病传播之外的其他方面的数学或统计学工具。[④]卡罗尔是较早将流行病学领域的流行病学模型引入通胀预期形成机制的研究，提出公众通胀预期的形成会受到新闻媒体报道的传染。[⑤]卡罗尔的研究基于微观主体的异质性，将居民通胀预期理论模型设定为：居民当期的通胀预期为“一些通货膨胀专家”的当期通胀预期和滞后一期的居民通胀预期，即部分居民会在每个季度参照专家预测更新自己的预期。而这些专家的预期是通过媒体的报道来向公众传达的。卡罗尔的研究将微观主体非同质性引入模型设定，通过区分居民和专家两类群体，将传统货币政策分析进行进一步扩展，从中引入媒体视角对通胀预期的形成加以说明。近年来，雷（Lei）等人及张成思和芦哲基于流行病学模型，对中国的媒体舆论与通胀预期问题进行了实证分

① 张成思、芦哲：《不对称的螺旋：媒体情绪与通胀预期传染》，《财贸经济》2016 年第 6 期，第 51~66 页。

② Noelle-Neumann，E. *Die Schweigespirale: öffentliche Meinung-unsere soziale Haut*，Riper，1980.

③ Kermack，W. O.，McKendrick，A. G. “Contributions to the Mathematical Theory of Epidemics”，*Proceedings of the Royal Academy of Sciences A*，vol. 115，no. 772 (1927)，pp.700–721.

④ Dubé，C.，Garner，G.，Stevenson，M.，etc. “The Use of Epidemiological Models for the Management of Animal Diseases”，The Proc. of the Conf. OIE，Paris，May 2007.

⑤ Carroll，C. D. “Macroeconomic Expectations of Households and Professional Forecasters”，*The Quarterly Journal of Economics*，vol. 118，no. 1 (2003)，pp.269–298.

析，不仅发现媒体报道影响通胀预期，而且发现不同方向的媒体报道对预期的影响具有异质性。①

媒体对公众的认知和预期有极大的影响，但是公众接收媒体的信息、形成观点也受到很多其他因素的影响。布林德和克鲁格通过引入基本理论模型可以得出公众观点受自身利益、思想意识、知识、教育等因素影响。其中，公众获得的知识是由获得信息的成本和收益决定的，即公众获取知识是由其渴望得到知识的程度、消息来源、信息强度来决定的。同时，知识的程度、消息来源、信息强度是由教育、自身利益、思想意识等决定的。因此，研究者综合了模型的因果得出：人们的自身利益、思想意识、教育和渴望得到知识的程度影响公众获取信息的数量和获取信息的种类，最终影响公众观点的形成。②

里斯的研究从另一个角度对消费者行为进行了分析。③里斯在构建消费者行为与总体消费的理论模型中引入了"决策成本"。因为"决策成本"的存在，消费者并不会一直更新自己的信息，而是间断地或偶尔地更新自己的信息。与信息更新相同的是，消费者对于自己预期的更新也是间断的、不连续的。所以，消费者的个人行为表明信息在整体经济下是具有粘性的。只有信息慢慢在人群中扩散开来，消费行为才会发生变化，最终影响总体消费。此外，拉姆拉和萨夫莱兹（Lamla and Sarferaz）的研究揭示公众通胀预期更新过程被人们对信息摩擦的想法所激发。④拉姆拉和萨夫莱兹将信息的数量和质量引入模型中。信息的数量与人们更新预期的频率呈现正相关关系，即越多的信息会导致人们越发地倾向于更新预期。信息的质量越差，人们就会越多地关注传入的信息。

综上所述，媒体作为中央银行沟通的重要渠道，连接信息的提供者和接收者，传递中央银行发布的货币政策信息，影响公众预期的形成。而在接收到媒体传递的信息后，公众会根据获得信息的成本和收益最大化自己的效用，以此调整自己的预期；改变自己的消费和投资行为；最终将中央银行的货币政策通过各种渠道传导到总体经济中。而随着媒体行业的发展速度不断加快、媒体数量不断增长和覆盖面不断扩大，中央银行越来

① Lei, C., Lu, Z., Zhang, C. "News on Inflation and the Epidemiology of Inflation Expectations in China", *Economic Systems*, vol. 39, no. 4 (2015), pp.644–653;
张成思、芦哲：《媒体舆论、公众预期与通货膨胀》，《金融研究》2014 年第 1 期，第 29~43 页；
张成思、芦哲：《不对称的螺旋：媒体情绪与通胀预期传染》，《财贸经济》2016 年第 6 期，第 51~66 页。

② Blinder, A. S., Krueger A. "What Does the Public Know about Economic Policy, and How Does It Know It? ", *Brookings Papers on Economic Activity*, vol. 35, no. 1 (2004), pp.327–397.

③ Reis, R. "Inattentive Consumers", *Journal of Monetary Economics*, vol. 53, no. 8 (2006), pp.1761–1800.

④ Lamla, M. J., Sarferaz, S. "Updating Inflation Expectations", *Joint Discussion Paper Series in Economics*, 2012, No. 16–2012.

越重视媒体在货币政策沟通中的作用。提高货币政策信息的透明程度，加大媒体对货币政策信息的报道是货币政策改革的方向。[①] 同时，有研究认为，加大媒体报道的力度，提高货币政策信息的透明程度也能够起到监督货币政策制定者的作用。[②]

如上所述，中央银行在货币政策操作过程中，可以通过媒体报道或出版货币政策报告等方式向公众传达政策，从而影响政策效果，这种影响被称为"公告效应"。[③] 新西兰储备银行最早将"公告效应"纳入货币政策操作中，形成了"公告操作"——中央银行独立的货币政策操作手段。[④] 新西兰储备银行通过"公告操作"影响短期利率，从而影响货币政策传道渠道。市场利率会在新西兰储备银行通过公布短期利率目标后，逐步向利率目标靠近。这充分说明了中央银行能够通过媒体来影响公众对未来利率的预期，提高货币政策的透明度，从而影响货币政策的实际效果。"公告操作"在美国等西方国家货币政策的调控中起到了重要的作用。[⑤] 中央银行的声誉保证"公告操作"的顺利实施。同时，在实际操作过程中，如果公众预期到了中央银行对利率进行调整，市场会对现行的市场利率进行调整，达到政策预期的效果。[⑥]

以上是对媒体中货币政策理论框架的前沿综述，从中可以寻得媒体在货币政策传导机制中的作用。货币政策可以通过媒体对货币政策制定和执行的报道作用于公众预期。公众预期的变化会对未来通货膨胀率、未来短期利率等货币政策目标产生变化，最终实现政策效果。

## 第三节　媒体中的前瞻性货币政策：经验证据

关于媒体报道影响公众预期和行为，国内外学者早已有了深入的研究。布林德和克鲁格的研究表明，公众具有充分了解有关经济政策问题的愿望。公众主要通过电视传媒了解

---

① Issing, O. "Communication, Transparency, Accountability: Monetary Policy in the Twenty-First Century", *Federal Reserve Bank of St. Louis Review*, vol. 87, no. 2 (2005), pp.65–83.

② Blinder, A. S., Ehrmann, M., Fratzscher M., etc. "Central Bank Communication and Monetary Policy: A Survey of Theory and Evidence", *Journal of Economic Literature*, vol. 46, no. 4 (2008), pp.910–945.

③ 贾德奎、胡海鸥：《"公告操作"：西方国家货币政策操作的新范式》，《财经研究》2003 年第 7 期，第 10~11 页。

④ Guthrie, G., Wright, J. "Open Mouth Operations", *Journal of Monetary Economics*, vol. 46, no. 2 (2000), pp.489–516.

⑤ Meulendyke, A. M. *US Monetary Policy and Financial Markets*. New York: Federal Reserve Bank of New York, 1998.

⑥ Guthrie, G., Wright, J. "Market-Lmplemented Monetary Policy with Open Mouth Operations", Department of Economics, University of Canterbury, 1998.

税收、社会保障、医疗保险等重大政策问题，从而媒体的传播对央行与公众之间的沟通起到十分重要的作用。多姆斯和默里（Doms and Morin）的研究表明，媒体通过三种渠道影响消费者的预期，即媒体向消费者传递最新的经济数据和专家的观点；消费者通过经济报道的语气和数量接收经济信号；媒体报道的数量越多，消费者更新自己预期的可能性越大。①

有研究显示，家庭对宏观经济的预期一般来源于媒体报道②。虽然通常意义上家庭的预期是不理性的，但是家庭可以从新闻报道中获得专业的预测使得自己的预期达到理性状态。家庭只是不定期地关注媒体报道，导致公众预期具有一定的粘性，对宏观经济走势产生了一定的影响。③不过普法尔和桑托罗（Pfajfar and Santoro）的研究得出了与以往文献不同的结论。④普法尔和桑托罗通过调查发现，75% 的受访家庭每 6 个月更新一次自己的通胀预期。但是，每季度只有 5.8% 的受访家庭关注相关新闻。研究者初步判断媒体报道与公众预期是相互分离的，即信息的获取与预期的变化具有非相关性。普法尔和桑托罗还利用流行病学模型研究了居民的通胀预期与媒体报道的关系，得出消费者并不能根据专家的预测来更新自己的预期的结论，即公众的通胀预期具有"脱媒性"。

除了关于媒体和公众预期之间影响的研究，国内外学者关于货币政策在媒体中的传导机制也有不少研究。安德森（Andersson）等人采用 1996 年到 2003 年的周数据对瑞典中央银行货币政策沟通进行实证研究。⑤研究者探讨了多种货币政策信号，如回购利率的变化、通货膨胀报告、央行执委会的演讲、货币政策会议的会议记录如何影响利率期限结构。安德森等人发现，短期收益率曲线的未预期到的运动⑥主要由回购利率的变动引起，而央行执委会的演讲是潜在的长期利率变动的重要决定因素。由此可以得出：央行的货币政策沟通是货币政策实施的重要组成部分。伯杰（Berger）等人通过欧洲 12 个国家 57 种报纸，分析了媒体报道与欧洲中央银行（ECB）的货币政策的关系，得出结论：媒体报



① Doms, M., Morin, N. "Consumer Sentiment, the Economy, and the News Media", *Federal Reserve Bank of San Francisco Working Paper*, 2004, pp.20–38.

② Carroll, C. D. "Macroeconomic Expectations of Households and Professional Forecasters", *The Quarterly Journal of Economics*, vol. 118, no. 1 (2003), pp.269–298.

③ Carroll, C. D. "Macroeconomic Expectations of Households and Professional Forecasters", *The Quarterly Journal of Economics*, vol. 118, no. 1 (2003), pp.269–298.

④ Pfajfar, D., Santoro, E. "News on Inflation and the Epidemiology of Inflation Expectations", *Journal of Money, Credit and Banking*, vol. 45, no. 6 (2013), pp.1045–1067.

⑤ Andersson, M., Dillén, H., Sellin, P. "Monetary Policy Signaling and Movements in the Term Structure of Interest Rates", *Journal of Monetary Economics*, vol. 53, no. 8 (2006), pp.1815–1855.

⑥ 未预期到的利率变动不仅仅包括未预期到的货币政策行动，还包括国外利率的未预期到的变动、经济变量未预期到的结果和未预期到的政策组合效果。

道是否具有正向性主要受欧洲中央银行信息的影响。①研究者将每一种报纸报道的正向程度用指数来表示，指数在 +2 到 –2 之间以 0.5 为间隔进行标示。当报纸的报道非常正向时，指数为 2；当报纸的报道非常负面时，指数为 –2；当报道为中性时，指数为 0。由于中央银行的信息是媒体信息的重要来源，研究者将三类不同的变量（欧洲中央银行政策决定和沟通工具因素指标、环境因素指标、国别因素指标）纳入媒体指数决定因素中，即研究者通过这三类变量建立模型研究媒体报道与央行沟通和货币政策的关系。

通过实证研究，研究者得出结论：媒体中的欧洲央行货币政策决定受到货币政策本身的影响，同时还受到环境的影响。“未预期到的货币政策”的“高数值”和相对高通胀的经济环境会导致媒体对货币政策的负面报道。前文提到的安德森等人的文章对“未预期到的政策”的研究说明了如果欧洲中央银行传达了货币政策大量且充分的信息，媒体就会对未来货币政策有了充分的预测，媒体报道就更加的正向，“未预期到的货币政策”产生的负向效应就会相应减少。因此，媒体报道与中央银行政策的关系是十分密切的。除此之外，研究者也指出媒体有一定的监督作用：当通货膨胀率大于目标通胀率时，媒体将更多地报道降价信息，以此来降低公众对通货膨胀的预期，使通货膨胀率降到合理的区间。

勃姆（Böhm）等人对媒体报道中的捷克央行货币政策进行了实证研究。②与伯杰等人的研究相同的是，勃姆等人的研究利用的是货币政策会议之后媒体发表的与货币政策相关的文章。③通过分析文章，研究者发现观点积极或者消极的文章比观点相对中性的文章更加长；媒体的正向报道与媒体报道的扩散程度有关。研究者将影响媒体报道的多种因素纳入研究中，利用最小二乘法对媒体报道正向性、程度等建立模型。然而与之前的研究所得出的结论不同的是，媒体“未预期到的货币政策”并不能对金融市场产生负向效应。因此中央银行在设定利率时，没有必要刻意使用平滑利率的手段。

在国内也已经有关于媒体传播对货币政策传导影响的研究。不过与国际上研究有所不同，国内研究更多关注媒体报道对公众预期的影响，较少关注货币政策在媒体中的传导途径，而且研究往往是通过通货膨胀这一现象来分析。卞志村和宗旭姣利用措辞提取法构建我国“媒体报道”变量，重点研究了媒体信息报道对公众通胀预期形成

① Berger, H., Ehrmann, M., Fratzscher, M. "Monetary Policy in the Media", *Journal of Money, Credit and Banking*, vol. 43, no. 4 (2011), pp.689–709.

② Böhm, J., Král, P., Saxa, B. "Perception Is Always Right: The CNB's Monetary Policy in the Media", *CNB Working Paper*, 2009, No. 10.

③ Böhm, J., Král, P., Saxa, B. "The Czech National Bank's Monetary Policy in the Media", *European Journal of Political Economy*, vol. 28, no. 3 (2012), pp.341–357.

的影响。[①] 结果表明，在短期内媒体报道和公众通胀预期同向变化：媒体报道相关信息越多，对公众通胀预期影响程度越大。中央银行可以通过“媒体报道货币政策的制定和执行”有效引导公众预期行为，调节货币政策目标来管理通胀预期。这一结论与本书理论框架的结论是相同的。

另外，在本书的第十二章将阐释媒体报道对通胀预期的影响及现实的通胀驱动效应。我们将研究根据发行量排名、影响力和覆盖范围选取媒体并计算相关指标，同时通过调查数据获得公众的通胀预期，进而检验媒体报道是否对公众预期有显著影响。相关结果在本书的第十二章中可见。

## 第四节　相关启示



2015 年到 2020 年，中国人民银行的主要沟通还停留在自媒体的沟通层面，即央行公告和央行货币政策执行报告等。中国人民银行的公告具有一定的权威性和及时性，但是它透露的信息仅仅停留在政策发布，缺乏对信息的全面解读。而中国人民银行货币政策执行报告的发布时间是以“季度”为单位，公布的时间大约在下个季度的中期，具有一定的滞后性。媒体货币政策相关报道间接地向公众发布货币政策信息，同时兼顾及时性和全面性，多形式、多角度诠释政策性质、背景、意义和未来政策意向等。因此，媒体的相关报道对中国央行货币政策沟通起到了重要的作用。本章选取了 2015 年上半年中国人民银行五次关于“降息”或“降准”的公告和公告发布后国内重要媒体关于公告的相关报道（参见本章附录）。

通过 2015 年上半年央行五次“降息”或“降准”的公告及相关媒体报道来看，货币政策的相关报道与货币政策目标等之间表现出了极强的相关性。根据 2014 年的中央经济工作会议，2015 年“继续实施积极的财政政策和稳健的货币政策”；“货币政策要更加注重松紧适度”。中央银行根据中央经济工作会议部署制定货币政策，逐步下调“存款准备金率”和“贷款和存款基准利率”。大型金融机构的“存款准备金率”由年初的 20% 下降到 17%，中小型金融机构由年初的 16.5% 调整到 13.5%。“人民币贷款和存款基准利率”由年初的 5.6% 和 2.75% 分为三次，且每次下调 0.25% 到 4.85% 和 2 %。重要媒体相关报

① 卞志村、宗旭姣：《公众学习、媒体信息披露与通胀预期形成》，《金融评论》2014 年第 1 期，第 74~85 页，第 125 页。

道对上半年五次调整进行了阐述和分析。尤其是相关媒体“采访报道”[①]拉近了公众与中央银行的距离。公众能够更好地理解中央银行关于每次货币政策调整的意图和未来货币政策的大致走势。相比于报刊媒体，网络和电视能够使公众更加直观地接收到货币政策信息。随着媒体手机客户端的发展，公众可以极为快速地接触到政策公告及媒体发布的信息和政策解读。

媒体对于货币政策的作用还包括媒体能够通过相关信息的报道影响公众预期，进而合理引导公众消费和投资行为。2015 年上半年中央银行货币政策的意图在于“降低融资成本，支持实体经济”。相关媒体报道以央行货币政策公告为基础，向公众传达相关政策意图。尤其是在国家推进利率市场化的大背景下，媒体的引导作用尤为重要。媒体能够积极向公众传播政策含义。例如通过媒体宣传公众可以了解到，2015 年上半年的“降准”和“降息”助力实体经济，降低企业的融资成本，并非意味着国家推行“强刺激”政策，更不是中国版的量化宽松。[②]媒体可以向公众传达国家关于利率市场化改革的积极信号：将金融机构存款利率浮动区间的上限由存款基准利率的 1.3 倍调整到 1.5 倍，即金融机构自主定价能力逐步扩大。公众通过媒体对相关信息的报道获悉金融机构存款定价差异化进一步提升，国有商业银行、股份制商业银行和地方法人代表在存款基准利率基础上上浮利率的程度大不相同。由此公众可以根据自己的意愿选择利率水平，促进资源优化配置和金融健康发展。因此，媒体对于中央银行货币政策沟通有着不可忽视的作用。这些结论在张成思和计兴辰的实证研究中也得到了进一步印证。[③]

鉴于媒体对于货币政策传播的重要性，本章针对如何利用媒体进行货币政策有效传达的三个方面提出建议。

第一，媒体报道应该全面反映货币政策的背景、内容、原因及其背后的政策含义。媒体在得到第一手信息后，要对信息进行深度、客观的挖掘，全角度、多形式的报道，加强舆论引导公众形成预期的力度。公众只有全方位了解我国当前宏观经济形势和总体经济变动信息，才能形成合理预期。

第二，媒体报道应该真实反映货币政策信息，并对未来货币政策走势进行合理预期，

---

① 陈果静：《央行降息甜头在哪》，《经济日报》2015 年 3 月 1 日，第 7 版；
陈果静：《降融资成本挺实体经济》，《经济日报》2015 年 5 月 11 日，第 5 版；
陈果静：《降低社会融资成本推动经济健康发展》，《经济日报》2015 年 6 月 28 日，第 3 版。

② 量化宽松（QE）是指中央银行在实行零利率或近似零利率政策后，通过购买国债等中长期债券，增加基础货币供给，向市场注入大量流动性的干预方式。中国版 QE 是建立在传统货币政策工具失灵、缺乏操作空间的基础上的非常规工具，与 2015 年上半年我国货币政策工具组合综合运用有较大余地的背景不相符。

③ 张成思、计兴辰：《善言为贤：货币政策前瞻性指引的中国实践》，《国际金融研究》2017 年第 12 期，第 3~16 页。

避免形成反向的"沉默的螺旋"，即公众更赞同错误的信息而正确的信息"沉默"。国家官方媒体平台应当真实播报相关信息，跟踪和及时报道公众关注的宏观经济运行的情况和焦点事件，对相应的情况和事件进行客观的评价。其他媒体也应该以真实性作为第一准则，坚决抵制虚假信息的传播。这就要求政府建立健全相关法律法规，加强舆论监督的力度，采取手段严厉打击虚假信息的散布，排除虚假信息对经济平稳运行的干扰。

第三，中央银行应该进一步完善信息披露制度。目前，我国央行货币政策制定和实施方面的信息透明程度已有很大改善，但还有提升空间。从理论上讲，实行"相机抉择"的单一货币政策目标制可能会使得公众无法形成合理的预期，损失货币政策的透明度。因此，中央银行可以考虑从货币政策制定的角度思考如何提高政策透明度。不过，究竟什么是合理的预期也并无明确标准。另外，相关研究表明，提高央行透明度可能需要改变传统"相机抉择"的货币政策目标，转而采用单一货币政策目标制（如通货膨胀目标制①）。这样的制度安排显然还需要经过更多的理论与实证分析，并需要通过实践经验的再检验，不宜一蹴而就。

## 第五节　本章小结

媒体作为一种信息传递渠道，在现代货币政策传导机制中扮演着日益重要的角色。货币政策可以通过媒体影响公众预期，进而影响其消费与投资行为，最终传导至总体宏观经济。基于媒体中的货币政策问题，本章首先梳理了相关理论类文献。可以看到，中央银行的信息披露程度很大程度上可以影响人们的行为，而媒体作为中央银行沟通的重要渠道，连接着信息的提供者和接收者，传递着中央银行发布的货币政策信息。通过沉默的螺旋理论和流行病传染模型，我们证实了信息传播会影响公众预期的形成。接收到媒体传递的信息后，公众会根据获得信息的成本和收益最大化自己的效用；以此调整自己的预期；影响自己的消费和投资行为；最终将中央银行的货币政策通过层层步骤与途径传导到总体经济中。因此，媒体报道是货币政策传导机制中不可或缺的渠道。中央银行可以利用媒体面向公众进行信息交流，减少信息不对称，合理引导公众预期，最终实现政策目标。

对于媒体报道影响公众预期和行为的经验证据，本章首先从媒体报道对公众预期形成

① 通货膨胀目标制：中央银行根据预测提前确定本国未来一段时间内的中长期通货膨胀目标，在公众的监督下运用相应的货币政策工具使通货膨胀的实际值和预测目标相吻合。

的影响角度梳理相关文献。大部分文献更加倾向于媒体报道对公众形成合理的预期有正向作用这一观点。普法尔和桑托罗的研究得出了与以往研究不同的结论，居民的通胀预期是有“脱媒性”的。研究者将媒体报道形成公众预期纳入了货币政策的传导的框架下。相关的经验证据大致验证了媒体报道对于中央银行政策的关系是十分密切的。央行的沟通是货币政策实施的重要组成部分，中央银行通过媒体向公众释放的政策“信号”有助于货币政策目标的达成。并且,媒体对未来货币政策越有充分的预测,媒体报道就越发正向。关于“未预期到的政策”的研究,研究者之间产生了一定的分歧。一方观点认为,“未预期到的政策”会产生媒体报道负向效应,而另一方认为“未预期到的政策”并不会产生媒体报道负向效应。

国内研究更多地关注媒体报道对于通货膨胀预期的影响，结果显示确实存在明显的驱动影响。本章选取了 2015 年上半年中国人民银行五次关于“降息”或“降准”的公告和公告后一天国内重要媒体对于此次公告的相关报道阐述了媒体报道对中国的启示，说明中国的媒体对于中央银行货币政策沟通有着不可忽视的作用。同时，本章提出了中国的媒体应该从全面性、真实性和央行货币政策目标制的选择三个方面提高媒体报道货币政策的有效性。我们有充分理由相信，随着媒体规范程度的不断加深，媒体对于货币政策传导效果的重要性会日益增加。

## 附录 9–1　中国人民银行的五次公告及媒体相关报道

**2015 年上半年中国人民银行五次关于“降息”或“降准”的公告及媒体相关报道表**

| 日期 | 公告内容 | 媒体相关报道 |
|---|---|---|
| 2015 年 2 月 4 日 | 中国人民银行下调金融机构人民币存款准备金率 0.5 个百分点。同时，为进一步增强金融机构支持结构调整的能力，加大对小微企业、“三农”及重大水利工程建设的支持力度，对小微企业贷款占比达到定向降准标准的城市商业银行、非县域农村商业银行额外降低人民币存款准备金率 0.5 个百分点，对中国农业发展银行额外降低人民币存款准备金率 4 个百分点。 | 《经济日报》:《央行全面调整存款准备金率》（张忱）说明中央银行“普降”和“定向”相结合的政策调控体现了政府继续加大结构调整力度、支持小微和“三农”等薄弱环节和重点领域的意图。<br>《21 世纪经济报道》:《央行降准释放资金 6 000 亿　年内再降准降息仍可期？》（柳灯等）的报道说明央行此次降准实现了“情理之中、意料之外”的惯例，同时对降准的内在逻辑进行了阐述。 |

续表

| 日期 | 公告内容 | 媒体相关报道 |
| --- | --- | --- |
| 2015 年 3 月 1 日 | 中国人民银行下调金融机构人民币贷款和存款基准利率。其中，金融机构一年期贷款基准利率下调 0.25 个百分点至 5.35%；一年期存款基准利率下调 0.25 个百分点至 2.5%，同时结合推进利率市场化改革，将金融机构存款利率浮动区间的上限由存款基准利率的 1.2 倍调整为 1.3 倍；其他各档次存贷款基准利率及个人住房公积金存贷款利率相应调整。 | 《人民日报》:《降息不改“稳健”基调》（田俊荣）主要向公众传达货币政策意图：继续发挥好基准利率的引导作用，进一步巩固社会融资成本下行的结果。<br>《经济日报》:《央行降息“甜头”在哪》（陈果静）向公众传递“推动融资成本回落”“利率市场化再加快”“货币政策取向未变”和“货币政策更加注重松紧适度”的信号。 |
| 2015 年 4 月 20 日 | 中国人民银行下调金融机构人民币存款准备金率 1 个百分点。同时，有针对性地实施定向降准，对农信社、村镇银行等农村金融机构额外降低人民币存款准备金率 1 个百分点，统一下调农村合作银行存款准备金率至农信社水平，对中国农业发展银行额外降低人民币存款准备金率 2 个百分点。 | 《人民日报》:《降准加力 对冲下行压力》（许志峰，王观）说明相比两个月前的“降准”0.5 个百分点，此次降准里的超出预期，但是相对于整个市场的总规模不是很大，有助于市场流动性保持合理状态。<br>《第一财经日报》:《央行降准释放逾万亿 稳增长迎“及时雨”》（李德尚玉，王子约）阐述了此次降准的必然性及其作用，通过多方观点说明了此次“降准”仍有空间。 |
| 2015 年 5 月 11 日 | 中国人民银行下调金融机构人民币贷款和存款基准利率。其中，金融机构一年期贷款基准利率下调 0.25 个百分点至 5.1%；一年期存款基准利率下调 0.25 个百分点至 2.25%，同时结合推进利率市场化改革，将金融机构存款利率浮动区间的上限由存款基准利率的 1.3 倍调整为 1.5 倍；其他各档次存贷款基准利率及个人住房公积金存贷款利率相应调整。 | 《人民日报》:《助力实体经济 降低融资成本》（王观）着重点明了此次利率调整的两方面原因，同时说明了现阶段的货币政策不改变稳健基调，发挥政策工具组合拳作用。<br>《经济日报》:《降融资成本 挺实体经济》（陈果静）指出，此次“降息”并非意味着“强刺激”，也不是中国版 QE 的开始，而是为了更好地支持实体经济，降低融资成本。同时，政策的目的在于进一步锻炼金融机构的自主定价能力，推进利率市场化。 |

续表

| 日期 | 公告内容 | 媒体相关报道 |
|---|---|---|
| 2015 年 6 月 28 日 | 中国人民银行针对性地对金融机构实施定向降准，对“三农”贷款占比达到定向降准标准的城市商业银行、非县域农村商业银行降低存款准备金率 0.5 个百分点，对“三农”或小微企业贷款达到定向降准标准的国有大型商业银行、股份制商业银行、外资银行降低存款准备金率 0.5 个百分点，降低财务公司存款准备金率 3 个百分点。中国人民银行下调金融机构人民币贷款和存款基准利率，以进一步降低企业融资成本。其中，金融机构一年期贷款基准利率下调 0.25 个百分点至 4.85%；一年期存款基准利率下调 0.25 个百分点至 2%；其他各档次贷款及存款基准利率、个人住房公积金存贷款利率相应调整。 | 《人民日报》:《组合拳夯实宏观调控成果》（许志峰，欧阳洁，王观）阐述了此次央行采取“定向降准＋降息”组合的原因，说明了此次政策具有降低实体经济融资成本、激励金融资源更多流入“三农”和小微企业的作用，同时为下半年宏观经济调控营造良好的金融环境。<br>《经济日报》:《降低社会融资成本 推动经济健康发展》（陈果静）通过媒体采访报道中国人民银行有关负责人就定向降准并结合下调存贷款基准利率的有关回答，从背景、内容、意义和未来政策走向四个方面全面解析此次货币政策调整。 |

资料来源：2015 年上半年中国人民银行关于“存款准备金率”和“贷款和存款基准利率”调整的公告来源于中国人民银行官方网站发布的公告；相关媒体报道引自《人民日报》《经济日报》《21 世纪经济报道》《第一财经日报》等媒体。

# 第十章 媒体中的前瞻性货币政策：基于通胀预期的经验分析



本章提要：

本章对媒体中的前瞻性货币政策进行经验分析。我们从媒体舆论视角考察公众预期形成机制及其对实际通货膨胀的影响，从而洞悉媒体与前瞻性货币政策的紧密联系。本章根据发行量排名、影响力和覆盖范围选取媒体库并计算媒体相关报道的量化指标，通过调查数据获得现实中公众对未来的通胀预期，进而检验媒体舆论是否对公众预期通胀率具有显著影响。本章还进一步构建了用以捕捉媒体舆论、公众预期和现实通胀率的动态模型系统，用以考察三者的动态互动机制。

本章概览：

- 通胀预期管理的重要性
- 媒体报道与通胀预期的刻画
- 媒体舆论对公众预期的影响
- 媒体舆论、公众预期与通货膨胀的互动机制
- 本章小结

## 第一节 通胀预期管理的重要性

我们在之前的章节中提到过，通货膨胀预期管理问题一直是各界普遍关注的焦点问题，相关的理论研究和应用研究成果也颇为丰富。虽然已有研究在分析视角、分析方法及分析重点方面不尽相同，但普遍认为管理好通胀预期是中央银行平抑通货膨胀的核心任务。已有研究表明[①]，通胀预期的上升可以增加总需求而减少总供给，从而导致总体价格水平的上升。事实上，中国在20世纪80年代曾经出现过的抢购风潮及2007—2008年全球金融危机爆发之前国内股票市场和房地产市场的过度繁荣，都与通胀预期有一定联系。因为通胀预期可以通过影响公众消费投资方式进而影响总体经济运行，所以稳定的通胀预期有助于货币政策更好地发挥作用。而且通胀预期的稳定程度对通胀走势和整体经济表现都具有重要意义。[②]

尽管学术界和决策层都高度重视通胀预期问题，并且将通胀预期视为理解通货膨胀形成机制的关键因素；但是由于公众预期很难直接观测到，同时公众行为方式背后隐含的相关信息不容易获得，所以各界对公众的通胀预期如何形成仍然知之甚少。现有研究对通胀预期形成机制的分析主要包括三种思路。第一种是假定公众预期服从完全理性预期模式。公众预期序列可以通过现实通胀率的提前一期获得。第二种是通过时序估计方法获得通胀预期序列并进一步分析其动态特征。第三种则是公众预期形式。这种预期形式与现实最为贴近，但是要获得公众预期的准确观测数据相对比较困难。

第一种通胀预期思路（即理性预期假设）在已有研究中应用极为广泛。例如莎丽（Chari）等人和阿尔贝内西（Albanesi）等人在理性预期假设下利用有限参与模型研究货币政策效果，发现机械的货币政策反应函数并不能充分展示货币政策可信度与通胀预期之间的关系；而中央银行的承诺机制有助于防止出现“预期陷阱”问题（即央行无法有效引导公众预期）。[③] 另外，加利和格特勒的文献对具有微观基础的通胀动态机制模型的

① Forsells，M.，Kenny，G. “Rationality of Consumer Inflation Expectation: Survey-Based Evidence for the Euro Area”，*European Central Bank Working Paper*，2002，No. 163.

② Mishkin，F. S. “Inflation Dynamics”，*International Finance*，vol. 10，no. 3（2007），pp.317-334.

③ Albanesi，S.，Chari，V. V.，Christiano，L. J. “Expectation Traps and Monetary Policy”，*The Review of Economic Studies*，vol. 70，no. 4（2003），pp.715-741.

经验分析也是基于通胀理性预期假设。[①] 第二种通胀预期思路主要是依据时序分析方法将相关数据中的通胀预期成分剥离出来，比较具有代表性的估计方法是张成思所使用的不可观测成分随机波动模型（UCSV）。将随机波动模型应用于离散型时间序列分析，并与时变参数动态模型相结合，可以获得相应序列中隐含的长期趋势成分，即预期成分。[②]

尽管以上两种思路对应的通胀预期序列和预期形成机制非常重要，但现实中公众预期的形成模式并不必然类似于模型化的数学计算过程，因此这两种预期思路不能用以捕捉和刻画现实经济运行中公众预期的具体情况，也无法分析公众预期的形成机制。因此，本章关注的重点是第三种通胀预期思路，即现实中公众的通胀预期。对于公众预期，我们特别注意到，公众的通胀预期形成很可能会受到媒体舆论的影响，特别是在媒体信息覆盖范围极为广泛的今天，公众预期的形成过程与媒体舆论的联系更加紧密。对于这一点，我们可以透过近年来发生的几件典型事件窥见一斑。

例如 2011 年 3 月下旬，联合利华（中国）有限公司向各大超市发出调价函，通知联合利华品牌部分日化产品自 2011 年 4 月 1 日起涨价。该公司有关负责人多次接受多家新闻媒体采访，发表“日化行业进入涨价周期”“不排除第二次涨价的可能性”等言论。[③] 这些行为和言论导致日化产品涨价的信息广泛传播，增强了消费者的涨价预期，引发部分城市发生日化产品抢购，个别超市联合利华的产品日销售额超过正常时期的几倍甚至十几倍。再如，2011 年 6 月 14 日，新华网转载了题为《工薪阶层悲剧：涨薪千元都不及房价零头》的消息。[④] 这条新闻当时转载率极高并引发公众热议物价上涨问题，而且在一定程度上加大了公众对于货币贬值和通货膨胀的感受及预期。尽管涨薪千元不及房价零头是一种正常现象，但是通过新闻媒体的负面情绪报道，显著放大了价格上涨的影响幅度。这种放大效应正是通过媒体舆论影响公众预期这种模式形成的。

通过以上现实案例不难看出，公众预期对现实通胀率的影响不容忽视。确实，古德弗兰德曾经指出，不稳定的通胀预期和与之相伴的周期性通货膨胀惊慌是 20 世纪 70 年代西方国家发生滞胀的根源。[⑤] 李拉亚认为，在中国 1988 年和 1993 年出现的两次高通货



① Gali, J., Gertler, M. “Inflation Dynamics: A Structural Econometric Analysis”, *Journal of Monetary Economics*, vol. 44, no. 2 (1999), pp.195–222.

② 张成思：《随机波动与经济周期平稳化研究》,《财贸经济》2010 年第 1 期，第 35~43 页。

③《联合利华散布涨价信息扰乱市场秩序受到严厉处罚》,《中国价格监督检查》2011 年第 6 期，第 12~13 页。

④《工薪阶层悲剧：涨薪千元都不及房价零头》, https://www.yicai.com/news/860880.html, 2011 年 6 月 24 日。

⑤ Goodfriend, M. “Interest Rate Policy and the Inflation Scare Problem: 1979–1992”, *Federal Reserve Bank of Richmond Economic Quarterly*, vol. 79, no. 1 (1993), pp.1–24.

膨胀，主要诱导因素也是通货膨胀预期。[①] 另外，20 世纪 90 年代以来发展起来的新凯恩斯菲利普斯曲线也突出强调了通胀预期对现实通货膨胀的影响。[②]

可见，媒体舆论与公众预期的影响机制及通货膨胀动态机制都紧密相关，值得深入研究。目前，关于媒体舆论与公众预期之间关系的研究，主要集中在投资者情绪[③]、股票收益率[④]等证券投资领域及失业和赤字等方面。[⑤] 关于媒体舆论与公众通胀预期问题的研究相对较少，其中卡罗尔对宏观经济预期的研究比较具有代表性。[⑥] 该文献指出，媒体对于通货膨胀内容报道的频率越高，消费者读到这些内容的概率就越高，消费者预期可能就会越准确。因此，通过全面的信息更新其理性预期的可能性也就越大。里斯的研究进一步证明，消费者主要通过媒体信息获得对于宏观经济的认知，而不是花费大量时间持续跟踪现时数据来产生对于宏观经济走势的判断。[⑦] 不过，卡罗尔和里斯关注的都是媒体报道与理性预期之间的关系，而不是媒体报道的数量和语气是否会显著影响公众预期，也没有给出媒体报道对公众预期变化的解释程度。

近年来，关于中国通胀预期问题的研究主要是针对预期的刻画模型[⑧]和通胀动态机制[⑨]等问题，但相关研究都没有将媒体舆论纳入通胀预期形成机制和通货膨胀动态机制分析中进行考虑。从我国的现实情况看，媒体舆论关于“物价”或者“通货膨胀”的报道频率（数量）与通货膨胀的变化趋势表现出明显的一致性。作为示范，本章第二节图 10–1 描绘了“巨灵财经”数据库收录的主要媒体在 2001 年第一季度至 2012 年第一季度期间关于通胀的报道数量（关于数据库的详细信息参见本章第二节的数据说明）。从图 10–1 中我们可以观察到，在 2007 年之前我国通胀率相对较低的那段时期，媒体报道关

---

① 李拉亚：《预期与不确定性的关系分析》，《经济研究》1994 年第 9 期，第 42~48 页。

② Gali，J.，Gertler，M. “Inflation Dynamics: A Structural Econometric Analysis”，*Journal of Monetary Economics*，vol. 44，no. 2（1999），pp.195–222.

③ Tetlock，P.C. “Giving Content to Investor Sentiment: The Role of Media in the Stock Market”，*The Journal of Finance*，vol. 62，no. 3（2007），pp.1139–1168.

④ Fang，L.，Peress，J. “Media Coverage and the Cross-Section of Stock Returns”，*The Journal of Finance*，vol. 64，no. 5（2009），pp.2023–2052.

⑤ Valentino L.，Puglisi，R.，Snyder，M. “Partisan Bias in Economic News: Evidence on the Agenda-Setting Behavior of U.S. Newspapers”，*Journal of Public Economics*，vol. 95，no. 10（2001），pp.1178–1189.

⑥ Carroll，C. D. “Macroeconomic Expectations of Households and Professional Forecasters”，*The Quarterly Journal of Economics*，vol. 118，no. 1（2003），pp.269–298.

⑦ Reis，R. “Inattentive Consumers”，*Journal of Monetary Economics*，vol. 53，no. 8（2006），pp.1761–1800.

⑧ 徐亚平：《公众学习、预期引导与货币政策的有效性》，《金融研究》2009 年第 1 期，第 52 页。

⑨ 杨继生：《通货预期、流动性过剩与中国通货膨胀的动态性质》，《经济研究》2009 年第 1 期，第 63~89 页；张成思：《全球化与中国通货膨胀动态机制模型》，《经济研究》2012 年第 6 期，第 58~66 页；张成思：《资本轮动、行业潮涌与中国通货膨胀形成机制》，《世界经济》2013 年第 2 期，第 89~97 页。

于通胀的数量也相对较少。在 2007 年之后，媒体报道关于通胀的数量出现明显上扬，而此期间也是我国通货膨胀出现明显上升的阶段。这种媒体报道与现实通胀率表现出的趋势一致性从侧面暗示出，媒体舆论可能通过对通胀预期的影响而带动现实通胀率的同趋势变化。

有鉴于此，本章将媒体舆论、公众预期和通货膨胀结合起来研究，并且创新性地对媒体报道的语气加以区分。我们首先对主流新闻媒体的相关报道进行量化，统计各主要媒体在 2001 年第一季度至 2012 年第一季度期间关于物价和通货膨胀等相关内容的报道数量。我们注意到媒体舆论可以通过新闻报道的语气释放出影响消费者预期改变方向的不同信号，因此在统计过程中不是简单地进行加总，而是对相关报道的内容逐条进行仔细审阅，对报道内容的语气细分为正向、中性和负向，进而计算媒体报道数量的净值（详细内容参见第二部分的数据说明）。其次，我们根据中国人民银行全国城镇储户问卷调查季度数据和《证券市场周刊》的调研数据获得按季度发布的公众预期通胀率，进而分析媒体舆论是否显著影响公众预期。最后，在此基础上，本章进一步设立向量动态模型系统考察媒体舆论、公众预期和现实通胀率之间的动态关系。通过以上设计，我们希望获得中国的媒体舆论对公众预期的影响情况及这二者与实际通货膨胀之间的互动机制，从而为决策层在宏观管理中充分考虑公众预期的媒体影响提供参考依据。

概括来看，本章突出了三个方面的重要内容。第一，在研究视角上，我们首次对中国媒体舆论的相关信息进行量化，并将其与公众预期和现实通胀率三者结合起来进行分析。这样既为通胀预期的形成原因找到了现实根据，又为媒体舆论的实际作用提供了量化分析基础。这对于重新认识我国通胀预期和通货膨胀的形成机制，以及探索预期管理的可行办法都具有重要参考价值。第二，本章的媒体舆论信息来源于我国最具影响力的主流媒体平台，能够较为真实全面地反映我国媒体舆论关于通货膨胀等相关报道的信息。第三，在研究方法上，本章充分考虑动态模型经验分析中可能存在的内生性和潜在的序列相关性等问题，并分别从一维和多维动态模型进行分析，确保研究结果科学和稳健。

## 第二节　媒体报道与通胀预期的刻画

### 一、媒体报道数据来源

本章研究的样本区间是2001年第一季度至2012年第一季度（受公众预期调研数据频率约束）。为了能够比较全面准确地获得在此期间新闻媒体对与通货膨胀内容相关报道的数据信息，本章根据发行量排名、影响力和覆盖范围分别选取四种不同数据库渠道进行检索统计。其中，第一、第二组数据是对单独一种媒体报刊的新闻统计，分别来源于《参考消息》和《人民日报》；第三、第四组数据是对多种报刊构成的媒体“新闻池”进行综合统计，分别来源于“巨灵财经金融服务平台”电子数据库（简称“巨灵财经”）和“慧科新闻搜索”电子数据库（简称“慧科新闻”）。

第一组数据的来源——《参考消息》是2004年以来国内发行量最大的日报（根据中国报纸传媒网数据），其特色体现在既反映国内重大时事信息又涵盖世界性重要新闻。第二组数据的来源——《人民日报》是2004年以来国内发行量第二大的日报，被联合国教科文组织及世界报业协会评定为世界十大主要报刊之一。它具有明显的党报特征——坚持报道国家路线方针政策，及时传播国内外各领域信息。

考虑到一种报刊的阅读群体相对固定，可能无法全面反映媒体舆论对公众预期的影响，从而可能造成后续计量分析结果的有偏性。因此，我们利用覆盖范围更广泛的“巨灵财经”和“慧科新闻”数据库中多种报刊构成的“新闻池”进行相关报道检索和统计。我们从第三组数据“巨灵财经”中选取15种公认的有影响力的报纸和杂志，其中既包括全国性的也包括区域性的，既有综合性的也有财经类的专业报刊。同时，我们保证这15种报刊在研究的样本区间内是被全文收录的。[①] 第四组数据“慧科新闻”的报刊池由更全面的20种不同类型报刊综合组成，包括全国最具影响力综合性报刊[②]、重要中央级党报[③]和最具影响力财经类报刊[④]三大类。同时所有报刊在我们研究的样本区间内也是被全文收录的。

---

① 具体包括《金融会计》《国际金融报》《金融时报》《经济参考报》《经济日报》《人民日报》《中国经济时报》《中国经营报》《中华工商时报》《北京青年报》《深圳特区报》《深圳商报》《南方都市报》《21世纪经济报道》《财经》。

② 具体包括《北京晚报》《北京晨报》《北京青年报》《成都商报》《今晚报》《解放日报》《南方日报》《齐鲁晚报》《南方都市报》《羊城晚报》《重庆晨报》《江南都市报》《新闻晨报》。

③ 具体包括《人民日报》《光明日报》《科技日报》《南方周末》《钱江晚报》。

④ 具体包括《经济日报》《上海证券报》。

## 二、媒体报道数量和语气

在确定以上四种数据库渠道的基础上，我们对媒体中的报道进行检索、数量统计和语气识别，从而获得媒体舆论的准确量化信息。我们先从媒体库中筛选出与物价和通胀等相关、并可能对消费者通胀预期产生影响的报道文章。

第一步，对报道题目和全文进行检索。检索关键词为通货膨胀、通货紧缩、通胀、通缩、物价、价格、CPI、PPI、消费者价格指数、消费物价指数、批发物价指数等，文章或标题中只要含有一个或多个上述关键词即被选定并记录。

第二步，通过人工阅读进行复审。由于单纯依靠关键词检索可能会出现与我国通货膨胀不相关的新闻报道被选中或者相关报道被遗漏的问题，所以需要进行复审。复审的主要内容包括：① 选取与中国或世界整体物价水平等情况相关的报道，排除单一报道他国物价水平、通胀等情况的文章；② 排除股价、金价等不具有典型性的非普通商品价格变动的新闻；③ 检查标题中不含关键词的文章中，内容是否报道或评论了当前物价与通胀情况（避免统计遗漏）。通过电子检索和人工阅读，我们从四组数据来源中较为可靠地获得了相关媒体报道的总量（volume）。

依据以上四组数据，图 10–1 描绘了 2001 年第一季度至 2012 年第一季度期间中国媒体报道数量的时序数据。从图 10–1 中我们看到，不同媒体在不同时期的具体报道数量及

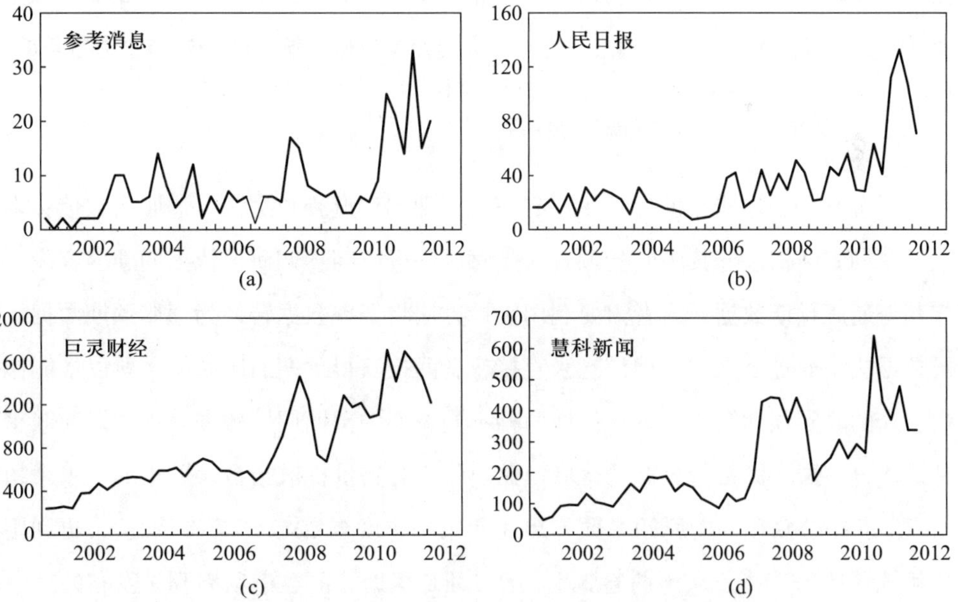


图 10–1　媒体关于通货膨胀等的报道篇数总量

报道数量的波峰波谷点稍有不同，但四组媒体的报道数量在总体变动趋势上具有相似性：2007 年以前各媒体关于通货膨胀等相关主题的报道数量相对稳定，而此后各媒体的报道数量均出现较大幅度增加，2009—2010 年出现短暂的回落，之后在 2011 年达到历史高位，2012 年之后略有回落。

由于不同文章的报道内容和评论角度不同，对公众通货膨胀预期产生的影响也可能不同，所以在确定文章数目的基础之上我们对报道内容又进一步加以区分。通过全文阅读和语气判断，我们将新闻报道分为三类（完全遵照报道原文的基本内容、语气和常规逻辑进行划分）。① 对公众通胀预期会产生正向影响的新闻，记为 1。这类文章的主要内容为报道当前物价水平较高或者未来物价水平有上涨的趋势或者政府实施了积极的货币政策等。常见标题如“国家统计局日前公布的全国 CPI 创新高”“专家表示未来我国通胀压力较大”及“央行再次降低存款准备金率”。② 对公众通胀预期可能产生负影响的新闻，记为 -1。这样的报道大致分为两类。一类是直接报道我国物价水平下降或者通货紧缩的现象，另一类则是在通货膨胀为正的背景下报道政府抑制通胀的措施或者物价水平出现了拐点等内容。常见的标题如“CPI 创 22 个月以来新低”“打击通胀紧缩政策急，央行第五次提升金融机构存款准备金率”。③ 对公众通货膨胀预期产生中性影响的新闻，记为 0。此类报道一般不带有倾向性，如“货币稳健，助力经济平稳健康”。

这样，我们根据不同语气对应的报道数量，计算出媒体报道数量的净值，即正向语气的报道数量减去负向语气的报道数量（中性语气计为 0）。因为区分语气后的媒体报道数量更能科学反映媒体舆论的真实信息，所以后文的经验分析中统一使用媒体报道数量的净值。

## 三、公众预期通胀率与现实通胀率

衡量公众预期通胀率的方法主要有三类，即问卷调查数据法、通胀指数债券剥离法和收益率期限结构法。其中问卷调查法是对居民进行问卷调研，依据问卷内容设计可以直接获得通胀预期数据，或者需要利用统计方法将调查数据转换为通胀预期数据。因为调研数据法是通过公众的反馈信息来直接或者间接获得预期通胀率的，所以最能体现现实中公众的真实预期情况。本章使用两种不同类型的预期调研数据获得预期通胀率。第一种是通过中国人民银行公布的“城镇储户收入与物价扩散指数表”中的“未来物价预期指数”获得公众预期的原始指数（2001 年第一季度至 2012 年第一季度），再利用标准的差额统计法来计算公众预期通胀率；第二种是根据《证券市场周刊》发布的“中国宏观经济预测”直接获得通胀预期数据。

第一种预测调研数据来源于中国人民银行的调查问卷。问题是：您预计未来3个月的物价水平将比现在（如何变化），设计的选项包括“上升”“下降”和“基本不变”。基于选择以上不同选项的人数，差额统计法可以将其转换为预期通胀率。需要注意的是，自2009年第三季度起，中国人民银行公布的数据采用新的方法计算储户收入与物价指数，将原差额加上100%后除以2，转化为在0和100%之间围绕50%变动的指数数值。我们在具体计算中将新方法前后的数据进行了统一，以使最终获得的预期数据前后一致。

还需要说明的是，根据中国人民银行的问卷设计，调研中询问的是下一季度比现在的水平，所以问卷所隐含的原始含义似乎对应于环比增长率的概念。对此，本书第五章已经阐释过，原始问卷获得的并非预期通胀率的直接结果，而只是对物价变化方向有不同预期的人数。从下面介绍的具体计算过程中可以看到，差额法计算获得的预期通胀率是环比还是同比结果，还取决于计算预期通胀率过程中所使用的现实通胀率数据是环比还是同比序列。因为本章其他所有增长率序列均为同比，所以差额法计算中我们使用现实通胀率同比序列换算预期通胀率，获得的预期通胀率的大小尺度也就相当于季度同比增长率的幅度。当然，为了确保实证结果具有稳健性，我们在实践中还依据环比通胀率序列（来源于CEIC数据库中的CPI环比增长率）换算出对应的环比预期通胀率（年化）。这一预期序列不仅与依据同比数据计算的预期序列几乎完全重合，而且使用该序列重复本章实证分析所得结果与同比序列完全一致。

为方便说明，我们简要回顾一下之前第五章对预期数据转化的分析说明。我们用 $R_t$ 表示在 $t-1$ 期选择“下一期物价将会上升”的受访人数百分比，用 $F_t$ 表示选择“下一期物价将下降”的人数百分比，$N_t$ 表示选择“下一期物价不变”的人数百分比。这样，我们可以根据标准的差额统计法计算并获得通胀预期序列（当然还可以利用回归法和概率法进行计算，不过基于央行目前公布的可用数据信息仅能进行差额法计算）。具体来说，令 $B_t=R_t-F_t$，则 $B_t$ 表示净差额，即认为下一期物价上升的人数百分比和认为物价下降的人数百分比的差额，其刻画了消费者预期的强弱。净差值位于 $-1$ 到 $1$ 之间，当净差额大于0时，则对通胀率的预期是上升。反之，当净差额小于0时，则对通胀率的预期是下降。这样，我们可以根据净差值 $B_t$ 来直接计算预期通货膨胀率，即 $\pi_t^e=\beta B_t$，其中系数 $\beta$ 根据

$\beta=\dfrac{\sum_{t=1}^{T}\pi_t}{\sum_{t=1}^{T}B_t}$ 进行计算（$\pi_t$ 表示通胀率，由下面说明的CPI增长率度量）。

第二种预测调研数据来自《证券市场周刊》的“远见杯”预测数据。“远见杯”是各家机

构对比预测准确度的竞赛模式，《证券市场周刊》每季度报道所有参赛机构的预测结果。我们将所有机构关于 CPI 增长率的预测值进行平均，计算出本章使用的第二种预期通胀率数据。

对于现实通胀率，我们使用国家统计局公布的消费者价格指数（CPI）同比增长率作为代表，原始样本区间为 2001 年 1 月至 2012 年 3 月，我们使用每个季度对应的最后一个月份的数据作为季度通胀率数据，从而避免由数据频率转换引入额外的序列相关性。根据以上数据说明，图 10–2 给出了公众预期通胀率和现实通胀率的时间序列。作为比较，图 10–2 中同时还刻画了“巨灵财经”的媒体报道序列。我们注意到，媒体舆论数量在周期性变化特征上与公众预期通胀率及现实通胀率都非常相近，而且其变化在大多数时期领先于公众预期通胀率，而公众预期通胀率又领先于现实通胀率。当然，仅从图 10–2 还无法准确判断媒体舆论、公众预期及现实通胀率之间的关系。我们将在下节运用计量回归进一步分析。

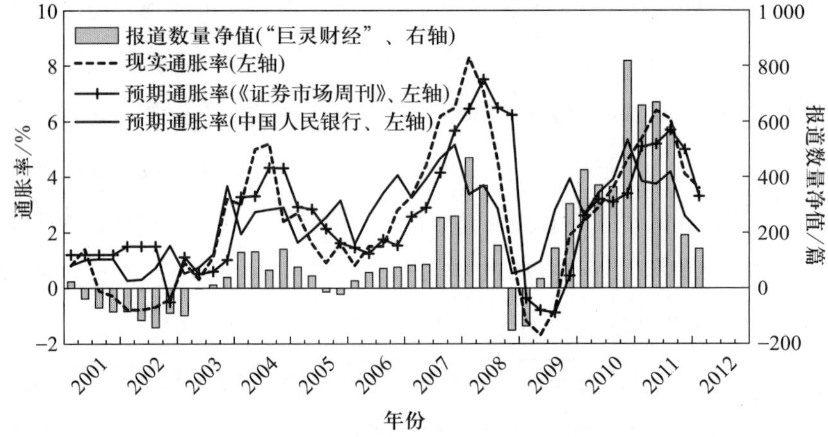


图 10–2　公众预期通胀率与媒体报道数量净值

## 四、变量符号说明及平稳性检验

除通胀预期和现实通胀率之外，本章在通胀动态机制模型分析中还使用到 M2 增长率和真实 GDP 缺口。M2 的原始季度数据来源于中国人民银行，为保持数据口径的一致性，经验分析中使用 M2 同比增长率。真实 GDP 缺口基于真实 GDP 的季度数据并采用标准的 HP 滤波获得（即真实 GDP 与经 HP 滤波后的趋势成分的自然对数差，用 GAP 表示），其中真实 GDP 数据根据国家统计局公布的 1992 年第一季度以来的名义 GDP 季度数据水平值和对应期间的不变价格增长率（即真实 GDP 增长率）推算获得。为了方便说明，在下面分析中，我们使用 $\Delta CPI$ 表示 CPI 同比增长率（即通胀率），其他含有差分符号 $\Delta$ 的变量与此类同。另外，我们用 *EXP* 表示公众预期通胀率（分别用后缀 *_YH* 和 *_ZQ* 代表“央行”

和“证券”的拼音来区分中国人民银行和《证券市场周刊》的预期数据），用 *JL*、*HK*、*CK* 和 *RM* 分别表示“巨灵财经”“慧科新闻”《参考消息》和《人民日报》对应的报道数量。

在进行经验分析之前，我们需要检验和确定各个变量的平稳性特征。为此，我们在实践中对所有变量进行了 ADF 单位根检验（原假设为序列含有单位根，为节约篇幅此处未做报告）。检验结果显示，除了“巨灵财经”的报道数量序列之外，其他所有序列的 ADF 检验 $p$ 值一般都小于 5%（$EXP\_YH$ 和 $\Delta CPI$ 对应的 $p$ 值小于 10%）。因此序列含有单位根的原假设均被拒绝，即这些序列都为平稳序列。对于“巨灵财经”的报道数量指标，我们进一步使用 KPSS 检验（原假设为平稳序列）进行验证，发现检验统计量在 10% 的显著性水平下不显著（不能拒绝平稳序列原假设）。鉴于单位根检验在数据样本不大的情况下功效相对较低，所以此处判定其为平稳序列相对合理。

## 第三节　媒体舆论对公众预期的影响

通过上面的研究，我们发现新闻报道可能在一定程度上会影响公众通货膨胀预期的形成，进而影响现实通胀率水平。为此，我们首先需要设立回归方程探索二者之间是否存在驱动关系。从已有研究来看[①]，主要采用媒体报道数量的净值（VOL）作为解释变量，以公众预期通胀率（EXP）为被解释变量进行简单回归，即

$$EXP_t = c + \beta VOL_t + u_t\text{；} \qquad (10\text{–}1)$$

其中，$c$ 是截距项，$u_t$ 是随机扰动项，允许其分布服从非球面特征（non-spherical）。当然，另外一种可选的建模方式（也是已有文献经常采用的）是以公众预期通胀率对媒体报道变量的滞后项进行回归，即用 $VOL_{t-1}$ 代替模型（10–1）中的 $VOL_t$。虽然使用滞后项的回归估计较模型（10–1）更容易［用最小二乘（LS）法即可］，但是从现实情况看，任何媒体舆论对公众预期的影响在 1 个季度之内都会在一定程度上（即使不是全部）释放出来。因为此处分析的数据频率是季度，所以即使考虑滞后效应，也不能忽略当期的媒体舆论对同期公众预期的可能影响。事实上，无论回归中使用当期还是滞后期的 VOL，已有模型都存在拟合不足的问题，特别是没有充分考虑媒体舆论变量的分布滞后式影响，也无法捕捉通胀预期可能存在的惯性特征。因此对应的估计结果可能出现有偏且非一致的情况。

---

① Carroll，C. D. "Macroeconomic Expectations of Households and Professional Forecasters"，The Quarterly Journal of Economics，vol. 118，no. 1（2003），pp.269–298.

有鉴于此，本章在模型设立上比已有文献更进一步，我们采用动态建模方式，即

$$EXP_t=c+\alpha(L)EXP_{t-1}+\beta VOL_t+\varepsilon_t; \qquad (10\text{–}2)$$

其中，$\alpha(L)=\alpha_0+\alpha_1L+\alpha_2L^2+\cdots+\alpha_nL^n$ 表示滞后算子多项式，$n$ 表示由标准的信息准则（如 AIC）确定的最优滞后阶数，$\varepsilon_t$ 是无序列相关性的随机扰动项。注意，因为模型（10–2）是动态模型，所以确保扰动项不存在序列相关性至关重要，经验分析中必须进行检验。

模型（10–2）除了考虑媒体舆论指标的影响，还考虑了通胀预期自身的滞后效应。这样的模型设计比模型（10–1）更具合理性的关键在于，其不仅可以捕捉通货膨胀的惯性特征，而且可以同时从实质上确保模型能够充分刻画媒体舆论变量对通胀预期的当期及多期滞后影响，从而更加符合现实情况。为了说明这一点，我们可以利用滞后算子的基本性质，将模型（10–2）重新写成：

$$EXP_t=c'+\beta\varphi(L)VOL_t+\varphi(L)\varepsilon_t; \qquad (10\text{–}3)$$

其中，$\varphi(L)=[1-\alpha(L)L]^{-1}$，$c'=c/\varphi(L)$。经过变形之后可以看到，模型（10–2）实质上刻画的是媒体舆论变量的当期和多期滞后对通胀预期的驱动效应。因此，虽然模型（10–2）从形式上只出现 VOL 的当期，却保证了不会遗漏可能存在的多期滞后影响。同时不难看出，模型（10–2）的设立比采用分布滞后模型进行分析更加简约，但却同样能够捕捉媒体舆论变量对通胀预期的分布滞后式影响。

另外，在实证分析中，考虑到其他影响公众预期的随机因素（即随机扰动项）在一个季度时间内可能与媒体报道变量非正交，因此模型（10–2）的估计可能需要使用工具变量（IV）估计法。根据时序分析的一般做法，工具变量可以使用 VOL 的 1 至 4 期滞后项（并包含常数项和模型右手侧因变量的滞后项）。当然，在实际工作中首先需要判定是否需要运用 IV 估计，我们使用 Durbin-Wu-Hausman 检验“LS 估计具有统计一致性”的原假设（也即 VOL 存在内生性）在传统显著性水平下是否被拒绝[①]，如果拒绝则使用 IV 估计，如果不能拒绝则使用 LS 估计。从对应的检验结果来看（表 10–1），在基于中国人民银行调查数据获得的通胀预期序列对应的回归中，原假设均不能被拒绝（在 5% 显著性水平下）。因此回归结果报告的是 LS 估计结果。而在基于证券市场周刊数据获得的通胀预期序列对应的回归中，原假设一般被拒绝（《人民日报》除外）。因此报告 IV 估计结果（《人民日报》除外）。

---

① Durbin，J. “Errors in Variables”，*Review of the International Statistical Institute*，vol. 22，no. 1（1954），pp.23–32；
Wu，D. “Alternative Tests of Independence between Stochastic Regressions and Disturbances”，*Econometrica*，vol. 41，no. 4（1973），pp.733–750；
Hausman，J. “Specification Tests in Econometrics”，*Econometrica*，vol. 46，no. 6（1978），pp.1251–1272.

表 10-1　模型（10-2）估计结果

| *EXP_YH* | 慧科新闻 | 巨灵财经 | 人民日报 | 参考消息 |
| --- | --- | --- | --- | --- |
| $\alpha(1)$ | 0.33***<br>（0.11） | 0.39***<br>（0.14） | 0.70***<br>（0.14） | 0.66***<br>（0.10） |
| $\beta$ | 0.15***<br>（0.03） | 0.04***<br>（0.01） | 0.003<br>（0.011） | 0.05<br>（0.03） |
| $\overline{R}^2$ | 0.68 | 0.62 | 0.51 | 0.54 |
| *p*-auto | 0.12 | 0.29 | 0.92 | 0.81 |
| *p*-over | 0.43 | 0.47 | 0.14 | 0.74 |
| *p*-endog | 0.18 | 0.30 | 0.23 | 0.08 |
| *EXP_ZQ* | 慧科新闻 | 巨灵财经 | 人民日报 | 参考消息 |
| $\alpha(1)$ | 0.53***<br>（0.16） | 0.55***<br>（0.15） | 0.55***<br>（0.18） | 0.66***<br>（0.13） |
| $\beta$ | 0.29***<br>（0.07） | 0.06***<br>（0.02） | 0.02*<br>（0.01） | 0.21*<br>（0.11） |
| $\overline{R}^2$ | 0.64 | 0.73 | 0.69 | 0.64 |
| *p*-auto | 0.04 | 0.20 | 0.74 | 0.26 |
| *p*-over | 0.17 | 0.03 | 0.60 | 0.23 |
| *p*-endog | 0.00 | 0.02 | 0.22 | 0.08 |

注：*EXP_YH* 对应结果为 LS 估计，*EXP_ZQ* 对应结果为 IV 估计（《人民日报》仍用 LS 估计）；IV 估计中工具变量为回归方程中 EXP 的滞后项及各自媒体报道变量的滞后项 1~4 期（还包括常数项）；小括号报告的是 White 修正标准差；*p*-auto 指序列相关性检验 *p* 值（原假设为无序列相关性）；*p*-over 指 IV 估计过度识别检验 *p* 值（原假设为识别条件满足）；*p*-endog 指 Durbin-Wu-Hausman 内生性检验 *p* 值（原假设为 VOL 没有内生性）；****、**、* 分别表示在 1%、5% 和 10% 显著性水平下显著；回归中各媒体报道变量经过量级一致化（即报道数量原始值除以对应媒体包含的报刊份数）。

基于以上说明，表 10–1 归纳了模型（10–2）的估计结果。注意，为了使媒体变量的系数点估计值具有可比性，回归中各媒体报道变量经过量级一致化处理（即各报道数量原始值都除以对应媒体库包含的报刊份数）。经过量级一致化后系数 $\beta$ 的含义更容易解读，即表示单份报刊每增加一篇报道对公众预期的影响程度。从表 10–1 报告的结果来看，以下几点值得特别说明。

首先，无论关于央行统计的公众预期还是证券市场周刊调查的通胀预期，各媒体报道数量的系数 $\beta$ 估计值全部为正，而且在绝大多数情况下具有统计显著性（只有《人民日报》和《参考消息》的报道对央行统计的公众预期序列影响不显著）。这说明，媒体舆论对公众预期具有显著的正向驱动效应，关于物价上涨等相关的媒体报道越多，公众对未来通货膨胀上升的预期越强烈。

其次，从具体估计值来看，对于同一种公众预期指标，不同媒体对应的系数$\beta$点估计值大小存在一定差别。例如对于央行预期数据来说（表10–1的上半部分），"慧科新闻"报道量的系数估计值分别为0.15，"巨灵财经"报道量的系数估计值为0.04，《参考消息》和《人民日报》对应的估计值分别为0.003和0.05（不显著）。也就是说，媒体舆论对央行调查的公众通胀预期显著影响程度为0.04~0.15，即一份报刊每增加1篇价格上涨的报道，公众预期通胀率最高可能上涨0.15%。对《证券市场周刊》的预期数据来说（表10–1的下半部分），各媒体报道对应的系数$\beta$点估计值都分别要比央行预期数据对应的结果高一些，而且《人民日报》和《参考消息》报道量的系数在这一通胀预期变量的回归中具有显著性（10%的水平下；估计值也有所增大）。

不同的媒体舆论对同一种通胀预期的影响幅度不同，可能是因为不同媒体库涵盖的相关信息丰富程度和全面程度有所不同；而同一种媒体舆论对不同预期数据的影响幅度和解释程度不同，可能是因为两种调研数据来源对象和辐射范围不同。不过从平均程度来看，中国人民银行预期数据对应的显著$\beta$估计值平均数约为0.1［（0.15+0.04）/2］；《证券市场周刊》预期数据对应的$\beta$估计值平均数为0.15。

另外，依据标准的时序分析理论，模型（10–2）中右手侧通胀预期滞后项系数之和（即$\alpha(1)=\sum\alpha_i$）反映了通胀预期的粘性程度。从估计结果来看，所有回归中的通胀预期粘性系数估计在1%水平下均具有统计显著性，中国人民银行数据对应的公众预期粘性系数平均为0.52，《证券市场周刊》对应的公众预期粘性系数约为0.57。因为粘性系数越接近于单位1，表明预期粘性越强，所以这里的实证结果说明我国公众的通胀预期粘性程度处于中等偏高水平。较高的预期粘性暗示，针对通胀预期所进行的宏观政策调控需要经过较长时间才能达到预定目标（即通胀预期的管理成本相应较高）。当然，一旦影响公众预期的因素对通胀预期产生作用，其影响效应的持续时间也会相对较长。

## 第四节　媒体舆论、公众预期与通货膨胀的互动机制

前文分析了媒体舆论对公众预期的影响，尚没有考虑这二者与实际通货膨胀的互动

关系。但从现实逻辑来看，媒体舆论影响公众预期，公众预期反过来也可能影响媒体舆论，而舆论和预期又可能与实际通货膨胀存在互动关系。为了捕捉媒体舆论、公众预期和通货膨胀之间的动态关系及反馈机制，我们将这三个变量纳入同一个向量模型中，从而考察彼此之间的互动关系。为此，我们使用向量自回归（VAR）模型，即

$$X_t = \Phi(L)X_{t-1} + e_t; \tag{10-4}$$

其中，$X_t=[\Delta EXP_t, \Delta CPI_t, VOL_t]'$，表示内生变量的时序向量，$\Phi$（$L$）表示向量滞后算子多项式，$e_t$ 是冲击向量。VAR 模型中最优滞后阶数由向量残差序列相关性检验（确认无序列相关性）和 SIC 统计量共同确定（最大滞后期给定为 4）。

基于以上的 VAR 模型设计，我们可以进行格兰杰因果关系检验来判定三个变量之间的互动机制。根据定义，格兰杰因果关系检验就是对模型（10–4）中矩阵 $\Phi$（$L$）对应系数的联合显著性水平进行检验。以 $\Delta CPI_t$ 为因变量的等式为例，检验 $\Delta VOL_t$ 是否是其格兰杰因果关系就是检验回归等式右侧 $\Delta VOL_t$ 所有滞后项系数是否同时为 0。按照这一检验原理，表 10–2 报告了以模型（10–4）为基础的格兰杰因果关系检验结果，其中 lag（$\Delta CPI_t$）表示回归等式右侧 $\Delta CPI_t$ 的滞后项，其他符号定义与此类似。

从表 10–2 的结果来看，中国人民银行预期数据与《证券市场周刊》预期数据分别对应的结果之间存在一定差别。

**表 10–2 格兰杰因果关系检验 $p$ 值**

| | $EXP\_YH$ | $EXP_t$ | $\Delta CPI_t$ | $VOL_t$ | $EXP\_ZQ$ | $EXP_t$ | $\Delta CPI_t$ | $VOL_t$ |
|---|---|---|---|---|---|---|---|---|
| 慧科新闻 | lag（$EXP_t$） | | 0.005 | 0.064 | lag（$EXP_t$） | | 0.001 | 0.014 |
| | lag（$\Delta CPI_t$） | 0.613 | | 0.969 | lag（$\Delta CPI_t$） | 0.000 | | 0.033 |
| | lag（$VOL_t$） | 0.717 | 0.153 | | lag（$VOL_t$） | 0.000 | 0.058 | |
| 巨灵财经 | lag（$EXP_t$） | | 0.003 | 0.009 | lag（$EXP_t$） | | 0.000 | 0.007 |
| | lag（$\Delta CPI_t$） | 0.464 | | 0.034 | lag（$\Delta CPI_t$） | 0.000 | | 0.165 |
| | lag（$VOL_t$） | 0.274 | 0.364 | | lag（$VOL_t$） | 0.110 | 0.047 | |

注：表中报告的是 Wald 显著性检验统计量的 $p$ 值（原假设是无格兰杰因果关系）；VAR 模型最优滞后阶数由向量残差序列相关性检验和 SIC 统计量共同确定（最大滞后期给定为 4）；lag（$EXP_t$）代表格兰杰因果关系检验中等式右侧所有 $EXP$ 项的滞后期（其他表示法类似）。

首先，基于央行预期数据的格兰杰因果关系检验表明：现实通胀率和媒体舆论对通胀预期没有显著预测效应（对应结果 $EXP_t$ 列）；公众预期对现实通胀率的预测效应显著，而媒体舆论对现实通胀率的预测效应不显著（对应结果 $CPI_t$ 列）；现实通胀率对“巨灵财经”的媒体舆论具有显著预测效应，但对“慧科新闻”的媒体舆论则不具有显著预测

效应（对应结果 $VOL_t$ 列）。

其次，基于《证券市场周刊》预期数据的检验结果显示：现实通胀率和媒体舆论对通胀预期都具有显著预测效应；公众预期对现实通胀率的预测效应特别显著，媒体舆论对现实通胀率的预测效应也具有显著性（但 $p$ 值处于显著性边缘水平）；公众预期对媒体舆论具有显著预测效应，现实通胀率对“慧科新闻”的媒体舆论具有显著预测效应，但对“巨灵财经”的媒体舆论则不具有显著预测效应。

以上两组结果存在的一些差异可能并不奇怪。因为中国人民银行的通胀预期数据与《证券市场周刊》的预期数据各自的来源对象和辐射范围不同，所以各自涵盖的信息存在一定差别。不过综合审视表 10–2 的结果，我们仍然可以归纳出以下几点结论：① 媒体舆论与公众预期（特别是《证券市场周刊》的预期数据）存在双向互动关系；② 公众预期与现实通胀率也存在双向互动关系（在所有情况下均存在）；③ 现实通胀率与媒体舆论的互动关系显著性不够明显。

如果将以上结论与第三部分的分析结果相结合来看，那么媒体舆论对公众预期具有显著驱动效应，而公众预期发生变化时，也会随之对媒体舆论具有引领作用（即格兰杰因果关系的含义），进而形成媒体舆论与公众预期彼此循环影响的局面。与此同时，公众预期的变化还会影响现实生活中公众的消费投资等行为模式，进而影响现实通胀率水平，而现实通胀率的变化反过来也会引领公众预期的改变，从而形成公众预期与实际通货膨胀的循环影响机制。事实上，通过这样两个循环影响机制，已经将媒体舆论的影响传递到实际通货膨胀上，当然实际通货膨胀也从一定程度上通过既有的循环机制对媒体舆论形成一定的反馈影响，只不过二者之间的彼此影响可能由于循环传递过程中的信息损耗而不那么明显。这与表 10–2 中的格兰杰因果关系检验结果是一致的。

## 第五节　本章小结

本章对中国的媒体舆论、公众预期和实际通货膨胀之间的影响机制进行分析。我们先通过计算覆盖范围最广的“慧科新闻”和“巨灵财经”数据平台及发行量及影响力居于国内前两位的《参考消息》和《人民日报》中关于通货膨胀等相关主题词的报道篇数和语气，对 2001 年第一季度至 2012 年第一季度期间的媒体舆论信息进行量化。然后，我们分别通过中国人民银行发布的“城镇储户收入与物价扩散指数表”中的“未来物价预期指数”和《证券市场周刊》的“远见杯”宏观经济预测获得公众预期通胀率。在此基础上，本章通过严谨地计量检验发现，我国媒体舆论对公众预期具有显著正向驱动效应。媒体对于通货膨胀等相关内容的报道越多，公众对未来通胀率上升的预期就会更加强烈。本章进一步通过设立向量模型系统分析媒体舆论、公众预期与现实通胀率之间的互动关系。结果显示，媒体舆论与公众预期及公众预期与现实通胀率分别具有显著的双向互动关系。

本章的研究结果为新时期我国通胀预期和通货膨胀管理问题提供了新的思路和视角。对货币当局而言，显然需要高度重视媒体舆论对公众预期的影响和引导作用。特别是在宏观政策调控发生微妙变化的时期，可以考虑与新闻媒体进行更加充分的沟通与合作，通过合作、协作促进媒体舆论的信息更加丰富和透明，进而实现对通胀预期和实际通货膨胀的有效管理。新闻媒体报道越开放，公众获得信息的渠道就会越多，信息就会更加透明。而只有信息的进一步透明和开放，可能就会弱化以吸引公众注意力的负面情绪报道对公众预期的影响。从长期看，开放的媒体报道可能更有助于弱化媒体舆论对公众通胀预期的影响。

对新闻媒体而言，相关工作者尤其是财经类新闻工作者应当增强专业知识，提升职业素质，提升新闻理论和新闻评论水平，采用更加科学和理性的方式对相关问题进行报道，重视媒体舆论对公众预期的可能影响。同时，相关宣传部门可以通过深入开展媒体工作者“走基层、转作风、改文风”活动，积极响应中央号召，更多地深入基层汲取正面新闻素材，培养善良情感，从根本上提高新闻工作者的新闻道德操守，避免贪图高点击率或高发行量而对物价等问题进行极端化、情绪化的渲染性报道，避免负面情绪报道可能造成的公众恐慌心理。此外，媒体的舆论导向需要兼顾国家的宏观调控方向，尽可能地配合相关政策的贯彻实施。这并不是要倡导媒体舆论一边倒式的报道，而是希望新闻媒体客观理性地报道相关问题，避免负面情绪和畸形价值观通过媒体舆论层层放大，影响公众正面预期并破坏市场信心。

总之，新闻媒体与相关决策层需要协同努力，特别是针对通货膨胀等关系国民经济稳定发展的重大问题和热点问题，更需要双方积极配合，避免主观色彩浓重、有违基本事实的夸大报道和负面情绪渲染。从本章研究的引申意义来看，媒体舆论的影响可能不仅仅在通胀预期方面，而且在宏观政策相关的其他方面均存在重要影响。当然，媒体舆论还可能具有方向性，不同方向的媒体报道可能对市场预期具有非对称性影响。为此，我们将在下一章区分媒体报道的方向性，进一步阐述媒体舆论的非对称传染机制。

# 第十一章　媒体中的前瞻性货币政策：媒体情绪的非对称传染



本章提要：

本章在第十章的基础上，进一步将传播学领域沉默的螺旋理论与流行病学传染机制作为统一的理论基础，应用于前瞻性货币政策中通胀“预期的传染机制”研究，分析两类不同新闻媒介（纸质和网络）关于物价变化的报道对通胀预期的传染效应。我们通过人工阅读印刷版资料和电子数据库资料，甄别并统计出 2001 年至 2012 年各月份我国媒体报道中“涨价”“降价”和“中性”三种不同报道的量化指标，进而构建和估计媒体报道对通胀预期的动态传染模型。本章研究表明，不同媒体报道不仅可以形成不同方向的“意见气候”，而且“意见气候”的传染强度也显著不同，从而形成“不对称的螺旋”。这种非对称性在传统纸媒和网媒上表现截然相反：纸媒的“降价”报道对公众预期的传染性相对更强，而网媒的“涨价”报道则具有更强的传染性。

本章概览：

- 预期传染的理论基础
- 媒体与流行病学传染模型构建
- 预期与媒体情绪：典型事实
- 媒体情绪的非对称传染效应
- 媒体数据的噪声问题

- 样本选择与测量误差问题
- 媒体情绪与“不对称的螺旋”
- 本章小结

## 第一节　预期传染的理论基础

预期在宏观经济学分析框架中的重要性可以回溯到凯恩斯 1936 年发表的奠基性专著《就业、利息和货币通论》①。此后，凯恩斯及新凯恩斯分析框架都日益重视引入预期变量。然而，直至 20 世纪 90 年代中后期，宏观分析框架中的预期形式主要以理性预期为主。理性预期的繁荣得益于两方面：一方面是以卢卡斯为代表的“卢卡斯批判”和以卡尔沃为代表的宏观模型的微观机制，为理性预期假设提供了坚实的理论基础②；另一方面是费尔和泰勒（Fair and Taylor）、安德森和摩尔（Anderson and Moore）等提出的含有理性预期的多等式模型系统的求解方法，为“理性预期革命”提供了可行的算法基础。③

尽管理性预期至今仍然在宏观经济理论分析中占据重要地位，但是其严苛的假设和纯数理获得性使得理性预期在实践中的亲和度不足，难以刻画现实世界的公众预期，而且大量研究结果似乎也与理性预期假设相异。④为此，20 世纪 90 年代以后宏观经济领域特别是通胀动态机制领域的研究更加重视贴近现实的公众预期，并且涌现出一系列基于调研预期数据的重要文献。⑤值得指出的是，虽然这些文献重视通胀预期调研数据的使用，

① Keynes, J. M. *The General Theory of Employment, Interest, and Money*. Hampshire: Palgrave Macmillan, 1936, pp.11–87.

② Lucas, R. E. “Econometric Policy Evaluation: A Critique”, *Carnegie–Rochester Conference Series on Public Policy*, vol. 1, no. 1 (1976), pp.19–46;
Calvo, A. “Staggered Prices in a Utility-Maximizing Framework”, *Journal of Monetary Economics*, vol. 12, no. 3 (1983), pp.383–398.

③ Fair, R. C. Taylor, J. B. “Solution and Maximum Likelihood Estimation of Dynamic Nonlinear Rational Expectations Models”, *Econometrica*, vol. 51, no. 4 (1983), pp.1169–1192;
Anderson, G., Moore, G. “A Linear Algebraic Procedure for Solving Linear Perfect Foresight Models”, *Economics letters*, vol. 17, no. 3 (1985), pp.247–252.

④ Shiller, R. J. “Speculative Asset Prices”, *The American Economic Review*, vol. 104, no. 6 (2014), pp.1486–1517.

⑤ Roberts, J. M. “New Keynesian Economics and the Phillips Curve”, *Journal of Money, Credit and Banking*, vol. 27, no. 4 (1995), pp.975–984;
Thomas, L. B. “Survey Measures of Expected U.S. Inflation”, *Journal of Economic Perspectives*, vol. 13, no. 4 (1999), pp.125–144;
Rudebusch, G. D. “Assessing Nominal Income Rules for Monetary Policy with Model and Data Uncertainty”, *The Economic Journal*, vol. 112, no. 479 (2002), pp.402–432;
Orphanides, A. “Historical Monetary Policy Analysis and the Taylor Rule”, *Journal of Monetary Economics*, vol. 50, no. 5 (2003), pp.983–1022;
Ang, A., Bekaert, G., Wei, M. “Do Macro Variables, Asset Markets, or Surveys Forecast Inflation Better? ”, *Journal of monetary Economics*, vol. 54, no. 4 (2007), pp.1163–1212.

但研究焦点并不涉及现实通胀预期自身的形成机制。因此，从本质上来讲，上述研究并未给出与理性预期形成机制相对应的备择学说。

卡罗尔非常敏锐地注意到通胀预期形成机制研究的这一空白，巧妙地将流行病学领域关于公众疾病传播的科马克－麦肯德里克流行病学模型引入通胀预期形成机制研究中，提出公众通胀预期的形成会受到新闻媒体报道的传染。这种传染性影响与流行病的传播模式类似。[①] 流行病学模型的基本逻辑是：在疾病流行期，易感人群在给定期间内存在一定染病概率，随着染病人数的增加，疾病就会通过人传染人加速扩散开来。此外，一些特殊形式的流行病传染模式更简单，例如急性呼吸道传染病可以由空气污染对所有人群同时进行传染，虽然现在一定比例的人尚未感染，但这些人迟早会受到传染。[②] 卡罗尔指出，媒体对公众预期的传染机制与这种疾病传播方式非常类似：现代社会几乎无人能够避开媒体信息的冲击。媒体报道恰似空气，是一个共同的信息传播源。公众预期的形成迟早会受到媒体报道的传染。卡罗尔进一步指出，媒体对于通货膨胀内容报道的频率越高，消费者读到这些内容的概率越大，消费者预期可能就会越准确。因此通过全面的信息更新消费者形成理性预期的可能性也就越大。卡罗尔应用美国的调研预期数据和媒体报道数据对这一假设进行了验证。

此后一段时期，学界对媒体报道与通胀预期关系的研究处于观望状态。这可能是因为学界对公众是否能从媒体获得经济信息并受其影响持有怀疑态度。布林德和克鲁格、里斯及柯廷（Curtin）的研究为通胀预期的媒体研究视角带来了转机。[③] 这几项研究证明，消费者主要通过媒体信息获得对宏观经济的认知，而不是花费大量时间持续跟踪现时数据来产生对于宏观经济走势的判断。基于此，拉姆拉和玛格、普法尔和桑托罗利用居民



① Carroll, C. D. "Macroeconomic Expectations of Households and Professional Forecasters", *The Quarterly Journal of Economics*, vol. 118, no. 1 (2003), pp.269–298;
Kermack, W. O., McKendrick, A. G. "Contributions to the Mathematical Theory of Epidemics", *Proceedings of the Royal Academy of Sciences A*, vol. 115, no. 772 (1927), pp.700–721.

② “迟早会传染”这一表述蕴意丰富，在建模中使用无限展期加权平均来刻画。

③ Blinder, A. S., Krueger, A. "What Does the Public Know about Economic Policy, and How Does It Know It? ", *Brookings Papers on Economic Activity*, vol. 35, no. 1 (2004), pp.327–397;
Reis, R. "Inattentive Consumers", *Journal of Monetary Economics*, vol. 53, no. 8 (2006), 1761–1800;
Curtin, R. "What US Consumers Know about Economic Conditions", in OECD, ed., Statistics, Knowledge and Policy 2007: Measuring and Fostering the Progress of Societies, OECD 2008, p.97.

层面调研数据对通胀预期的流行病学模型进行实证检验。[①] 但是这两项研究并未发现媒体报道对改善公众通胀预期具有显著作用，也没有使其更加贴近理性预期。尽管这两项研究中模型设计、估计方法等彼此不同，与卡罗尔提出的流行病学模型在细节设定上也并不完全一致；但是从研究重点来看，这些研究与卡罗尔关注的都是媒体报道与通胀预期分歧（即公众预期相对理性预期的偏离）之间的关系，而不是媒体报道是否显著影响公众预期，也没有给出不同情绪的媒体报道对公众预期的传染程度。

值得注意的是，基于流行病学模型的通胀预期研究与微观金融领域中媒体报道对微观金融市场定价影响的研究[②]在分析思路和逻辑上非常类似，二者研究的都是媒体报道与价格（或者说定价）之间的关系，只不过前者关注的是宏观价格，而后者则是微观金融市场价格。

本章在前面章节的基础上，进一步区分并检验“涨价”“降价”和“中性”（即物价稳定或没有明确说明物价变化方向的报道）三种不同媒体报道在两类不同新闻媒介（纸质和网络）中对通胀预期的非对称传染效应。本章指出，不同媒体报道不仅可以形成不同方向的“意见气候”，而且很可能“意见气候”的强度也显著不同，从而形成不对称的“螺旋”。本章的研究意义在于：不仅检索并统计中国最具影响力的主流媒体平台，而且首次涵盖和区分纸质和网络两类媒体，从而区分纸媒和网媒报道对公众预期可能产生的不同影响；同时，我们在数据处理和计量估计的细节方面，不仅对数据平稳性问题进行细致处理，而且还充分考虑模型估计中存在的内生性和潜在的序列相关性等关键问题，并对控制变量问题、纸媒选择的噪声问题及潜在的样本选择内生性和测量误差问题进行了详尽的分析和阐释。

基于以上说明，本章在研究主题上与已有文献不同，在研究设计上与已有文献和前面章节相比也有较大进展。例如卞志村和宗旭姣仅考察了《人民日报》对通胀预期的影响，没有使用更广泛的代表性媒体数据。[③] 虽然我们在第十章使用了更具代表性的纸媒数

① Lamla，M. J.，Maag，T. “The Role of Media for Inflation Forecast Disagreement of Households and Professional Forecasters”，*Journal of Money*，*Credit and Banking*，vol. 44，no. 7（2012），pp.1325–1350；
Pfajfar，D.，Santoro，E. “News on Inflation and the Epidemiology of Inflation Expectations”，*Journal of Money*，*Credit and Banking*，vol. 45，no. 6（2013），pp.1045–1067.

② Tetlock，P.C. “Giving Content to Investor Sentiment: The Role of Media in the Stock Market”，*The Journal of Finance*，vol. 62，no. 3（2007），pp.1139–1168；
Fang，L.，Peress，J. “Media Coverage and the Cross-Section of Stock Returns”，*The Journal of Finance*，vol. 64，no. 5（2009），pp.2023–2052；
游家兴、吴静：《沉默的螺旋：媒体报道与资产误定价》，《经济研究》2012 年第 7 期，第 37~41 页；
周开国、应千伟、陈晓娴：《媒体关注度、分析师关注度与盈余预测准确度》，《金融研究》2014 年第 2 期，第 56~60 页。

③ 卞志村、宗旭姣：《公众学习、媒体信息披露与通胀预期形成》，《金融评论》2014 年第 1 期，第 34~38 页。

据（与本章纸媒数据基本一致），但是没有研究纸媒与网媒的影响差异。更重要的是，上述研究都没有区分不同方向的媒体报道对通胀预期的差别性影响，从而隐含假设了“涨价”和“降价”报道对通胀预期的影响效果是对称的，抹去了不同方向的报道可能对公众预期影响的不对称性，这与经典的“展望理论”[①]相悖。而且，上述文献中的模型设立缺乏微观机制，也没有对所使用的宏观模型的理论基础进行说明。

## 第二节　媒体与流行病学传染模型构建

关于媒体对通胀预期影响的理论模型发展时间并不长，目前公认的理论基础是卡罗尔提出的“预期形成的传染机制”，或称为“通胀预期的流行病学模型”（epidemiology of inflation expectations）。该模型的核心思想是：媒体关于通胀的相关报道会在公众中形成“传染”效应，影响公众通胀预期的形成，而且这种影响具有一定粘性。这一思想不仅与微观金融领域的沉默的螺旋理论极其相似，而且与曼昆和里斯的粘性信息理论也非常相近，只不过粘性信息理论强调的是预期粘性来自信息处理的时滞，而卡罗尔的预期传染模型强调的是媒体报道对公众预期形成和更新具有传染性。这种传染机制带来预期粘性。[②]

在宏观金融领域，无论粘性信息理论还是预期的媒体传染理论，其理论框架的基本思路都可以回溯到20世纪80年代提出[③]并至今主导现代通胀动态机制理论的粘性价格理论的奠基性文献。因此，价格粘性、信息粘性和媒体传染在一定程度上描绘了最近三十年通胀动态机制研究领域的三个重要前沿性方向。预期的媒体传染或者说流行病学模型方面的研究近年来更是方兴未艾，在一定程度上也反映出学界对跨学科和宏微观视角相结合研究的高度关注。

根据卡罗尔的预期形成的传染机制理论的基本设定，总可以假设媒体报道中含有关于物价上涨、通货膨胀等内容，而在任一给定时期总会有一部分人（假定比例是 $\theta$）阅读到相关信息并受其影响而形成通胀预期。当然，在这一时期另外一部分人（$1-\theta$）没有受

---

① Kahneman, D., Tversky, A. “Prospect Theory: An Analysis of Decision under Risk”, *Econometrica*, vol. 47, no. 2 (1979), pp.263–291.

② Mankiw, N. G., Reis, R. “Sticky Information versus Sticky Prices: A Proposal to Replace the New Keynesian Phillips Curve”, *The Quarterly Journal of Economics*, vol. 117, no. 4 (2002), pp.1295–1328.

③ Calvo, A. “Staggered Prices in a Utility-Maximizing Framework”, *Journal of Monetary Economics*, vol. 12, no. 3 (1983), pp.383–398.

到媒体报道的影响，其预期保持此前基于媒体报道形成的预期，而此前的预期形成继续重复这样的两部分形成机制。为方便表述，令 $t$ 到 $t$+1 期的环比通胀率为 $\pi_{t+1}\equiv\ln(P_{t+1})-\ln(P_t)$，其中，$P_t$ 表示 $t$ 期总体物价指数。这样，预期形成的媒体传染机制可以写成：

$$E_t[\pi_{t+1}]=\theta N_t[\pi_{t+1}]+(1-\theta)\{\theta N_{t-1}[\pi_{t+1}]+(1-\theta)(\theta N_{t-2}[\pi_{t+1}]+\cdots)\};\qquad(11\text{–}1)$$

其中，$E_t[\pi_{t+1}]$表示 $t$ 期公众对 $t$+1 期通胀率的预期，$N_t[\pi_{t+1}]$表示基于 $t$ 期媒体信息形成的 $t$+1 期通胀预期。模型（11–1）刻画的是基于媒体阅读而形成通胀预期的一种微观机制，并且暗示出当媒体报道（关于通胀）密集时公众预期的更新速度相对更快。

虽然模型（11–1）刻画了预期形成的微观传染机制，但对其进行应用分析并不可行。为获得对应的可估计模型，我们仍然遵循传染机制理论的基本设定，假定在任一时期 $t$ 经济中总有一个基础通胀率 $\pi_t^f$，且现实通胀率围绕基础通胀率上下变化，即

$$\pi_t=\pi_t^f+\varepsilon_t;\qquad(11\text{–}2)$$

其中，$\varepsilon_t$ 是影响现实通胀率的瞬时随机扰动项。同时，假设基础通胀率不可预测，即

$$\pi_{t+1}^f=\pi_t^f+u_t;\qquad(11\text{–}3)$$

其中，$u_t$ 是影响基础通胀率的永久性冲击项。模型（11–2）和（11–3）中的 $\varepsilon_t$ 和 $u_{t+1}$ 均为白噪声序列。

在进一步推导之前，我们需要简单回顾一下年化环比增长率和同比增长率的基本定义和性质。以季度数据为例，令 $\pi_{t,t+1}$ 表示 $t$ 到 $t$+1 期的年化环比通胀率，即 $\pi_{t,\,t+1}\equiv4[\ln(P_{t+1})-\ln(P_t)]=4\pi_{t+1}$，那么同比通胀率可以写成：

$$\pi_{t,t+4}=\pi_{t+1}+\pi_{t+2}+\pi_{t+3}+\pi_{t+4};\qquad(11\text{–}4)$$

将等式（11–2）代入等式（11–4）可得：

$$\pi_{t,t+4}=4\pi_{t+1}^f+\sum_{i=1}^{4}\varepsilon_{t+i}+\sum_{i=2}^{4}(5-i)u_{t+i}\,。\qquad(11\text{–}5)$$

因为 $\varepsilon_t$ 和 $u_{t+1}$ 都是不可预测的白噪声序列，所以对等式（11–5）左右两边取期望可得：

$$E_t[\pi_{t,t+4}]=4E_t[\pi_{t,t+1}^f]\,。\qquad(11\text{–}6)$$

假设公众在阅读媒体信息获得通胀预期的过程与等式（11–2）至（11–5）所刻画的流程类似，则有：

$$N_t[\pi_{t,t+4}]=4N_t[\pi_{t,t+1}^f]\,。\qquad(11\text{–}7)$$

同时，基于（11–2）和（11–3）可知：

$$E_{t-1}[\pi_{t-1,t+3}]=E_{t-1}[\pi_{t,t+4}]。\qquad(11\text{–}8)$$

将模型（11–1）中的变量符号改换成同比增长率的形式并利用等式（11–8），可以证明模

型（11–1）等价于：

$$E_t[\pi_{t,t+4}]=\theta N_t[\pi_{t,t+4}]+(1-\theta)E_{t-1}[\pi_{t-1,t+3}]。\quad (11–9)$$

也就是说，公众通胀预期（同比）等于基于媒体的通胀预期与上一期公众预期的加权平均。只要使用合理的指标刻画媒体预期，就可以对等式（11–9）进行估计。例如可以采用媒体的报道数量来刻画媒体通胀预期，即

$$N_t[\pi_{t,t+4}]=\gamma News_t+\eta_t；\quad (11–10)$$

其中，$\eta_t$ 表示随机干扰项。结合等式（11–9）和（11–10）可得：

$$E_t[\pi_{t,t+4}]=\beta News_t+\alpha E_{t-1}[\pi_{t-1,t+3}]+u_t；\quad (11–11)$$

其中，$u_t=\theta\eta_t+\varepsilon_t$，系数 $\beta$ 和 $\alpha$ 均是 $\gamma$ 和 $\theta$ 的函数。

在已有研究中，模型中 News 变量一般采用媒体报道数量的净值变量（即"涨价"报道量减去"降价"报道量）来表示。但是我们前面已经提到，采用报道净值的做法抹去了不同方向的报道可能对公众预期影响的不对称性。例如公众可能对"涨价"报道非常敏感，而对"降价"报道的反应平淡。这种不对称反应与沉默的螺旋理论中的不同意见气候的影响类同。所以计量建模中区分不同情绪的媒体报道的影响更为合理。鉴于此，本章在模型设立上允许不同媒体报道（即"涨价""降价"和"中性"）对通胀预期具有非对称性驱动效应，即

$$E_t[\pi_{t,t+4}]=c+\beta^+News_t^++\beta^-News_t^-+\beta^0News_t^0+\alpha E_{t-1}[\pi_{t-1,t+3}]+u_t；\quad (11–12)$$

其中，$u_t$ 是无序列相关性的随机扰动项。模型（11–12）是一个简约且含义丰富的动态模型。如果我们利用滞后算子的基本性质将模型（11–12）重新变形将不难看到，模型（11–12）实质上同时捕捉了媒体报道的当期及滞后期对通胀预期的驱动效应。因此，尽管模型（11–12）从形式上只出现了媒体报道的即期指标，却保证了不会遗漏可能存在的动态影响效应。



## 第三节 预期与媒体情绪：典型事实

### 一、通胀预期

在第十章提过，现有研究对通胀预期数据的获得主要有三种思路：第一种是假定公众预期服从完全理性预期模式，预期数据可以通过现实通胀率的前一期获得，但此时会额外引入独立同分布的预测扰动项；第二种是通过时序预测方法获得通胀预期序列；第三

种则是基于调研数据获得通胀预期形式。因为调研数据法是通过公众或专家的反馈信息来直接或者间接获得预期通胀序列，所以这种预期形式与现实最为贴近，更能体现现实中公众的真实预期情况。因此，本章采用与本书第五章类似的做法，通过调研数据获得预期通胀率，具体包括两组不同类型的季度调研数据：第一组是中国人民银行公布的“城镇储户收入与物价扩散指数表”中的“未来物价预期指数”（通过差额统计法计算出对应的公众预期通胀率）；第二组是《证券市场周刊》发布的“远见杯”中国宏观经济预测结果中的通胀预期数据。根据公开数据的可获性，第一组预期数据的样本区间为2001年第一季度至2012年第一季度，第二组预期数据的样本区间为2002年第四季度至2012年第一季度。

第一组调研数据来源于中国人民银行的调查问卷。我们在第五章曾经做过说明，根据原始调查问卷设计，问题是：您预计未来3个月的物价水平将比现在（如何变化），设计的选项包括“上升”“下降”和“基本不变”。基于选择以上不同选项的人数，差额统计法可以结合现实通胀率将其转换为预期通胀率[①]。具体来说，如果令$B_t$表示净差额，即认为物价上升的人数百分比和下降的人数百分比的差额，则可以根据净差值$B_t$来计算预期通胀率，即$\pi_t^e=\beta B_t$，其中系数$\beta$通过$\beta=\frac{\sum_{t=1}^{T}\pi_t}{\sum_{t=1}^{T}B_t}$计算（$\pi_t$表示通胀率）。根据央行的问卷设计，差额法获得的公众预期通胀率的大小尺度相当于季度同比增长率幅度，因此在计算过程中的现实通胀率使用消费者价格指数同比增长率形式。

第二组调研数据来自《证券市场周刊》举办的“远见杯”预测。根据相关设计，《证券市场周刊》邀请国内27家经济金融研究机构和实务部门进行预测，按季度发布包括CPI增长率（同比）在内的多项宏观预测数据。“远见杯”是各家机构对比预测准确度的竞赛模式，《证券市场周刊》每季度报告出所有参赛机构的预测结果。我们将所有机构关于CPI增长率的预测值进行平均，计算出本章使用的第二组预期通胀率数据。

注意，根据这两组调研数据的基本属性可知，第一组受调研对象为普通民众，数据所刻画的预期属于普通公众的预期；而第二组受调研主体则更为专业，可以理解为专家的通胀预期。由于调研受众的这种差异，两类通胀预期序列各自反映的信息可能存在差异。从图11-1所描绘的两组预期序列的动态走势来看，尽管普通公众通胀预期与专家预测总体走势基本一致，但是在具体演进路径上确实存在差别，特别是波峰波谷的具体时间点及序列平滑程度和波动程度都不尽相同。不过，正是因为两组调研数据的基本属性存在

① 自2009年第三季度起，央行采用新的方法计算预期物价指数。我们在具体计算中将前后算法进行了统一，确保口径一致。

这些差异，所以利用这两组通胀预期数据分析媒体报道对受众影响并进行比较，可以更好地对研究主题进行相互比较和补充。

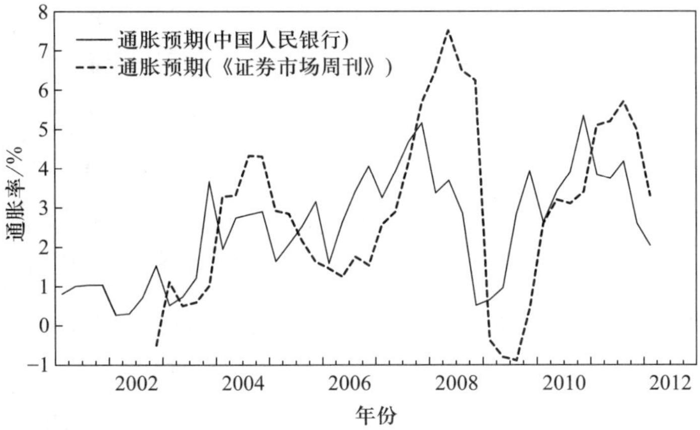


图 11–1　通胀预期序列（2001 年第一季度—2012 年第一季度）

## 二、媒体情绪

一般意义上的媒体报道,可以分为正面、负面和中性。因为本章研究的主题是通胀预期，所以不管是何种情绪报道，均指与物价或通胀等相关并可能影响通胀预期的报道内容。根据报道原文的文本内容和常规逻辑,我们可以将此类媒体报道划分为“降价”“涨价”和“中性”三类: ①“降价”报道是指报道内容含有降价信息的，包括直接报道物价水平下降或与抑制通胀相关的措施,如“CPI 创年内新低”“央行拟提高金融机构存款准备金率”;②“涨价”报道是指含有物价上涨等信息的新闻，内容涉及当前或未来物价水平上涨、货币政策宽松等，如“CPI 再创新高”“央行再次降低存款准备金率”；③“中性”报道是指没有明显倾向性的报道，此类报道虽然含有物价或货币等关键词，但仅是报道物价不变（平稳）之类的内容，如“物价稳定是经济发展的基础”“货币稳健、助力经济平稳健康”。

在确定媒体报道的分类标准之后，下一项工作是选择具有代表性的媒体报道数据库。我们根据发行量（浏览量）排名、影响力、覆盖范围及可获性，分别选取两大类数据库进行检索统计，第一类是传统纸质媒体，第二类是网络媒介。纸质媒体来源包括“巨灵财经”数据库、“慧科新闻”数据库及《人民日报》和《参考消息》。网络媒体选择国内具有代表性的三大门户网站，即新浪、搜狐和网易。

对于纸质媒体新闻池数据库，我们需要进行具体的报刊遴选，既要包括全国性报刊也要包括区域性报刊；既要涵盖综合性报刊也要覆盖财经类专业报刊，同时还要保证选取的报刊在研究样本区间内是被全文收录的。据此标准，我们在“巨灵财经”中选取 15 种代表性报刊[①]，“慧科新闻”的报刊池选择更全面的 18 种不同类型报刊（包括中国内地最具影响力综合性报刊[②]、重要中央级党报[③]和最具影响力财经类报刊[④]三大类）。这两个数据库涵盖的媒体源基本没有重复，且都是对多种报刊构成的媒体“新闻池”进行综合统计的媒体报道数据库。

对于网络媒体，新浪、搜狐和网易是中国最大的三家综合性互联网信息资源提供商，也是公众浏览网络资源过程中最常用的三家资讯综合门户网站。根据百度百科数据，新浪在全球范围内注册用户超过 2.3 亿，各种付费服务的常用用户超过 6 000 万，日浏览量最高突破 4.5 亿次；搜狐拥有超过 1 亿注册用户，日浏览量为 2.5 亿；网易活跃用户数也超过 1 亿，日浏览量达 3 亿次。因此，选取这三大网站来刻画我国网络舆情的总体状况具有代表性。网络媒体报道数量的统计通过百度新闻搜索功能获得（将数据来源分别设定为新浪、搜狐和网易）。

接下来，我们对媒体报道进行具体的相关检索、数量统计和报道方向识别。[⑤]已有经典文献一般仅搜索含有“通胀”（inflation）词根的关键词，本章与本书第十章保持一致，设定与物价变化相关的更全面的检索关键词（如通货紧缩、通胀、通缩、物价、价格、CPI、PPI、消费者价格指数、消费物价指数、批发物价指数、货币、货币政策），并对报道题目和全文都进行检索，只要报道标题或行文中含有一个或多个上述关键词即被选定并记录。由于单纯依靠关键词检索仍然可能出现多记或遗漏问题，所以我们接着通过人工阅读进行复审。复审的主要工作是逐条确认报道内容是否确实与中国物价变化相关。例如我们将关于其他国家的物价变化、股价金价等非普通商品的价格变动等情况的报道排除；将标题中不含关键词但行文中涉及物价变化情况等纳入统计范围。

这样，通过电子检索和人工阅读，我们从各媒体库中分别获得了“降价”“涨价”和“中性”三类不同情绪（语气）报道数量的时序数据。根据数据可获性，纸质媒体样本区间为 2001 年 1 月至 2012 年 3 月，网络媒体为 2003 年 1 月至 2012 年 3 月（经验分析中按季加总获得季度序列与通胀预期数据匹配）。图 11-2 描绘了各个媒体中三类语气对应的报道数量。图

① 包括《金融会计》《国际金融报》《金融时报》《经济参考报》《经济日报》《人民日报》《中国经济时报》《中国经营报》《中华工商时报》《北京青年报》《深圳特区报》《深圳商报》《南方都市报》《21 世纪经济报道》《财经》。

② 包括《北京晚报》《北京晨报》《北京青年报》《成都商报》《今晚报》《解放日报》《南方日报》《齐鲁晚报》《南方都市报》《羊城晚报》《江南都市报》。

③ 包括《人民日报》《光明日报》《科技日报》《南方周末》《钱江晚报》。

④ 包括《经济日报》《上海证券报》。

⑤ 纸媒一般均为日报，只有个别为周刊和半月刊，我们对纸媒逐期进行检索统计，然后按季加总获得季度序列。网媒数据库按月检索，然后按季加总获得季度序列。

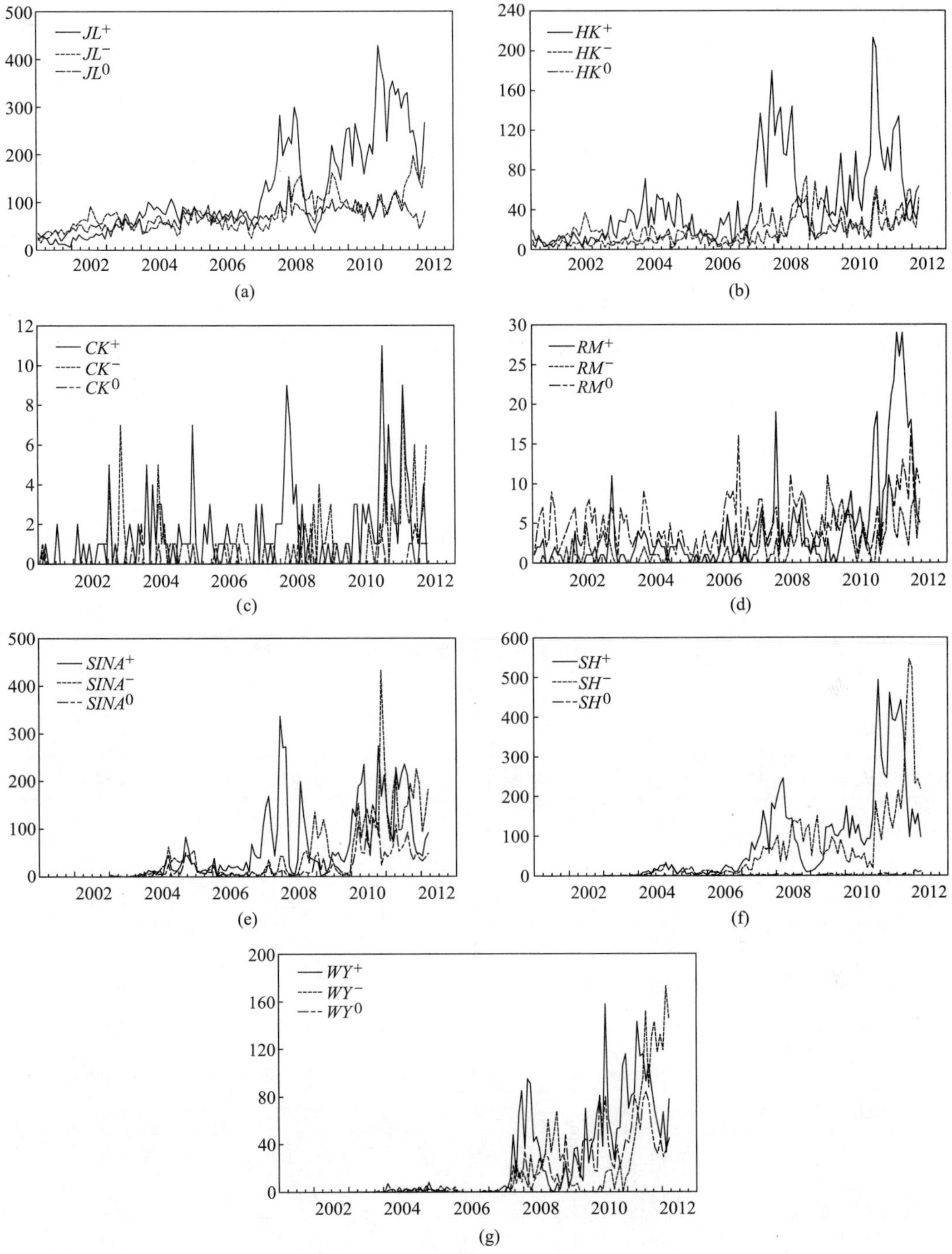


图 11–2　媒体报道的时序数据

注：2001 年 1 月—2012 年 3 月；+、– 和 0 分别表示“涨价”“降价”和“中性”。

*JL* 代表“巨灵财经”；*CK* 代表“《参考消息》”；*SINA* 代表：“新浪”；*WY* 代表“网易”；

*SH* 代表：“搜狐”；*HK* 代表“慧科新闻”；*RM* 代表“《人民日报》”。

11–2 中有三点值得注意：一是不同情绪报道的时序走势差异明显；二是大部分媒体库中的负面情绪报道（即“涨价”报道）的数量在大部分时期高于“降价”和“中性”报道数量，但《人民日报》有所不同，其在 2010 年以前“降价”报道数量一般要高于“涨价”报道数量；三是从各变量对应的时序路径特征上看较难判断变量是否含有确定或随机趋势。

## 三、数据平稳性与描述性统计

在进行实证分析之前，我们对所有媒体报道变量和通胀预期序列原始数据进行平稳性检验（*EXP_YH* 和 *EXP_ZQ* 分别表示两个通胀预期序列，后缀 *YH* 和 *ZQ* 代表“央行”和“证券”的拼音），同时考察各变量的统计描述特征。表 11–1 报告了统计性描述（均值和标准差）及 ADF 和 PP 两种传统单位根检验的结果。如果依据检验结果机械式地判断，那么通胀预期序列基本可以认定为平稳，而各媒体报道变量则出现趋势平稳、单位根和平稳多种不同情形。当然个别情况下 ADF 和 PP 检验指向的结论不同，同时部分情形下检验 $p$ 值贴近 10% 的临界水平。

**表 11–1　相关变量样本内单位根检验结果（$p$ 值）与描述性统计**

| 变量 | 均值 | 标准差 | ADF | PP |
|---|---|---|---|---|
| $^{T}JL^{+}$ | 365 | 288 | 0.013 | 0.013 |
| $JL^{-}$ | 228 | 105 | 0.521 | 0.087 |
| $^{T}JL^{0}$ | 200 | 59 | 0.036 | 0.000 |
| $HK^{+}$ | 139 | 119 | 0.077 | 0.007 |
| $HK^{-}$ | 56 | 41 | 0.312 | 0.000 |
| $HK^{0}$ | 54 | 37 | 0.810 | 0.000 |
| $CK^{+}$ | 4.56 | 4.71 | 0.000 | 0.000 |
| $CK^{-}$ | 2.78 | 3.39 | 0.246 | 0.000 |
| $CK^{0}$ | 0.58 | 0.97 | 0.000 | 0.000 |
| $RM^{+}$ | 12.51 | 17.42 | 0.062 | 0.016 |
| $^{T}RM^{-}$ | 6.16 | 6.69 | 0.000 | 0.000 |
| $RM^{0}$ | 14.82 | 7.63 | 0.088 | 0.000 |
| $SINA^{+}$ | 196 | 205 | 0.265 | 0.001 |
| $SINA^{-}$ | 157 | 195 | 0.579 | 0.012 |
| $SINA^{0}$ | 66 | 76 | 0.508 | 0.001 |
| $SH^{+}$ | 269 | 335 | 0.212 | 0.174 |
| $SH^{-}$ | 202 | 282 | 0.986 | 0.139 |

续表

| 变量 | 均值 | 标准差 | ADF | PP |
| --- | --- | --- | --- | --- |
| $^{T}SH^{0}$ | 3.78 | 5.34 | 0.01 | 0.000 |
| $^{T}WY^{+}$ | 82 | 106 | 0.039 | 0.000 |
| $WY^{-}$ | 60 | 114 | 0.995 | 0.975 |
| $^{T}WY^{0}$ | 52 | 64 | 0.000 | 0.000 |
| *EXP_YH* | 2.49 | 1.4 | 0.08 | 0.089 |
| *EXP_ZQ* | 2.66 | 2.1 | 0.004 | 0.144 |

注：ADF 检验的滞后阶数由 AIC 确定，PP 检验的谱估计使用标准的 Bartlett 核估计法（Newey–West 自动带宽），表中报告的 $p$ 值依据麦金农计算[①]；所有检验中均含截距项，含左上角标 T 的变量表示其检验中时间趋势项在 1% 水平下显著。

*JL* 代表“巨灵财经”；*HK* 代表“慧科新闻”；*CK* 代表“《参考消息》”；*RM* 代表“《人民日报》”；*SINA* 代表“新浪”；*SH* 代表“搜狐”；*WY* 代表“网易”。

依据以上单位根检验结果选择合理的数据平稳性处理方式并不容易。当然，我们可以根据上述机械式的检验结果进行平稳化处理（如去除时间趋势或随机趋势）。但是在媒体报道序列是否含有趋势成分表现得不明显（回顾图 11–2），而且是否含有趋势成分在经济意义上的支撑不明确的具体情况下（例如没有明显原因说明媒体报道的数量会随时间增加），我们需要注意两个问题：一是单位根检验在数据样本不大的情况下统计功效相对较低；二是单纯从单位根检验并不一定能够甄别出变量的真实数据生成过程含有时间趋势还是随机趋势，单位根检验仅是一种辅助诊断检验。另外，结合图 11–2 中各变量的时序路径特征来看，对原始序列进行差分或去除时间趋势需要非常谨慎。原因是虽然经过处理后可以获得统计检验上显示的平稳结果，但原序列的信息也可能同时被平滑掉，使得后续分析信息损失，导致统计推断失真。

以上讨论不是为了忽视单位根检验的基本结果，也不是为了要预判结论而操纵数据。事实上，从图 11–2 的时序路径来看，检验结果所显示的趋势性成分也可能来自 2010 年前后的跳跃性变化。确实，当我们把表中检验结果有趋势的序列对应的检验样本终点稍做变化（如截至 2009 年），单位根检验结果则显示为平稳。为尽量确保结果具有稳健性，我们将在实证分析中针对数据的平稳性问题进行两种尝试：① 在全样本区间内使用原始序列进行分析，② 按照全样本下单位根检验结果进行去除趋势处理然后进行回归。

① MacKinnon，G. “Numerical Distribution Functions for Unit Root and Cointegration Tests”，*Journal of Applied Econometrics*，vol. 11，no. 6（1996），pp.601–618.

## 第四节 媒体情绪的非对称传染效应

### 一、估计说明

因为模型（11–12）中自变量含有即期媒体报道变量，所以必须考虑模型的内生性问题。具体来说，因为公众的通胀预期是基于 $t$ 期及之前的相关信息形成的预测（如即期的媒体报道），所以影响即期通胀率的随机因素一般也会影响媒体报道变量。换言之，虽然模型（11–12）刻画的是媒体报道影响通胀预期，但是通胀预期的变化也可能影响媒体报道。因此，从经济意义上看模型（11–12）可能存在内生性问题。在实际工作中，我们使用 Durbin-Wu-Hausman（DWH）检验来确认“最小二乘估计具有统计一致性”的原假设在传统显著性水平是否被拒绝。① 根据 DWH 检验的基本原理，如果回归中 DWH 检验的 $p$ 值小于 5%，则使用工具变量估计；反之则使用普通最小二乘法（OLS）估计。

对于使用工具变量估计的回归，工具变量的选择既要考虑工具变量与模型内各自变量之间的经济关系，又要考虑工具变量个数相对于样本大小的合理性，并且需要确保工具变量与扰动项无关。为此，我们选择模型右侧变量各自的 1 至 2 期滞后项作为工具变量（含常数项）。工具变量选择的合理性进一步由 Hansen-J 检验进行确定（即过度识别性检验）。②

另外，因为模型（11–12）是动态模型，所以确保扰动项不存在序列相关性至关重要。对于动态模型（11–12）来说，如果扰动项存在序列相关性，则意味着通胀预期滞后项与扰动项非正交。这样就会导致其他相关时序变量的滞后项也与扰动项相关。此时即使采用工具变量估计，结果也不具备统计一致性，而且有偏。因此在模型（11–12）的设立过程中必须进行序列相关性检验。对于 OLS 估计，我们使用标准的 Breusch-Godfrey LM 检验。

---

① Durbin, J. "Errors in Variables", *Review of the International Statistical Institute*, vol. 22, no. 1 (1954), pp.23–32; Wu, D. "Alternative Tests of Independence between Stochastic Regressions and Disturbances", *Econometrica*, vol. 41, no. 4 (1973), pp.733–750; Hausman, J. "Specification Tests in Econometrics", *Econometrica*, vol. 46, no. 6 (1978), pp.1251–1272.

② Hansen, L. "Large Sample Properties of Generalized Method of Moments Estimators", *Econometrica*, vol. 50, no. 4 (1982), pp.1029–1054.

对于工具变量估计，则需要应用戈弗雷的工具变量序列相关性检验。[①] 为此，我们根据戈弗雷所提出的工具变量估计下的序列相关性检验方法对模型（11–12）进行序列相关性检验。其基本思想是基于如下辅助回归方程：

$$\tilde{\eta}_t = Xb + \rho(L)\tilde{\eta}_{t-1} + v_t; \tag{11–13}$$

其中，$\rho(L)$ 表示滞后算子多项式，$\tilde{\eta}$ 是原始模型使用工具变量估计后获得的残差序列，$X$ 表示原始模型（11–12）中的自变量矩阵，$v$ 是辅助方程的扰动项（允许存在异方差，但不能序列相关）。假定最初的工具变量集合为 $Z$，那么用于估计辅助模型（11–13）的工具变量需要在 $Z$ 的基础上再增加 $\tilde{\eta}$ 的滞后项。这样，使用增广后的工具变量集合对（11–13）进行估计，并计算对应的拉格朗日（LM）统计量，对 $\tilde{\eta}$ 是否具有序列相关性进行检验（原假设是 $\rho=0$）。我们在实证分析中计算并报告该统计量对应的 $p$ 值。注意，根据基维特（Kiviet）的研究结果，在实际编写程序中，滞后操作带来 $\tilde{\eta}$ 的缺失值用 0 进行了插补，以使检验结果更加精确。[②]

## 二、估计结果

表 11–2 分别报告了基于中国人民银行问卷调查的预期数据和《证券市场周刊》“远见杯”的预期数据对应的模型（11–12）估计结果。注意，为了使媒体变量的系数估计值具有可比性，回归中各纸质媒体报道变量经过量级一致化处理（即各报道数量原始值都除以对应媒体包含的报刊份数）。经过量级一致化后系数 $\beta$ 的含义更容易解读，即表示单份报刊每增加一篇报道对公众预期的影响程度。

**表 11–2 模型（11–12）的估计结果**

| 中国人民银行通胀预期 | $\alpha$ | $\beta^+$ | $\beta^-$ | $\beta^0$ | $\overline{R^2}$ | $p$-auto | DWH | $p$-J |
|---|---|---|---|---|---|---|---|---|
| 巨灵财经 | 0.374***<br>(0.131) | 0.026*<br>(0.015) | −0.087***<br>(0.022) | 0.146***<br>(0.048) | 0.66 | 0.880 | 0.667 | |
| 慧科新闻 | 0.315**<br>(0.152) | 0.115***<br>(0.028) | −0.160**<br>(0.070) | 0.046<br>(0.130) | 0.67 | 0.077 | 0.146 | |
| 《参考消息》 | 0.625***<br>(0.114) | 0.056<br>(0.035) | −0.047<br>(0.038) | 0.117<br>(0.174) | 0.52 | 0.852 | 0.536 | |

① Godfrey，L. “Testing for Serial Correlation by Variable Addition in Dynamic Models Estimated by Instrumental Variables”，*The Review of Economics and Statistics*，vol. 76，no. 3（1994），pp.550–559.

② Kiviet，J. “On the Rigour of Some Misspecification Tests for Modelling Dynamic Relations”，*The Review of Economic Studies*，vol. 53，no. 2（1986），pp.241–261.

续表

| 中国人民银行通胀预期 | $\alpha$ | $\beta^+$ | $\beta^-$ | $\beta^0$ | $\overline{R}^2$ | $p$-auto | DWH | $p$-J |
|---|---|---|---|---|---|---|---|---|
| 《人民日报》 | 0.695***<br>（0.107） | 0.010<br>（0.013） | 0.021<br>（0.026） | −0.035<br>（0.030） | 0.51 | 0.929 | 0.902 | |
| 新浪 | 0.408***<br>（0.130） | 0.003**<br>（0.001） | −0.002<br>（0.002） | 0.001<br>（0.005） | 0.41 | 0.977 | 0.084 | |
| 搜狐 | 0.477***<br>（0.139） | 0.002***<br>（0.001） | −0.001***<br>（0.000 5） | −0.008<br>（0.017） | 0.45 | 0.856 | 0.107 | |
| 网易 | 0.460***<br>（0.133） | 0.007*<br>（0.003） | −0.003***<br>（0.001） | −0.004<br>（0.005） | 0.44 | 0.756 | 0.205 | |
| 《证券市场周刊》预期 | $\alpha$ | $\beta^+$ | $\beta^-$ | $\beta^0$ | $\overline{R}^2$ | $p$-auto | DWH | $p$-J |
| 巨灵财经 | 0.742***<br>（0.108） | 0.082**<br>（0.039） | −0.148***<br>（0.046） | −0.065<br>（0.133） | 0.69 | 0.265 | 0.032 | 0.260 |
| 慧科新闻 | 0.404***<br>（0.143） | 0.114<br>（0.068） | −0.527***<br>（0.179） | 0.695*<br>（0.359） | 0.63 | 0.500 | 0.000 | 0.267 |
| 《参考消息》 | 0.707***<br>（0.159） | 0.144**<br>（0.055） | −0.091**<br>（0.044） | 0.102<br>（0.274） | 0.69 | 0.940 | 0.121 | |
| 《人民日报》 | 0.667***<br>（0.177） | 0.029*<br>（0.014） | −0.039<br>（0.033） | 0.015<br>（0.029） | 0.63 | 0.167 | 0.091 | |
| 新浪 | 0.688***<br>（0.147） | 0.005**<br>（0.002） | −0.002<br>（0.001） | −0.003<br>（0.004） | 0.67 | 0.476 | 0.206 | |
| 搜狐 | 0.719***<br>（0.146） | 0.002**<br>（0.001） | −0.001<br>（0.001） | −0.015<br>（0.027） | 0.63 | 0.429 | 0.398 | |
| 网易 | 0.707***<br>（0.182） | 0.012*<br>（0.006） | −0.002<br>（0.003） | −0.013<br>（0.010） | 0.65 | 0.934 | 0.059 | |

注：小括号报告的是 White 修正标准差；$p$-auto 指序列相关性检验的 $p$ 值（原假设为无序列相关性）；$p$-J 指 Hansen-J 检验对应的 $p$ 值；DWH 指 Durbin-Wu-Hausman 内生性检验 $p$ 值；***、** 和 * 分别表示相应统计量在 1%、5% 和 10% 的显著性水平具有统计显著性；回归中纸质媒体报道变量经过量级标准化以使点估计值具有可比性。

首先，我们最关注的是不同媒体报道对通胀预期的传染效应。无论对于哪组通胀预期数据，“涨价”报道系数估计值均为正数（即“涨价”报道越多则公众对未来通货膨胀上升的预期越强烈），而“降价”报道系数估计值一般均为负数（《人民日报》对应的结果除外）。多数情况下，这两个系数估计值具有统计显著性，而且不同情绪对应的系数估计值在大多数情况下差别较大，反映出不同媒体报道对通胀预期的传染具有非对称性。在实践中，我们对正负面情绪对应的系数绝对值相等的原假设进行了检验，结果显示该原假设在多数情况下被拒绝（传统显著性水平下），从而印证了不同媒体报道对公众预期存在显著非对称传染效应。同时，除个别回归之外，“中性”报道的系数估计值多不具有统计显著性。这与此类媒体报道的基本属性比较一致。

其次，对于媒体报道对通胀预期的非对称传染效应，有两点特别值得注意。第一，《参考消息》和《人民日报》对普通公众的通胀预期影响不显著，而对具有较强经济背景的专家预期具有一定程度的显著影响。第二，纸质和网络两类不同媒介对公众预期的传染效应截然不同。对于纸质媒体，其“降价”报道系数估计值的绝对值多数情况下大于“涨价”报道系数估计值，说明“降价”报道对公众预期的传染力度相对更强一些；而对于网络媒体，其“涨价”报道的系数估计值明显大于“降价”报道的系数估计值（绝对值），即网络媒体的“涨价”报道对预期的传染性更强。

进一步观察网络媒体不同情绪对应的估计结果还可以看到，网络媒体的 6 个回归等式中，“降价”报道系数估计值具有显著性的只有 2 个。也就是说，网络媒体的“降价”报道几乎对公众没有影响。或者说即使有一定影响，也比纸质媒体的“降价”报道影响弱得多。由此可见，公众对网络媒体“涨价”新闻的相关报道反应更敏感，而对网络媒体“降价”新闻反应微弱，从而形成鲜明对比。

再次，从具体估计结果来看，不同的媒体舆论对同一种通胀预期的影响幅度不同。这可能是因为不同媒体库涵盖的相关信息丰富程度和全面程度有所不同。而同一种媒体对不同预期数据的影响幅度和解释程度也不完全相同。这可能是因为两种调研数据来源对象和辐射范围不同。

最后，从回归估计对应的诊断检验来看，模型（11–12）能够较好地去除序列相关性（序列相关性检验 $p$ 值都大于 5%），工具变量选择相对合理（Hansen-J 检验在 5% 水平下均不显著）。从拟合优度来看，《证券市场周刊》“远见杯”数据所在的回归结果修正 $R^2$ 一般都大于中国人民银行调研数据对应的结果，不过从平均水平上看，回归结果的拟合优度都比较高。

归纳起来，表 11–2 的估计结果表明：① 总体看，与通胀相关的媒体报道对通胀预期具有显著传染效应，不同媒体的报道对公众预期的传染方向与媒体报道的基本属性一致。② 不同媒体报道对公众预期的传染效应具有显著非对称性，而这种非对称性在传统纸质媒体和网络媒体上表现相反。对于纸质媒体，“降价”报道比“涨价”报道对公众的传染性更强，而对于网络媒介则恰好相反。

## 三、稳健性分析

基础模型（11–12）是基于流行病学模型的微观机制推演而来的，属于具有微观基础的结构性宏观模型。不过该模型没有考虑控制变量，例如通货膨胀环境和宏观经济状况可能会影响媒体报道。因此有必要对控制变量加以考虑。我们需要注意的是，通胀预期变量是站在 $t$ 期对下一期的通胀预测，而按照通胀数据发布的规律，此时 $t$ 期的通货膨胀数据并未公布。因此回归中的控制变量使用通胀滞后一期更加合理。已有文献①在考虑控制变量时也使用通胀滞后项。

当然，我们还可以考虑增加更多其他的控制变量，如真实 GDP 增长率。但这样的话不仅模型估计过程中自由度损失进一步增加，而且通货膨胀变量与真实 GDP 增长率之间及这二者与通胀预期滞后项之间的潜在共线性对估计结果的准确性影响较大。事实上，计量层面的约束还是其次，关键在于通货膨胀作为控制变量实际上已经暗含了宏观经济状况的信息（可以基于菲利普斯曲线模型理解），所以控制变量不宜太多。

为此，我们在基础模型中增加通胀滞后项作为控制变量，即

$$E_t[\pi_{t,t+4}]=c+\beta^+News_t^++\beta^-News_t^-+\beta^0News_t^0+\alpha E_{t-1}[\pi_{t-1,t+3}]+\gamma\pi_{t-1,t+3}+u_t。\quad(11\text{-}14)$$

然后，我们按照与模型（11–12）的相同估计过程对增广模型（11–14）进行估计（工具变量集中增加通胀滞后项作为其自身工具变量），结果报告在表 11–3 中。通过对表 11–3 和表 11–2 的结果逐项对比可以看到，不同媒体报道及不同方向的媒体报道对通胀预期的影响情况与表 11–2 的结果完全一致。从控制变量的系数估计结果来看，通胀滞后项对公众预期和专家预期的影响不同，过去的通胀环境对普通公众的通胀预期一般没有显著影响，但对专家的通胀预期有显著正向影响，这可能反映出专家比普通民众对通胀数据更加关注和敏感。

另外，为了确保估计结果的稳健性，我们还利用之前的单位根检验结果（表 11–2）对各数据去除趋势，具体的趋势去除方法严格按照表 11–2 中检验结果显示的趋势属性进行对应处理。例如趋势平稳序列剔除时间趋势，含有随机趋势成分的序列进行一次差分，原始序列平稳则不做处理。这样，我们重新对模型（11–12）进行估计，结果显示（为节省篇幅未做报告），各回归等式中点估计值与表 11–2 的结果不完全相同，参数估计的显著性也发生一些变化，而且使用去趋势之后的数据具有显著性的参数估计个数减少（特别是“涨价”和“降价”报道对应的系数估计值）。

---

① Carroll，C. D. “Macroeconomic Expectations of Households and Professional Forecasters”，The Quarterly Journal of Economics，vol. 118，no. 1（2003），pp.269–298；
Lamla，M. J.，Lein，S. M. “The Role of Media for Consumers’ Inflation Expectation Formation”，*Journal of Economic Behavior and Organization*，vol. 106（2014），pp.62–77.

出现这些差别并不奇怪，因为在原始数据去除趋势的过程中可能带来信息损失，进而影响统计推断的显著性等。虽然具体估计结果不尽相同，但是经过仔细比较我们发现，即使利用严苛的去除趋势数据，其结果（未做报告）与表 11–2 及表 11–3 的结果仍然存在两点共同之处。一是不同媒体报道的非对称传染效应依然存在。二是相对纸质媒介而言网络媒体的“降价”报道对通胀预期的传染效应更加微弱。但纸质媒体“降价”报道的平抑效应在统计显著性方面不如表 11–2 的结果明显。

**表 11–3　增加控制变量（现实通胀率）的估计结果**

| 中国人民银行通胀预期 | $\alpha$ | $\beta^+$ | $\beta^-$ | $\beta^0$ | $\gamma$ | $\overline{R^2}$ | $p$-auto | DWH | $p$-J |
|---|---|---|---|---|---|---|---|---|---|
| 巨灵财经 | 0.436***<br>（0.145） | 0.024*<br>（0.014） | −0.079***<br>（0.023） | 0.145***<br>（0.048） | −0.050<br>（0.062） | 0.66 | 0.703 | 798 | |
| 慧科新闻 | 0.368**<br>（0.144） | 0.117***<br>（0.025） | −0.183**<br>（0.071） | 0.160<br>（0.131） | −0.150***<br>（0.054） | 0.70 | 0.727 | 0.336 | |
| 《参考消息》 | 0.729***<br>（0.126） | 0.062*<br>（0.032） | −0.030<br>（0.037） | 0.193<br>（0.159） | −0.124<br>（0.077） | 0.54 | 0.326 | 0.180 | |
| 人民日报 | 0.774***<br>（0.129） | 0.013<br>（0.012） | 0.012<br>（0.025） | −0.031<br>（0.027） | −0.095<br>（0.075） | 0.52 | 0.283 | 0.727 | |
| 新浪 | 0.491***<br>（0.129） | 0.003**<br>（0.001） | −0.001<br>（0.002） | −0.001<br>（0.005） | −0.106<br>（0.088） | 0.42 | 0.274 | 0.096 | |
| 搜狐 | 0.534***<br>（0.142） | 0.002***<br>（0.001） | −0.001**<br>（0.000 4） | −0.009<br>（0.016） | −0.074<br>（0.074） | 0.45 | 0.385 | 0.196 | |
| 网易 | 0.503***<br>（0.142） | 0.007*<br>（0.003） | −0.003**<br>（0.001） | −0.005<br>（0.005） | −0.054<br>（0.082） | 0.43 | 0.341 | 0.295 | |
| 《证券市场周刊》预期 | $\alpha$ | $\beta^+$ | $\beta^-$ | $\beta^0$ | $\gamma$ | $\overline{R^2}$ | $p$-auto | DWH | $p$-J |
| 巨灵财经 | 0.362<br>（0.268） | 0.072**<br>（0.031） | −0.136***<br>（0.041） | −0.056<br>（0.116） | 0.351*<br>（0.202） | 0.73 | 0.928 | 0.027 | 0.47 |
| 慧科新闻 | 0.448<br>（0.270） | 0.132**<br>（0.058） | −0.438***<br>（0.152） | 0.514<br>（0 310） | 0.003<br>（0.223） | 0.66 | 0.112 | 0.000 | 0.11 |
| 《参考消息》 | 0.093<br>（0.366） | 0.118***<br>（0.039） | −0.092**<br>（0.043） | −0.026<br>（0 253） | 0.592**<br>（0.253） | 0.75 | 0.284 | 0.078 | |
| 《人民日报》 | 0.002<br>（0.401） | 0.081**<br>（0.037） | −0.116<br>（0.070） | −0.075<br>（0.062） | 0.506**<br>（0.278） | 0.50 | 0.077 | 0.044 | 0.58 |

续表

| 《证券市场周刊》预期 | $\alpha$ | $\beta^+$ | $\beta^-$ | $\beta^0$ | $\gamma$ | $\overline{R^2}$ | $p$-auto | DWH | $p$-J |
|---|---|---|---|---|---|---|---|---|---|
| 新浪 | −0.628<br>（0.464） | 0.003<br>（0.004） | −0.012<br>（0.007） | 0.028<br>（0.022） | 1.391**<br>（0.537） | 0.59 | 0.465 | 0.013 | 0.31 |
| 搜狐 | −0.236<br>（0.537） | 0.002***<br>（0.001） | −0.001**<br>（0.000 6） | −0.034**<br>（0.016） | 0.919**<br>（0.432） | 0.74 | 0.098 | 0.158 | |
| 网易 | −0.203<br>（0.574） | 0.024<br>（0.016） | −0.003<br>（0.003） | −0.030<br>（0.026） | 0.832<br>（0.575） | 0.57 | 0.985 | 0.002 | 0.20 |

注：同表 11–2 注释。

在实践中，我们还可以对样本略做变化（如数据截至 2009 年），使得变量在该样本内单位根检验结果显示为平稳再进行分析。虽然变化样本后各个等式的估计结果略有变化，但是以上两点基本发现仍然保持不变。

## 第五节　媒体数据的噪声问题

本章的纸媒数据库中收录的一些报刊，从名字上看属于地方性报刊（如《深圳特区报》《深圳商报》《成都商报》《钱江晚报》）。这些地方性报刊的加入可能会引发“媒体指标存在噪声信息”的质疑，因此有必要进行解释和说明。首先，我们在具体的纸媒遴选过程中，不能仅仅侧重于某一行业的报刊（如仅考察财经类报刊），毕竟通胀预期对应的群体是多层面的。所以，我们既要包括全国性报刊也要包括区域性报刊，既要涵盖综合性报刊也要覆盖财经类专业报刊，同时还要保证选取的报刊在研究样本区间内是被全文收录。

当然，如果担心地方性报刊加入会带来额外噪声信息而影响分析结果，那么也可以将《深圳特区报》《深圳商报》《成都商报》《钱江晚报》等从纸媒数据库中剔除，然后重新对基本模型（11–12）和增广模型（11–14）进行回归，估计结果分别报告在表 11–4 和表 11–5 中。分别对比表 11–4 和表 11–2 及表 11–5 和表 11–3 可以看到，剔除地方性报刊获得的估计结果变化非常微小，而且对于基本结论没有丝毫影响。

**表 11-4　剔除地方性报刊后的估计结果**

| 中国人民银行通胀预期 | $\alpha$ | $\beta^+$ | $\beta^-$ | $\beta^0$ | $\overline{R^2}$ | $p$-auto | DWH | $p$-J |
|---|---|---|---|---|---|---|---|---|
| 巨灵财经 | 0.350**<br>（0.129） | 0.030**<br>（0.014） | −0.079***<br>（0.019） | 0.111***<br>（0.039） | 0.66 | 0.626 | 0.516 | |
| 慧科新闻 | 0.303**<br>（0.146） | 0.101***<br>（0.030） | −0.171**<br>（0.068） | 0.097<br>（0.134） | 0.66 | 0.058 | 0.187 | |
| 《证券市场周刊》预期 | $\alpha$ | $\beta^+$ | $\beta^-$ | $\beta^0$ | $\overline{R^2}$ | $p$-auto | DWH | $p$-J |
| 巨灵财经 | 0.732***<br>（0.121） | 0.064**<br>（0.029） | −0.077***<br>（0.024） | −0.079<br>（0.084） | 0.72 | 0.354 | 0.070 | |
| 慧科新闻 | 0.389**<br>（0.152） | 0.097<br>（0.070） | −0.495**<br>（0.183） | 0.742*<br>（0.379） | 0.60 | 0.430 | 0.001 | 0.300 |

注：同表 11-2 注释。

**表 11-5　剔除地方性报刊后的估计结果：增广模型**

| 中国人民银行通胀预期 | $\alpha$ | $\beta^+$ | $\beta^-$ | $\beta^0$ | $\gamma$ | $\overline{R^2}$ | $p$-auto | DWH | $p$-J |
|---|---|---|---|---|---|---|---|---|---|
| 巨灵财经 | 0.422***<br>（0.142） | 0.029**<br>（0.014） | −0.071***<br>（0.020） | 0.111***<br>（0.039） | −0.060<br>（0.061） | 0.66 | 0.886 | 0.800 | |
| 慧科新闻 | 0.370**<br>（0.138） | 0.104***<br>（0.026） | −0.181***<br>（0.066） | 0.191<br>（0.128） | −0.152***<br>（0.055） | 0.70 | 0.641 | 0.333 | |
| 《证券市场周刊》预期 | $\alpha$ | $\beta^+$ | $\beta^-$ | $\beta^0$ | $\gamma$ | $\overline{R^2}$ | $p$-auto | DWH | $p$-J |
| 巨灵财经 | 0.334<br>（0.265） | 0.071**<br>（0.034） | −0.121***<br>（0.033） | −0.050<br>（0.113） | 0.365*<br>（0.199） | 0.73 | 0.849 | 0.039 | 0.52 |
| 慧科新闻 | 0.408<br>（0.285） | 0.113*<br>（0.059） | −0.412***<br>（0.152） | 0.551*<br>（0.317） | 0.034<br>（0.230） | 0.65 | 0.129 | 0.000 | 0.12 |

注：同表 11-2 注释。

事实上，能被“巨灵财经”和“慧科新闻”数据库从 2001 年开始就全文收录的地方性报刊都是比较具有代表性的重要报刊。例如《钱江晚报》，是浙江省发行量和影响力最大的都市类报刊；再如《深圳特区报》，日发行量 60 万份，发行范围覆盖全国 30 多个主要省市，是机关部门、主流企业长期订阅的纸媒。因为地方性报刊也会有相关版面报道全国性问题，尤其是物价类新闻多数是全国性的，所以地方报刊也能传递主流传媒关于物价报道的相关信息。因此，尽可能增加纸媒数量，不仅不会带来噪声，反而会有助于提高纸媒信息覆盖的精确度。最理想的状态是能够涵盖所有的纸媒，此时信息覆盖最全面，当然现实中很难实现。反过来，在极端情况下，媒体库只含一种纸媒，即使其发行量再大或者再权威，也会相当程度地降低相关信息覆盖的全面性和精确度，从而可能对计量估计造成影响（变量信息损失造成系数点估计值失真或标准误估计膨胀）。前文中对《人民日报》和《参考消息》进行单独估计时的结果也基本印证了以上说明。

与纸媒数据的噪声问题相关的还有重复性报道问题：无论是纸质媒体还是网络媒体，都可能存在着同一事件被多家媒体同时报道的情况。从这个意义上讲，关于物价变化的新闻统计存在“重复”现象。但是这种“重复”并不是数据统计的错误，而恰恰是新闻媒体对通胀严重程度的真实反映。从媒体角度，如果多家媒体同时报道某一事件，则说明该事件引起广泛关注和深刻影响。从受众的角度，如果公众在多家媒体上都看到某一事件的新闻，则会加深印象，强化公众的心理预期。因此，我们需要保证同一篇报道没有被重复统计两次，但并不需要区分同一事件是否被不同媒体报道两次，报道次数本身是由事件性质及其潜在影响内生决定的。在实践中，我们还考察了所有纸媒加总及网媒加总分别对通胀预期的影响情况，结果与基于不同媒体源分别考察的结果完全一致。

## 第六节　样本选择与测量误差问题

本章的主要贡献之一在于区分了纸媒和网媒报道对通货膨胀预期的不同影响。而很显然的是，民众接触何种媒介可能是内生选择的结果。纸质媒体与接触网络媒体的受众很可能是两类不同的人群。如果不能对这一问题加以控制，我们可能无法推断纸质媒体消息和网络媒体消息同通货膨胀预期之间关系的差异究竟是来自受众个体特征的差异还是来自媒体本身。这个问题显然非常重要，值得说明。

应当承认，对于来源于中国人民银行城镇储户问卷调查数据的公众预期，由于受访者对媒体选择状况未知，所以如果假定公众对媒体的选择具有唯一性，纸媒和网媒用户基本无交集，那么确实可能会有样本选择问题。然而在现实中，信息是多渠道传播的，特别是在近年来新旧媒体相互融合渗透、同一报道以不同载体呈现的情况下，网上读报和纸媒转载网络新闻都是司空见惯的情况。考虑到流行病传染理论及理性疏忽理论均指出公众对于信息的获取具有或然性，很难想象普通公众会孤立地只把一类媒体作为信息源。当然，如果中国人民银行城镇储户问卷调查的对象全部是中老年人，那么样本选择问题的顾虑仍然存在。不过现实情况并非如此：根据中国人民银行城镇储户问卷调查报告，去银行网点的用户（即央行储户调查的对象群体）中，12.8% 在 18~24 岁，25.5% 在 25~34 岁，28% 在 35~44 岁，20.7% 在 45~54 岁，13% 在 55~64 岁。[①] 显然，中国人民银行调查数据的对象并非集中于保守的中老年人。所以样本选择问题的假定太强，并不符合现实情况。

事实上，本章还使用了《证券市场周刊》的专家调查数据。不同于公众或然的信息更新过程，专家往往会主动利用多种媒体获取相关信息，因此受到样本选择问题影响的可能性更小。根据专家的背景信息及对专家的询问（对纸媒和网媒的关注情况），我们可以基本确认《证券市场周刊》的调查数据不存在样本选择问题。而从本章的实证结果来看，纸质媒体和网络媒体报道同通胀预期之间关系的差异无论是使用央行调查数据还是专家预期数据都是存在的。因此，这一差异性结论并非源于样本选择带来的偏误。

另外，不同媒体在信息报道的客观性方面存在差异，报道采用的语调也不尽相同。那么媒体报道的方式是否会带来测量误差问题呢？回答是否定的。对媒体报道的测量，本章严格按照文本分析客观抓取报道数量，而不对报道进行主观推断。如果考虑报道本身是否客观而进行人为调整，反而会带来测量误差。至于媒体是以什么方式去报道“涨价”还是“降价”，以及媒体对“涨价”和“降价”的态度有偏还是无偏，都不影响“涨价”和“降价”的文本定义。

## 第七节　媒体情绪与“不对称的螺旋”

当然，媒体报道是有倾向性的，同样是涨价或者降价的内容，不同媒体报道的方式和态度会有差别。因此不同媒体的报道对受众心理预期影响可能会有所不同。注意，这种差异性影响还可能受到媒体报道情绪的偏好不同而进一步放大。如果媒体偏好消极悲观和负面的新闻报道，那么其负面情绪对特定新闻内容的传染性就可能会更强。为了说明这一问题，我们对新浪专题新闻中的“首页新闻”进行分类统计，尝试粗略地考察网络媒体对正负面新闻报道的偏好程度，样本区间为 2003 年至 2012 年。我们将“首页新闻”

① 张涛：《中国城镇居民储蓄状况调查与研究》，中国金融出版社 2010 年版。

根据报道内容区分为正面、负面和中性，其中正面新闻是指报道内容为积极乐观和鼓舞人心的正面社会新闻（如2003年10月15日，“神舟五号”载人飞船发射升空），负面新闻是指报道内容为消极悲观和令人担忧之类的负面新闻（如2003年4月29日，全国各地发生“非典”疫情），中性新闻则指无明确情绪的报道（如2003年1月13日，大型雕塑项目《土地》巡展）。图11–3给出了新浪微“首页新闻”版块下不同情绪报道的占比情况，从中可以看到，负面社会新闻的占比在绝大多数时期远远超过了正面报道的占比。这一统计结果印证了网媒偏好负面新闻报道的现实，也从一定程度上解释了为何纸媒与网媒对通胀预期的影响会出现“不对称的螺旋”现象：同样是“涨价”报道，网络媒体对通胀预期具有更强的传染效应；而同样是“降价”报道，网络媒体的平抑通胀预期的效果却更加微弱。

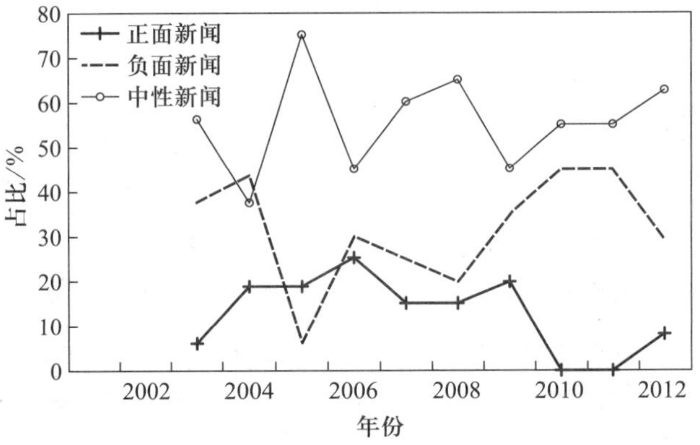


图11–3　新浪“首页新闻”版块的正面、负面和中性新闻报道比例：2003年至2012年

## 第八节　本章小结

新闻传播学领域中媒介传播效果研究的兴起，不仅为微观金融领域的资产定价提供了跨学科研究的理论基础，而且也为宏观金融领域的通胀预期研究提供了崭新的分析框架。从本质上看，无论是微观金融领域中运用的沉默的螺旋理论还是宏观金融领域中使用的“流行病学模型”理论，都是刻画媒体报道对价格变化率的影响，只不过前者针对的是微观金融市场价格，而后者针对的是宏观商品市场价格。因此，不管是用沉默的螺旋还是“流行病学模型”，本质上强调的都是媒体报道的传染机制。

本章基于沉默的螺旋和流行病学模型理论，拓展了通胀预期形成的传染模型，研究两类不同新闻媒介（纸质和网络）关于物价变化的报道对公众通胀预期的传染效应。我们通过人工阅读印刷版资料和电子数据库资料，细致甄别和区分媒体报道的量化指标，并通过调查数据获得现实中一般公众及专家的通胀预期。在此基础上，本章实证考察了不同媒体关于“涨价”“降价”和“中性”报道对通胀预期的动态传染模型。我们通过工具变量序列相关性检验等严谨的诊断性检验确保估计结果相对科学可信。结果表明，不同媒体报道对普通公众和专家级别的通胀预期都存在显著的非对称传染效应，而这种非对称性在传统纸质媒介和网络媒介上的表现截然相反。具体而言，纸质媒体的“降价”报道对公众预期的传染力度相对更强，而网络媒体的“涨价”报道对通胀预期具有更强的传染性。

从普通公众（而非经济学）的角度理解，“降价”报道属于受欢迎的（favorable）内容，而“涨价”报道则是不受欢迎（unfavorable）的内容。而且，从媒体报道对公众预期的影响方向看，“降价”报道的影响一般也是积极正面的（至少有稳定预期的效果），而“涨价”报道的渲染往往是消极负面的。因此站在公众角度看，可以将“降价”报道理解为正面情绪报道，将“涨价”报道视为负面情绪报道。

由此，本章的结果暗示出喜忧参半的两种现实情境：一方面，传统纸质媒体的正面情绪报道对公众的传染力大于其负面情绪报道，即正面情绪报道经过公众传染形成的“螺旋”更大；另一方面，网络媒体的负面情绪报道的传染性强于其正面报道，或者说网络媒体的正面情绪报道几乎不能在公众中形成传染效应。显然，如果负面情绪长期主导媒体舆论，正面情绪就可能成为“沉默的螺旋”。因此，我们在看到正面情绪报道在信息传播方面所起到的积极作用的同时，更要关注媒体（特别是网络媒介）的负面情绪报道对公众预期形成的强大传染效应，尽量减小负面情绪“螺旋”。

值得说明的是，本章只研究了媒体舆论与通胀预期之间的联系，但尚未涉及通胀预期是否及如何影响现实通货膨胀的问题。这个问题自然会涉及经典的菲利普斯曲线模型的设定和估计等一系列问题，本书第十二章将对此问题进行分析。

# 第十二章　媒体中的前瞻性货币政策:通货膨胀的媒体传导机制



本章提要:

本章延续第十一章的研究内容，通过构建前瞻性货币政策中的通胀动态机制模型，分析我国媒体报道对通胀预期的影响及预期对现实通货膨胀的驱动效应。本章根据发行量排名、影响力和覆盖范围选取媒体库并计算相关媒体报道的量化指标，通过调查数据获得现实中公众对未来的通胀预期，进而检验媒体报道是否对公众预期通胀率具有显著影响。本章还进一步构建了基于微观基础的新凯恩斯菲利普斯曲线模型，用以考察通胀预期对现实通胀率的驱动效应。研究结果表明，中国的媒体舆论显著驱动公众预期，并且存在着从媒体报道到公众预期再到现实通货膨胀的传导机制。

本章概览:

- 考虑媒体报道的通胀动态机制
- 媒体报道与通胀预期的说明
- 媒体报道对通胀预期的影响
- 通胀预期与新凯恩斯菲利普斯曲线模型
- 本章小结

## 第一节 考虑媒体报道的通胀动态机制

通胀预期是现代宏观经济分析框架中的重要变量之一。特别是近年来发展起来的基于微观基础的新凯恩斯菲利普斯曲线模型，突出强调通胀预期对现实通货膨胀的影响①。但是在宏观分析框架中，一般使用理性预期或者适应性预期假设获得通胀预期，因此通胀预期在这样的分析框架中仅是统计学意义上的变量指标，而并非现实中公众对通货膨胀的预期。

近年来，与通胀预期相关的前沿性研究开始出现了微妙的变化，许多西方学者开始从中微观视角研究现实中公众通胀预期的影响因素问题，其中一个重要的研究方向是考察媒体舆论对通胀预期的影响问题，如德雷格尔、拉姆拉和玛格（Lamla and Maag）、普法尔和桑托罗。② 不过，确切地讲，这些文献所研究的重点是媒体舆论是否能够解释通胀预期的异质性问题，而不是媒体报道的数量和语气是否会显著影响公众预期，也没有给出媒体报道对公众预期变化的解释程度。

关于中国的通胀预期和通货膨胀问题的研究，主要是针对预期的模型刻画③和通胀动态机制的计量估计④，但相关研究都没有将媒体舆论纳入通胀预期的影响因素分析。虽然我们在第十章中对媒体与通胀预期的关系进行了较为细致的分析，但是还没有考察公众预期在具有微观基础的通货膨胀动态机制模型（即新凯恩斯菲利普斯曲线）中的角色问题。

有鉴于此，本章在前面章节的基础上，阐释我国的媒体报道对通胀预期的影响情况，并进一步考察通胀预期对现实通货膨胀的驱动效应。为此，我们将选取有代表性的四类

---

① Gali，J.，Gertler，M. "Inflation Dynamics：A Structural Econometric Analysis"，*Journal of Monetary Economics*，vol. 44，no. 2（1999），pp.195–222.

② Dräger，L. "Inflation Perceptions and Expectations in Sweden—Are Media Reports the Missing Link？"，*Oxford Bulletin of Economics and Statistics*，vol. 77，no. 5（2014），pp.681–700；
Lamla，M. J.，Maag，T. "The Role of Media for Inflation Forecast Disagreement of Households and Professional Forecasters"，*Journal of Money，Credit and Banking*，vol. 44，no. 7（2012），pp.1325–1350；
Pfajfar，D.，Santoro，E. "News on Inflation and the Epidemiology of Inflation Expectations"，*Journal of Money，Credit and Banking*，vol. 45，no. 6（2013），pp.1045–1067.

③ 王一鸣、赵留彦：《通胀预期与货币需求：实际调整与名义调整机制检验》，《财贸经济》2006 年第 8 期，第 78~82 页；
徐亚平：《公众学习、预期引导与货币政策的有效性》，《金融研究》2009 年第 1 期，第 35 页；
张会清、王剑：《我国通胀演变的决定因素与传导机制研究》，《财贸经济》2012 年第 2 期，第 37~39 页；

④ 张成思：《中国通胀惯性特征与货币政策启示》，《经济研究》2008 年第 2 期，第 27~30 页；
杨继生：《通货预期、流动性过剩与中国通货膨胀的动态性质》，《经济研究》2009 年第 1 期，第 59~63 页。

不同媒体数据库，对关于物价变化的相关报道进行统计，获得相关媒体在2001—2012年期间各月关于物价和通货膨胀等相关内容的报道数量。我们注意到媒体舆论可以通过新闻报道的语气释放出影响消费者预期改变方向的不同信号，因此在统计过程中不是简单地进行加总，而是对相关报道的内容逐条进行仔细审阅，对报道内容的语气细分为正向、中性和负向，进而计算媒体报道数量的净值。然后，我们采集目前可获得的三类通胀预期数据，即中国人民银行季度全国城镇储户问卷调查数据、《证券市场周刊》“远见杯”的数据和北京大学中国经济研究中心的“朗润预测”(“CCER/CMRC 中国经济观察”)数据，获得季度频率的公众预期通胀率，进而分析媒体舆论是否会显著影响公众预期。在此基础上，本章进一步设立了具有微观基础的通胀动态机制模型，系统考察了从媒体舆论到公众通胀预期、再从通胀预期到现实通胀率的驱动效应。

## 第二节　媒体报道与通胀预期的说明

### 一、媒体报道

对于媒体报道的数据，本章选取四种不同数据库渠道进行检索统计。其中，第一、第二组数据分别来源于《参考消息》和《人民日报》，第三、第四组数据分别来源于之前章节中使用的“巨灵财经”“慧科新闻”。考虑到一种报刊的阅读群体相对固定，可能无法全面反映相关报道对通胀预期的影响,我们又利用覆盖范围更广泛的“巨灵财经”和“慧科新闻”数据库中多种报刊构成的“新闻池”进行相关报道检索和统计。

在确定四种不同数据库渠道之后，我们采取与前两章一致的筛选统计做法，对相关新闻进行检索、统计和语气识别，从而获得媒体报道的量化信息。首先，从媒体库中筛选出与物价和通胀等相关、并可能对消费者通胀预期产生影响的报道文章，根据报道题目和全文进行检索，设定与物价变化相关的检索关键词（如通货膨胀、通货紧缩、通胀、通缩、物价、价格、CPI、PPI、消费者价格指数、消费物价指数、批发物价指数），只要报道行文或标题中含有一个或多个上述关键词即被选定并记录。

我们在前面章节曾经指出过，由于单纯依靠关键词进行机械式的检索仍然可能会出现多记不相关报道或遗漏相关报道的问题，所以我们这里继续通过人工阅读进行复审。复审的主要工作是逐条确认报道内容是否确实与中国物价变化相关。例如我们将关于其他国家的物价变化、股价金价等非普通商品的价格变动等情况的报道排除；将标题中不含关键词但具体报道行文涉及物价变化情况等确认纳入统计范围。

至此，媒体报道的数据统计工作尚未完全完成。我们还需要进行进一步人工阅读，遵照报道原文的基本内容、语气和常规逻辑，区分相关报道的内容是涨价报道、降价报道还是中性报道。我们将每篇关于物价上涨等内容的报道记为 1（如“CPI 再创新高”）；将每篇关于物价下降等内容的报道记为 –1（如“CPI 创 22 个月以来新低”“打击通胀紧缩政策急，央行第五次提升金融机构存款准备金率”）；将不带有倾向性感情色彩中性报道记为 0（如“影响汇率的因素包括价格指标”“货币稳健，助力经济平稳健康”）。

这样，我们通过 3 个月的电子检索和人工阅读，从四组数据来源中获得了不同语气的报道数量，进而计算出媒体报道数量的净值（即涨价报道数量减去降价报道数量）。因为区分语气后的媒体报道数量更能科学反映影响通胀预期的准确信息，所以后文的经验分析中使用媒体报道数量的净值。

### 二、通胀预期

为保持章节之间的连续性，本章的通胀预期数据仍然沿用前面章节中的相应数据。我们之前曾经讨论过，通胀预期的统计度量方法有多种，包括理性预期、适应性预期和多变量动态模型预测等。因为本章关注的重点是媒体报道对公众预期的影响，所以我们使用通胀预期的调研数据。调研数据是通过公众的反馈信息来直接或者间接获得预期通胀率，所以最能体现现实中公众的真实预期情况。本章使用三种不同类型的预期调研数据获得预期通胀率，第一是通过中国人民银行公布的“城镇储户收入与物价扩散指数表”中的“未来物价预期指数”获得公众预期的原始指数，再利用标准的差额统计法来计算公众预期通胀率；第二是根据《证券市场周刊》发布的“中国宏观经济预测”直接获得通胀预期数据；第三是北京大学中国经济研究中心的“朗润预测”。根据原始数据的可获性，前两组预期数据的样本区间为 2001 年第一季度至 2012 年第一季度，“朗润预测”为 2005 年第四季度至 2012 年第一季度。

## 第三节 媒体报道对通胀预期的影响

为了研究媒体报道是否显著影响通胀预期（进而影响现实通胀率），我们以媒体报

道数量的净值变量（*VOL*）作为解释变量，以公众预期通胀率（*EXP*）为被解释变量进行简单回归，即

$$EXP_t=c+\beta VOL_t+u_t;\qquad (12\text{–}1)$$

其中 $c$ 是截距项，$u_t$ 是随机扰动项，允许其分布服从非球面特征（non-spherical）。注意，考虑到其他影响公众预期的随机因素（即随机扰动项）在一个季度时间内可能与媒体报道变量非正交，所以模型（12–1）的估计需要使用两阶段最小二乘（2SLS），工具变量使用 *VOL* 的 1 至 4 期滞后项。

当然，另外一种可选的建模方式（也是已有文献经常采用的）是以公众预期通胀率对媒体报道变量的滞后项进行回归，即

$$EXP_t=c+\beta VOL_{t-1}+u_t。\qquad (12\text{–}2)$$

虽然模型（12–2）的回归估计较模型（12–1）更容易［普通最小二乘（OLS）即可］，但是从现实情况看，任何媒体舆论对公众预期的影响在 1 个季度之内都会在一定程度上（即使不是全部）释放出来。因为此处分析的数据频率是季度，所以即使考虑滞后效应，也不能忽略当期的媒体舆论对同期公众预期的可能影响。

基于以上说明并综合考虑媒体舆论的当期和滞后期的可能影响，我们分别对模型（12–1）和模型（12–2）进行了回归估计，估计结果报告在表 12–1 中。注意，为了使媒体变量的系数点估计值具有可比性，回归中各媒体报道变量经过量级标准化（即报道数量原始值除以对应媒体包含的报刊份数）。经过量级标准化后系数 $\beta$ 的含义更容易解读，即表示单份报刊每增加一篇报道对公众预期的影响程度。

**表 12–1　模型（12–1）和模型（12–2）的估计结果**

| | | 巨灵财经 | | 慧科新闻 | | 《参考消息》 | | 《人民日报》 | |
|---|---|---|---|---|---|---|---|---|---|
| | | 2SLS | OLS | 2SLS | OLS | 2SLS | OLS | 2SLS | OLS |
| *EXP_YH* | $\beta$ | 0.06***<br>（0.01） | 0.05***<br>（0.01） | 0.20***<br>（0.03） | 0.16***<br>（0.03） | 0.21***<br>（0.07） | 0.10***<br>（0.08） | 0.03<br>（0.05） | 0.01<br>（0.01） |
| | $\overline{R}^2$ | 0.52 | 0.36 | 0.62 | 0.33 | 0.02 | 0.10 | 0.12 | 0.003 |
| | J-test | 0.66 | | 0.67 | | 0.87 | | 0.14 | |
| *EXP_ZQ* | $\beta$ | 0.12***<br>（0.02） | 0.10***<br>（0.03） | 0.41***<br>（0.03） | 0.36***<br>（0.04） | 0.25*<br>（0.15） | 0.23***<br>（0.07） | 0.12***<br>（0.02） | 0.07***<br>（0.01） |
| | $\overline{R}^2$ | 0.15 | 0.54 | 0.18 | 0.79 | 0.03 | 0.03 | 0.20 | 0.24 |
| | J-test | 0.18 | | 0.002 | | 0.00 | | 0.995 | |

续表

| | | 巨灵财经 | | 慧科新闻 | | 《参考消息》 | | 《人民日报》 | |
|---|---|---|---|---|---|---|---|---|---|
| | | 2SLS | OLS | 2SLS | OLS | 2SLS | OLS | 2SLS | OLS |
| *EXP_LR* | $\beta$ | 0.12***<br>(0.03) | 0.10***<br>(0.02) | 0.40***<br>(0.05) | 0.36***<br>(0.05) | 0.25*<br>(0.13) | 0.25**<br>(0.09) | 0.11***<br>(0.01) | 0.06**<br>(0.03) |
| | $\overline{R}^2$ | 0.12 | 0.50 | 0.31 | 0.80 | 0.10 | 0.31 | 0.23 | 0.24 |
| | J-test | 0.43 | | 0.006 | | 0.05 | | 0.78 | |

注：*EXP_YH*、*EXP_ZQ* 和 *EXP_YH* 分别代表中国人民银行、《证券市场周刊》和“朗润预测”的通胀预期变量；2SLS 工具变量为各自媒体报道变量的滞后项 1—4 期；小括号报告的是 Newey-West HAC 修正标准差（Bartlett 自动带宽）；J-test 对应的是 2SLS 估计中 Hansen-J 检验 $p$ 值；*** 表示在 1% 显著性水平下显著；回归中各媒体报道变量经过量级标准化（即报道数量原始值除以对应媒体包含的报刊份数）以使点估计值具有可比性。

从表 12–1 报告的结果来看，无论对于模型（12–1）还是模型（12–2），系数 $\beta$ 的估计值全部为正，而且在绝大多数情况下具有统计显著性（1% 水平下）。这说明，媒体舆论对公众预期具有显著的正向驱动效应，关于物价上涨等相关的媒体报道越多，公众对未来通货膨胀上升的预期越强烈。

从具体估计结果来看，对于同一种公众预期指标，模型（12–1）和模型（12–2）对应的系数 $\beta$ 点估计值比较接近。例如对于中国人民银行预期数据来说（表 12–1 最上部分），“巨灵财经” 报道量的系数估计值分别为 0.06 和 0.05，“慧科新闻” 报道量的系数估计值分别为 0.20 和 0.16，《参考消息》对应的估计值分别为 0.21 和 0.10，《人民日报》对应的结果则分别为 0.03 和 0.01（不显著）。也就是说，媒体舆论对中国人民银行调查的公众通胀预期显著影响程度为 0.05~0.20，即一份报刊每增加 1 篇价格上涨的报道，中国人民银行的预期通胀率最高可能上涨 0.20%。对于《证券市场周刊》的预期数据来说（表 12–1 的中间部分），各媒体报道对应的系数 $\beta$ 点估计值都分别要比中国人民银行预期数据对应的结果高一些，而且《人民日报》的系数在这一通胀预期变量的回归中具有显著性（点估计值也有所增大）。对于“朗润预测”（表 12–1 的最下部分），结果与《证券市场周刊》数据对应的结果接近。

不同的媒体舆论对同一种通胀预期的影响幅度不同，可能是因为不同媒体库涵盖的相关信息丰富程度和全面程度有所不同；而同一种媒体舆论对不同预期数据的影响幅度和解释程度不同，可能是因为两种调研数据来源对象和辐射范围不同。不过从平均程度来看，模型（12–1）对应的 2SLS 估计结果表明：中国人民银行预期数据对应的 $\beta$ 估计值平均数约为 0.13［即（0.06+0.20+0.21+0.03）/4］，修正 $R^2$ 平均值为 0.32［即（0.52+0.62+0.02+0.12）/4］；

《证券市场周刊》预期数据对应的 $\beta$ 估计值平均数约为 0.23，修正 $R^2$ 平均值为 0.14；“朗润预期”数据对应的 $\beta$ 估计值平均数为 0.22，修正 $R^2$ 平均值为 0.19。模型（12-2）对应的 OLS 估计结果表明：中国人民银行预期数据对应的 $\beta$ 估计值平均数为 0.08，修正 $R^2$ 平均值约为 0.20；《证券市场周刊》预期数据对应的 $\beta$ 估计值平均数为 0.19，修正 $R^2$ 平均值为 0.40；“朗润预期”数据对应的结果与《证券市场周刊》预期数据对应的结果基本相同。

综合起来看，媒体报道对于中国人民银行调查数据对应的公众预期影响参数平均为 0.10 左右，对于《证券市场周刊》和“朗润预测”数据的影响参数平均为 0.20 左右。从媒体舆论对公众预期变化的解释度（修正 $R^2$）来看，中国人民银行预期数据对应的为 0.26，《证券市场周刊》预期数据对应的是 0.27，“朗润预测”数据对应的是 0.33。也就是说，在公众预期的形成过程中，媒体舆论的贡献度大致为 30%，而单份报刊每增加 1 篇关于物价上涨的相关报道，则公众预期上涨 0.1 至 0.2 个百分点。当然，以上计算的平均结果是以模型（12-1）和模型（12-2）作为划分标准来分别进行平均计算。我们还可以区分三种预期数据分别对应的平均结果（即对表 12-1 的上中下三部分的结果分别平均），此时 $\beta$ 估计值平均数和修正 $R^2$ 平均值与前述综合平均结果非常接近。



## 第四节　通胀预期与新凯恩斯菲利普斯曲线模型

### 一、模型基础

对于具有微观基础的通货膨胀动态机制模型（特别是新凯恩斯菲利普斯曲线模型），以罗伯茨及加利和格特勒为代表的研究提供了具有划时代意义的理论基础，后续文献也进行了不断发展和完善。[①] 本章在这些已有文献基础上，借鉴张成思（2012）在通胀动态机制模型设立方面的研究思路，严格基于微观理论基础，考虑到现实定价中存在的滞后效应，将更丰富的通胀动态模式融入微观厂商定价机制，进而基于微观基础构建通货膨胀动态机制模型。[②] 在理论模型的构建过程中，我们注意既不脱离基础性理论假设，又避免过于僵化的动态机制设定给实证模型带来序列相关性问题。在实证分析中，本章主要

① Roberts，J. M. “New Keynesian Economics and the Phillips Curve”，*Journal of Money*，*Credit and Banking*，vol. 27，no. 4（1995），pp.975–984.

② 张成思:《全球化与中国通货膨胀动态机制模型》，《经济研究》2012 年第 6 期，第 23~27 页。

关注公众的通胀预期对现实通胀率的影响，并考虑公众预期与模型设定中随机干扰项之间存在非正交（即内生性）的可能性。

在分析通胀预期对通货膨胀影响机制的过程中，具有严谨理论依据的模型构建是关键。这样的模型要既能从宏观机制上反映通胀预期和其他相关因素对现实通胀率的影响，又不能脱离现代通货膨胀动态机制理论的微观基础。为此，我们在理论模型的构建中，遵照张成思的研究基础，以新凯恩斯主义的粘性价格理论为基础推导出与我国价格形成机制比较一致的通胀动态机制模型，从而使获得的宏观理论模型具有坚实的微观基础。[①] 这一模型本质上就是现代宏观经济分析中广泛使用的新凯恩斯菲利普斯曲线（NKPC）模型，但我们对模型中动态机制的具体形式进行了谨慎合理的拓展。这种拓展使后文的实证分析结果更加科学可靠。

根据以上说明，我们假设在垄断竞争经济环境下，微观层次的公司和企业对其产品具有定价能力。同时，假定所有企业在一定时期内保持一个固定价格水平，直到受到某些随机信号的影响之后，企业才考虑重新定价。这样，价格的调整就具有了粘性。同时，当企业在进行定价时，他们会考虑其他相关企业过去制定的价格水平，也就是说某企业在制定产品的当前价格时会考虑过去的价格状况。现在假定企业在任一给定期间内会改变其价格的概率为 $1-\theta$（$0<\theta<1$），如果以 $p_t$ 表示 $t$ 期的总体物价水平（自然对数形式，下同），该价格就由前一期的总体价格水平与 $t$ 期所有企业新制定的价格水平（以 $p_t^*$ 表示）加权求和决定，即

$$p_t=\theta p_{t-1}+(1-\theta)p_t^*。\tag{12-3}$$

在卡尔沃的原始模型中，所有企业在定价过程中都被假设为具有“前瞻性”特征，即价格完全决定于公司对未来国内经济运行状况的理性预期。[②] 但是自 20 世纪末开始，学界已经达成一个基本共识，经济运行中总会存在一定比例的企业采取“后顾型”定价方式，他们在制定价格过程中会参照过去的行业定价标准，同时会考虑历史通胀率水平对价格进行修正。所以，我们假设有 $\omega$ 比例的企业采取“后顾型”定价模式，其价格为 $p_t^B$，另有（$1-\omega$）比例的企业采用“前瞻型”定价机制，其水平为 $p_t^F$。这样，$t$ 期由所有企业确定的新价格水平（相对于总体价格水平）可以表示为：

$$p_t^*=(1-\omega)p_t^F+\omega p_t^B\tag{12-4}$$

① 张成思：《全球化与中国通货膨胀动态机制模型》，《经济研究》2012 年第 6 期，第 23~27 页。

② Calvo, A. “Staggered Prices in a Utility-Maximizing Framework”, *Journal of Monetary Economics*, vol. 12, no. 3（1983）, pp.383–398.

对于“前瞻型”企业制定的价格水平 $p_t^F$，传统的粘性价格理论一般假设为预期总产出缺口（即真实 GDP 与潜在 GDP 的自然对数差）与通胀率的折现求和形式[①]。因此，“前瞻型”企业的定价模型就可以写成如下形式：

$$p_t^F=\theta\beta\sum_{s=0}^{\infty}(\theta\beta)^s E_t\pi_{t+s+1}+(1-\theta\beta)\sum_{s=0}^{\infty}(\theta\beta)^s E_t(\varsigma y_{t+s}) \quad (12\text{–}5)$$

其中，$\pi_t$ 表示通胀率，$E_t\pi_{t+1}$ 表示基于时刻 $t$ 及以前的信息集对 $t+1$ 期通胀率的预测序列，$\beta$ 表示主观折现因子，$\varsigma$ 是对数线性化过程中引入的结构性参数（$\varsigma$ 具有经济含义[②]）。另外，$y_t$ 表示国内真实产出缺口。进一步对等式（12–5）进行反复迭代，可以将“前瞻型”企业的定价模型重新写成如下形式：

$$p_t^F=\theta\beta E_t\pi_{t+1}+(1-\theta\beta)\varsigma y_t^d+\theta\beta E_t p_{t+1}^F。 \quad (12\text{–}6)$$

对于“后顾型”企业的定价机制，我们将传统文献中的通胀率一期滞后拓展为滞后算子多项式的形式，即

$$p_t^B=p_{t-1}^*+\pi_{t-1}+\rho^*(L)\Delta\pi_{t-1}; \quad (12\text{–}7)$$

其中 $\rho^*(L)=\rho_1^*+\rho_2^*L+\rho_3^*L^2+\cdots+\rho_q^*L^{q-1}$ 表示滞后算子多项式，$q$ 表示滞后阶数。在实证分析中，$q$ 的取值需要根据 AIC 信息准则和序列相关性检验共同确定。

根据模型（12–3）至（12–7）进行代换推导，可以获得基于微观企业定价机制的宏观通货膨胀动态机制模型，即

$$\pi_t=c+\gamma_e E_t\pi_{t+1}+\gamma_b\pi_{t-1}+\sum_{i=1}^{q-1}\alpha_i\Delta\pi_{t-i}+\delta y_t+\eta_t; \quad (12\text{–}8)$$

其中，$c$ 是常数项，$\eta_t$ 表示随机扰动项，其余各系数在模型（12–8）中具有较为直观的解释，这些系数分别是微观模型（12–1）至（12–8）中的底层结构性参数的组合。与已有文献相比，基于微观基础进行拓展而推导出来的通胀动态模型（12–8）既具有新凯恩斯菲利普斯曲线的基本特征，又增加了更丰富的动态机制（即$\sum_{i=1}^{q-1}\alpha_i\Delta\pi_{t-i}$）。这种拓展更加贴近现实并避免模型过于程式化而出现序列相关性，可以作为分析我国通胀动态机制的基准模型。

需要说明的是，模型（12–8）中系数 $\gamma_e$ 和 $\gamma_b$ 分别度量了通胀预期和通胀惯性对当期通胀率的影响程度。从新凯恩斯经济学的角度出发，如果 $\gamma_b$ 不为 0，那么说明不仅价

① Gali，J.，Gertler，M. “Inflation Dynamics:A Structural Econometric Analysis”，*Journal of Monetary Economics*，vol. 44，no. 2（1999），pp.195–222.

② Woodford，M. *Interest and Prices:Foundations of a Theory of Monetary Policy.* Princeton:Princeton University Press，2003，pp.125–189.

格水平具有刚性，而且通胀率本身也是有粘性的。对于 $\gamma_e$ 和 $\gamma_b$ 的大小比较，以加利和格特勒为代表的主流研究认为，新凯恩斯菲利普斯曲线理论模型中预期因素应占主导地位，即 $\gamma_e$ 的值要比 $\gamma_b$ 大得多。但这一结论是否适合中国，目前尚无令人信服的研究结论。另外，国内产出缺口对应的系数 $\delta$ 度量了国内产出缺口对当期通胀率的压力程度。如果 $\delta$ 显著大于 0，则说明国内实体经济运行情况对国内通胀率水平具有不可忽视的影响。当然，以上参数的具体取值，需要通过实证分析进行确定。

## 二、内生性与序列相关性问题

因为模型（12–8）中自变量含有通胀预期和即期产出缺口变量，所以必须考虑模型的内生性问题。具体而言，因为通胀预期是基于 $t$ 期及之前的所有相关信息形成的预测，因此影响即期通胀率的随机因素很有可能也会影响通胀预期。同时，根据标准的宏观经济分析框架[①]，影响即期通胀率的随机因素也很有可能影响即期产出缺口。因此，模型（12–8）中的扰动项与自变量可能存在非正交关系，即存在内生性问题。在实际工作中，我们使用 DWH 检验，确认“最小二乘估计具有统计一致性”的原假设在传统显著性水平下被拒绝。[②] 为此，模型（12–8）的回归估计需要利用工具变量估计方法获得参数的点估计值和对应的标准差。

对于工具变量的选择，既要考虑工具变量与模型内各自变量之间的经济关系，又要考虑工具变量个数相对于样本大小的合理性，并且需要确保工具变量与扰动项无关。为此，我们选择产出缺口的 1~4 期滞后项作为工具变量。另外，常数项和模型右侧所有通胀率的滞后项（实践中由 AIC 准则和序列相关性检验共同判定）也包含在工具变量集合中。[③] 工具变量选择的合理性进一步由 Hansen-J 检验进行确定。该检验的原假设为所有工具变量为外生。如果原假设不被拒绝，则表明工具变量的选择相对合理。[④]

另外，上文已经提到，模型（12–8）能否获得可靠的估计结果的一个关键性问题就

① Stock，J. H.，Watson，M. W. “Has the Business Cycle Changed and Why? ”，*NBER Macroeconomics Annual*，vol. 17，no. 9（2002），pp.159–218.

② Durbin，J. “Errors in Variables”，*Review of the International Statistical Institute*，vol. 22，no. 1（1954），pp.23–32；
Wu，D. “Alternative Tests of Independence between Stochastic Regressions and Disturbances”，*Econometrica*，vol. 41，no. 4（1973），pp.733–750；
Hausman，J. “Specification Tests in Econometrics”，*Econometrica*，vol. 46，no. 6（1978），pp. 1251–1272.

③ 现实通胀率使用的是国家统计局公布的消费者价格指数（CPI）月度同比增长率。对于月度频率数据，我们将每个季度对应的最后一个月份的数据作为季度数据，从而避免由数据频率转换引入额外的序列相关性。

④ Hansen，L. “Large Sample Properties of Generalized Method of Moments Estimators”，*Econometrica*，vol. 50，no. 4（1982），pp.1029–1054.

是序列相关性。对于动态模型（12–8）来说，如果扰动项存在序列相关性，则意味着通胀滞后项与扰动项非正交。这样就会导致其他相关时序变量的滞后项也与扰动项相关。此时即使采用工具变量回归，结果也不具备统计一致性，而且是有偏的。因此在对模型（12–8）进行估计的同时，必须检验模型是否存在序列相关性。但是传统的序列相关性检验（如 Breusch-Godfrey 检验）在工具变量估计模式下是无效的。为此，我们根据戈弗雷提出的工具变量估计下的序列相关性检验方法对模型（12–8）进行序列相关性检验，检验的具体实施过程遵循张成思提供的方法。①

### 三、模型估计

我们基于相关数据进行估计，在表 12–2 中报告了不同预期序列对应的模型估计结果。我们最关注的是公众预期对应的估计结果。从表 12–2 第一组结果中可以看到，基于中国人民银行调查数据的预期通胀率显著驱动实际 CPI（点估计值为 0.33，低于通胀惯性估计值）；虽然对应的产出缺口系数估计值在传统显著性水平下不具有统计显著性，但点估计值的大小和方向与基本理论相一致。对于第二组结果（《证券市场周刊》数据对应的结果），预期通胀率的点估计值（0.41）与第一组结果基本相同，而且略大于通胀惯性估计值；尽管各系数的点估计值不具有统计显著性，但是系数值的正负方向与第一组一致。对于第三组“朗润预测”数据的结果，预期通胀率显著（10% 水平下）正向显著驱动实际 CPI，而且点估计值较高；另外，该组的产出缺口系数估计值在传统显著性水平下具有统计显著性。

从以上结果各自对应的诊断检验来看，本章拓展的模型（12–8）能够较好地去除序列相关性（序列相关性检验 $p$ 值一般大于 1%），工具变量选择相对合理（Hansen-J 检验均不显著），而且 1 期以后的滞后项系数联合显著性检验在传统水平下多数显著，证明增加动态滞后项的模型拓展具有合理性。从拟合优度来看，“朗润预测”数据所在的回归结果修正 $R^2$ 最高，不过从绝对水平看三组回归结果的拟合优度都是比较高的。

综合来看，虽然使用不同通胀预期度量指标对模型中各参数估计结果有一定影响，但从通胀预期的影响来看，无论是基于中国人民银行调查数据的公众通胀预期还是基于“朗润预测”的专家通胀预期，都对实际 CPI 具有显著正向影响。尽管《证券市场周刊》预期数据的结果不具有统计显著性，但影响方向仍然是正向的。本章前半部分已经阐明，

① Godfrey, L. “Testing for Serial Correlation by Variable Addition in Dynamic Models Estimated by Instrumental Variables”, *The Review of Economics and Statistics*, vol. 76, no. 3 (1994), pp.550–559;
张成思:《全球化与中国通货膨胀动态机制模型》,《经济研究》2012 年第 6 期，第 23~27 页。

媒体舆论显著影响公众预期，而此处结果表明公众预期确实显著驱动通货膨胀。因此媒体舆论对现实中的通胀率具有不可忽视的影响。

表 12-2 使用不同通胀预期数据的 NKPC 模型 2SLS 估计结果

| 预期指标 | $\gamma_e$ | $\gamma_b$ | $\delta$ | $p$（$\alpha_i$） | $p$-auto | $p$-J | $\overline{R^2}$ |
|---|---|---|---|---|---|---|---|
| *EXP_YH* | 0.33***<br>（0.12） | 0.63***<br>（0.05） | 0.23<br>（0.19） | 0.00*** | 0.01 | 0.09 | 0.87 |
| *EXP_ZQ* | 0.41<br>（1.05） | 0.39<br>（0.78） | 0.06<br>（0.57） | 0.33 | 0.63 | 0.08 | 0.78 |
| *EXP_LR* | 0.71*<br>（0.34） | −0.02<br>（0.28） | 0.94**<br>（0.41） | 0.06* | 0.97 | 0.74 | 0.91 |

注：模型最优滞后阶数根据 AIC 信息准则和序列相关性检验共同判定（备选最大阶数为 8）；工具变量为回归模型中的所有通胀率滞后项及通胀预期和产出缺口的 1~4 期滞后项；$p$（$\alpha_i$）表示 1 期以后所有通胀率滞后项联合显著性检验对应的 $p$ 值；$p$-auto 指戈弗雷（1994）工具变量序列相关性检验的 $p$ 值（原假设为无序列相关性）；$p$-J 指 Hansen（1982）J 检验对应的 $p$ 值（原假设为所有工具变量为外生）；小括号内报告的是 HAC 修正标准差。

## 第五节　本章小结

本章基于媒体数据库和通胀预期的调研数据库，研究媒体报道对通胀预期的影响及通胀预期对现实通胀率的驱动效应。通过严谨的计量检验我们发现，媒体关于物价的报道对通胀预期具有显著正向驱动效应，媒体对于物价上涨等相关内容的报道越多，公众对未来通胀率上升的预期就会更加强烈。本章进一步设立具有微观基础的通货膨胀动态机制模型，检验通胀预期对现实通胀率的驱动效应。结果显示，公众的通胀预期对现实通胀率具有显著正向影响。

本章的研究结果为通胀预期管理问题提供了值得参考的科学依据。对货币当局而言，通胀预期管理工作可能需要突破传统的宏观调控视角，将媒体传播渠道纳入相关决策层的视野。特别是在通胀预期高、宏观调控效果不明确时期，可以考虑通过引导新闻媒体舆论，对微观个体的经济行为进行引导。在条件允许的情况下，通过协作促进媒体舆论的信息更加丰富和透明，进而实现对通胀预期和现实通货膨胀的有效管理。从长期看，新闻媒体报道越及时、透明和理性，公众获得信息的渠道就会越通畅，信息的正面引导效果就会更加积极。

对于新闻媒体而言，相关工作者尤其是财经类新闻工作者应当增强专业知识，提升职业素质，提升新闻理论和新闻评论水平，采用更加科学和理性的方式对相关问题进行报道，重视媒体舆论对公众预期的可能影响。如果我们将本章研究结论稍做引申，那么不难看出，新闻媒体工作者应该更多地深入汲取正面新闻素材，避免对物价等关系国计民生的问题进行极端化、情绪化的渲染性报道，避免负面情绪和畸形价值观通过媒体舆论层层放大，影响公众正面预期并最终破坏市场信心。

当然，通胀预期的影响因素可能不仅仅局限于媒体报道，而媒体舆论的影响可能也不仅仅在通胀预期层面。未来研究值得对媒体舆论与宏观经济的其他层面进行更多更深入的科学研究。同时，不同的通胀预期数据之间的差异和分歧也是未来值得研究的重要内容。显然，随着这些研究的推进，将对本章分析结果带来更多的补充和更新，同时将为微观行为的宏观影响及宏观决策的微观基础等问题提供更有裨益的科学依据。

# 第十三章　前瞻性货币政策的信心传导机制



本章提要：

与前几章中使用的预期调研数据（如居民的通胀预期）相比，信心是另一类（alternative）预期形式。本章将研究视角转向信心指标，研究前瞻性货币政策的信心传导机制。为此，本章构建了一个含有货币政策指标、企业家信心与真实产出增长率的结构性向量自回归（SVAR）模型，并通过反事实方法移除信心在货币政策传导中的作用，研究企业家信心水平是否对货币政策有效性产生影响。本章研究结果表明:宽松货币政策能够促进产出增长，但移除企业家信心的间接效用后，货币政策对产出的刺激作用大幅下降。因此，如果货币政策不能有效激励企业家信心，其效果将难以达到预期水平。这一结果对不同的货币政策衡量方式均稳健。经过进一步研究本章还发现，企业家信心能够在货币政策传导中发挥作用。这可能是通过影响企业信贷需求及改变企业定价水平来实现的。

本章概览：

- 信心反映预期
- 信心传导机制的模型设定
- 脉冲响应分析
- 信心影响政策传导的途径
- 本章小结

## 第一节 信心反映预期

最近十几年来，中国宏观经济面临诸多挑战。一方面，为应对金融危机而实施的经济刺激政策的效果已基本散去，但政策带来的产能过剩、结构失调等问题愈发明显。另一方面，外需不足，内需乏力，通胀长期在低位运行，融资成本居高不下，导致企业经营困难。为了降低融资成本，防止经济失速，央行自 2014 年 11 月 22 日起至 2015 年底，连续实施八次降息五次降准，并配合其他多种货币政策工具释放流动性，引导市场利率下行，然而，实体经济的反应却相对平平。中国人民银行发布的企业家问卷调查报告显示，企业经营景气指数由 2014 年第二季度的 55.4 点一路下行至 2015 年第三季度的 49.4 点；而在全球金融危机最严重的 2009 年第一季度，企业经营景气指数仍为 55.1 点。这说明企业经营面临前所未有的困境。同时，虽然货币政策实施了多次微调，但企业的资金周转状况仍十分紧张。2015 年第三季度企业资金周转指数也处于历史最低值。

当 2008 年我国面对全球金融危机的冲击时，决策层多次强调信心的重要作用。从实际数据上看，企业家信心虽然在金融危机时期一度触及 50% 的荣枯线，但在扩张性财政与货币政策的配合作用下，仅在低位运行两个季度便迅速回升，至 2009 年第四季度已基本恢复到危机前水平。同时，真实 GDP 产出也随之快速回升，中国率先实现了经济复苏。然而，自 2014 年第一季度以来，企业家信心不断下行，由 2014 年第一季度的 67 点一路下探至 2015 年第三季度的 50.5 点，已经迫近 2008 年第三季度的历史最低值 48.5 点。直观看来，似乎 2014—2015 年货币政策对重建企业家信心并未产生明显效果，GDP 增长率也不断下降。在“坚定信心”“稳定预期”被反复强调而企业家信心不断破位下行的现实情形下，研究信心对货币政策的传导有无作用，是否需要采取措施稳定信心，货币政策应当如何稳定信心等问题具有重大意义。

关于信心在宏观经济中所起的作用这一问题，国外学者受数据来源限制，主要以消费者信心为研究对象。国外学者在该问题上的观点主要可以分为“动物精神”（animal spirit）和“新闻传递”（news approach）两派。二者与我们之前阐释的沉默的螺旋理论和流行病传染模型理论的内容存在紧密的联系，同时又具有微妙的差别。[①]“动物精神”观

① Barsky，R. B.，Sims，E. R. “Information，Animal Spirits，and the Meaning of Innovations in Consumer Confidence”，*The American Economic Review*，vol. 102，no. 4（2012），pp.1343–1377.

点由庇古（Pigou）和凯恩斯提出。[①] 该观点认为，人们自发的乐观和悲观情绪可能与基本面脱离，从而扩大经济周期的影响。但是，由于这种自发情绪波动与基本面变化无关，因此动物精神对经济的影响应当是短暂的。部分学者将情绪波动纳入理论模型，用以解释经济周期的成因。[②] 许特根（Hürtgen）构建 DSGE 模型，证实当经济体具有高价格粘性和低通胀的特征时，约 14% 的产出波动和 25% 的消费波动可为消费者的“动物精神”波动所解释。[③]

“新闻传递”观点则认为，消费者信心不是纯粹的动物精神，其中包含了关于当前和将来经济状态的有用信息。[④] 消费者信心的波动反映了基本面的某些变化，而理性的经济参与者在做出决策时会参考这些信息。因此，信心波动会对实体经济产生持久的影响。已有研究表明，虽然消费者能够得知市场上的新信息，但是由于信息传递过程中“摩擦”的存在，新信息无法立即被完全反映出来；所以信心可能包含了某些为消费者所捕捉到，但并未在市场上得到完全体现的新闻。巴斯基和西姆斯发现虽然新闻、“动物精神”和白噪声都在信心中有所反应，但信心和宏观经济间的波动关系几乎可以全部归因于新闻。他们的研究表明，消费者信心的变动对经济活动有持续性的影响，且这种变动应该被解释为生产率的上升而非供应的增加。巴赫曼和西姆斯（Bachmann and Sims，E.R.）则关注信心在财政政策传导中的作用。[⑤] 实证结果表明，信心的作用同样是缓慢而持久的。在危机期间，如果去掉信心传导渠道，财政乘数将有较大幅度的降低。巴赫曼和西姆斯认为，信心的增加应当反映了由政府投资和购买所带来的要素生产率上升。

---

① Pigou，A. C. *Industrial Fluctuations*. London：Macmillan，1927，p.112；
Keynes，J. M. *The General Theory of Employment，Interest，and Money*. Hampshire：Palgrave Macmillan，1936，pp. 132–167.

② Azariadis，C. “Self-Fulfilling Prophecies”，*Journal of Economic Theory*，vol. 25，no. 3（1981），pp. 380–396；
Farmer，R. E.，Guo，J. T. “The Econometrics of Indeterminacy：An Applied Study”，*Carnegie-Rochester Conference Series on Public Policy*，vol. 43，no. 4（1995），pp. 225–271；
Benhabib，J.，Farmer，R. E. “Indeterminacy and Sector-Specific Externalities”，*Journal of Monetary Economics*，vol. 37，no. 3（1996），pp. 421–443.

③ Hürtgen，P. “Consumer Misperceptions，Uncertain Fundamentals，and the Business Cycle”，*Journal of Economic Dynamics and Control*，vol. 40，no. 6（2014），pp. 279–292.

④ Mankiw，N. G. “Hall’s Consumption Hypothesis and Durable Goods”，*Journal of Monetary Economics*，vol. 10，no. 3（1982），pp. 417–425；
Carroll，C. D.，Fuhrer，J. C.，Wilcox，D. W. “Does Consumer Sentiment Forecast Household Spending? If So，Why? ”，*The American Economic Review*，vol. 84，no. 5（1994），pp. 1397–1408；
Mankiw，N. G.，Reis，R. “Sticky Information versus Sticky Prices：A Proposal to Replace the New Keynesian Phillips Curve”，*The Quarterly Journal of Economics*，vol. 117，no. 4（2002），pp. 1295–1328.

⑤ Bachmann，R.，Sims，E. R. “Confidence and the Transmission of Government Spending Shocks”，*Journal of Monetary Economics*，vol. 59，no. 3（2012），pp. 235–249.

除消费者信心外，少数国外学者同时关注了企业家信心在宏观经济中的作用，如德波特（De Bondt）利用欧盟委员会发布的经济情绪指数（economic sentiment indicator）作为借款人信心的代理变量，发现借款人信心对货币政策效果有显著影响。① 欧盟经济情绪指数调查涵盖了多类借款人，既包括消费者，也包括来自制造业、建筑业及服务业的企业家。事实上，在我国投资长期作为经济主要驱动力量的大背景下，研究企业家信心在我国货币政策传导中的作用具有理论价值与现实意义。②

国内对信心的研究文献较少，主要是囿于信心数据的长度和可得性，研究重点主要为信心能否影响宏观经济变量。陈彦斌和唐诗磊构建 VAR 模型，检验信心能否影响中国宏观经济波动。结果显示，企业家信心能影响宏观经济波动，而消费者信心则没有解释能力。③ 潘建成和唐诗磊则着重研究企业家信心对通货膨胀的预测能力，指出企业家信心对通货膨胀有正向显著的冲击，对提高企业家信心预测精度亦有较大贡献。④ 苏冬蔚和曾海舰发现，企业家对宏观经济预期乐观时，会更倾向于采取债务融资方式。⑤ 吴卫星和付晓敏通过构建理论模型，说明信心不足会使更加厌恶风险的投资者远离市场，从而导致市场的有限参与。⑥ 李永友考察了信心对财政政策有效性的影响。他们发现在危机时期，采取以扩大支出为主要措施的需求管理政策有利于提振信心并放大财政乘数。⑦ 本章在已有研究的基础上，通过 SVAR 模型分析中国货币政策的信心传导机制。

## 第二节　信心传导机制的模型设定

由于学界对于信心影响实体经济的过程尚未达成共识，暂不存在被广泛接受的理论模型，所以我们借鉴巴赫曼和西姆斯的方法，采用自由度较高的 SVAR 模型进行实证分析。

① De Bondt，G. "Confidence and Monetary Policy Transmission"，*European Central Bank Working Paper*，2015，No. 1225.

② Zhang，C.，Sun，Y. "Confidence in Chinese Monetary Policy"，*International Review of Economics and Finance*，vol. 52，no. 6（2018），pp. 212–221.

③ 陈彦斌、唐诗磊:《信心、动物精神与中国宏观经济波动》,《金融研究》2009 年第 9 期，第 23~27 页。

④ 潘建成、唐诗磊:《信心如何影响中国通货膨胀》,《统计研究》2010 年第 10 期，第 43~47 页。

⑤ 苏冬蔚、曾海舰:《宏观经济因素、企业家信心与公司融资选择》,《金融研究》2011 年第 4 期，第 34~37 页。

⑥ 吴卫星、付晓敏:《信心比黄金更重要？——关于投资者不确定性感受和资产价格的理论分析》,《经济研究》2011 年第 12 期，第 51~56 页。

⑦ 李永友:《市场主体信心与财政乘数效应的非线性特征——基于 SVAR 模型的反事实分析》,《管理世界》2012 年第 1 期，第 47~51 页。

下面，我们将先介绍基准 SVAR 模型，然后阐释反事实 SVAR 模型的理论基础及其实现过程，以及简要介绍实证过程中所使用的数据及来源。

## 一、基准 SVAR 模型

我们首先构建一个较为标准的三变量 SVAR 模型作为基准。令 $m_t$ 为 M2 增长率，$conf_t$ 为企业家信心指数，$y_t$ 为真实 GDP 增长率。其中，下标 $t$ 表示变量所在期数，M2 增长率与企业家信心指数均以一阶差分形式进入方程以保持 SVAR 模型系统平稳。令 $Y_t=[m_t,\ conf_t,\ y_t]'$。去均值处理后，SVAR 模型系统可写成以下形式：

$$\boldsymbol{A}_0\boldsymbol{Y}_t=\sum_{j=1}^{p}\boldsymbol{A}_j\boldsymbol{Y}_{t-j}+\boldsymbol{\varepsilon}_t; \tag{13-1}$$

其中，$p$ 表示滞后阶数，$\boldsymbol{\varepsilon}$ 是 $3\times1$ 的冲击项矩阵。为了估计该 SVAR 模型，我们需要结合实际情况及经济理论，施加更多的限制条件。我们考虑了如下两点。第一，金融政策的制定过程较为复杂，供当局参考的总量指标也具有一定的时滞性。例如在本模型中，金融政策工具指标逐月发布，而企业家信心和产出在下季度初才公布。第二，季度 GDP 数据的发布时间为下个季度的第一周或第二周，但企业家调查问卷数据采集在该季的最后一个月便已完成，换言之，在接受调查时，企业家可以观察到金融政策实施情况，但并不能准确了解当季的实际宏观经济运行数据。

结合以上因素，我们参照巴赫曼和西姆斯及其他文献的方法，假设彼此不相关，且 $\boldsymbol{A}_0$ 为下三角阵。该限制的具体经济含义为：施加金融政策冲击后，信心和产出立即对金融政策变动做出反应，但信心和产出的变化不会影响当期货币政策；信心的变化会立即导致当期产出的变化，但企业家只有在观察到上季度真实 GDP 后才会调整自身预期。更具体地，模型可以写为如式（13–2）的形式：

$$\begin{pmatrix}1 & 0 & 0\\ a_{2,1} & 1 & 0\\ a_{3,1} & a_{3,2} & 1\end{pmatrix}\begin{bmatrix}m_t\\ conf_t\\ y_t\end{bmatrix}=\sum_{i=1}^{p}A_j\begin{bmatrix}m_{t-1}\\ conf_{t-1}\\ y_{t-1}\end{bmatrix}+\begin{bmatrix}\boldsymbol{\varepsilon}_{1,t}\\ \boldsymbol{\varepsilon}_{2,t}\\ \boldsymbol{\varepsilon}_{3,t}\end{bmatrix}; \tag{13-2}$$

（13–2）式两边同时左乘 $\boldsymbol{A}_0^{-1}$，将 SVAR（$p$）模型转换为缩减 VAR（$p$）模型形式：

$$\boldsymbol{Y}_t=\boldsymbol{A}_0^{-1}\sum_{j=1}^{p}\boldsymbol{A}_j\boldsymbol{Y}_{t-j}+\boldsymbol{A}_0^{-1}\boldsymbol{\varepsilon}_t。 \tag{13-3}$$

为简化起见，进一步将 VAR（$p$）模型转化为 VAR（1）模型：

$$\boldsymbol{Z}_t=\boldsymbol{\varLambda}\boldsymbol{Z}_{t-1}+\boldsymbol{A}_0^{-1}\boldsymbol{\varepsilon}_t; \tag{13-4}$$

其中：

$$\mathbf{Z}_t=\begin{pmatrix} Y_t \\ Y_{t-1} \\ \vdots \\ Y_{t-(p-1)} \end{pmatrix} \text{and } \boldsymbol{\Lambda}=\begin{pmatrix} \boldsymbol{A}_0^{-1}\boldsymbol{A}_1 & \boldsymbol{A}_0^{-1}\boldsymbol{A}_2 & \cdots & \cdots & \boldsymbol{A}_0^{-1}\boldsymbol{A}_p \\ \boldsymbol{I} & 0 & 0 & \cdots & 0 \\ 0 & \boldsymbol{I} & 0 & \cdots & 0 \\ \vdots & \vdots & \ddots & \vdots & \vdots \\ 0 & \cdots & \cdots & \boldsymbol{I} & 0 \end{pmatrix}; \quad (13\text{–}5)$$

则脉冲响应函数可表达为如式（13–6）的形式：

$$\begin{aligned} \mathbf{Z}_t &= \boldsymbol{\Lambda}\mathbf{Z}_{t-1}+\boldsymbol{A}_0^{-1}\boldsymbol{\varepsilon}_t=\boldsymbol{\Lambda}\left(\boldsymbol{\Lambda}\mathbf{Z}_{t-2}+\boldsymbol{A}_0^{-1}\boldsymbol{\varepsilon}_{t-1}\right)+\boldsymbol{A}_0^{-1}\boldsymbol{\varepsilon}_t \\ &= \boldsymbol{\Lambda}^2\mathbf{Z}_{t-2}+\boldsymbol{\Lambda}\boldsymbol{A}_0^{-1}\boldsymbol{\varepsilon}_{t-1}+\boldsymbol{A}_0^{-1}\boldsymbol{\varepsilon}_t \\ &\cdots \\ &= \boldsymbol{\Lambda}^n\mathbf{Z}_{t-n}+\sum_{i=0}^{n}\boldsymbol{\Lambda}^{n-i}\boldsymbol{A}_0^{-1}\boldsymbol{\varepsilon}_{t-i}\text{。} \end{aligned} \quad (13\text{–}6)$$

因此，在 $h=1, 2, \cdots, H$ 各期，SVAR 系统对 $\boldsymbol{\varepsilon}_{t-i}$ 的脉冲响应为 $\boldsymbol{\Lambda}^{h-i}\boldsymbol{A}_0^{-1}\boldsymbol{\varepsilon}_{t-i}$。更具体地，当受到变量 $q$ 一单位冲击时，变量 $i$ 在 $h=1, 2, \cdots, H$ 各期的响应为：

$$\boldsymbol{\phi}_{i,q,h}=e_i\boldsymbol{\Lambda}^{h-1}\boldsymbol{A}_0^{-1}f_q; \quad (13\text{–}7)$$

其中，$e_i$ 是第 $i$ 位数值为 1，其他均为 0 的 $1\times 3$ 行变量，$f_q$ 则是第 $q$ 位数值为 1，其他均为 0 的 $p\times 1$ 列变量，用于从矩阵中选取所需数值。给定 $\boldsymbol{\Lambda}$ 的维数为 $3q\times 3q$，我们需要对 $\boldsymbol{A}_0^{-1}f_q$ 及 $e_i$ 别插入 $3\times q$ 行或列零值，以进行矩阵乘法运算。

## 二、反事实 SVAR 模型

本章的研究目的在于探讨信心在“金融失灵”问题中的作用，更具体而言，希望定量分析信心在金融政策传导中扮演的角色，从而试图从信心视角阐释当下“金融失灵”的成因。为此，我们使用反事实法将信心在政策传导中所起的作用剥离出来。反事实法最早用于探究石油危机是否通过美联储货币政策影响了美国经济①，后来也被用于消费者信心在美国财政政策传导中所起作用的研究。②它是一种较为经典的方法。我们将对反事实法的思想和具体理论推导做详细说明。

① Bernanke, B. S., Mihov, I. “Measuring Monetary Policy”, *The Quarterly Journal of Economics*, vol. 113, no. 3 (1998), pp.869–902;
Sims, C. A., Zha, T. “Were There Regime Switches in U.S. Monetary Policy? ”, *The American Economic Review*, vol. 96, no. 1 (2006), pp.54–81.

② Bachmann, R., Sims, E. R. “Confidence and the Transmission of Government Spending Shocks”, *Journal of Monetary Economics*, vol. 59, no. 3 (2012), pp.235–249.

1. 反事实法思想概述

在基准 SVAR 模型中，一单位的 M2 增长率冲击将通过以下两种方式影响产出。① 直接效应。从基准 SVAR 模型的第三列，可以看出每单位冲击在当期会导致 GDP 产生大小为 $a_{3,1}$ 的波动。② 间接效应。除直接冲击产出外，M2 还可以通过影响企业家信心间接地影响产出。在基准 SVAR 系统中，如果信心对当期金融政策变动立即作出反应（$a_{2,1}\neq 0$），而产出又立即对信心作出反应（$a_{3,2}\neq 0$），那么一单位 M2 增长波动对真实 GDP 产生的间接脉冲响应为 $a_{2,1}\times a_{3,2}$。为了回答信心在金融政策传导中有无作用的问题，我们需要量化信心的影响。可以看出，在基准模型中，产出响应是直接效应与间接效应的混合作用结果。反事实法的核心思想是，构建一列虚拟的信心扰动项，使它们的冲击恰好将金融政策在 $h$=1，2，…，$H$ 期对信心的冲击 $\boldsymbol{\phi}_{2,1,h}$ 完全抵消掉，从而移除间接效应。这样，我们得以模拟如下“反事实”情形:金融政策对产出的直接刺激效应保持不变，但企业家的信心在各期均为不变常数。换言之，当受到金融政策冲击时，企业家“不为所动”，信心既未提振也未受挫。通过比较基准模型与反事实模型的脉冲响应结果，便可以较为直观地观察到间接效应，即信心在金融政策传导中所起的作用。

2. 反事实 SVAR 理论推导

为了抵消金融政策的间接效应，我们需要先计算各期信心对金融政策冲击的响应，再根据信心对自身扰动项的响应方程计算出虚拟扰动项。在第一期，信心对一单位 M2 冲击的脉冲响应为:

$$\boldsymbol{\phi}_{2,1,1}=e_2\boldsymbol{A}_0^{-1}f_1=\boldsymbol{A}_0^{-1}(2,\ 1)。\tag{13-8}$$

相似地，信心对自身扰动项的响应为:

$$\boldsymbol{\phi}_{2,2,1}=e_2\boldsymbol{A}_0^{-1}f_2=\boldsymbol{A}_0^{-1}(2,\ 2)。\tag{13-9}$$

为移除间接效应，第一期的虚拟扰动项，$\boldsymbol{\varepsilon}_{2,1}$，应满足等式（13-10）:

$$\boldsymbol{\phi}_{2,1,1}+\boldsymbol{\phi}_{2,2,1}\boldsymbol{\varepsilon}_{2,1}=0。\tag{13-10}$$

由（13-10）式可得:

$$\boldsymbol{\varepsilon}_{2,1}=-\frac{\boldsymbol{\phi}_{2,1,1}}{e_2\boldsymbol{A}_0^{-1}f_2}=-\frac{\boldsymbol{A}_0^{-1}(2,1)}{\boldsymbol{A}_0^{-1}(2,2)}。\tag{13-11}$$

同理，可递归计算出后继各期的虚拟扰动项数值:

$$\boldsymbol{\varepsilon}_{2,h}=-\frac{\boldsymbol{\phi}_{2,1,h}+\sum_{j=1}^{h-1}e_2\boldsymbol{A}^{h-j}\boldsymbol{A}_0^{-1}f_2\boldsymbol{\varepsilon}_{2,j}}{e_2\boldsymbol{A}_0^{-1}f_2},\ h=2,\ \cdots,\ H。\tag{13-12}$$

将虚拟扰动项加回到原脉冲响应方程中，抵消信心变动引致的间接效应，即可计算出反事实脉冲响应函数：

$$\boldsymbol{\phi}_{i,1,h}=\boldsymbol{\phi}_{i,1,h}+\sum_{j=1}^{h}e_2\boldsymbol{\Lambda}^{h-j}\boldsymbol{A}_0^{-1}f_2\boldsymbol{\varepsilon}_{2,j}。\tag{13-13}$$

修正后的脉冲响应函数，$\boldsymbol{\phi}_{i,1,h}$，即为原基准 SVAR 模型中的直接效应。比较混合效应$\boldsymbol{\phi}_{2,1,h}$和直接效应$\boldsymbol{\phi}_{i,1,h}$，便可判断间接效应，即“信心渠道”的大小及方向。SVAR 估计及反事实脉冲响应计算使用 Matlab 编程实现。

3. 变量选取及数据来源

本章的企业家信心指标来自全国企业家问卷调查报告。企业家问卷调查是中国人民银行 1992 年起建立的一项季度调查。调查对象为全国范围内（除西藏外）的 5 900 余户工业企业，调查内容主要包括企业总体生产状况、生产要素状况、市场需求状况、资金状况、成本效益状况、投资状况和其他等七个方面。其中，企业家信心指数是反映企业家对整体宏观经济信心的指数。该指数的计算方法是在全部调查的企业中，先分别计算认为本季和下季经济形势“正常”的占比，两者相加后除以 2 得出。央行仅公开了 2008 年以来问卷调查的具体数值，但在 2011 年第一季度报告中同时以折线图形式给出了 2004—2010 年企业家信心的波动情况。我们编写 Matlab 程序读取图形折点坐标，并用 2008—2010 年公布的具体数值进行校准，从而推算出 2004—2008 年各季度企业家信心的实际数值。

考虑到对信心指标的现有研究成果相对较少，为了减少特殊衡量方式对实证结果可能带来的干扰，我们选取了最传统的指标来反映金融政策及产出变动。金融政策方面，我们选取了 M2、银行间同业拆借利率及金融机构各项贷款余额来反映货币供应量、利率工具及信贷工具的变动情况。产出方面则选用 GDP，并利用同期 CPI 进行了定基消通胀处理。针对可能存在的季节效应，我们计算了 M2 的同比增长率，对真实 GDP 运用 X-12 方法作季节调整，金融机构各项贷款余额则直接采用了数据库中经季节调整的结果。针对数据频率不一致的问题，对银行间同业拆借利率，我们从数据库中直接获取了根据交易量加权获得的季度数据，其他月度变量则通过按季度加总求平均转化为季度数据。为保证 SVAR 模型平稳，GDP 以对数差分形式进入模型，其他各指标则均做一阶差分处理。所有原始数据均来自 CEIC 数据库，样本区间为 2004 年第一季度至 2015 年第一季度。

4. 主要变量变化趋势描述

我们首先绘制包含 M2 增长率、真实 GDP 增长率与企业家信心指数的折线图，以直观了解实证部分主要变量在 2004—2015 年间的变动情况。可以看出，三者之间存在明显的联动关系。在2004—2006年，货币供应平稳增长，企业家信心也稳中有升。然而，由于货币供应量自2006年以来增长率一直处于15%以上的高位，继续增长的空间有限，加之经济出现了一定的过热势头，企业家信心从2007年第一季度起开始连续两个季度下行，并在接下来的一年中稳定在相对低位。随着2008年第三季度金融海啸席卷全球，企业家信心大幅下挫，达到历史低值。为稳定经济形势，我国随即出台了一系列刺激性政策。由图13–1可见，随着2008年第三季度起连续巨额货币的投放，企业家信心迅速企稳回升，仅用了3个季度便恢复到了危机前的水平，表明企业家对扩张性政策的效果持乐观态度。

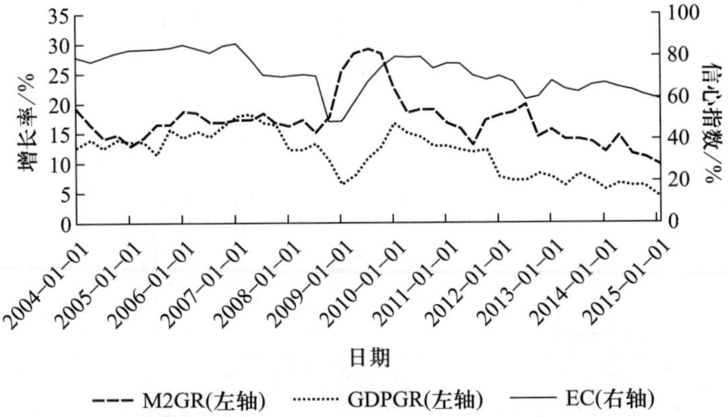


图 13–1　M2增长率（M2GR）、真实GDP增长率（GDPGR）与企业家信心指数（EC）

同时，真实产出也快速增长，我国率先走出了全球金融危机的阴影。然而，自2010年第一季度以来，中国宏观经济逐步进入了一个较为困难的时期——刺激性政策的效果逐渐散去，而产能过剩、需求不足的矛盾逐步暴露。就货币政策效果而言，虽然货币供应量每季度的增长率仍然在10%以上，但真实GDP增长率却从12%一路下滑至低于7%。值得注意的是，在这一阶段，企业家信心指数一直保持下跌趋势。特别的，在2011年第三季度至2012年第三季度，货币供应量迎来了一个小的高峰，达到接近20%的历史较高水平。然而，新投放的货币并未能如2009年一样显著提振企业家信心。企业家信心在此期间一直保持下行走势。这显示出企业家对宏观经济前景的担忧。观察真实产出变化，可以发现货币供应量的增加也未能扭转真实产出下行的趋势。因此，我们猜想，当企业家信心不足时，货币政策的有效性将会受到削弱。在下一节，我们将进一步对该猜想进行实证检验。

## 第三节　脉冲响应分析

首先，我们构建由 M2 增长率、企业家信心及真实 GDP 增长率组成的三变量 SVAR 系统，并在此基础上进行反事实分析。脉冲响应结果如图 13-2 所示，其中实线表示基准结果，虚线表示运用反事实方法去除信心间接传导效应后的结果。同时，我们对原始脉冲响应结果进行了单位调整。将 M2 的首期冲击标准化为一个百分点，再将其余两个指标的脉冲响应相应转化为原变量单位，以便于阐释实证结果。

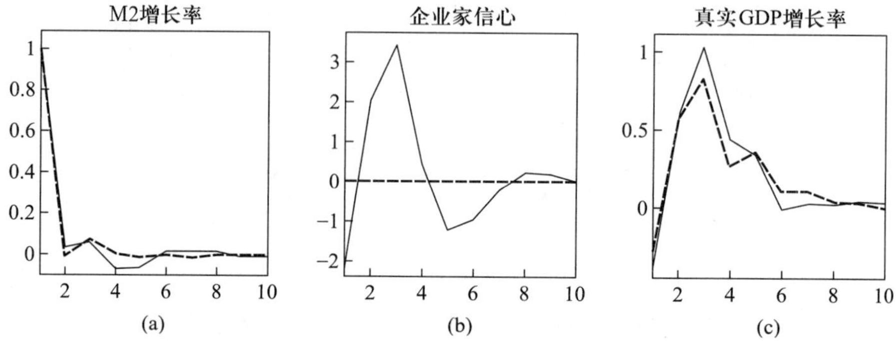


图 13-2　M2 增长率、企业家信心、真实 GDP 增长率三变量 SVAR 的脉冲响应结果

注：实线表示基准结果，虚线表示运用反事实方法去除信心间接传导效应后的结果。

通过图 13-2 可以看到，在基准情况下，货币供给的一单位正向冲击在初期会导致企业家信心的下降，随后一路走高，在第三期达到峰值，最后震荡回落，在第七期趋于平稳。就具体数值而言，M2 增长率增加 1%，企业家信心指数在第一期下降约 2.0，第二期上升 2.1，第三期达到峰值，上升约 3.7，总体来看提振效果较为显著。真实 GDP 增长率的脉冲响应结果与企业家信心相仿，同样在第三期达到 1.1% 的峰值。基准结果表明，以 M2 为衡量指标的宽松货币政策对企业家信心提振和产出增加有正向贡献。

本章的主要研究兴趣在于分析信心对货币政策传导的可能影响，并进一步探究其是否是引起“金融失灵”的一个可能原因。为了衡量企业家信心在该 SVAR 系统中的作用，我们使用前文所述方法，利用生成的虚拟冲击抵消货币政策对企业家信心的冲击，从而达到“企业家信心不随货币政策变动而变化”的反事实效果。由图 13-2 中虚线部分可以看出，在去除货币政策—企业家信心—产出间接传导效应后，产出脉冲响应曲线在前两期与基准情况基本一致，但此后两期较为明显低于基准水平。基准模型中，M2 增长率增加 1% 会在第三期和第四期分别带来真实产出 1.03% 和 0.44% 的增加，而在信心不受影响的反事实模型中，真实产出增加仅有 0.84% 和 0.28%。在政策实施的最初 4 个季度中，基准模型的 GDP 累计增长为 1.63%，而反事实组仅有 1.36%，相差 0.27 个百分点，差值相当于原政策效果的 16.88%。换言之，如果实施宽松货币政策但企业家的信心未能得到提振，积极政策在短期内对经济的刺激作用将降低，仅为原来的八成左右。有趣的是，在 8 个季度后，在宽松货币政策下，提振和不提振企业家信心两种情形的累积响应分别为 2.01% 和 1.98%，差异甚微，说明相对于整体刺激效果，提振信心更可能加快经济的复苏速度。（见图 13–2）

图 13–2 的结果提示我们，信心在货币政策的传导过程中可能发挥了一定作用。但是，仅由图 13–2 得出“需要提振信心以规避金融失灵”的结论显然过于草率，需要更多的稳健性检验。我们更换货币政策衡量指标，确保该结果不是由于 M2 指标的某些特殊性质导致的。我们采用了两个广泛采用的货币政策指标——银行间同业拆借利率与信贷总量来代替货币供应量指标 M2，对应的分析结果汇报在图 13–3 中。

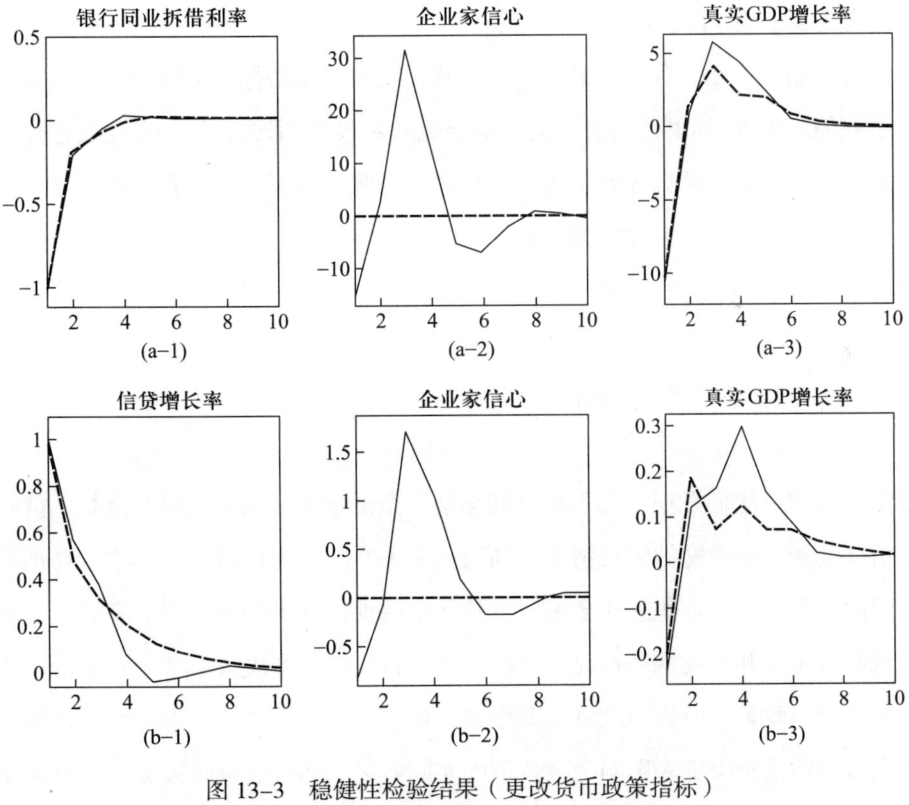


图 13–3　稳健性检验结果（更改货币政策指标）

注：实线表示基准结果，虚线表示运用反事实方法去除信心间接传导效应后的结果。

从图13–3可以看到，银行间同业拆借利率下降100个基点在初期会导致信心和GDP的下降。这一方面是由SVAR模型的传导时滞引致，另一方面也说明，在现实中，突然出现的宽松金融政策可能会令企业家对当前宏观经济状况心生疑虑。此后，随着宽松政策逐步传导至实体经济，信心和GDP迅速回暖，企业家信心指数单期提振一度超过30。但是，如果面对利率下降的情况，企业家信心没有相应上升，则产出复苏速度将有较大的减缓，在第三、第四、第五期，反事实脉冲响应中的GDP增长率全面低于基准结果，差值分别为1.71%，2.16%和0.48%，削弱部分相当于原刺激效果的29.19%，49.61%和18.90%。信贷总量增长率的结果则与M2增长率相仿，当生成虚拟扰动项序列，移除信贷—信心—GDP的间接传导渠道后，真实GDP的增长率明显降低，同样表明政策刺激效果弱化。

值得注意的是，在图13–2和图13–3的回归结果中，利率和信贷总量都呈现震荡逐步归零的特征，宽松政策具有较为明显的持续性特征。如果在实际操作中，货币当局仅在一个季度内实施明显的宽松政策，后继政策走向不明，导致企业家难以判断宏观经济形势，可能会进一步削弱积极政策的刺激效果。这提示我们，金融政策的稳定性可能对信心复苏也起到了一定的作用。

以上检验结果说明，我们的计量结果对货币政策衡量指标较为稳健。该实证结果同时引发了我们的思考：如果信心匮乏会影响金融政策效果；那么，信心究竟通过什么渠道影响政策的传导？又是什么导致了当前的信心不足呢？在下一节，我们将通过进一步的理论分析与实证检验来回答这两个问题。

## 第四节　信心影响政策传导的途径

在上一节中，我们发现信心不足可能会削弱金融政策的实际效果。但是，信心毕竟是一个情绪变量，企业家的乐观情绪必须通过某种实际行为加以传导，才能真正地影响产出。因此，有必要对企业家在金融政策传导中的地位做进一步分析。实际中，企业家结合宏观经济走势和市场供需情况，进行融资、投资、生产决策。考虑到本章中的金融政策主要指货币政策，而货币政策主要影响企业家的投融资决策，因此，信心很可能通过影响企业家的信贷决策来影响金融政策的实际效果。如果金融政策宽松，但企业家对未来预期仍然悲观；则企业不会主动寻求贷款，多释放的货币并不能进入实体经济推动经济复苏。因此，企业家的信心很可能会对企业信贷决策产生影响。

如何衡量企业的信贷决策？信贷总量显然并非好的指标。一方面，信贷总量由需求和供给共同决定，反映了供需方面的变化;另一方面，为防止信贷大起大落，央行对信贷实施了一定程度的总量管理，这也使得该指标不能很好地反映企业的信贷决策。考虑到信贷供给更多受宏观金融政策调控的影响，我们选取银行家调查问卷中的贷款需求指数，作为企业信贷需求的代理变量。贷款需求指数是反映银行家对贷款总体需求情况判断的扩散指数，该指数的计算方法是在全部接受调查的银行家中，先分别计算认为本行本季贷款需求“增长”和“基本不变”的占比，再分别赋予权重 1 和 0.5 后求和得出。该指数的调查对象为银行家，可以较为客观地反映当季贷款需求状况。我们构建 M2 增长率、企业家信心、贷款需求的三变量 SVAR 模型，通过类似的估计方法和估计过程，获得脉冲响应函数图，描绘在图 13–4 中。



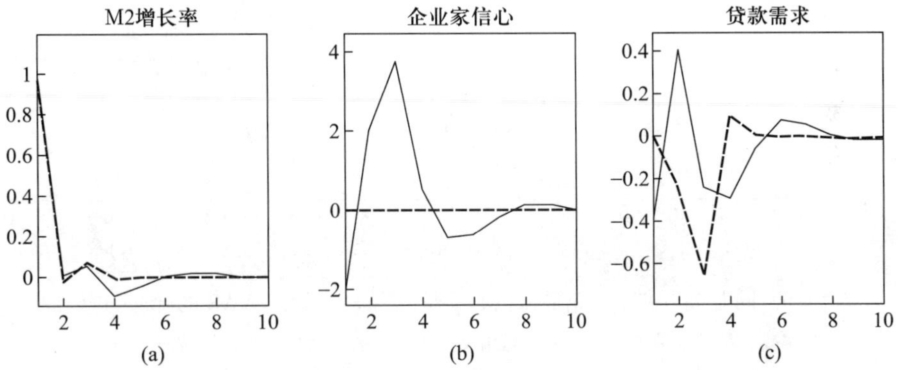


图 13–4 M2 增长率、企业家信心、贷款需求三变量 SVAR 的脉冲响应结果

注:实线表示基准结果，虚线表示运用反事实方法去除信心间接传导效应后的结果。

通过图 13–4 可以看出，在基准模型下，企业家信心的脉冲响应结果与图 13–2 相仿，宽松金融政策对信心的提振作用在第二个季度开始显现，1% 的 M2 增长率上升可在前四季度累计提振企业家信心指数 4.36 点，贷款需求则先升后降，总体并未观察到明显持续的提升。移除 M2 增长率—企业家信心—贷款需求的间接传导渠道后，脉冲响应结果发生了显著变化。从贷款需求子图可以看出，当企业家信心对积极金融政策没有响应时，贷款需求非但没有增加，反而呈现萎缩态势，4 个季度需求指数累计下行 0.79 点，其中最大响应出现在第三季度，为 −0.65 点。换言之，如果经济刺激计划未能成功提振企业家信心，即使当局释放更多流动性，营造宽松金融环境，企业家也会因预期相对悲观而持观望态度，新增货币难以转化为信贷，导致金融政策效果不佳。

为了验证结果的稳健性，我们进一步用利率指标代替货币供应量指标，然后获得反事实脉冲响应结果，汇报在图 13–5 中。在基准模型下，银行间同业拆借利率下降 100 个基点会使贷款需求呈现较为明显的上升走势，而在反事实模型中，贷款需求增加仍然存在，但强度明显弱于基准模型，以响应达到峰值的第三期为例，在基准模型中，贷款需求指数上升 14.36 点，而移除信心产生的间接效应后，需求指数仅上升 5.83 点，只相当于原刺激效果的 40.599%。图 13–5 的实证结果表明，如果企业家对当前宏观经济环境心存疑虑，即使出现利率下降的有利情况，贷款需求也难以大幅增加。

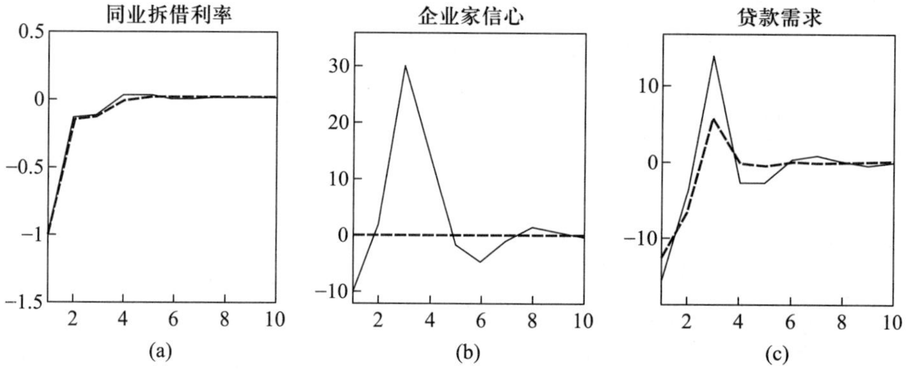


图 13–5　同业拆借利率、企业家信心、贷款需求三变量 SVAR 的脉冲响应结果

注：实线表示基准结果，虚线表示运用反事实方法去除信心间接传导效应后的结果。

同时，企业家对未来经济的预期可能也会影响其定价决策。当企业家对宏观经济预期趋于悲观时，保证企业的生存就显得尤为重要。因此，即使此时出现了扩张性货币政策并带动通胀预期上行，企业家在定价时也可能会趋于谨慎。我们进一步构造含 M2 增长率、企业家信心及 PPI 的三变量 SVAR 模型来验证该猜想，对应的实证结果报告在图 13–6 中，从图上可以观察到，当受到货币增发的冲击时，企业家信心和 PPI 均在一定时滞后呈现上升趋势，且相对其他变量，PPI 变动的滞后性更加明显，在第四季度方达到峰值 0.37%。当控制企业家信心的间接传导效应后，PPI 的升幅大幅下降，始终未超过 0.17%。这表明当企业家信心不足时，即使面对较高的货币增发速度，工业企业对制成品的定价也会相对谨慎，导致制成品价格并未出现相应的上升。这也为我国金融危机后货币数量论失灵，高货币供给增长与低通胀并存，工业制成品价格连续下行的现象提供了一种可能的解释。

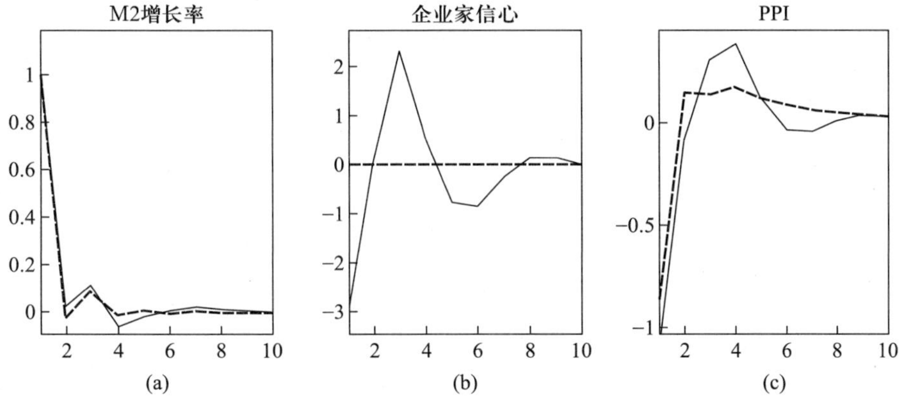


图 13-6　M2 增长率、企业家信心、PPI 三变量 SVAR 的脉冲响应结果

注:实线表示基准结果，虚线表示运用反事实方法去除信心间接传导效应后的结果。



## 第五节　本章小结

在之前的章节中，我们分析的是前瞻性货币政策框架中的预期变量的影响机制及预期形成机制等问题，但没有涉及预期的另外一种形式，即信心要素。由于信心指标本质上反映的也是预期信息，所以本章考察信心对货币政策传导机制的影响。为此，本章构建了一个含有货币政策变量、企业家信心与真实产出增长率的三变量 SVAR 模型，并通过反事实方法移除信心在货币政策传导中的作用，研究企业家信心水平是否对货币政策有效性产生影响。本章的研究结果表明，移除企业家信心的间接效用后，货币政策对产出的刺激作用大幅下降，即如果货币政策不能有效激励企业家信心，那么其作用效果将难以达到预期水平。这一结果对不同的货币政策衡量方式均稳健。进一步研究发现，企业家信心能够在货币政策传导中发挥作用，可能是通过影响企业信贷需求及改变企业定价水平来实现的。

本章的实证结果初步证实了“信心”这一预期变量在货币政策传导中能够发挥作用，并由此说明，企业家信心不足、货币政策未能成功稳定企业家预期，是在后金融危机时代我国货币政策有效性下降、高货币供给增长与低通胀并存、货币政策未能扭转实体经济下行趋势的可能原因。基于以上分析，决策层在制定货币政策时，可能需要更加强调政策的连续性与可信度，加强对企业家信心的主动管理，增加信息沟通渠道。如能主动提振企业家信心，则前瞻性货币政策效果可能会得到较为明显的提升。

# 第十四章　前瞻性货币政策中的央行沟通



本章提要：

无论是对通胀预期还是对企业家信心进行主动管理，都需要中央银行进行沟通。央行公告是中央银行进行沟通的重要渠道，也是前瞻性货币政策信息的重要传递渠道。本章以中国人民银行的书面公告为研究对象，分析央行公告对股票和债券市场资产价格的即时影响及预期引导效果，并检验单因素模型是否足以描述公告产生的利率冲击。本章通过分析发现，一方面，股票市场和债券市场对央行公告都有显著的即时反应，且反应方向与公告的利率目标调整方向一致，即公告具备正确引导市场价格即时变动的能力。但尽管债券市场价格对央行公告有较长时间的显著反应，反应方向显示人们会预期货币政策朝市场原始预期的方向回归，即大部分公告不具备引导市场长期预期的能力。公告中不符合市场预期的信息对市场的影响被认为是暂时的。

本章概览：

- 央行沟通的重要性
- 央行公告与资产价格变动
- 央行公告对资产价格的影响分析
- 本章小结

## 第一节 央行沟通的重要性

央行沟通是前瞻性货币政策框架中非常重要的内容之一。基于中国的实践积累，我国货币政策的目标实现开始向多元化发展。在前瞻性货币政策的逻辑框架下，宏观调控市场资产价格的目标实现等，不再单一地依靠货币政策的实际行为，也期望央行的信息传达能对市场预期产生正确的引导。1996年6月起，在每季度货币政策委员会会议之后，中国人民银行均会在官方网站发布会议决议。2001年起，中国人民银行定期对外公布季度《中国货币政策执行报告》，并于2004年开始发布公开市场操作的公告，对外公布具体的公开市场操作时间、操作类型及相关详细信息。此外，中国人民银行于2005年开始在官方网站新增“沟通与交流”专栏，以期引导市场形成正确的预期。这些举措都说明了我国中央银行近年来越来越重视货币政策沟通，不仅是因为货币政策沟通使得货币政策更加公开透明，也因为它可能具备辅助调整市场价格的潜力。发达经济体同样发现货币政策效应的实现需要中央银行信息沟通的辅助。比如美联储货币政策操作中的利率平滑机制、新西兰等国的公告操作，以及欧洲中央银行等的利率走廊调控模式，都是发达经济体成熟的货币政策沟通机制。

重视货币政策沟通的观念有其学术上的实证支持。从布林德表示中央银行的信息传达能促进货币政策的执行效果，到伍德福德认为中央银行沟通是货币政策预期管理的必要工具，货币政策沟通的效益得到国外学术界较广泛的认可。① 然而，对中国货币政策沟通的研究没有一致的结论。余力和陈红霞发现对上调存款准备金率的公告效应明显强于实际执行的效应。② 冀志斌和周先平对口头沟通和书面沟通的效力进行比较，发现口头沟通的效力更强。③ 但熊海芳和王志强以通胀预期管理为切入点，发现中央银行沟通对通胀预期的管理效果不佳。④ 最近，吴国培和潘再见研究了央行沟通对金融资产价格的影响，

---

① Blinder，A. S. *Central Bank Independence in Theory and Practice.* Cambridge：MIT Press，1998，pp.1–37；Woodford，M. “Imperfect Common Knowledge and the Effects of Monetary Policy”，*NBER Working Paper*，2001，No. 8673.

② 余力、陈红霞：《上调存款准备金率对市场利率结构的影响研究——基于流动性过剩时期的经验证据》，《财经论丛》2010年第3期，第37~41页。

③ 冀志斌、周先平：《中央银行沟通可以作为货币政策工具吗》，《国际金融研究》2011年第2期，第36~40页。

④ 熊海芳、王志强：《货币政策意外、利率期限结构与通货膨胀预期管理》，《世界经济》2012年第6期，第43~48页。

得出与以往论文相似的结论。[①]

需要注意的是，已有文献主要采用埃尔曼和弗拉茨舍提出的赋值法来衡量货币政策信号，例如紧缩的货币政策沟通事件赋值为 -1，宽松的货币政策沟通事件赋值为 1，中性货币政策沟通事件赋值为 0。[②] 但是，这种方法理论上有两点不足。一是数据掺杂人为因素，存在分类错误的可能；二是无法区分货币政策信号中的不同信息，而有效的资本市场一般只对货币政策信号中超出预期的要素进行反应。

另外，从数据分析的方法上看，已有研究一般停留在使用一维变量来衡量货币政策公告对市场资产价格的冲击，但这种方法可能存在有偏性。事实上，居尔卡伊纳克（Gurkaynak）等发现货币政策公告带来的市场冲击无法用单一因素充分解释，而是需要用代表中央银行公告即时效应的目标利率变动和代表公告预期引导效应的远期利率变动这两个因素共同解释的。[③] 他们还发现资产价格变化方向与美联储公开市场委员会的货币政策预期目标方向一致，并且美国的中央银行公告具备引导市场价格较长期预期的能力。这一研究结果给出两点重要暗示：一是货币政策沟通的作用远不仅限于保证信息公开透明，而是渐渐成为一种辅助货币政策执行的货币政策工具；二是央行信息沟通指标中的即时与预期因素分别如何影响市场预期值得关注。

因此，本章在已有文献的基础上，通过对我国央行沟通的指标进行分解，获得即时因素和预期因素，进而分析这两个因素如何影响资产价格。具体来说，我们使用回购利率变动来代理央行公告对市场造成的冲击，并对期限为 7 天至 3 个月的回购利率在央行公告影响日的日变动数据进行主成分分析。本章发现央行公告对市场的影响无法用单一变量完全捕捉，而需要用两个变量来充分反映市场价格的变动。此后，我们通过进一步对这两个变量进行合理旋转，得到了两个具备经济学含义的变量——即时因素和预期因素——来衡量央行公告对市场资产价格的影响。我们通过三种方式验证了预期因素和央行公告的紧密关联，说明市场价格对某一个央行公告的反应时间可达 3 个月。因此，本章证实了以往文献使用单因素分析的结果存在偏颇。

在数据频率的选择上，我们使用日度数据，而非月度数据或季度数据。目的在于尽

① 吴国培、潘再见：《中央银行沟通对金融资产价格的影响——基于中国的实证研究》，《金融研究》2014 年第 5 期，第 39~43 页。

② Ehrmann, M., Fratzscher, M. "Communication by Central Bank Committee Members: Different Strategies, Same Effectiveness? ", *Journal of Money, Credit and Banking*, vol. 39, no. 2-3 (2007), pp.509-541.

③ Gürkaynak, R. S., Sack, B., Wright, J. H. "The US Treasury Yield Curve: 1961 to the Present", *Journal of Monetary Economics*, vol. 54, no. 8 (2007), pp.2291-2304.

量避免同一窗口内掺入其他重大事件对市场资产价格的影响。我们同时通过剔除同天伴随财政部或统计局发布经济数据的央行公告事件，得出了最终的研究数据。此外，根据大部分央行公告的发布时间在我国股票市场和债券市场的交易时间外的事实基础，本章合理获取 2013 年 1 月至 2014 年 2 月的央行公告的影响日期，而非单纯的央行公告的发布日期，并以此为基础展开本章的事件研究及两个因素的估计。

两个因素估计的即时影响和预期影响是互相联系的。分析显示，央行公告发布后，其发布的货币政策决议或重要经济数据会对市场产生即时影响，且市场资产价格是顺应公告想要达到的目标方向变化的。即是说宽松的货币政策决议公告或景气的经济数据发布，会产生股票市场价格上升及债券收益率下降的即时影响；紧缩的货币政策决议公告或不景气的经济数据发布，会产生股票市场价格下降及债券收益率上升的即时影响。这同时说明，若把央行公告作为货币政策工具，它可以达到调整即时市场价格的目的。

另外，预期影响是指央行公告通过影响人们对未来货币政策的预期，而反映在现时市场资产价格变动的公告影响，即预期影响是即时影响的延伸影响。估计的结果显示，股票市场价格不受预期因素的显著影响，这应该与股票流动性强、反映预期信息较少有关。但两年期至十年期的债券收益率变动受到预期因素的显著影响。这说明央行公告的确会在一段时间内改变市场预期，但预期因素的符号显示这种预期不是央行公告的潜力，而是人们认为市场会向他们原本的预期回归。即现在的央行公告还不具备在较长时间内引导市场预期的能力，人们认为意料外的货币政策变动会在 3 个月之内回归原本的市场预期。因此，在央行公告对市场资产价格的影响构成中，预期影响有抵消即时影响的作用。而对于收益率曲线尾端的债券收益率，这种预期因素的作用更强，其对市场资产价格的边际影响比即时因素的影响更大。

本章第二至第四节基本结构安排如下：第二节通过分析上证综指波动和两年期国债收益率波动，发现波动前四大时间点与央行公告发布的时间点吻合，显示央行公告很可能的确能造成市场资产价格的较大波动，并细致描述了单因素度量公告冲击的估计方法、事件的筛选原则。第三节则描述了即时因素和预期因素的数学推导和生成过程，双因素模型的估计结果及估计结果的合理解释。第四节总结本章并进行结论概括。

## 第二节 央行公告与资产价格变动

### 一、典型事实

在市场资产中，股票可以反映市场对央行公告的短期反应，而长期债券可以相应反映市场对央行公告的长期反应。因此，在研究央行公告的市场反应时，需要对股票市场和债券市场的反应作综合分析。本节将观察股指价格和国债收益率变动较大的日期是否与央行公告的影响日期重合。若重合程度较大，则可侧面说明股票市场和债券市场的资产价格很有可能受到央行公告的显著影响，进而实现货币政策沟通的目的。

在股票市场的反应方面，本章选取上证综指价格波动作为股票市场价格波动的代表，并将从 2013 年 1 月 4 日到 2014 年 2 月 21 日的上证综指日度变动显示在图 14–1 中。从图 14–1 可以看出，上证综指价格波动幅度较大的日期，往往与央行公告发布的日期重合。即说明，央行公告的发布会对上证综指的价格产生较大冲击并非是偶然事件，可能是普遍规律。我们选取价格变动幅度较大的四个时间点作简要说明。

2013 年 1 月 14 日，央行推出合格境内个人投资试点，刺激个人投资的宽松政策，导致当日上证综指价格应声上升 68.72。2013 年 6 月 23 日 17:01，央行发布了有关货币政策委员会召开 2013 年第二季度例会的公告，表露了央行对商业银行流动性管理要求变高的信息，则上证综指在 2013 年 6 月 24 日相应下跌 109.85。2013 年 9 月 9 日，时任央行行长周小川发布署名文章《资本市场的多层次特性》，提及丰富资本市场工具产品，上证综指于当日相应上升 72.53。相似地，2013 年 11 月 19 日，央行逆回购规模放量至 350 亿元，缓解资金面紧张，因而可从图 14–1 看出上证综指相应上升 61.39。

在债券市场的反应方面，本章选取两年期国债收益率波动作为债券市场价格波动的代表，并将从 2013 年 1 月 4 日到 2014 年 2 月 21 日的两年期国债收益率日变动显示在图 14–2 中。图 14–2 显示与股票市场相似的结果，即在两年期国债收益率日变动幅度较大时，通常伴随货币政策变动。我们选取收益率变动幅度较大的四个时间点作简要说明。2013 年 6 月 20 日，央行坚持发行央票，市场资金面保持紧缩，图 14–2 中显示当日两年期国债收益率上升 0.263%。6 月 28 日，中国人民银行增加再贴现额度 120 亿元，对符合宏观审慎要求的金融机构提供流动性，两年期国债收益率闻声下降 0.165%。2014 年 1 月 22 日，

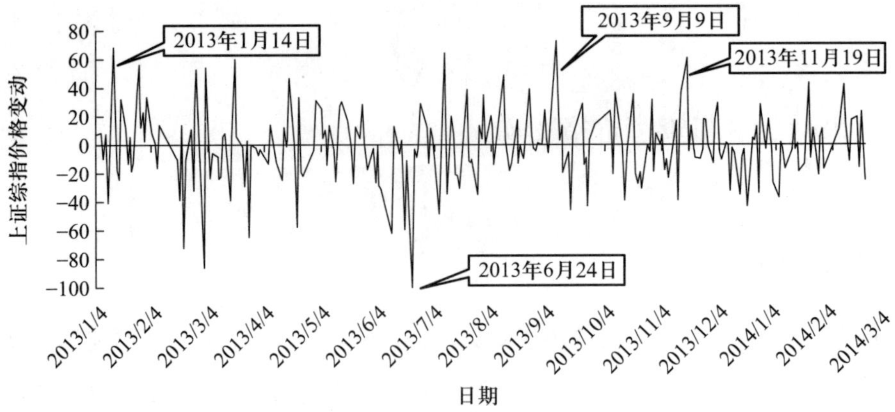


图 14–1　上证综指变动分析

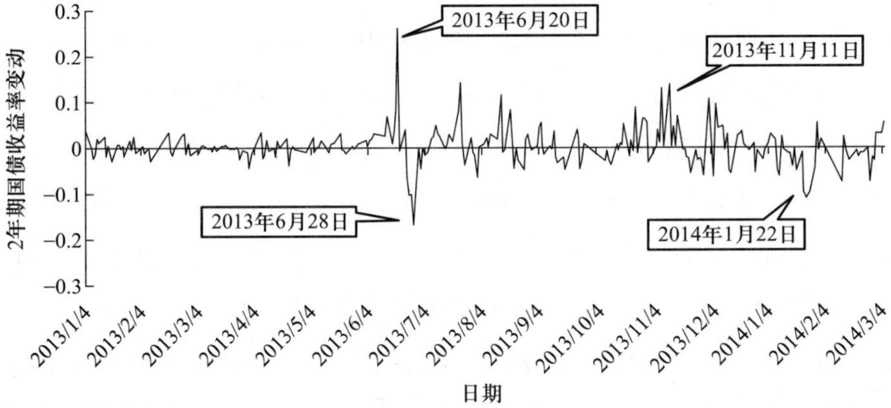


图 14–2　两年期国债收益率变动折线图

注：起止时间段为 2013 年 1 月 4 日至 2014 年 2 月 21 日。

央行开展 7 天期 750 亿元、21 天期 1 800 亿元的逆回购操作，两年期国债收益率当天下跌 0.111%。2013 年 11 月 11 日，央行发出续作 100 亿元三年期央票的公告，两年期国债收益率相应上升 0.140%。

因此，从图 14–1 和图 14–2 可以看出股票市场和债券市场的确对央行公告有一定的反应，且反应的方向显示市场可以充分理解央行公告的信息并做出相应的理性回应。但这种反应是否在统计意义上显著，我们将在实证分析部分进一步探讨。

## 二、相关变量说明

在变量数据频度的选择上，本章选择使用日度数据来进行回归分析，以减少联立方程偏误和遗漏变量偏误的问题。当央行公告传达新调整时，其目的可能在于调整此月或此季度中发生在公告发布以前的资产价格的异常变动，因而如果使用月度数据或者季度数据，可能导致联立方程偏误。此外，此月或此季度中发生在公告发布以前的宏观经济新闻也可能影响资产价格，而这些宏观经济信息被压缩在随机扰动因素中，就可能带来遗漏变量偏误问题。因此，选择高频数据有利于保证回归估计结果的准确性。

对于中央银行书面公告发布的日期和时间，我们首先需要确定一个完整的中央银行书面公告发布的日期和时刻列表。本章的事件研究时间范围为 2013 年 1 月 1 日至 2014 年 2 月 21 日，内容包含中国人民银行公布的 2013 年货币政策大事件，央行网站货币政策专栏的补充事件，重大的公开市场操作，以及资本市场相关数据的发布。注意，我国央行于 2013 年发布的书面沟通信息的时间超过 85% 的书面沟通发布时间在股票交易时间范围之外，而且不存在时间间隔超过 3 分钟的事件在同一天发生。因此同一天的事件可当作同时发生，进而不同央行公告事件造成的影响用日度数据即可区分。

此外，为了避免扩大中央银行书面公告的市场反应，本章对财政部数据和国家统计局数据发布涉及的日期进行了整理，并剔除同日有财政部数据发布或同日有国家统计局数据发布的事件。其中，央行发布书面信息的具体时间可在中国人民银行官方网站上查询，国家统计局数据发布的时间亦可在国家统计局官方网站上查询，时间精确到分钟。财政部的官方网站只显示发布的日期，不显示具体时间。因而本研究将新华网财经快讯显示的财政部相关数据发布时间作为其官方网站发布时间。

在确定了中央银行书面公告发布时间后，我们针对债券市场交易时间与股票市场交易时间的不同，分别确定体现信息影响的日期。债券市场交易时间为上午 9:00 至 12:00，下午 13:30 至 16:30。股票市场交易时间为上午 9:30 至 11:30，下午 13:00 至 15:00，且周六周日休市。因此，对于研究股票市场价格变动的事件来说，发布时间早于 15:00 的事件定义的受影响日期为当日，即当日股市收盘价与前一日的股市收盘价体现了事件对资产价格的影响；晚于 15:00 的事件定义的受影响日期为次日，即次日股市收盘价与当日的股市收盘价体现了事件对资产价格的影响。

同理，对于研究债券市场价格变动的事件来说，发布时间早于 16:30 的事件定义的受影响日期为当日，晚于 16:30 的事件定义的受影响日期为次日。此外，对于事件影响日为周末的事件，将其影响日期调整为下周一的日期。如果有中央银行的公告在节假日发布，也需要对影响日期做调整。

接下来，我们对货币政策书面通知发布的日期进行排查。对于股票市场，收录货币政策公告通知 124 个，得到相应的影响公告日后，将同一影响公告日的事件合并，得

110 个货币政策公告事件。财政部数据发放信息 41 个，国家统计局数据发放事件 107 个，将与财政部和国家统计局数据发布冲突的货币政策沟通事件剔除，得到 85 个货币政策公告事件。

对于债券市场，收录货币政策公告通知 153 个，得到相应的影响公告日后，将同一影响公告日的事件合并，得到 109 个货币政策公告事件。财政部数据发放事件 41 个，国家统计局数据发放事件 107 个，将与财政部和国家统计局数据发布冲突的货币政策沟通事件剔除，得到 93 个货币政策公告事件。整体来说，影响股票市场的央行公告事件研究样本 74 个，影响债券市场的央行公告事件研究样本 93 个。

## 第三节　央行公告对资产价格的影响分析

### 一、央行公告利率冲击的二维分解

单因素模型的数据分析基于一个前提假设，即央行公告对市场价格的影响可完全由基准利率目标的意外变动来衡量。但居尔卡伊纳克等人和艾芬格（Eijffinger）等人指出美国联邦公开市场委员会发布的公告对市场的影响,应该由基准利率目标变动因素(Target Factor）和长期路径因素（Path Factor）共同衡量。[①] 同时单因素模型的结果显示 7 日回购利率变动对预料外货币政策公告导致的股票价格变动的解释度较低，约为 0.10。因此较为可能的猜测是中国的货币政策公告也从两个或者更多的渠道影响市场价格变动，可通过预期因素来影响市场价格的较长期预期。为了检验这一猜测，本节使用因子分析来判断中国的货币政策变动是否也需要两个变量或者更多的变量来衡量。

下面阐述本章使用的因子分析模型。令 $\boldsymbol{X}$ 为一个 $T\times n$ 的矩阵，行对应货币政策公告时间，列对应不同期限的回购利率变化，则 $\boldsymbol{X}$ 中的因素对应相应货币政策公告发布影响日期发生的回购利率变化。$\boldsymbol{F}$ 为一个 $T\times m$ 的矩阵（$m<n$），$m$ 为需要的因子数量。为找出潜在的因子来解释 $\boldsymbol{X}$,需要分解 $\boldsymbol{X}$。令 $\boldsymbol{X}$ 的行向量为 $X_i$,采用式（14-1）来解释 $\boldsymbol{X}$:

① Gürkaynak，R. S.，Sack，B.，Wright，J. H. “The US Treasury Yield Curve: 1961 to the Present”，*Journal of Monetary Economics*，vol. 54，no. 8（2007），pp.2291-2304；
Eijffinger，S.，Mahieu，R.，Raes，L. “Can the Fed Talk the Hind Legs off the Stock Market? ”，*International Journal of Central Banking*，vol. 13，no. 1（2017），pp.53-94.

$$X_i-\mu=\boldsymbol{L}F_i+\varepsilon_i; \tag{14-1}$$

其中，$\mu$是一个代表变量均值的$n\times1$向量，$F_i$是一个代表不可观测因子的向量，即为公共因子，$\varepsilon_i$是一个代表特征变量的$n\times1$向量。$\boldsymbol{L}$是对应的$n\times m$因子载荷矩阵。

杰克逊（Jackson）指出，可以分离出前 $m$ 个特征值之和超过 $\boldsymbol{X}$ 总方差的 95% 的因子来有效衡量 $\boldsymbol{X}$。① 而使用这种方法需要如下假设。

$$\mathrm{E}(F_i)=0,\ \mathrm{E}(\varepsilon_i)=0,\ \mathrm{E}(F_i\varepsilon_i)=0; \tag{14-2}$$

$$\mathrm{E}(F_iF_i')=\boldsymbol{I}; \tag{14-3}$$

$$\mathrm{E}(\varepsilon_i\varepsilon_i)=\boldsymbol{\Psi}; \tag{14-4}$$

其中，$\boldsymbol{\Psi}$ 是特征变量方差的对角矩阵。在假设（14-1）~ 假设（14-3）的基础上，可以得出 $\boldsymbol{X}$ 的方差表达式：

$$\mathrm{var}(\boldsymbol{X})=\mathrm{E}[(X_i-\mu)(X_i-\mu)']=\mathrm{E}[(\boldsymbol{L}F_i+\varepsilon_i)(\boldsymbol{L}F_i+\varepsilon_i)']=\boldsymbol{LL}'+\boldsymbol{\Psi}。 \tag{14-5}$$

令变量的真实协方差矩阵为$\sum$，则有$\sum$的估计量：

$$\hat{\sum}=\hat{\boldsymbol{L}}\hat{\boldsymbol{L}}'+\hat{\boldsymbol{\Psi}}。 \tag{14-6}$$

令观察到的变量协方差矩阵为 $\boldsymbol{S}$，得到总方差的残差矩阵：

$$\hat{E}=\boldsymbol{S}-\hat{\sum}。 \tag{14-7}$$

选择分解因子个数的原理和迭代算法来自杰斯卡（Jöreskog），即最小化由因子载荷和特异性方差构成的偏离函数。② 其中使用最大似然估计的偏离函数定义为：

$$D_{ML}(\boldsymbol{S},\ \textstyle\sum)=\mathrm{tr}\left|\sum^{-1}\boldsymbol{S}\right|-\ln\left|\sum^{-1}\boldsymbol{S}\right|-n; \tag{14-8}$$

并定义卡方统计量 $T$：

$$T=(N-k)\,D_{ML}(\boldsymbol{S},\ \textstyle\sum); \tag{14-9}$$

其中，$N$ 为样本量，$k$ 为限制条件数量，卡方分布的自由度 $df=n(n+1)/2-n(m+1)+m(m-1)/2$。检验原假设为当前因素模型设置正确。

结合上述因子分解原理和研究目的，定义：

$$\boldsymbol{X}=[X_1,\ X_2,\ X_3,\ X_4,\ X_5,\ X_6]=\begin{bmatrix} X_{11} & \cdots & X_{61} \\ \vdots & \ddots & \vdots \\ X_{1T} & \cdots & X_{6T} \end{bmatrix}; \tag{14-10}$$

① Jackson, D. A. "Stopping Rules in Principal Components Analysis: A Comparison of Heuristical and Statistical Approaches", *Ecology*, vol. 74, no. 8 (1993), pp. 2204–2214.

② Jöreskog, K. G. "Factor Analysis by Least-Squares and Maximum Likelihood Methods", *Statistical Methods for Digital Computers*, no.1 (1977), pp. 125–153.

其中，$X_{1t}$（$t$=1，2，…，$T$）是第 $t$ 个事件影响日的 7 天加权平均回购利率收盘价差，$X_{2t}$（$t$=1，2，…，$T$）是 14 天加权平均回购利率收盘价差，$X_{3t}$（$t$=1，2，…，$T$）是 21 天加权平均回购利率收盘价差，$X_{4t}$（$t$=1，2，…，$T$）是 1 个月加权平均回购利率收盘价差，$X_{5t}$（$t$=1，2，…，$T$）是 2 个月加权平均回购利率收盘价差，$X_{6t}$（$t$=1，2，…，$T$）是 3 个月加权平均回购利率收盘价差。获得分解结果后，发现中国货币政策变动应该由两个因素 $F_1^0$ 和 $F_2^0$ 来描述。股票市场的 $F_1^{0s}$ 和 $F_2^{0s}$ 表达式分别为：

$$F_1^{0s}=0.47X_1+0.74X_2+0.56X_3+0.05X_4+4.68\times e^{-17}X_5+0.63X_6; \quad (14\text{–}11)$$

$$F_2^{0s}=-0.34X_1-0.09X_2-0.11X_3+0.61X_4+1.00X_5+0.15X_6。 \quad (14\text{–}12)$$

债券市场的 $F_1^{0b}$ 和 $F_2^{0b}$ 表达式分别为：

$$F_1^{0b}=0.63X_1+0.69X_2+0.68X_3+6.16\times e^{-17}X_4-0.04X_5+0.39X_6; \quad (14\text{–}13)$$

$$F_2^{0b}=0.25X_1+0.10X_2+0.41X_3+1.00X_4+0.65X_5+0.64X_6。 \quad (14\text{–}14)$$

卡方检验的结果汇报在表 14–1 中，其中股票市场和债券市场的卡方检验的 $p$ 值均大于 0.05，原假设不被拒绝；同时 Bartlett 球形检验的 $p$ 值也均显示原假设不被拒绝，说明对于两个市场构建的双因素与数据拟合度良好，具有代表性。

**表 14–1　因子分析卡方检验结果**

| 股票市场 | | 债券市场 | |
|---|---|---|---|
| 指标 | 数值 | 指标 | 数值 |
| 偏离函数 | 0.017 | 偏离函数 | 0.087 |
| 卡方统计量 | 1.067 | 卡方统计量 | 6.604 |
| 卡方检验的 $p$ 值 | 0.900 | 卡方检验的 $p$ 值 | 0.158 |
| Bartlett 球形检验统计量 | 0.997 | Bartlett 检验统计量 | 6.242 |
| Bartlett 检验的 $p$ 值 | 0.910 | Bartlett 球形检验的 $p$ 值 | 0.182 |

为了使两因素正交，需要对股票市场的 $F_1^{0s}$ 和 $F_2^{0s}$，以及债券市场的 $F_1^{0b}$ 和 $F_2^{0b}$ 做相应的旋转。获得 $F_1^{1s}$ 和 $F_2^{1s}$ 的表达式为：

$$F_1^{1s}=0.48X_1+0.74X_2+0.56X_3+0.03X_4-0.03X_5+0.63X_6; \quad (14\text{–}15)$$

$$F_2^{1s}=-0.33X_1-0.07X_2-0.09X_3+0.61X_4+1.00X_5+0.17X_6; \quad (14\text{–}16)$$

其中旋转矩阵为$\begin{bmatrix} 1.00 & -0.03 \\ -0.03 & 1.00 \end{bmatrix}$。从 $F_1^{1s}$ 的表达式可知，$X_1$、$X_2$、$X_3$ 的系数均大于 0.48，故 $F_1^{1s}$ 主要解释期限小于 21 天的短期利率。同时，$F_2^{1s}$ 的表达式显示 $X_4$、$X_5$ 的系数均大于 0.61，故 $F_2^{1s}$ 主要解释期限为 1 月和 2 月的较长期利率。

另一方面，债券市场 $F_1^{1b}$ 和 $F_2^{1b}$ 的表达式分别为：

$$F_1^{1b}=0.66X_1+0.70X_2+0.73X_3+0.13X_4+0.05X_5+0.47X_6; \quad (14\text{–}17)$$

$$F_2^{1b}=0.17X_1+0.00X_2+0.32X_3+0.99X_4+0.65X_5+0.58X_6; \quad (14\text{–}18)$$

其中旋转矩阵为$\begin{bmatrix} 0.99 & 0.13 \\ 0.13 & 0.99 \end{bmatrix}$。从 $F_1^{1b}$ 的表达式可知，$X_1$、$X_2$、$X_3$ 的系数均大于 0.66，故 $F_1^{1b}$ 主要解释期限小于 21 天的短期利率。同时，$F_2^{1b}$ 的表达式显示 $X_4$、$X_5$、$X_6$ 的系数均大于 0.58，故 $F_2^{1b}$ 主要解释期限为 1 月至 3 月的较长期利率。

## 二、两因素的结构化解释

上述得到的两个因素 $F_1^{1s}$ 和 $F_2^{1s}$（$F_1^{1b}$ 和 $F_2^{1b}$）较大程度解释了 $\boldsymbol{X}$ 的方差，具备统计含义，但至此并不具备经济学含义。为了使解释因素具备经济学含义，本节将分别对两个市场 $F_1^1$ 和 $F_2^1$ 的进行矩阵变换得到相应的 $Z_1$ 和 $Z_2$，其中用 $Z_1$ 反映货币政策的意外变动所体现的利率目标变动，用 $Z_2$ 反映货币政策的意外变动中能对较长期限的回购利率产生影响的其他方面。即 $Z_1$ 用来衡量即时利率的变动，同时用 $Z_2$ 来衡量对利率预期的变动。因此从数理上要求 $Z_2$ 与衡量即时货币政策冲击的变量 $mp$ 无关，其中本章 $mp$ 定义为货币政策公告影响日期当天的 7 天回购利率变动。在下文中，本章相应地称 $Z_1$ 为即时因素，称 $Z_2$ 为预期因素。

令 $\boldsymbol{Z}=[Z_1, Z_2]$，$\boldsymbol{F}=[F_1^1, F_2^1]$。矩阵变换过程中，$Z_1$ 和 $Z_2$ 仍然保持正交，且对矩阵 $\boldsymbol{X}$ 的解释度与 $F_1$ 和 $F_2$ 相同。不同的是让 $Z_2$ 对即时基准利率变动无影响。为此，本章定义：

$$\boldsymbol{Z}=\boldsymbol{FU}; \quad (14\text{–}19)$$

其中，$\boldsymbol{U}$ 为一个 $2\times2$ 的正交矩阵。假设：

$$\boldsymbol{U}=\begin{bmatrix} \alpha_1 & \beta_1 \\ \alpha_2 & \beta_2 \end{bmatrix}; \quad (14\text{–}20)$$

则 $\boldsymbol{U}$ 需要满足 4 个限制。

首先，$\boldsymbol{U}$ 的两列向量具备单位长度，即

$$\alpha_1^2+\alpha_2^2=1; \quad (14\text{–}21)$$

$$\beta_1^2+\beta_2^2=1。 \quad (14\text{–}22)$$

其次，$Z_1$ 和 $Z_2$ 需要保持相互正交，即

$$\mathrm{E}(Z_1Z_2)=\alpha_1\beta_1+\alpha_2\beta_2=0。 \quad (14\text{–}23)$$

最后，需要导出能使 $Z_2$ 不影响即时货币政策利率冲击的限制条件，其中即时货币政策利率冲击用 $mp$ 表示，本章中用货币政策公告影响日期当天的 7 天回购利率差来衡量。用 $\gamma_1$ 和 $\gamma_2$ 分别表示 $F_1^1$ 和 $F_2^1$ 对货币政策冲击的回归系数。

由式（14–19）可知：

$$mp=\gamma_1 F_1^1+\gamma_2 F_2^1; \quad (14\text{–}24)$$

$$F_1^1=\frac{1}{\alpha_1\beta_2-\alpha_2\beta_1}(\beta_2 Z_1-\alpha_2 Z_2); \quad (14\text{–}25)$$

$$F_2^1=\frac{1}{\alpha_1\beta_2-\alpha_2\beta_1}(\alpha_1 Z_2-\beta_1 Z_1)。 \quad (14\text{–}26)$$

将式（14–25）和式（14–26）代入式（14–24）可得：

$$mp=\frac{1}{\alpha_1\beta_2-\alpha_2\beta_1}(\gamma_1\beta_2-\gamma_2\beta_1)Z_1+\frac{1}{\alpha_1\beta_2-\alpha_2\beta_1}(\gamma_2\alpha_1-\gamma_1\alpha_2)Z_2 \quad (14\text{–}27)$$

从而第四个限制条件为：

$$\gamma_2\alpha_1-\gamma_1\alpha_2=0 \quad (14\text{–}28)$$

结合式（14–21）~ 式（14–24）、式（14–28）可得到 $\alpha_1$、$\alpha_2$、$\beta_1$、$\beta_2$ 的表达式分别为：

$$\alpha_1=\frac{|\gamma_2|}{\sqrt{\gamma_1^2+\gamma_2^2}}\frac{\gamma_1}{\gamma_2}; \quad (14\text{–}29)$$

$$\alpha_2=\frac{1}{\sqrt{\gamma_1^2+\gamma_2^2}}|\gamma_2|; \quad (14\text{–}30)$$

$$\beta_1=-\frac{\alpha_2}{\alpha_1}\frac{|\alpha_2|}{\sqrt{\alpha_1^2+\alpha_2^2}}; \quad (14\text{–}31)$$

$$\beta_2=\frac{|\alpha_1|}{\sqrt{\alpha_1^2+\alpha_2^2}}。 \quad (14\text{–}32)$$

根据 $\alpha_1$、$\alpha_2$、$\beta_1$、$\beta_2$ 的数值及式（14–25）、式（14–26）可以构造最终需要的即时因素 $Z_1$ 和预期因素 $Z_2$。

## 三、即时因素和预期因素的估计

为估计市场资产价格对即时因素和预期因素的反应，需要构造出即时因素（$Z_1$）和预期因素（$Z_2$）。对股票市场和债券市场分别回归式（14–24），获得 $\gamma_1^s$ 和 $\gamma_2^s$，$\gamma_1^b$ 和 $\gamma_2^b$ 的估计值。其中 $\widehat{\gamma_1^s}=0.265$，$\widehat{\gamma_2^s}=-0.078$，$\widehat{\gamma_1^b}=0.331$，$\widehat{\gamma_2^b}=0.012$。（见表 14–2，表 14–3）

**表 14-2　$\gamma_1$ 和 $\gamma_2$ 的估计结果**

| 股票市场 | | 债券市场 | |
|---|---|---|---|
| $\widehat{\gamma_1^s}$ | 0.265***<br>（0.034） | $\widehat{\gamma_1^b}$ | 0.331***<br>（0.048） |
| $\widehat{\gamma_2^s}$ | −0.078*<br>（0.042） | $\widehat{\gamma_2^b}$ | 0.012<br>（0.043） |

注：表中系数估计的上角标代表估计的显著性水平，*** 代表系数估计在 99% 的置信水平下显著，** 代表系数估计在 95% 的置信水平下显著，* 代表系数估计在 90% 的置信水平下显著，系数估计无上角标的表示在 90% 的置信水平下仍然不显著。括号内为系数估计的标准偏误。其中 $F_1^1$、$F_2^1$ 和的单位均为 %。

**表 14-3　意外央行公告的二维分解结果**

| 股票市场 | | 债券市场 | |
|---|---|---|---|
| 变量名称 | 估计系数 | 变量名称 | 估计系数 |
| $Z_1^s$ | 0.276***<br>（0.037） | $Z_1^b$ | 0.331***<br>（0.047） |
| $Z_2^s$ | 0.000<br>（0.039） | $Z_2^b$ | 0.000<br>（0.044） |
| 常数项 | 0.051<br>（0.061） | 常数项 | −0.024<br>（0.069） |

注：表中系数估计的上角标代表估计的显著性水平，*** 代表系数估计在 99% 的置信水平下显著，** 代表系数估计在 95% 的置信水平下显著，* 代表系数估计在 90% 的置信水平下显著，系数估计无上角标的表示在 90% 的置信水平下仍然不显著。括号内为系数估计的标准偏误。其中即时因素、预期因素的单位均为 %。

## 四、预期因素和货币政策公告的联系

从前文的分解原理可知，预期因素 $Z_2$ 代表的是货币政策冲击中除即时市场基准利率变动之外的全部变动，从数学意义上类似一个残差项。因此本节将通过论证预期因素与货币政策公告之间的联系。

图 14-3（a）（b）以条形图的形式表现股票市场从 2013 年 1 月 4 日至 2014 年 2 月 21 日的即时因素（$Z_1^s$）和预期因素（$Z_2^s$），而图 14-3（c）（d）则以条形图的形式表现债券市场从 2013 年 1 月 4 日至 2014 年 2 月 21 日的即时因素（$Z_1^b$）和预期因素（$Z_2^b$）。其中货币政策公告影响日的因素用黑色条形表示，不受货币政策公告直接影响的因素用灰色表示。从图 14-3 可以看出，即时因素和预期因素震动较大的日期，基本伴随货币政策公告的发布，部分预期因素的震动会持续到货币政策公告影响日次日。

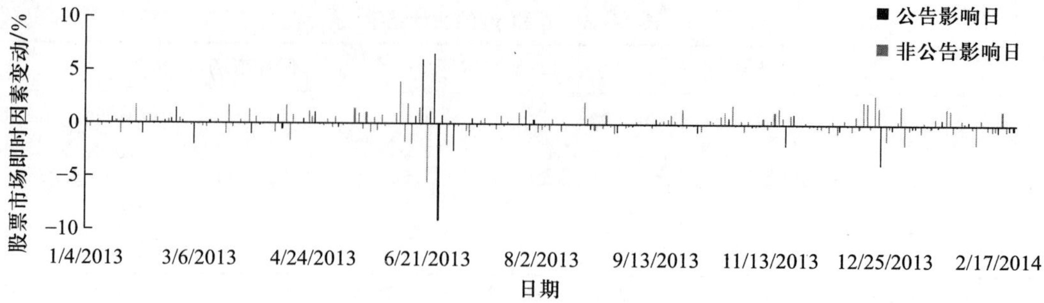


(a)

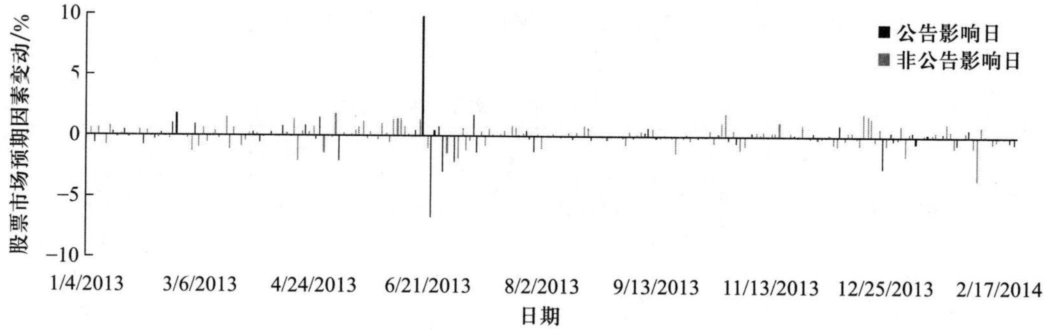


(b)

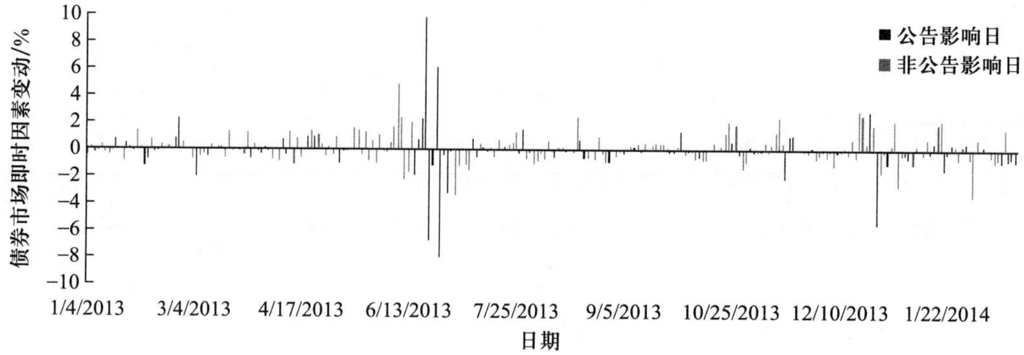


(c)

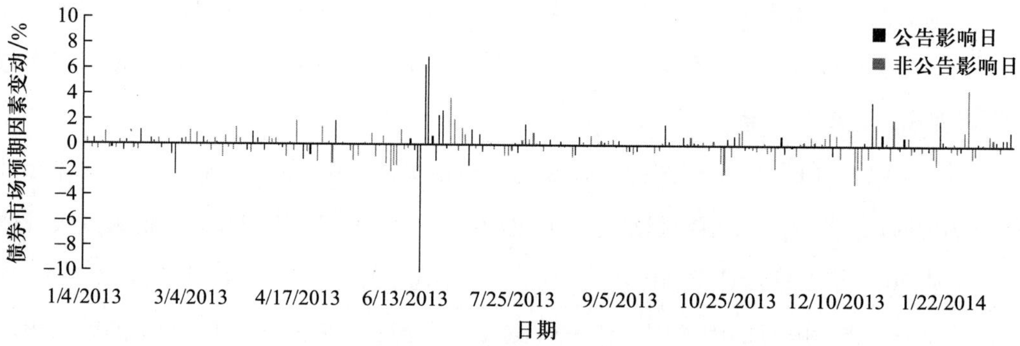


(d)

图 14–3　股票市场和债券市场中即时因素、预期因素与公告发布的联系

注：起止时间段为 2013 年 1 月 4 日至 2014 年 2 月 21 日。

表 14–4 中显示的是用预期因素绝对值，即预期因素变动幅度，对货币政策事件哑变量进行回归的结果。其中受到货币政策事件影响的日期对应的货币政策事件哑变量设为 1，不受到货币政策事件影响的日期对应的货币政策事件哑变量设为 0。由于股票市场和债券市场开市闭市时间不同，定义的事件影响日期不同，估计分股票市场和债券市场分别进行。回归结果显示对股票市场，货币政策公告事件对预期因素变动幅度的影响在 90% 置信水平上是显著的。相似地，对债券市场，货币政策公告事件对预期因素变动幅度的影响在 95% 置信水平上是显著的。该结果从统计上显示预期因素与货币公告事件有密切的相关关系。

**表 14–4　货币政策事件对预期因素变动幅度的贡献估计**

| 股票市场 | | |
|---|---|---|
| 因变量 | 公告事件哑变量 | $R^2$ |
| $z_2$ 绝对值 | 0.299**<br>（0.129） | 0.022 |
| 债券市场 | | |
| $z_2$ 绝对值 | 0.328**<br>（0.160） | 0.016 |

注：表中系数估计的上角标代表估计的显著性水平，*** 代表系数估计在 99% 的置信水平下显著，** 代表系数估计在 95% 的置信水平下显著，* 代表系数估计在 90% 的置信水平下显著，系数估计无上角标的表示在 90% 的置信水平下仍然不显著。括号内为系数估计的标准偏误。其中预期因素的单位均为 %。

## 五、市场资产价格对即时因素和预期因素的反应

构造出即时因素和预期因素之后，本章对双因素模型进行了回归估计。

$$\Delta y_t=\alpha+\beta_1 z_1+\beta_2 z_2+\varepsilon_t; \quad (14\text{–}33)$$

其中 $\Delta y_t$ 代表公告影响日内资产价格的变动，$z_1$ 和 $z_2$ 分别为即时因素和预期因素，$\varepsilon_t$ 代表影响资产价格变动的其他宏观影响。$\alpha$、$\beta_1$ 和 $\beta_2$ 是待估计常数。具体的估计结果如表 14–5 所示。

从表 14–5 可以看出，股票市场对政策意外变动的反应主要由即时因素来解释，方向与货币政策目标是一致的，但预期因素对其的解释统计上不显著。具体来说，即时因素每上升 1 个基点，上证综指会相应下降 0.03，而沪深 300 指数会相应下降 0.06。除估计系数外，双因素模型和单因素模型回归的比较也提供了两因素重要性方面的信息。用双因素模型估计政策意外变动对股指的影响时，其 $R^2$ 明显小于单因素模型的 $R^2$，加之

预期因素的估计系数不显著，则股票市场对央行公告的反应应该使用单因素模型更为适合。

**表 14–5　市场价格对目标因素和预期因素的反应**

| 资产价格变动 | 目标因素 | 预期因素 | $R^2$ |
|---|---|---|---|
| 上证综指变动 | –3.929**<br>（1.942） | 1.706<br>（2.024） | 0.060 |
| 沪深 300 指数变动 | –5.762***<br>（2.577） | 2.821<br>（2.685） | 0.070 |
| 两年期国债收益率变动 | 0.005<br>（0.003） | –0.010***<br>（0.003） | 0.287 |
| 五年期国债收益率变动 | 0.007***<br>（0.002） | –0.008***<br>（0.002） | 0.466 |
| 十年期国债收益率变动 | 0.005**<br>（0.002） | –0.006***<br>（0.002） | 0.357 |

注：表中系数估计的上角标代表估计的显著性水平，*** 代表系数估计在 99% 的置信水平下显著，** 代表系数估计在 95% 的置信水平下显著，* 代表系数估计在 90% 的置信水平下显著，系数估计无上角标的表示在 90% 的置信水平下仍然不显著。括号内为系数估计的标准偏误。其中即时因素、预期因素和各期限国债收益率的单位均为 %。

与股票市场不同，债券市场对政策意外变动的反应中预期因素的解释作用较大，各期限的国债收益率变动均受到预期因素显著反向影响。对于即时因素，两年期国债收益率变动不受即时因素的显著影响，但较长期限的两种国债收益率变动受到即时因素的显著正向影响。关于估计系数的符号问题，因为即时利率上升时，债券价格下降，收益率上升；而预期利率上升时，相当于即时利率相对下降，则债券价格上升，收益率下降。具体来说，每当市场基准利率上升 1 个百分点，两年期国债收益率会因预期利率的上升而下降约 0.01 个百分点。对于五年期国债收益率，会因即时利率上升 1 个百分点而上升约 0.007 个百分点，因预期利率上升 1 个百分点而下降 0.008 个百分点。对于十年期国债收益率，结论相似。它会因即时利率上升 1 个百分点而上升约 0.005 个百分点，因预期利率上升 1 个百分点而下降 0.006 个百分点。从此可知，因公告对市场预期的影响，中国人民银行的货币政策通知对债券市场价格的长期影响比货币政策通知本身体现的目标利率变动幅度更大。

在实践中，我们还尝试了单因素模型分析，用以对比。从结果来看，除估计系数外，双因素模型和单因素模型回归 $R^2$ 的比较也提供了两因素重要性方面的信息。单因素模型对两年期国债收益率变动的解释度仅为0.125，而加上了预期因素之后，双因素模型对两年期国债收益率变动的解释度提升至0.287。这说明预期因素解释了大部分的两年期国债收益率的变动。对五年期国债收益率和十年期国债收益率有同样的结论。单因素模型对五年期国债收益率变动的解释度也仅为0.158，而加上了预期因素之后，双因素模型对五年期国债收益率变动的解释度提升至0.466。单因素模型对十年期国债收益率变动的解释度也仅为0.231，而加上了预期因素之后，双因素模型对十年期国债收益率变动的解释度提升至0.357。这说明预期因素解释了大部分的国债收益率的变动。

## 第四节　本章小结

中国人民银行公告发布之后，股票市场和债券市场资产价格会因此发生不同程度的变化，且这种变化的方向显示市场投资者充分理解公告的含义。具体来说，当央行发布宽松的货币政策决议或者景气的经济数据时，股指会相应上升，债券的收益率也会相应下降；而当央行发布紧缩的货币政策决议或者不景气的经济数据时，股指就会闻声下降，债券收益率也随之相应上升。这与以往文献中单因素估计的结论基本一致。

但以此说明央行公告对市场预期有指导意义，甚至说央行公告有能力作为一项独立的货币政策工具的结论并不准确。本章通过合理构造预期因素并对其估计结果进行分析，发现央行公告对市场的定向冲击是有限的。根据预期因素的估计系数为负的现象，我们推知中国投资者认为市场预期外的央行公告决议或政策是暂时的，不影响长期的货币政策方向。而这种认为货币政策会回归市场预期的态度，会抵消央行公告对市场资产价格的即时效应。投资者认为，在公告后的一段时间，央行将出台新的货币政策使得宏观调控方向与市场预期一致。这说明了央行公告不能改变人们对货币政策未来趋势的预期。当人们认为市场产生流动性紧张时，即使央行公告表示问题不严重，也只能短期影响市场资产价格，而人们照常预期货币政策在短期内会从紧，价格仍会回落；而当人们认为经济景气，即使央行公告发布一些利空消息或操作说明，也只能短期降低市场资产价格，而人们照常预期货币政策在短期内不会从紧，因而重新推高资产价格。

本章认为，这种现象的发生是因为2013年中国的货币政策总体保持谨慎中性，且央行公告的用词比较委婉，未能明确传达信息。我们认为用词委婉是因为政府不希望对市场造成太大的冲击，这一点在央行公告大部分在股票市场和债券市场交易时间外发布的规律中也有体现。但这一特点也很可能是导致央行公告只有短期的市场影响能力的原因。综合来看，本章内容表明，中国人民银行的央行沟通工作对于引导市场预期具有显著影响，只是在长短期影响方面存在差异。

# 第十五章　前瞻性货币政策的新实践：前瞻指引

本章提要：

尽管各界对前瞻指引货币政策的效果仍存在争议，但这一政策理念在各国央行实践中已被广为接受。尤其是在金融危机之后，当世界主要发达经济体遭遇零利率下界、经济低迷、金融市场无序波动等难题时，央行对这种非常规货币政策的运用更加重视。本章先对前瞻指引货币政策的基本内涵及政策有效性进行了梳理和概括，并发现了中国人民银行的隐性前瞻指引表达，随后对几种能够度量前瞻指引货币政策有效性的指标分别进行了考察。本章阐明，前瞻指引货币政策在中国实施产生了明显的效果。因此，央行可以考虑通过主动沟通和提高透明度等方法加强对预期的管理效果，进而提高政策效力和自身可信度，加大指引力度，创新指引方式，向市场传达更清晰的货币政策信号，继续并灵活使用前瞻指引货币政策。

本章概览：

- 前瞻指引政策实施背景
- 前瞻指引政策的研究逻辑
- 前瞻指引政策在中国的实践
- 前瞻指引进程的中美比较
- 本章小结

## 第一节 前瞻指引政策实施背景

近年来，随着全球经济运行不断面临各种新局面和新挑战，金融环境不稳定，金融系统潜在风险逐渐暴露，尤其是全球金融危机及欧洲债务危机的爆发，使本就脆弱的金融系统不断恶化，导致央行沟通与市场预期之间信号的混乱。同时，全球经济体增长普遍乏力，流动性过于宽松，这也使得由政策冲击引发的市场预期的波动变得更加剧烈，甚至产生市场恐慌情绪。另外，除了外部经济金融环境问题，发达经济体自身又面临着零利率约束，欧盟、日本等经济体利率水平甚至突破零下限从而失去货币政策优化空间。货币政策无法产生宽松作用，也就难以达成刺激经济增长目的。其原因是当名义利率降至甚至零利率水平，公众预期利率会有潜在上升趋势。该预期减少了消费和投资量，压抑总需求，无助于经济增长。

为了应对内外部经济金融环境的恶化，发达经济体央行近年来逐步增大对“前瞻指引”货币政策的研究力度。尽管对于前瞻指引货币政策是否可以产生一定效用这一问题仍然存在争议，但是该政策理念在各央行实践中已然被广为接受并受到高度重视。“前瞻指引”货币政策在本质上是一种通过央行沟通的方式对公众进行预期管理的非常规货币政策框架①，央行通过经济预测、发布远期利率信号等方式引导市场预期，减少市场的不确定性。因此，当央行发布一个具有可信度的承诺，如“保证利率将会在零水平持续一段时间”，且该承诺保证的时间要长于市场预期的时间，经济体即可摆脱利率零下限约束，刺激经济总需求并创造经济增长。

虽然鉴于前瞻指引货币政策对于当前宏观经济和金融市场的适用性和必要性，国外学界对之研究起步较晚，但近年来研究较为深入，研究重点大致集中在传导机制、前提条件、政策效果及概念分类等几个方面。而我国对前瞻指引货币政策的研究进展较为缓慢，仅涉及对国外已有研究成果的总结，以及对已实施前瞻指引政策经济体的政策效果进行定性评述等。在本章中，我们创新性地发现了中国人民银行隐形的前瞻指引方式，并对前瞻指引有效性进行定性和定量评估，考察它对金融市场的影响。

有两个问题需要强调。第一，有关我国央行前瞻指引能力的问题，本章并没有加以

① Woodford, M. "Optimal Monetary Policy Inertia", *The Manchester School*, vol. 67, no. 1 (1999), pp.1–35.

考察，也没有试图去比较央行和市场的预测能力，而是基于实践数据客观地研究前瞻指引是否及如何影响市场预期的问题。第二，我们没有就央行独立性进行深入讨论，而是就我国存在的现有央行体制进行考察，因为央行是否独立并不影响的本章研究结果。虽然根据诸多研究，政策取向基本取决于中央经济工作会议和国务院办公会议的基调，但央行所进行的政策操作是对中央经济工作会议和国务院办公会议方针的落实。因此，本章所表述的央行的前瞻指引也可以说是中央的前瞻指引。我们研究的就是政策落实过程，而没有去探讨这一政策的具体产生过程。因此，没有在央行独立性问题上着过多笔墨。

## 第二节　前瞻指引政策的研究逻辑



前瞻指引在各经济体实践中应用方式不同，学界依据政策实施严格程度或发布的信息性质等方面将其分类。伍德福德将前瞻指引分为模糊的前瞻指引和明确的前瞻指引；温克尔曼将前瞻指引分为定性的前瞻指引和定量的前瞻指引；卡尼将前瞻指引分为开放式前瞻指引、基于时间的前瞻指引和基于状态的前瞻指引。[①]

我们以卡尼的分类方式为例，比较各种类型前瞻指引的特点。开放式前瞻指引是指央行对未来货币政策的路径提供定性指引和预测。例如 2008 年 12 月，FOMC 将联邦基金目标利率降低到 0~0.25% 区间，并称疲弱的经济可能需要联邦利率在一段时间内维持较低水平。[②] 此类指引具备灵活性，但其信息含量较小，释放的预期信号不够明确，难以使公众形成确定的预期，政策效果较小。基于时间的前瞻指引是指央行承诺会在某个时间点前保持政策不变。例如 2012 年 1 月，FOMC 宣布将维持低利率的时期延长到至少 2014 年底。[③] 此种指引方式向公众提供确切时间，易于引导确定预期，但本质上并没有使公众掌握央行政策变化的内在机理。并且将未来的政策变化死板地固定在某一时间点

① Woodford，M. "Methods of Policy Accommodation at the Interest-Rate Lower Bound"，Mimeo，Columbia University，2012；

Winkelmann，L. Quantitative Forward Guidance and the Predictability of Monetary Policy：A Wavelet Based Jump Detection Approach，*SFB 649 Discussion paper*，2013，No. 2013-2016；

Carney，M. "Crossing the Threshold to Recovery"，Speech at a business lunch hosted by the CBI East Midlands，Derbyshire and Nottinghamshire Chamber of Commerce and the Institute of Director，2013.

② 内容引自：美联储官方网站，https://www.federalreserve.gov/newsevents.htm.

③ 内容引自：美联储官方网站，https://www.federalreserve.gov/newsevents.htm.

而不考虑经济形势的变化，可能会导致政策的不合理或者促使央行做出“时间不一致”行为，从而降低央行可信度。基于状态的前瞻指引，即央行承诺在经济状况达到某个水平前保持政策水平不变。例如美联储在2012年12月指出，只要失业率仍在6.5%以上，未来1~2年的通货膨胀预期不超过长期通货膨胀稳定目标（2%）以上0.5个百分点，且长期通货膨胀预期仍在锚定范围内，将继续维持当前的超低利率水平。该种指引方式与具体经济指标相联系，向公众透露了央行政策变化机理，使公众了解政策变动内在原因，信息含量较大。①

新西兰是最先应用前瞻指引货币政策的国家，它率先在1997年发布了对未来短期利率的预测，引导市场预期。从1999年至今，日本、美国、欧盟、加拿大、瑞典、英国等经济体纷纷采取前瞻指引货币政策。尤其是美国，在这一领域不断探索，自2003年以来分别尝试应用了开放式、基于时间的及基于状态的前瞻指引，以探索更有效的指引方式以进行预期管理。

在各经济体开始实施前瞻指引政策之后，针对该政策有效性的度量和评估被学界日益重视，其研究主要集中在政策对“宏观经济”和“金融市场”两个方面的影响。

根据国外学者已有的研究我们可知，一方面，前瞻指引政策有利于宏观经济的增长和稳定。首先，前瞻指引可以稳定通货膨胀率。鲁德布施和威廉姆斯认为前瞻指引对稳定公众预期有着较大效力，央行通过向市场传导政策信号，使公众对货币政策及央行的通胀预期有更深刻的理解，从而使公众的通胀预期稳定。②其次，前瞻指引可以提高社会福利。瓦什及鲁德布施和威廉姆斯研究发现，当央行和公众出现信息不对称情况时，发布远期利率预测路径可使公众对利率预期的准确度提高从而改善社会福利。最后，前瞻指引可以促进经济增长。伍德福德认为，可信任的央行的前瞻指引政策一定会使市场参与者改变对远期政策利率路径的预期，从而改变其消费投资的决策。因此在经济低迷的时期可以起到刺激经济增长的作用。③

---

① 内容引自：美联储官方网站，https://www.federalreserve.gov/newsevents.htm.

② Rudebusch，G. D.，Williams，J. C. “Revealing the Secrets of the Temple：The Value of Publishing Central Bank Interest Rate Projections”，in Campbell，J. Y.，ed.，*Asset Prices and Monetary Policy*. Chicago：The University of Chicago Press，2008，pp.247-284；

Walsh，C. E. “Announcements and the Role of Policy Guidance”，*Federal Reserve Bank of St. Louis Review*，vol. 90，no. 4（2008），pp.421-442；

Rudebusch，G. D.，Williams，J. C. “A Wedge in the Dual Mandate：Monetary Policy and Long-Term Unemployment”，*Federal Reserve Bank of San Francisco Working Paper Series*，2014，No. 2014-14.

③ Woodford，M. *Methods of Policy Accommodation at the Interest-Rate Lower Bound*，Mimeo，Columbia University，2012，p.56.

另一方面，前瞻指引政策有助于金融市场的系统稳定和高效运转。首先，前瞻指引可以减少市场的不确定性。霍尔姆森等人通过研究发现央行公布未来利率路径预期可以减少短期利率的波动性，菲拉尔多和霍夫曼研究发现，前瞻指引可以减少公众远期利率预期的波动并由此降低长期资产的风险溢价。① 其次，前瞻指引通过引导预期对资产收益率产生影响。辛哈通过高频数据的收集，考察投资者信心对远期资产价格的判断。② 通过标准差、偏度及峰度分别考察政策对投资者情绪及风险重视程度的影响，进而作用于远期资产价格。最终得出结论，前瞻指引对远期资产收益率产生影响。另外，前瞻指引对金融市场资产价格有引导作用。坎贝尔等人通过事件研究法考察前瞻指引对资产价格的影响。根据联邦基金期货价格和欧洲美元期货合约的高频数据，引入 GSS 分析方法，使用公告发布前后对称时间窗口，剥离其他变量对公众行为决定的影响。③ 并将联邦基金利率的变化量分解成目标因子和路径因子，其发现无论危机前还是危机后，FOMC 的前瞻指引提高了路径因素的重要性，并且随着期货合约时间的延长，路径因子越多地解释联邦基金利率预期的变动量。由此可知，前瞻指引政策对资产价格有着重要影响。

虽然前瞻指引政策在理论和实证两个方面都已被论证有效，但也存在质疑该政策的研究成果的情况。这些质疑主要集中于前瞻指引在不同国家实施产生的政策效果的差异。例如对于前瞻指引是否可以影响远期利率这个问题，库尔和桑顿通过收集新西兰、挪威、瑞典、美国等已实施前瞻指引政策经济体的市场预测误差和参照值（来自随机游走模型估计，以及没有实施前瞻指引政策的参照经济体）研究前瞻指引有效性。最终得出结论：只有挪威和瑞典短期利率预测显著优于随机游走的预测，但并没有与参照经济体有显著差异；而且没有证据显示长期收益率由于前瞻指引而改善；有证据显示新西兰、挪威和瑞典央行前瞻指引减小了市场主体之间预测的差异，然而政策在美国没有此种效力。④ 日本的远期利率控制得较好，而欧盟和英国前瞻指引对远期利率引导的有效性并不

① Holmsen, A., Qvigstad, J. F., Øistein Røisland , etc. "Communicating Monetary Policy Intentions: The Case of Norges Bank", *Norges Bank Working Paper*, 2008, No. 2008-20;
Filardo, A. J., Hofmann, B. "Forward Guidance at the Zero Lower Bound", *BIS Quarterly Review*, vol. 37, no. 3 (2014), pp.37-53.

② Sinha, A. "FOMC Forward Guidance and Investor Beliefs", *The American Economic Review*, vol. 105, no. 5 (2015), pp.656-661.

③ Campbell, J. R., Evans, C. L., Fisher, J. D., etc. "Macroeconomic Effects of Federal Reserve Forward Guidance", *Brookings Papers on Economic Activity*, vol. 21, no. 1 (2012), pp.1-80.

④ Kool, C., Thornton, D. "How Effective is Central Forward Guidance? ", *Federal Reserve Bank of Saint Louis Working Paper Series*, 2012, No. 2012-063A.

明显。

与众多发达经济体不同，迄今为止，我国央行尚未提出过有关“前瞻指引”货币政策的实施，国内学者对这方面的关注和研究也较少。主要的研究成果一方面集中于对“前瞻指引”货币政策的概念、理论及分类的梳理。如董昀等对美国的非传统货币政策，即量化宽松和前瞻指引政策的概念内涵、演变脉络及传导方式进行归纳总结；董昀等人对美联储前瞻指引的理论基础和发展脉络及潜在风险做出了梳理；万志宏在相关研究基础上进一步探讨了前瞻指引影响经济和金融市场的传导渠道和政策前景。[①]另一方面，国内相关研究也关注发达经济体前瞻指引政策的实践及效果。如曾刚和万志宏介绍了危机后前瞻指引的实践，卢蕾蕾和李良松在其他经济体实践的基础上比较不同形式前瞻指引的效果，杨君总结了前瞻指引政策实践的效果及可能产生的限制和问题。[②]综上，国内学者对“前瞻指引”货币政策方向的研究主要集中于理论层面的梳理及国外实践的总结，且以文献综述为主，缺少实证分析及契合中国实际的研究，对我国央行货币政策透明度的改进缺乏指导作用。一方面是因为中国人民银行尚未提出“前瞻指引”货币政策的实施，另一方面也是因为国内相关数据收集较为困难，并且存在中国现实对于国外学者研究的模型的不适用性现象。

鉴于前人研究存在的不足，本章首次探索并提出中国人民银行与市场的沟通中存在隐性的“开放式”前瞻指引因素，包括“文字型”和“货币量型”两种方式，并实证检验了其有效性。目前被主流学界认可的对有效性的研究方法有两种，一种是通过事件研究法对长、短期利率及远期利率受前瞻指引政策影响的评估，如卡拉格迪里和思科洛斯（Karagedikli and Siklos）通过对高频数据的度量，发现前瞻指引政策对新西兰汇率市场产生较大效应，摩斯纳（Moessner）发现 FOMC 的六次前瞻指引公告均产生了较大的“告示效应”；另一种是对公众预测能力受前瞻指引政策影响的度量，如古德哈特和利姆（Goodhart and Lim）发现新西兰央行的经济预测对于市场上短期市场利率的预期有较大的

---

① 董昀、郭强、李向前：《美国的非传统货币政策：文献述评》，《金融评论》2015 年第 5 期，第 27~30 页；万志宏：《货币政策前瞻指引：理论、政策与前景》，《世界经济》2015 年第 9 期，第 166~192 页。

② 曾刚、万志宏：《中央银行沟通与货币政策：最新实践与启示》，《国际金融研究》2014 年第 2 期，第 35~41 页；卢蕾蕾、李良松：《中央银行前瞻指引的理论与经验：文献综述》，《国际金融研究》2014 年第 1 期，第 25~33 页；杨君：《前瞻指引的政策效果，限制与问题》，《青海金融》2016 年第 3 期，第 14~17 页。

影响。[①] 鉴于国内相关数据的缺乏和收集的困难程度，我们采取了第二种方法对我国央行开放式前瞻指引政策的有效性进行检验。

首先我们对我国央行前瞻指引发布后市场预期变化进行度量，观察其对预期的引导作用；然后通过对我国央行可信度的研究，确认了政策有效性的前提条件；最后研究前瞻指引的发布对市场个体之间预测值的离散程度的影响，对市场预测值精确度的促进及对长短期利率传导机制的完善起到的作用。通过以上实证检验，较为全面地评估了中国人民银行已经实施的隐性"开放式"前瞻指引的政策效果，并为央行下一阶段前瞻指引政策安排提供指导。

## 第三节 前瞻指引政策在中国的实践



### 一、前瞻指引的辨认

近年来，发达经济体中央银行愈发重视银行透明度对提高货币政策有效性、降低市场噪声，以及减少金融市场不确定性的促进作用，而前瞻指引的货币政策是提高透明度的创新手段，目前有包括挪威、瑞典、日本、新西兰、欧盟、美国等多个经济体实施该政策，并取得了一定的成效。

以美国为例，自伯南克执掌美联储以后，联邦公开市场委员会便致力于提升政策透明度，在每次议息会议后通过召开新闻发布会，发表会议声明和政策报告，公开联邦公开市场委员会会议纪要等方式进行央行沟通。并自 2003 年以来，对政策透明度手段进行创新，逐步探索采用多种方式的"前瞻指引"进行预期管理和引导，如要求其联邦公开市场委员会委员每年发表四次经济预测，并会通过在会议声明和政策报告中加入直接表明或间接暗示下一阶段货币政策的语句的方式，对市场预期进行指引。其他发达经济体的前瞻指引方式也与美联储类似，不再赘述。

---

① Karagedikli，Ö.，Siklos，P.L. "Explaining Movements in the NZ Dollar: Central Bank Communication and the Surprise Element in Monetary Policy? "，*Reserve Bank of New Zealand Discussion Paper Series*，2008，No. 2；
Moessner，R. "Effects of Explicit FOMC Policy-rate Guidance on Equities and Risk Measures"，*Applied Economics*，vol. 46，no. 18（2014），pp.2139-2153.
Goodhart，C.A.E.，Lim，W.B. "Interest Rate Forecasts: A Pathology"，*International Journal of Central Banking*，vol. 7，no. 2（2011），pp.135-171.

我国央行与市场沟通的手段较为单一，存在含有前瞻指引因素可能性的沟通方式只有《货币政策执行报告》(简称《报告》)。该报告自2001年开始由央行发布,主要包括“货币信贷概括”“货币政策操作”“金融市场运行”“宏观经济形势”“货币政策趋势”几个章节。央行在报告中与市场沟通其政策的决议和操作，交流国内和国际的经济金融形势，也简要提及未来的货币政策趋势。何运信使用丁斯尔和艾肯格林（Dincer and Eichengreen，E&G）指数法，运用建立的包括100个样本央行的透明度数据，研究得出中国人民银行透明度水平与世界其他经济体央行的比较结果。[①] 中国人民银行在包括政策目标、决策依据、决策程序、决议内容及政策效果评估五个指标的总透明度评估中，得分为4.5，这一数值低于世界平均水平5.4，也低于东亚的平均水平6.7和整个亚洲的平均水平5.2。在世界10个主要经济体中，我国货币政策透明度排在倒数第3位，仅高于同属金砖国家的印度和俄罗斯。程度较低的前瞻指引操作是导致我国央行透明化程度较低的原因之一，所以中国人民银行的低透明度水平反映出其加强前瞻指引操作以便更好地与市场进行沟通的必要性和紧迫性。

由于“前瞻指引”货币政策为创新性非常规货币政策，各经济体央行对其实践时间较短且操作次数极为有限，所以学界对其理论内涵尚存争议。相对主流权威的是伍德福德对其下的定义，即“前瞻指引是一种央行沟通方式，其目的在于发出信号告知市场极有可能的政策利率远期路径”[②]。该定义包含两个因素:一是央行对市场发出有关远期利率的信号;二是该信号与下一阶段货币政策基本吻合。本节通过此定义判断中国人民银行的《货币政策执行报告》是否含有“前瞻指引”要素。

在《货币政策执行报告》中,唯一可能涉及“前瞻指引”要素的章节是“货币政策趋势”,这一章包括两小节:中国宏观经济展望、下一阶段货币政策思路。先考察“中国宏观经济展望”部分，其主要内容是央行对中国经济现状的评估及对未来形势的预测。米德（Meade）等人根据美国1994年和2004年两次货币政策紧缩的启动对市场预期影响的对比得出结论，作为前瞻指引的方式,“美联储对未来货币政策的许诺”及“对未来经济的预测”都对市场预期起到引导作用。[③] 另外，坎贝尔区分了承诺式（odyssean）和开放式（delphic）两种前瞻指引的方式，前者公开发布了FOMC对未来的承诺，后者仅仅做出对

① 何运信:《货币政策透明性制度的国际比较:以央行沟通方式为基调》,《改革》2012年第4期，第74~83页。

② Woodford，M. “Forward Guidance for Monetary Policy:Is It Still Possible? ”，Comments at the American Economic Association Meeting，New Orleans，January 2008.

③ Meade，E. E.，Burk，N. A.，Josselyn，M. “The FOMC Meeting Minutes:An Assessment of Counting Words and the Diversity of Views”，*Board of Governors of the Federal Reserve System*（*US*），2015，No. 2015-05-26-2.

宏观经济的预测或告知市场下一阶段有可能发生的政策变动。[①] 由此可知，“经济预测”是前瞻指引政策重要的组成部分，所以“货币政策趋势”中的“中国宏观经济展望”部分包含的央行对未来经济的预测内容在理论层面被主流学界认可确实含有开放式前瞻指引要素。再考察下一阶段货币政策思路部分，主要内容是对下季度货币政策从各种角度进行明示或暗示，从而引导公众预期。由于中国央行发出信号对远期政策利率路径有告知作用，所以可认定其满足伍德福德对“前瞻指引”定义的部分要求，由此可得该节在理论层面符合前瞻指引要求。

尽管“中国宏观经济展望”和“下一阶段货币政策思路”这两部分满足理论对前瞻指引货币政策要求，但仍需确认其在实践层面，即具体表述方面是否体现前瞻指引的实质，即是否真正传达了央行对未来经济的预测及明示或暗示了下一阶段货币政策走向。

先考察“中国宏观经济展望”部分，虽然每一期《报告》中“中国宏观经济展望”部分的框架和结构都有些许差异，但是核心部分保持不变。其中分为三个层面：“经济增长”“物价稳定”和“调查问卷统计情况”。“经济增长”描述了经济总体及投资、消费、对外贸易、财政税收、贷款、固定投资等分项的当前状况及预期，“物价稳定”不仅描述了物价当前和预期的情况，而且分析了国内外因素影响、上行下行压力来源等，“调查问卷统计情况”公布了企业家信心指数、银行业景气指数及城镇储户对当前和未来物价和收入的感受与预测。参看本节具体内容可知，央行不仅向市场发布了其自身对当前经济的评估和预测，还额外提供了居民方面的预测数据，以上举措确实在实践层面体现前瞻指引实质。

再考察“下一阶段货币政策思路”部分，每一期《报告》中这个小节都是以“总—分”的框架展开的。首先阐述中国人民银行根据国务院统一部署在下一阶段执行的货币政策的总体规划并公布下一年度广义货币供应量（M2）预期增长目标，其次对若干点具体要求和重大任务进行展开。其中，总规划部分提纲挈领，字斟句酌，会根据下一季度货币政策的改变进行文字调整，会对未来货币政策变化起到信号作用，对市场预期影响较大；而分点部分强调的主要是“进一步推动利率市场化”“进一步完善人民币汇率形成机制”“着力优化信贷结构”等中长期重大任务或者改革方向，对当前影响较小，且变动频率较低，所以对市场预期影响较小。通过总规划部分具体内容可知，每季度

① Campbell, J. R., Evans C. L., Fisher J. D., etc. “Macroeconomic Effects of Federal Reserve Forward Guidance”, *Brookings Papers on Economic Activity*, vol. 42, no. 1 (2012), pp.1–80.

央行在总体规划中的文字变动确实在实践层面体现前瞻指引实质。综上可知，中国人民银行的隐性开放式前瞻指引分为定性指引和定量指引两部分内容，前者为“中国宏观经济展望”和“下一阶段货币政策思路”中的语言表述的变动，而后者为对每年广义货币供应量预期增长目标的公布，这两种指引方式在理论和实践层面均体现前瞻指引实质。

根据伍德福德对“前瞻指引”的定义，前瞻指引货币政策第二个衡量标准是该信号与下一步货币政策是否基本吻合。截取 2006 年第三季度至 2014 年第二季度的样本进行分析，中国人民银行共调整政策利率 18 次，其中有一次，即在 2011 年 7 月 7 日，在央行将存款一年期利率由原来的 3.25% 调整到 3.5% 之前，《报告》中的“货币政策趋势”部分没有发出信号，基本沿用上期表达；其中有两次，即在 2012 年 6 月 8 日央行将存款一年期利率由原来的 3.5% 调整到 3.25% 及 7 月 6 日继续调整到 3% 之前。

《报告》中的“货币政策趋势”中对未来发出的信号不明显或者发生信号冲突，例如一方面在经济展望中提及“增长的动力和潜力依然巨大”，另一方面在下一阶段货币政策趋势中加入“把稳增长放在更加重要的位置”，难以表明宽松或者紧缩的立场；余下 15 次央行调整利息之前的《报告》均有较为明显的“前瞻指引”，加入了“防止经济由偏快转向过热”“实行适度从紧的货币政策”“价格上涨压力持续加大，特别是一些涉及群众切身利益的食品价格和住房价格上涨较快”等语句，部分明示了下一步从紧的货币政策趋向，部分暗示了控制物价的艰巨任务；或者加入“实行适度宽松的货币政策”“经济下行风险增大，房地产等领域面临回调压力，可能影响诸多行业”“物价涨幅总体保持回落态势”等语句，部分明示了下一步宽松的货币政策趋向，部分暗示了物价水平对于货币宽松的高容忍度。综上，通过对历次利率变化前货币政策执行报告的追踪发现，央行在 83% 的利率调整次数前都给予了较为清晰的明示或暗示，且该信号与下一阶段货币政策基本吻合。可以得出央行发布的信号确实预示着下一阶段货币政策走向，我们判定央行在进行前瞻指引的实践。

通过以上论证可以得出结论：中国人民银行在《报告》中的“货币政策趋势”章节符合前瞻指引货币政策理论与实践两个维度指标的要求，并在数据上得到了验证，所以可以认定为前瞻指引的一种方式。

## 二、定性型前瞻指引货币政策有效性

近年来，多位学者对前瞻指引政策效果和有效性进行研究，例如菲拉尔多和霍夫曼研究发现，前瞻指引可以减少公众远期利率预期的波动及长期资产的风险溢价；鲁德布施和威廉姆斯认为前瞻指引对稳定公众预期有着较大作用。[①] 所以实施前瞻指引经济体的通货膨胀率会趋于稳定；鲁德布施和威廉姆斯研究发现，远期利率预测路径的发布可使公众预期利率准确度提高，从而改善社会福利。诸如此类对其有效性的研究还有很多，此处不一一列举，但几乎所有相关研究皆需满足一个前提要求：前瞻指引可以实现对市场预期的有效引导。只有满足这一要求，前瞻指引政策才可以通过引导预期继而达到对实体经济的影响。由此可知，是否可以对市场预期进行管理和引导是检验前瞻指引货币政策有效性最基础同时也是最重要的标准。

长期以来，宏观经济学者对预期的研究十分重视，欧美各经济体在近几十年也加大了对公众预测数据收集整理的力度。例如在美国，相关数据库有密歇根大学调查研究中心收集的公众对宏观变量的预期集、世界大型企业联合会的类似调查及专业预测者调查（SPF）；欧洲方面也有多国公众和专家预期的数据库。这些详尽的数据为美国、欧洲各国研究前瞻指引的学者提供了扎实的研究基础，利于研究的深入进行。然而在我国，数据质量和数量在一定程度制约了对前瞻指引有效性的实证研究。由于前瞻指引货币政策最直接的指引指标是利率水平，所以公众在接受指引之后对利率的预期的变化最能反映出前瞻指引有效性。

当前可以获得的关于市场预期的数据主要源自两个数据收集主体。第一是政府，我们可以获得中国人民银行储户调查数据，主要包括储户对未来物价、收入、就业的预期，但并不涉及对利率水平的预期；第二是社会机构，我们可以获得《证券市场周刊》组织的“远见杯”中国宏观经济预测的季度预测数据[②]或者北京大学中国经济研究中心的“朗润预测”[③]。前者起始于2001年第一季度，后者则起始于2005年第三季度。这两项预测在参与机构、预测时段、预测内容等各方面都十分相似，并且均为每季度进行一次，内容为对本季度包括通胀率、利率水平在内的多项宏观指标的定量预测，参与机构包括了国内外的银行、证券公司、保险公司、高等院校、其他研究机构和金融企业，具有相当程度

① Filardo, A. J., Hofmann, B. “Forward Guidance at the Zero Lower Bound”, *BIS Quarterly Review*, vol. 37, no. 3（2014）, pp.37–53；
Rudebusch, G. D., Williams, J. C. “Revealing the Secrets of the Temple: The Value of Publishing Central Bank Interest Rate Projections”, in Campbell, J. Y., ed., *Asset Prices and Monetary Policy*. Chicago: The University of Chicago Press, 2008, pp.247–284.

② 张成思、芦哲：《媒体舆论、公众预期与通货膨胀》，《金融研究》2014年第1期，第39~45页。

③ 何运信、沈宏、耿中元：《居民与专家通货膨胀预期的差异及两者间关系——流行病学模型在中国的检验》，《金融研究》2014年第5期，第56~60页。

的代表性和权威性，但各期参与预测的机构数目有一定的变化。由于政府收集的数据中缺少利率相关信息，所以选择社会机构中《证券市场周刊》组织的“远见杯”的数据库，以其中市场对利率水平的预期数据作为实证研究的基础，研究《报告》中的“货币政策趋势”章节是否对利率水平的预期产生指引作用。

由于当季的《货币政策执行报告》会延后一个季度发布，所以每年一至四季度的报告会依次在当年的5月、8月、11月及次年的2月发布；而“远见杯”预测是季度预测，一般是在各季度首月，即1月、4月、7月、10月进行，结果会在当月下旬或更晚公布。通过《报告》发布期与预测发生期的比较可知，若存在前瞻指引的效用，《报告》会对发布后的下一季度预测产生指引作用，如：2006年8月发布的第二季度《报告》会对“远见杯”10月统计的第四季度预测数据产生指引作用。综上，若央行发表的为$n$季度报告，则报告则在$n+1$季度公布，预测发生及预测季度为$n+2$。为便于说明，对于预测数据及《报告》内容的时期一律按照《报告》公布期（$n+1$季度）来定义。

在2006年第三季度至2014年第二季度这个时期内，央行共发布31个《报告》，对比当季度与上季度《报告》中“货币政策趋势”部分的主要文字变动，发现所变动的文字对下一季度货币政策趋势发出明确或模糊的信号主要分成三个方面：政策趋紧、政策宽松、政策稳定。我们会对这三方面进行一一梳理。

在31个报告中，央行有9次表达出明确或模糊的政策趋紧的信号。其中较为明确的信号包括明确表示改变货币政策方向，如新加入关于实施适度从紧的货币政策的相应内容（2007年第四季度，记作2007q4，下同），新加入“引导货币条件逐步从反危机状态向常态水平回归”（2010q4）；也包括将控制通胀作为主要任务和关键，如新加入“坚持把遏制经济增长由偏快转向过热作为当前宏观调控的首要任务”（2007q3），新加入“稳定物价和管好通胀预期是关键，也是宏观调控的首要任务”（2011q2）；还包括着重笔墨强调当前物价上涨及经济增长过快的严重程度，如新加入“价格上行风险不容忽视，大量资金向经济增长较快的新兴经济体流入，随着经济逐步企稳回升，容易形成持续的通胀预期，居民对物价满意度为1999年第四季度以来的最低”（2011q1），新加入“总体看经济持续增长的动能依然充足，价格较快上涨成为经济运行中面临的最突出问题”（2011q2）。

同时，报告中也有相对模糊的信号表达，包括文字的细微变动，如对于信贷增长的要求由“保持”改为“合理控制”（2006q3），对于物价的描述由“仍存在不确定因素”改为“上行风险大于下行风险”（2006q3）；也包括对经济增长速度和物价水平做出警告，如新加入“经济增长速度偏快的趋势有所加剧”（2007q2），新加入“未来价格上行风险有所加大，价格稳定面临潜在压力，居民对物价预期不乐观，未来物价预期指数继续上升”（2007q1）。

根据表 15–1 总结的统计结果表明，这 9 次无论明确或模糊的信号表达都对市场利率水平的市场预期产生影响，引导其上升。上升最大值为 0.693，最小值为 0.116，上升均值为 0.335，统计结果可以体现政策趋紧的前瞻指引信号有效引导预期的作用。

**表 15–1 政策趋紧前瞻指引及对预期的影响**

| 报告公布期 | 预测均值 / % | 预测变化值 / % | 中国宏观经济展望内容变化 | 下一阶段主要政策思路 |
| --- | --- | --- | --- | --- |
| 2006q3 | 2.520 | 0.116 | （1）由“我国价格走势仍存在不确定因素”改为“价格上行风险大于下行风险，通货膨胀压力有所加大”。<br>（2）增加“要高度关注固定资产投资增长过快、货币信贷投放过多及潜在通胀压力上升可能对我国经济带来的风险”。 | 由“保持货币信贷平稳增长”改为“合理控制货币信贷增长，维护总量平衡”。 |
| 2007q1 | 2.838 | 0.150 | 增加“未来价格上行风险有所加大，价格稳定面临潜在压力，居民对物价预期不乐观，未来物价预期指数继续上升，是 1999 年开展调查以来的最高点”。 | 增加“加强数量型调控与价格型调控的协调配合”。 |
| 2007q2 | 3.474 | 0.636 | 增加“经济增长速度偏快的趋势有所加剧”。 | 增加“防止经济由偏快转向过热”。 |
| 2007q3 | 4.167 | 0.693 | （1）增加“我国经济增长由偏快转为过热的趋势更为明显；贸易顺差过大、信贷投放过多、投资增长过快问题仍然突出”。<br>（2）增加“价格上涨压力持续加大，特别是一些涉及群众切身利益的食品价格和住房价格上涨较快”。 | 增加“坚持把遏制经济增长由偏快转向过热作为当前宏观调控的首要任务，坚持稳中适度从紧，控制通货膨胀预期”。 |
| 2007q4 | 4.309 | 0.142 | （1）增加“在内外部经济继续较快增长，国际收支顺差及经济结构性矛盾持续累积的背景下，未来价格上行压力依然较大，整体价格很可能继续保持在相对较高的水平”。<br>（2）增加“还出现了通货膨胀压力加大和资产价格持续上升等问题”。 | 增加关于实施适度从紧的货币政策的相应内容。 |

续表

| 报告公布期 | 预测均值 / % | 预测变化值 / % | 中国宏观经济展望内容变化 | 下一阶段主要政策思路 |
|---|---|---|---|---|
| 2010q1 | 2.520 | 0.212 | 增加“未来我国经济面临的有利基本态势，外部环境好转，国内经济活力和信心也逐步增强，存在价格走势趋升的可能性”。 | 增加“根据新形势新情况着力提高政策的针对性和灵活性”。 |
| 2010q4 | 3.008 | 0.466 | 增加“下一阶段国民经济有望继续保持平稳较快发展的态势，整体仍将延续缓慢复苏的态势，通胀预期和价格上行压力不容忽视”。 | 增加“引导货币条件逐步从反危机状态向常态水平回归，对保持经济平稳较快发展、管理好通货膨胀预期发挥了重要作用”。 |
| 2011q1 | 3.450 | 0.442 | （1）增加“经济平稳较快发展的态势进一步巩固，预计 2011 年仍将保持相对稳定的外需环境”。<br>（2）增加“价格上行风险不容忽视，大量资金向经济增长较快的新兴经济体流入，随着经济逐步企稳回升，容易形成持续的通胀预期，居民对物价满意度为 1999 年第四季度以来的最低”。 | 增加“实施稳健的货币政策”。 |
| 2011q2 | 3.607 | 0.157 | 增加“总体看经济持续增长的动能依然充足，价格较快上涨成为经济运行中面临的最突出问题”。 | 增加“当前增长速度和就业都处在合理水平，稳定物价和管好通胀预期是关键，也是宏观调控的首要任务”。 |
| 均值 | | 0.335 | | |

资料来源:作者根据《货币政策执行报告》及《证券市场周刊》组织的“远见杯”的数据库整理编制。

在这 31 个报告中，央行有 3 次表现出明确或模糊的政策宽松的信号。其中较为明确的信号包括表达改变货币政策方向的意图，如新加入“实行了适度宽松的货币政策”（2008q4）;也包括通过对任务表述的先后位置的调整表明任务的重要程度，如将原本居于首位的“控制物价过快上涨”任务调整为“保持经济平稳较快发展”（2008q3）。同时，也有相对模糊的信号表达，主要方式为预测经济增长放缓及物价水平回落，暗示存在货币政策宽松的动力和条件，如新加入“物价涨幅总体保持回落态势”（2012q2）。无论是较为明确的信号表达还是相对模糊的信号表达，都体现出央行对经济下滑趋势的担忧和顾虑。此时，央行通过向市场传达物价约束的降低甚至出现了不同幅度的回落，告知市场其具有较大的调控空间。并且通过向市场传达经济下滑压力的增加，告知市场其具有较大的调控动力。综上，通过这两个方面的合力表述，央行充分地传达了宽松的信号，指引了市场预期的方向。

由表15-2汇报的相关统计结果可以看到，这3次无论明确或模糊的信号表达都对利率水平的市场预期产生影响，引导其下降。下降最大值为1.635，最小值为0.614，下降均值为0.960，统计结果可以体现政策宽松的前瞻指引信号有效引导预期的作用。

**表15-2　政策宽松前瞻指引及对预期的影响**

| 报告公布期 | 预测均值/% | 预测变化值/% | 中国宏观经济展望内容变化 | 下一阶段主要政策思路 |
|---|---|---|---|---|
| 2008q3 | 3.563 | −0.614 | （1）增加“国内外需求增长由高位回调”。（2）增加“通货膨胀风险不可忽视”（3）增加“宏观调控面临较为复杂的局面”。 | 增加“把保持经济平稳较快发展、控制物价过快上涨作为宏观调控的首要任务”。 |
| 2008q4 | 1.928 | −1.635 | 增加“经济下行风险增大，房地产等领域面临回调压力，可能影响诸多行业”。 | 增加“实行了适度宽松的货币政策”。 |
| 2012q2 | 2.854 | −0.632 | 增加“物价涨幅总体保持回落态势，经济增长、就业相对平稳”。 | 增加“把握好‘稳中求进’工作总基调”。 |
| 均值 | | −0.960 | | |

资料来源：根据《货币政策执行报告》及《证券市场周刊》组织的“远见杯”的数据库整理编制。

另外，在这31个报告中，央行有7次表现出明确或模糊的政策稳定的信号。其中较为明确的信号主要表现为改变货币政策方向，如新加入“重在保持货币环境的稳定”（2012q4），新加入“为经济结构调整与转型升级创造稳定的金融环境和货币条件”（2013q3）。同时，也有相对模糊的信号表达，通过对经济增长和物价水平综合评论与预测暗示未来货币政策趋势。包括央行认为经济增长稳定，物价增长趋稳，无改变货币政策方向的必要，如加入经济“仍将保持平稳发展的基本态势，物价形势基本稳定”（2013q1）；也包括央行预测到了经济增长有下滑趋势，然而物价水平对刺激政策容忍度极低，客观因素要求只能保持当前货币政策，如加入“中国的潜在增长水平可能会有一个阶段性放缓的过程，物价对需求扩张和政策刺激仍比较敏感”（2012q4）。

根据表15-3归纳的统计结果，这7次无论明确或模糊的信号表达都对市场和利率水平的预期产生影响，引导预期保持稳定。变化最大幅度为0.076，最小幅度为0.005，变化均值为0.018，统计数据可以体现政策稳定的前瞻指引信号的有效引导预期的作用。

**表 15-3　政策稳定前瞻指引及对预期的影响**

| 报告公布期 | 预测均值 / % | 预测变化值 / % | 中国宏观经济展望内容变化 | 下一阶段主要政策思路 |
|---|---|---|---|---|
| 2012q1 | 3.486 | 0.005 | 增加“物价涨幅总体保持回稳态势，但对未来通胀风险仍不可掉以轻心”。 | 增加“促进物价总水平基本稳定和经济平稳较快发展”。 |
| 2012q4 | 3.021 | 0.042 | 增加“中国的潜在增长水平可能会有一个阶段性放缓的过程，物价对需求扩张和政策刺激仍比较敏感”。 | 增加“重在保持货币环境的稳定”。 |
| 2013q1 | 2.999 | –0.022 | 增加“仍将保持平稳发展的基本态势，物价形势基本稳定”。 | 增加“保持物价水平基本稳定”。 |
| 2013q2 | 3.006 | 0.007 | （1）增加“各方面发展热情依然较高，投资需求较大，消费率已开始有所回升，企业家信心指数连续两个季度上升”。<br>（2）增加“对下一阶段的物价形势还不可盲目乐观，要注意预先防范通胀风险”。 | 增加“维持货币环境的稳定”。 |
| 2013q3 | 3.019 | 0.013 | （1）增加“与以往高增长相匹配的传统制造业产能过剩问题比较突出，经济增长较大程度上仍依靠基础设施投资”。<br>（2）增加“CPI 对总需求变化比较敏感，通胀预期比较容易被激发”。 | 增加“为经济结构调整与转型升级创造稳定的金融环境和货币条件”。 |
| 2013q4 | 3.095 | 0.076 | （1）增加“几年较大幅度加杠杆后，经济可能将在较长时期内经历一个降杠杆和去产能的过程”。<br>（2）增加“价格形势基本稳定，但对不确定变化需密切关注”。 | 增加“货币政策总量稳定、结构优化，促使市场主体形成合理和稳定的预期”。 |
| 2014q2 | 3.001 | 0.005 | 增加“未来一段时间中国经济有望保持平稳运行”。 | 增加“保持定力，主动作为”。 |
| 均值 | | 0.018 | | |

资料来源：根据《货币政策执行报告》及《证券市场周刊》组织的“远见杯”的数据库整理编。

在 31 个《报告》中，除了以上 19 次传达了政策信号，还有 12 次央行并没有传达出明确或模糊的货币政策走向的信号。其中包括两种情况，一种为当期《报告》的“货币政策趋势”章节与前期并无实质性的语句改变，即使新增加些许文字，但对未来货币政策倾向无指引作用，加入“密切关注经济和金融市场的动态变化”“加强数量型调控与价格型调控的协调配合”等与短期政策关系较小的信号。第二种为“信号冲突”,即同期《报告》的“货币政策趋势”章节同时存在政策宽松和趋紧的信号，如2008年第一季度，央行一方面在“中国宏观经济展望”中加入“经济增长可能呈适度放缓态势”，另一方面在“下一阶段主要政策思路”中加入“把抑制通货膨胀放在突出位置”。这两种情况都难以使市场理解央行对未来政策发出的准确信号，导致市场预期的离散和混乱;同时在一定程度上反映出央行难以对自身所处经济环境做出准确判断，以及对下一阶段政策安排的犹豫不决。

总体而言，中国人民银行向市场发出的多数有关政策趋紧、宽松及稳定的信号都可以被市场掌握、阅读和理解，做出的前瞻指引有效地引导了市场的预期。少数市场预期混乱的原因主要是央行前瞻指引本身信号的不确定性，而不是引导市场能力方面的欠缺。

综上可得，中国人民银行前瞻指引可以实现对预期的有效引导，可以得出政策有效的结论。然而需要指出的是，得出上述结论的前提假设是“经济形势短期内的变化是由政策调节和影响的”,可能无法完全排除由非政策因素导致经济形式发生变化进而影响“远见杯”参与者的可能性。即便如此，根据我们比较保守的观察，在19次央行向市场传达信号的情况下，市场预期均与《报告》保持一致。因此也可以得出前瞻指引效果明显的结论。



### 三、定量型前瞻指引货币政策有效性

前瞻指引货币政策能够引导市场预期、增强货币政策效力的重要前提就是央行具备可信性，央行承诺的可信程度直接决定了政策效力。央行需要在前瞻指引和行动上保持一致，信用程度越高，前瞻指引成功概率越大。参照库尔和桑顿通过央行预测与随机游走模型的对比研究央行预测的能力的方法，本节探索研究中国央行的可信程度。①

本节研究的样本区间为2005年1月至2015年12月。第一组数据为每月M2的增长率，由于受相关数据频率约束，将其加总求平均值处理成年M2平均增长率，记为$Mi$;第二组

① Kool，C.，Thornton，D. “How Effective is Central Forward Guidance? ”，*Federal Reserve Bank of Saint Louis Working Paper Series*，2012，No. 2012-063A.

数据为在国务院领导下央行在每年年初预计的年 M2 增长率，此数据在当年《政府工作报告》及央行上一年度第四季度《货币政策执行报告》中发布，记为 $Mf$；第三组数据为随机游走数据，参照库尔和桑顿等的多篇文献，取上一年度最后 5 个月的 M2 增长率的平均值，作为 M2 的随机游走预测增长率，记为 $Mr$。由于 2007 年、2008 年央行在年初没有公布预计的当年 M2 增长率，所以以上数据均不包含此二年相关数据。

$e_t$ 为预测误差项，即预测值与实际值的差的绝对值，则央行的预测误差 $e_{t1}=|Mi-Mf|$，随机游走模型的预测误差 $e_{t2}=|Mi-Mr|$。

本节研究采用两个学界常用的衡量预测准确度的度量指标：均方根误差（RMSE）、平均绝对误差（MAE）。

RMSE 定义为“各测量值误差的平方和的平均值的平方根”，RMSE 的值越小，说明预测模型描述实验数据具有更好的精确度。RMSE 的具体计算公式是 $\sqrt{\frac{1}{n}\sum e_t^2}$，其中 $e_t$ 表示各测量值误差，$n$ 为测量值个数。

MAE 定义为“所有单个观测值与实际值的偏差的绝对值的平均”，与 RMSE 类似，MAE 的值越小，说明预测模型描述实验数据具有更好的精确度。MAE 的计算公式是 $\frac{1}{n}\sum\left|\frac{e_t}{y_t}\right|$，其中 $e_t$ 表示各测量值误差，$n$ 为测量值个数，$y_t$ 为实际值。

按照上述方法进行计算，相关结果汇报在表 15-4 中。可以看到，央行预测 RMSE 值为 2.05，随机游走 RMSE 值为 3.68；央行预测 MAE 值为 11.44，随机游走 MAE 值为 18.65。两种统计指标均显示央行预测的精确度要高于随机游走。但为了验证央行预测与随机游走的精确度是否有显著差异，仍需进一步对两组 RMSE、MAE 值进行 $t$ 检验。

**表 15-4　央行预测可信度检验**

| | 双样本异方差假设 | | | |
|---|---|---|---|---|
| | RMSE | | MAE | |
| 平均值 | 变量 1 | 变量 2 | 变量 1 | 变量 2 |
| | 2.05 | 3.68 | 11.44 | 18.65 |
| 观测值 | 12 | 12 | 12 | 12 |
| $p$ 值 | 0.26 | | 0.24 | |
| $t$ 值 | 2.16 | | 2.14 | |

资料来源：根据《政府工作报告》《货币政策执行报告》及 Wind 数据库整理编制。

注：变量 1 为 $Mf$，变量 2 为 $Mr$。

其检验原假设为两组 RMSE 值无显著差异，备择假设为有显著差异。检验 $p$ 值为

0.26，远大于 5%，无法拒绝原假设，检验结果为央行预测与随机游走两组数据的 RMSE 均值无显著差异。同理可得，其 $p$ 值为 0.24，也大于 5%，无法拒绝原假设，检验结果为央行预测与随机游走两组数据的 MAE 均值无显著差异。

以上统计数据和检验结果表明，央行在 M2 的预测方面较随机游走模型有一定的可信度。这种可信度会确保央行具备一定的声誉以有效地实施前瞻指引货币政策。但检验结果显示没有显著差异，说明其可信度水平仍有一定提升空间。央行应提高年初货币增量的预测规划与年内的货币投放实施这两个环节的契合程度，减少时间不一致性，获得市场更多的信任。

当市场参与者对经济的运行趋势有不同的预期时，就产生了市场参与个体间预期的差异。预期差异如果过大会影响金融运行的稳定，加大金融系统风险。减小差异的方法之一就是央行前瞻指引政策的实施。

国外多名学者已经就前瞻指引货币政策对金融市场的积极作用做出相关研究，除了度量其对市场预期的引导作用，还有部分文献关注该政策通过减小市场个体间预测差异以稳定市场预期，进而维护金融市场的稳定作用。[①] 本节通过对比个体预期数据的离散程度在货币量前瞻指引存在和缺失情形下的差异，研究我国央行前瞻指引政策对市场预期稳定的促进作用。

本节研究沿用了“远见杯”数据库，即各季度初市场预测的本季度利率水平。研究的样本区间为 2006 年第一季度至 2014 年第三季度（受市场预期数据约束）。且在此期间内，央行在 2007 年、2008 年没有设立全年 M2 增速目标，不存在货币量前瞻指引；其余逐年皆设立该目标，存在货币量前瞻指引。

根据以上分析将数据分为两组。第一组数据为 2006 年及 2009 年第一季度至 2014 年第三季度每季度各机构预测的一年期存款利率，记为 $R_1$；第二组数据为 2007 年、2008 年每季度各机构预测的一年期存款利率，记为 $R_2$。

根据库尔和桑顿对预测值标准化处理方法，对 $R_1$、$R_2$ 进行标准化处理，则有 $R_{1s}=\dfrac{R_1}{X_t}$，$R_{2s}=\dfrac{R_2}{X_t}$，其中 $X_t$ 为预测期的存款利率实值，$R_{1s}$ 与 $R_{2s}$ 为标准化处理后的预测值。经过标准化处理之后，预测值 $R_{1s}$ 与 $R_{2s}$ 更好地反映了预测的异质性。从绝对预测值转化为相对预测值，预测的误差会根据当期现实利率水平进行调整，从而使我们预测值方差差异的

① Kool，C.，Thornton，D. "How Effective is Central Forward Guidance? "，*Federal Reserve Bank of Saint Louis Working Paper Series*，2012，No. 2012-063A.

研究也更加合理。

各机构预测数据每季度预测均值为$\bar{f}_t$，$\bar{f}_t=\frac{1}{N}\sum_{i=1}^{N}f_{i,t}$，其中$f_{i,t}$代表各机构的预测值，$N$是机构数量。

在计算出每季度均值的基础上得出各机构预测数据在每季度的预测方差$cs_t$，$cs_t=\frac{1}{N-1}\sum_{i=1}^{N}(f_{i,t}-\bar{f}_t)^2$，与均值计算相同，其中$f_{i,t}$代表各机构的预测值，$N$是机构的数量，$\bar{f}_t$为每季度各机构预测均值。

为了论证前瞻指引的存在是否显著减小了个体间预测值的离散程度，利用$F$检验，判断两个样本方差是否存在显著差异:原假设为无显著差异，备择假设为有显著差异。根据表15–5的结果，在显著水平5%及1%的情况下，$F$值均小于临界值，且$p$值远小于显著水平0.05及0.01，所以拒绝原假设，可以认为两个总体的方差有显著差异。即样本期2007年至2008年的预测方差远大于样本期2006年及2009年至2014年，说明前者的预期离散程度远大于后者。因此可以得出结论:前瞻指引的存在确实显著减小了个体间预测值的离散程度。由此可知中国央行货币量前瞻指引可以达到稳定公众预期、减小预测个体差异的效果。

**表15–5　个体预测离散程度检验**

<table>
<tr><th colspan="5">F– 检验双样本方差分析</th></tr>
<tr><td>显著性水平</td><td colspan="2">0.05</td><td colspan="2">0.025</td></tr>
<tr><td rowspan="2">平均值</td><td>变量 1</td><td>变量 2</td><td>变量 1</td><td>变量 2</td></tr>
<tr><td>1.07</td><td>1.24</td><td>1.07</td><td>1.24</td></tr>
<tr><td>观测值</td><td>768</td><td>151</td><td>768</td><td>151</td></tr>
<tr><td>F 值</td><td colspan="2">0.45</td><td colspan="2">0.45</td></tr>
<tr><td>p 值</td><td colspan="2">0.00</td><td colspan="2">0.00</td></tr>
</table>

资料来源:根据《政府工作报告》《货币政策执行报告》《证券市场周刊》组织的“远见杯”的数据库整理编制。

注:变量1为$Mf$，变量2为$Mr$。

前文的研究通过观察央行《报告》发布信号前后政策利率与市场预测利率水平的变化，得出信号、政策利率、市场预测利率三者同向变化的结论。然而，关于中国央行前瞻指引是否可以促进市场更加准确预测或掌握央行对政策利率的调控，尚未得出结论。

并且货币政策的有效性很大程度上取决于央行与市场未来政策路径预期的一致程度。因此该研究对于度量央行前瞻指引政策的效用有着重要意义。

鲁德布施和威廉姆斯研究发现，远期利率预测路径的发布可使公众对利率预期的准确度提高。当下我国央行并无远期利率预测路径的发布，于是采用同上文相同的 M2 预测值作为替代，研究公众利率预期的准确度。本节试图通过对比货币量前瞻指引方式存在与缺失的两个时期中市场预期与现实利率的趋近程度，探究我国央行实施前瞻指引产生的效应。

本节研究沿用了“远见杯”数据库，即各季度初市场预测的本季度利率水平。研究的样本区间为 2006 年第一季度至 2014 年第三季度（受市场预期数据约束）。且在此期间内，央行在 2007 年、2008 年没有设立全年 M2 增速目标，不存在货币量前瞻指引；其余年份设立该目标，存在货币量前瞻指引。

第一组数据为各季度末一年期存款利率实际值，记为 $R_r$；第二组数据为各机构在每季度初对当季度末一年期存款利率的预测值，记为 $R_f$，以上两组数据数量均为 34 个。

通过以上两组数据，求出季度末一年期存款利率实际值与预测值的预测误差项，即预测值与实际值的差的绝对值 $e_r$，且 $e_r=|R_r-R_f|$。根据是否存在前瞻指引的年份截取数据，取 2007 年、2008 年 $e_r$ 数据，定义为 $e_{r1}$，则其他年份 $e_r$ 数据定义为 $e_{r2}$。

通过回归方程 $e_r=\alpha+\beta Dum+\varepsilon_t$，估计市场关于利率的预测值是否会由于前瞻指引的存在向利率实际值趋近。$\alpha$ 为常数项，$\varepsilon_t$ 服从标准正态分布。因变量 $e_r$ 为季度末一年期存款利率实际值与预测值的预测误差项。自变量 $Dum$ 是一个衡量是否存在前瞻指引政策的虚拟变量，存在央行货币量目标的年份中令 $Dum=1$，不存在央行货币量目标的年份中令 $Dum=0$。系数 $\beta$ 即为存在前瞻指引年份的预测误差变动值；若 $\beta$ 值为负，即表明前瞻指引年份中预测值与真实值间的预测误差低于不存在前瞻指引的年份，表明前瞻指引促进预测精确度的提升。

根据以上变量设置及模型构造进行回归，结果归纳在表 15–6 中。虚拟变量 $Dum$ 的相关系数为负（即 –0.19），且 $p$ 值为 0.04，表明在 5% 的显著性水平下，参数估计系数是有效的。可见在前瞻指引期间内有效提升了市场对利率值的预测水平，利率的预测值会由于前瞻指引的存在向利率实际值趋近。由此说明中国央行前瞻指引能够促进预测精确度的提升。

表 15-6　预测精确度检验

| 变量 | 系数 | *t* 值 | *p* 值 |
| --- | --- | --- | --- |
| 常数项 | 0.27 | 3.50 | 0.00 |
| *Dum* | –0.19 | –2.15 | 0.04 |
| 观测值 | 34 | | |

数据来源：根据《政府工作报告》《货币政策执行报告》《证券市场周刊》组织的“远见杯”的数据库及Wind数据库整理编制。

当前，大多数中央银行一般都是通过控制隔夜利率（或其他种类短期利率）来进行货币政策操作。因为隔夜利率仅影响隔夜借款成本，所以若使货币政策变动具有重要的宏观经济效应，则必须推动长期利率、汇率、股票价格等能真正影响经济主体行为的金融市场价格发生变化。政策利率变动对市场利率的影响力随着期限的延长而减弱，仅凭对政策利率的调控，央行很难实现对长期利率的有效引导。根据利率期限结构的预期理论，市场对未来货币政策走势的预期成为短期政策利率与市场长期利率之间联系的重要纽带。因此，央行需要借助“前瞻指引”这一工具，加强对市场未来政策路径预期的管理，从而完善短期与长期间利率水平等价格指标的传导机制。

国外多位学者对前瞻指引货币政策的传导作用做出研究，度量政策效果。本节试图探索我国央行前瞻指引政策对形成长短期利率传导机制的促进作用。研究的样本区间为2007年1月1日至2016年5月20日（受相关数据约束）。在此期间内，央行在2007年、2008年没有设立全年M2增速目标，不存在货币量前瞻指引；其余年份设立该目标，存在货币量前瞻指引。

第一组数据为一个月期限的国债到期收益率的日数值，反映了中国金融市场短期利率水平，其中2007年至2008年数据量有523个，记为$X_1$；2009年至2016年5月20日数据量有1 927个，记为$X_2$。第二组数据为一年期限的国债到期收益率的日数值，反映了中国金融市场中长期利率水平，其中2007年至2008年数据量有523个，记为$Y_1$；2009年至2016年5月20日数据量有1 927个，记为$Y_2$。

通过回归方程$Y=a+bX+u_t$研究不同时期的长短期利率传导水平，分别截取两个时间段，建立$Y_1=a+bX_1+u_t$与$Y_2=a+bX_2+u_t$两个方程。$a$为常数项，$b$为待估计参数，$u$服从标准正态分布。本节参照库尔和桑顿研究利率传导水平的方法，截取同一模型的两个时期，通过比较$R^2$值的方式评估两个时期模型的拟合程度。对已截取的两个时间段分别做出回归结果（表15-7），得到2007—2008年样本区间内的模型$R^2$=0.76，而2009—2016年样本区间内的模型$R^2$=0.82。显然，存在前瞻指引政策时期的$R^2$值较大，模型有较好的拟合程度，反映了前瞻指引政策对于长短期利率传导机制的完善和促进作用。

**表 15-7 利率传导机制检验（1）**

| 样本区间 | 政策 | $R^2$ |
|---|---|---|
| 2007—2008 | 不存在前瞻指引 | 0.76 |
| 2009—2016 | 存在前瞻指引 | 0.82 |
| 观测值 | 2 450 | |

数据来源：根据《政府工作报告》《货币政策执行报告》及 Wind 数据库整理编制。

除了对两个时期 $R^2$ 值比较，另外通过 $Z$ 检验，即“相关系数显著性检验”考察两个时期内短期利率向长期利率的传导水平是否有显著差异。其原假设 H0 为两个相关系数无显著差异，备择假设 H1 为两个相关系数存在显著差异。首先，通过 2007 年至 2008 年时期内一个月期限的国债到期收益率的日数值 $X_1$ 与一年期限的国债到期收益率的日数值 $Y_1$，求出相关系数 $\rho_1$ 值为 0.87；其次，通过 2009 年至 2016 年时期内一个月期限的国债到期收益率的日数值 $X_2$ 与一年期限的国债到期收益率的日数值 $Y_2$，求出相关系数 $\rho_2$ 值为 0.91。对 $\rho_1$、$\rho_2$ 进行 $Z$ 检验，求出 $Z_{\rho 1}$=1.33，$Z_{\rho 2}$=1.51，进而求出 $Z$ 值为 3.67，相对应的 $p$ 值为 0。由于 $p$ 值 0 小于 0.05，检验结果拒绝原假设，得出结论两个时期的相关系数存在显著差异。以上结果归纳在表 15-8 中。

**表 15-8 利率传导机制检验（2）**

| 样本区间 | 政策 | 相关系数 | $Zr$ 值 | $Z$ 值 | $p$ 值 |
|---|---|---|---|---|---|
| 2007—2008 | 不存在前瞻指引 | 0.87 | 1.33 | 3.67 | 0 |
| 2009—2016 | 存在前瞻指引 | 0.91 | 1.51 | | |
| 观测值 | 2 510 | | | | |

数据来源：根据《政府工作报告》《货币政策执行报告》及 Wind 数据库整理编制。

相关系数的研究进一步说明了存在前瞻指引政策时期的短期利率对长期利率水平的传导作用要好于无前瞻指引政策时期，且有显著提高，证明了我国央行货币量的指引对市场预期引导的有效性，并具备长短期市场纽带的作用。

## 第四节 前瞻指引进程的中美比较

比较我国和其他国家央行实施前瞻指引货币政策的历史，可以发现一个较为明显的特点:我国央行起步较早但发展缓慢。自 2001 年以来，我国央行开始发布《货币政策执行报告》，从 2002 年第二季度开始，报告中都会特设一个章节通过预测经济或发出政策信号等方式做出前瞻指引。在 2001 年第一季度至 2007 年第三季度期间，中国人民银行还在报告中加入了量化的经济预测数据，更加清晰地向市场表达了自身观点。而世界发达经济体实施前瞻指引政策时间也较为短暂，如美联储也仅仅在 1999 年开始在报告中加入该部分。由此可知，即使与发达经济体央行相比，中国人民银行前瞻指引政策的起步时间也并不落后。

中国人民银行预测部分中的预测对象覆盖全球重要经济体，包含众多宏观经济指标。全球层面包括世界经济增长、美国、欧盟、日本经济增长及世界贸易增长预测。针对我国经济发展的预测内容更加广泛，包括国内生产总值、固定资产投资、国有单位固定资产投资、消费、进出口、物价、广义货币 M2 和狭义货币 M1、金融机构各项贷款、居民储蓄存款和城镇单位就业率预测等。

在 2001 年第二季度中国人民银行对经济预测进一步探索，并开始尝试用包含置信区间的图形进行预测，增加了预测结果的可信度。但是，自 2001 年第四季度起，央行就已经开始放弃对世界经济形势进行预测，转而使用国际货币基金组织、世界银行、经合组织和联合国的数据。此后我国经济指标预测数目也逐渐减少，只公布经济增长和通货膨胀的预测值。2007 年第四季度以后货币政策执行报告不再公布预测值。而根据李永宁等（2013）研究后得出的观点:中国人民银行在 2007 年之前对我国经济发展的预测准确度高于 IMF。因此我们对中国人民银行前瞻指引政策的探索发展之路感到非常困惑。[①]

反观美联储对前瞻指引货币政策的探索和实践。其在 1994 开始意识到央行透明度的重要性，随即采取了一项重大变革，即在议息会议结束后立刻对外公布联邦基金利率目标的变动，并对变动原因加以解释。并从 1999 年开始，对外发布包含货币政策决策与展望经济前景两项内容的联邦公开市场委员会会议声明。从 2003 年开始，美联储首次采用向市场暗示“未来一段时间内保持低利率政策”的前瞻指引方式引导市场预期的方式。在伯南克执掌美联储之后，前瞻指引货币政策发展加快，把原来的书面报告中半年发布一次的经济预测，增加为一年四次的经济预测，并把预测时间跨度由原来的半年延长为一年，与此同时提供委员对于经济预测更为翔实的看法与分析。尤其是在全球金融危机期间，前瞻指引货币政策的使用更加频繁且效果明显。至今，美联储已经分别实践过开

① 李永宁、黄明皓、郭玉清等:《中央银行预期管理的前提、方法和效果:国际比较和中国实证研究》,《世界经济研究》2013 年第 10 期，第 14~19 页。

放式、基于时间的和基于指标的三种前瞻指引方式;对前瞻指引货币政策的研究也较为深入。

## 第五节　本章小结

近年来，发达经济体中央银行愈发重视央行透明度对提高货币政策有效性、降低市场噪声，以及减少金融市场不确定性的重要作用，而前瞻指引货币政策是提高透明度的创新手段。尤其是在金融危机之后，世界主要发达经济体陷于零利率下界、经济低迷、金融市场无序波动困境，各央行更加重视这种非常规货币政策的作用。

迄今为止，中国人民银行尚未正式提出有关前瞻指引货币政策的实施，国内学者对这方面的关注和研究也较少。但央行在《货币政策执行报告》中，通过预测数据和政策信号做出前瞻指引。而世界发达经济体实施前瞻指引政策时间同样较为短暂，如美联储也仅仅从 1999 年开始在报告中加入前瞻指引部分。由此可知，即使与发达经济体央行相比，中国人民银行前瞻指引政策的起步也并不算落后。

本章通过对中国人民银行发布的《货币政策执行报告》进行梳理研究，创新性地发现了中国人民银行的隐性前瞻指引表达;并在“远见杯”数据库基础上，运用统计分析和实证方法测度我国央行可信程度及前瞻指引对市场个体预测值离散度、市场预测值精确度、长短期利率传导机制的引导作用。通过以上研究，考察我国央行前瞻指引政策对预期的引导作用，量化其政策效果，本章的结论有如下三点。

第一，我国央行实质上已经实施了隐性的开放式前瞻指引政策。虽然官方没有对该政策做出正式表述，但自 2001 年第一季度以来，中国人民银行发布的每一期《货币政策执行报告》均含有定性或定量、明确或隐晦的“前瞻指引”要素存在。虽然在 2007 年后，《报告》中出现的“前瞻指引”要素不断减少，但保留的要素依旧满足“信号内容与远期利率相关”和“信号方向与下一阶段货币政策方向基本一致”这两个定义标准。因此判断，我国央行实质上已经实施了前瞻指引政策。

第二，前瞻指引货币政策在中国的实施产生了明显的效果。经统计分析和实证检验，无论是定性还是定量的指引方式，政策效果都较为显著。通过历史数据可知，我国央行发布的前瞻指引信息减小了市场个体预测值离散程度，提高了市场预测值的精确度，并较好地完善了长短期利率传导机制。央行的前瞻指引有效地提升了市场预测能力，实现了较有效率的央行沟通，体现了政策效用。

第三，中国人民银行具备一定的可信度，但仍有一定提升空间。由于前瞻指引政策是央行预期管理手段之一，所以央行可信度是政策可以有效实施的重要前提。统计结果显示，央行的预测和规划优于随机游走模型但并无显著差异。由此可知，我国央行可信程度仍需提高，应通过更加准确的预测和更为持久性的承诺获取市场信任，以此实现前瞻指引政策效力的提高，提升预期管理能力，进而实现更优化的货币政策，减小金融市场的波动性。

# 第十六章　我国前瞻性货币政策框架转型



本章提要：

尽管之前章节从不同角度阐释了前瞻性货币政策对市场预期具有引导效应，并且通过多种形式对实体经济进行作用，但是传统货币政策是否在向前瞻性货币政策框架转型仍然具有争议。受世界经济长周期变化的影响，我国经济进入增长调整期，传统货币政策框架对核心经济目标的调控效果难以显现，新型货币政策框架呼之欲出。至今，对我国是否已经形成新型货币政策框架及新型货币政策框架的具体内容是什么，仍然缺乏系统性研究。本章通过问卷调查方法对上述问题进行深入分析，通过调研获得我国业界、学界和央行三组具有代表性的界别人员对我国新型货币政策框架的判断，以期获得各界对新型货币政策框架转型的分歧与共识。

本章概览：

- 三期叠加的“新常态”
- 调查问卷设计
- 货币政策目标的转变
- 货币政策工具的转变
- 中央银行独立性分析
- 政策含义讨论
- 本章小结

## 第一节　三期叠加的“新常态”

2008年始于美国的金融危机，对此后整个世界经济长周期的变化影响深远。金融领域的震荡不仅冲击宏观经济的运行，还影响发达经济体央行货币政策的行为准则。当各经济体央行意识到传统货币政策调控方式难以在危机后维持金融市场稳定时，便相继对新型货币政策框架进行探索实践。① 当金融危机逐渐由发达经济体蔓延至发展中经济体时，我国政府出台了较大规模的刺激性政策延缓了全球金融危机对我国实体经济的影响。

政策的实施虽然避免了我国经济出现“硬着陆”。但短期内的刺激性政策无法阻止中长期经济增速放缓的趋势。自2012年起，我国经济进入了“增长速度换挡期”“结构调整阵痛期”和“前期刺激政策消化期”的“三期叠加”阶段。首先，根据“追赶周期”理论，作为后发追赶国家，我国已经保持了近三十年的经济高速增长。随着经济体量的扩大，以及与发达经济体技术水平差距的缩小，我国后发优势已经基本释放，保持高增速已经难以为继，开始进入“增长速度换挡期”。其次，受到基础设施建设阶段性饱和、环境资源约束及人口红利消失等因素影响，我国产业结构正经历着从粗放式、劳动力密集型转向高端制造和技术密集型，需要阶段性的调整突破经济增长路径的依赖，由此进入“结构调整阵痛期”。最后，刺激政策带来的产能过剩和杠杆高企等问题，需要相当长的消化吸收过程，于是进入“前期刺激政策消化期”。

自2014年开始，我国正式将经济持续面对的“三期叠加”时期定义为“新常态”时期。这意味着我国进入稳定经济增长、优化产业结构、健全市场功能的新发展时期。与此相应，传统货币政策框架在“新常态”时期的转型和调整方向尤其值得关注。由于“新常态”迄今时间较短，货币政策框架的内涵非常丰富，所以针对“新常态”下货币政策转型等相关主题做出系统性研究的文献不多。有的文献对发达经济体金融危机后非常规货币政策进行研究②，也有的文献对我国信贷政策的转型进行分析论证③，还有的文献对我国新兴的借贷便利类工具进行研究④。这些研究主要集中于对发达经济体货币政策转型的分析或

---

① Yellen, J. L. "Monetary Policy and Financial Stability", The 2014 Michel Camdessus Central Banking Lecture, International Monetary Fund, Washington D.C., July 2014.

② 董昀、郭强、李向前:《美国的非传统货币政策:文献述评》,《金融评论》2015年第5期，第23~29页。

③ 高玉泽、徐忠:《论转型时期中央银行信贷政策》,《金融研究》2012年第7期，第37~41页。

④ 马理、刘艺:《借贷便利类货币政策工具的传导机制与文献述评》,《世界经济研究》2014年第9期，第47~49页。

对我国货币政策工具箱中某个新型工具的论证，而缺少对我国“新常态”时期货币政策框架转型的系统研究。

因此，本章尝试全面研究我国货币政策改革现状，对“新常态”经济背景下货币政策框架的转型与重建进行评估，并探究未来改革方向。考虑到研究期限时间短，数据稀缺，并且实证分析方式难以具体全面地度量货币政策框架构建过程中社会各主体的角色和作用，所以我们在本章创新性地采用调查问卷方式研究“新常态”下我国新型货币政策框架的建设问题。

货币政策框架包括货币政策目标、货币政策工具、货币调控方式和货币政策沟通及货币政策制定和执行机制等多个方面。其中，“政策目标”和“政策工具”是框架内的主体内容，目标和工具决定了央行执行货币政策的行动机制，也决定了货币调控方式。因此，本章阐述的我国货币政策框架主要集中在“货币政策目标”和“货币政策工具”层面，兼顾“央行沟通”和“央行独立性”问题。与此对应，本章调查问卷分别围绕“货币政策目标”“货币政策工具”“央行沟通”及“央行与政府”四个方面展开。

为了能全面、客观地度量货币政策改革进程与效果，调查问卷的发放秉持兼具多样性与代表性的原则，分别选择了“央行内部人士”，以代表货币政策决策层观点；选择了“金融业界人士”，以代表政策接受者观点；选择了“金融学界人士”，以代表相关理论研究者观点。我们将三类主体的问卷分类并汇总，通过对结果的研究分析发现，虽然不同主体存在意见分歧，但共识远大于分歧。全社会的共识体现在：各主体均认为我国货币政策的转型伴随着“新常态”时期而进行，并将会在可预见的未来持续进行政策的改革和创新，不断丰富政策工具箱及更积极主动地与市场沟通。货币政策的转型并不意味着抛弃传统政策操作方式，而是为了适应新时期的要求将创新型政策与传统政策进行融合，这样可以推动我国货币政策的创新实践。

## 第二节 调查问卷设计

为深入探究我国货币政策现状，我们通过问卷方式调研社会各主体对当前货币政策变革的观点及期望。具体来说，问卷主要目的在于探究市场各主体对于央行新型货币政策实施的感知程度、效果评估及趋势判断。对此调查结果的采集分析可以帮助我们对货币政策框架转型情况有更直观深入的了解，并更清晰地探明改革的方向，以解决货币政策框架转型与重建中的问题。

考虑到调查问卷的形式限制，我们在问卷中从“是什么—为什么—怎么样”的传统思维范式中截取了“是什么”和“怎么样”部分，并添加了受访者对未来趋势的判断内容。问卷以“是什么—怎么样—未来趋势”为主线贯穿始终，即遵循“货币政策是否已经转型—新型货币政策效果如何—货币政策重建趋势”这样一条逻辑脉络。所有问卷均以电子形式发放和回收。

基于问卷的研究目的和逻辑脉络，调研问卷题目分为四个部分。根据已有研究和实践经验可知，新型货币政策框架的建立主要体现在货币政策目标和货币政策工具方面的革新。因此，调查问卷前两部分问题分别围绕“货币政策目标”和“货币政策工具”两大主题。而在诸多新型货币政策工具之中，“央行沟通”政策由于实践经济体众多且政策效果明显而格外受到关注，所以调查问卷第三部分设立与此相关的详细问题。问卷的第四部分是有关央行与政府的关系。由于传统理论界已经将“央行独立性”认定为货币政策有效的前提条件，所以央行独立性水平的变化对于新型货币政策框架的建立同样至关重要。

以上从宏观层面介绍了问卷设计的理念和框架，下面详述问卷中的各个问题。问卷第一部分“货币政策目标”针对三类主体提出两个问题，首先是2012年以来我国经济增速降到8%以下，2014年我国经济进入三期叠加的“新常态”阶段。这种经济运行速度的调整是否促使被访者去考虑改革央行政策目标。其次是如果上题回答为“是”，则被访者觉得货币政策应该考虑金融稳定、经济增长、汇率稳定哪个或哪些方面。这两个问题目的在于从各市场主体的观点中了解改革政策目标的必要性及新目标选择的合理性。另外，在对央行内部人士发放的问卷中，额外加入了被访者认为这种经济运行速度的调整是否引起央行外部关于改革央行政策目标的讨论，以及如果上题回答为“是”，则被访者觉得讨论应该涉及金融稳定、经济增长、汇率稳定哪个或哪些方面。以这两个问题来测度央行对市场的了解程度。这同样也是“央行沟通”的一种体现方式。因为“沟通”本意就是信息的相互传输，所以央行沟通的含义不仅是央行向市场发布信息，也包括央行对市场状况和市场预期的了解和管理水平。

调查问卷第二部分“货币政策工具”针对三类主体提出两个问题，被访者对央行已采纳的非常规货币政策效果如何评价，以及如果经济回到常态，被访者认为以上非常规政策会保留、保留并修改还是部分保留。非常规政策包括“零利率”“QE”“央行沟通”“宏观审慎”“信贷政策”“新增贷款便利”“回购、再回购操作”和“其他”。这两个问题既考察市场各主体对于央行已经实施政策的态度和评价，又探究各方对以上政策趋势的判断，即当下货币政策的革新究竟是相机变化还是新型货币政策框架的雏形。另外，在对央行内部人士发放的问卷中，我们额外加入了关于“央行对以上政策的态度如何？”的问题，以此分析央行内部对于新型政策工具的态度和选择，从而更清晰地了解货币政策决策层的意图。

调查问卷第三部分“央行沟通”不仅关注央行沟通基础概念的问题，还聚焦于央行沟通中最前沿的方式——“前瞻指引政策”。前两个问题是被访者认为“新常态”阶段如何影响央行与市场进行沟通的程度，以及被访者认为在经济回到常态化之后，这些央行沟通的政策在未来应该会怎样变化。与第二部分的逻辑类似，第一个问题关注社会各主体对央行沟通的评价，第二个问题探究其对未来趋势的预期。问卷第三部分后两道题是对于“基于时间型”“基于数据型”及“开放型”前瞻指引方式，央行已经采纳的方式是什么，以及被访者认为在未来，哪种方式的前瞻指引会在央行操作中更有效率。其中前一问题重点在于考察市场各方对前瞻指引政策类型的辨认，也可通过此题度量央行的政策意图是否清晰，后一题在于了解相关各主体对于未来政策倾向的把握，以及市场与央行是否在前瞻指引问题上看法一致。

调查问卷第四部分“央行与政府”分成两个层次，第一层次关注央行与政府之间的界限，第二层次侧重央行独立性的变化。第一层次有两个问题：分别是被访者认为在抵御低增长及适应“新常态”的过程中，是否有关于“央行过于政治化，越界进入政府领域”（央行涉及财政政策领域）的批评声，以及在抵御低增长及适应“新常态”的过程中，是否有关于“政府跨界进入央行领域”（财政部门涉及货币政策领域）的批评声。这两个问题是同一行为的两个方面，用以了解政府和央行双方是否均有跨界行事的行为，以及新型货币政策的实施是否使双方职权界限模糊。第二层次同样有两道题：分别是在这一阶段被访者认为央行的独立性有何变化，以及被访者认为在未来，央行独立性是否会受到损害。这两道题重点落在“央行独立性”上，帮助我们对当下和未来央行独立性受货币政策转型的影响进行评估。

在设计调查问卷时，我们秉持两个原则。第一，确保问卷问题简明清晰，使受访者不必花费太多时间即可完成作答，以此提高调查问卷回收率并保证问卷质量。第二，考虑到行业特殊性，在发放给央行内部人士的调查问卷中，我们避开敏感问题，只关注学术问题，确保可以得到真实有效的问卷回复。

表 16–1 归纳了“央行内部人士”“金融业界人士”及“金融学界人士”作为受访对

象的问卷调研情况汇总，其中“央行内部人士”均来自具有代表性的中央银行系统，涵盖调查统计司、营业管理司、金融研究处、货币政策司、反洗钱中心、研究局、人事司等部门，这其中有13%来自分支行，其余87%来自总行；“金融业界人士”则均来自金融业各机构，包括证券、基金公司（34%），商业银行（29%），评级机构（12%），以及信托、政策性银行等其他金融部门（25%）；“金融学界人士”以各高校金融研究院系及金融研究机构人士为主，其中73%来自综合类院校，21%来自财经类院校，6%来自社会研究机构。我们于2016年11月至12月向央行内部人士、业界人士和学界人士分别发放了100份、80份和80份问卷，其对应回收量为83份（83%）、58份（73%）和62份（78%）。

**表16–1　调查问卷情况汇总**

| 组别 | 部门 / 机构 | 发放 / 份 | 回收 / 份 | 回收率 /% | 占比 /% | 填写耗时 / 秒 | 题目数量 / 个 | 每题平均耗时 / 秒 |
|---|---|---|---|---|---|---|---|---|
| 央行组 | 总行 | 100 | 83 | 83 | 87 | 305 | 17 | 18 |
| | 分支行 | | | | 13 | | | |
| 业界组 | 证券、基金公司 | 80 | 58 | 73 | 34 | 317 | 14 | 23 |
| | 商业银行 | | | | 29 | | | |
| | 评级机构 | | | | 12 | | | |
| | 其他 | | | | 25 | | | |
| 学界组 | 综合类院校 | 80 | 62 | 78 | 73 | 271 | 14 | 19 |
| | 财经类院校 | | | | 21 | | | |
| | 社会研究机构 | | | | 6 | | | |

在受访者地域选择方面，我们充分考虑到北京作为政府机构、金融公司总部聚集区和高校集中分布区的现实情况，所以北京地区问卷发放数量占比最大。最终北京地区回收104份，约占总回收份数的51%；其余各地区合计回收99份，约占总回收份数的49%。综上，我们基本实现了重点考虑北京地区，兼顾全国其他区域的规划理念，使问卷发放兼具代表性和多样性。

考虑到不同主体的异质性，我们对各主体分类发放、回收和分析问卷。同时，考虑到央行区别于其他市场主体的特殊地位，我们在对其内部人士的问卷中额外加入了体现其货币政策决策及执行职能的问题。但总体而言，三份问卷的核心思想、设计理念和题目结构保持一致。

另外，受访者填写问卷的耗时情况可在一定程度上反映其填写时的认真程度，也可部分体现出问卷结果的质量。因此本次问卷发放及填写均借助手机软件完成，便于统计受访者耗时情况，对问卷质量把关。考虑到存在极少数由于手机系统故障或其他原因导致的极端值，我们采取中位数方式统计各领域平均耗时情况。如表 16–1 所示，央行内部人士平均耗时 305 秒，业界人士平均耗时 317 秒，学界人士平均耗时 271 秒。由于央行组问卷共 17 题，其余两组问卷均 14 题，所以各领域人士每题平均耗时约为 18 秒、23 秒及 19 秒。通过耗时情况可知受访者答题较为认真，问卷结果的质量可充分保证。

## 第三节　货币政策目标的转变

受金融危机与全球经济增长乏力的影响，全球货币政策共识受到冲击，央行仅通过调节短期利率工具实现价格稳定目标难以满足经济现状对货币政策的要求。是否应该调整央行货币政策目标，是否应该创新央行货币政策工具？对此，新的实践已经开始尝试，然而新的共识远没有达成。根据传统货币政策理论[①]，物价稳定与经济增长是中央银行最主要的目标。除此之外，可能还会考虑金融市场稳定、利率稳定等目标。各经济体参考传统理论并根据经济需要设定各自央行货币政策目标。别国目标框架主要有以下几种形式：首先是多数发达经济体央行实施的“通货膨胀目标制”，即货币当局明确以物价稳定为首要目标，根据通胀率预测结果和目标通货膨胀率之间的缺口对货币政策进行调整和操作；其次是美联储实施的以盯住“最优长期通货膨胀指标”和“长期政策失业率”两个核心目标的框架体系；最后是欧央行实施的“准通货膨胀目标制”，即规定“在中期内，欧元区的消费价格协调指数（HICP）的年均增速应低于（但接近于）2%”[②]。我国吸取各经济体央行经验并根据国情于 2003 年修订通过了《中华人民共和国中国人民银行法》，其中规定货币政策目标为“保持货币币值的稳定，并以此促进经济增长”[③]。

2008 年全球性金融危机引发世界经济低迷，诸多经济体都开始考虑并实施货币政策目标的改革。为了解“新常态”阶段我国央行货币政策目标变化情况，我们设计了第一组题，探究所有受访者是否考虑过对货币政策目标的改革，以及想添加或调整的内容。而对于

① Mishkin，F. S. *The Economics of Money，Banking，and Financial Markets*. New York：Pearson Education，2009，pp.121–183.

② Draghi，M. “Twenty Years of the ECB’s Monetary Policy”，Speech at ECB Forum on Central Banking，Sintra，18 June，2019.

③ 内容引自 2003 年《中华人民共和国中国人民银行法（修正）》。

央行人士，我们额外增加一道问题，以期探究央行内部对市场预期的掌控程度。根据对问卷结果的分析，我们发现，第一组问题所得结果与我们预期较为一致，以此验证我们关于央行新型货币政策框架建设思考的必要性。

图 16–1 显示，所有调查组回答“是”的比例都超过了 67%（2/3），比例最高的业界组达到 84%，而被外界认为因循守旧的央行，其比例也已达到 77%。可以说，改革货币政策目标的呼声压倒性领先于保守不变的声音，与美国所进行的相关研究结果相比①，我国对央行目标改革的呼声更为强烈。另外，央行对外部市场预测结果是 81% 选择为“是”，与市场真实结果 84% 相比只差 3 个百分点，体现出央行内部对市场较高的了解程度。这与我们传统意义上对央行所谓“高高在上”的印象有所不同，在一定程度上也反映了央行与市场沟通渠道的畅通。

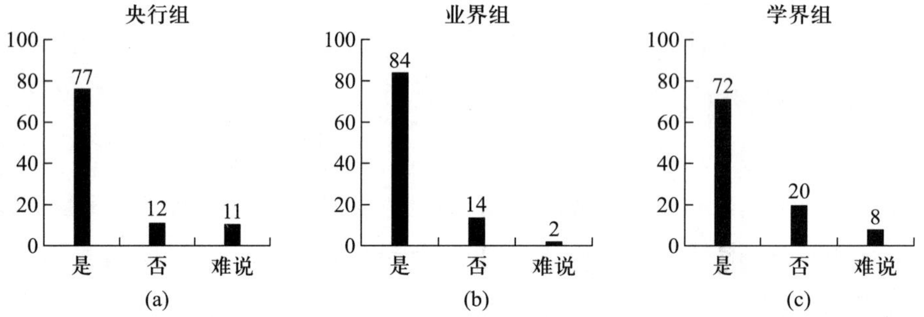


图 16–1 货币政策目标改革讨论

注：数字代表赞同该选项的受访者比率。

各界人士对未来改革方向的思考体现在下一题中，该题探索受访者关于政策目标进一步的倾向。结果表明，尽管程度不同，但各界人士都对“金融稳定”目标最为青睐。图 16–2 显示，业界、央行、学界人士选择此目标占比分别达到 67%、62% 及 49%，均大幅度高于选择“经济增长”“汇率稳定”的比例。这一结果印证了 2016 年央行开始实施以金融稳定为主要目标的“宏观审慎”政策绝非相机决策，而是基于央行管理者对该领域长期思考和内部共识的基础上做出的决策。问卷结果也反映出各界对此的共识，甚至业界组对此的偏好程度还要略高于央行。可以看出，“宏观审慎”政策的实施具有宏观理论和微观基础的支持。

另外，在 2008 年全球金融危机爆发后，各经济体央行都加大了对金融风险的防范

① Blinder，A. S.，Ehrmann，M.，de Haan，J.，et al. “Necessity as the Mother of Invention：Monetary Policy after the Crisis”，*NBER Working Paper*，2016，No. w22735.

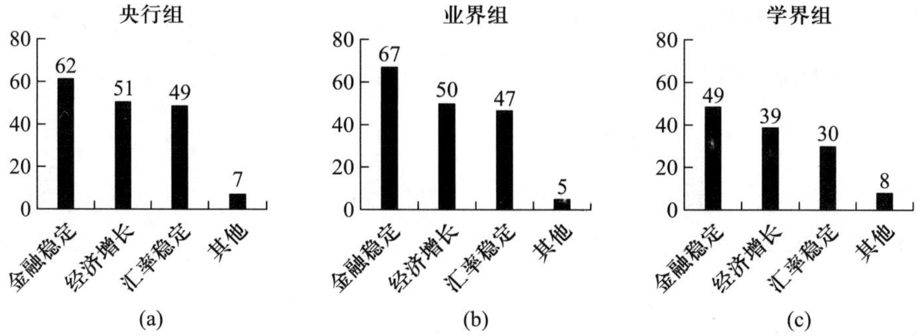


图 16–2　货币政策目标改革方向讨论

注：数字代表赞同该选项的受访者比率；因为多选题，所以各组统计百分比总和不一定等于 100%。

力度，越来越强烈地表现出对金融稳定问题的重视。这是因为金融危机使其意识到危机间接影响了经济体的价格稳定并阻碍了货币政策的传导，产生巨大的成本。目前，由于存在金融体制不健全、金融监管不到位等问题，发展中经济体的金融市场比发达经济体更加脆弱，我国也不例外。2008 年至今，伴随着我国经济的增速下滑，我国金融市场经历了多次证券市场震荡、市场流动性紧缺及债券市场违约事件，影响了市场主体的信心。这不仅对市场运行带来危害，而且影响到货币政策调控效果。

从金融危机的演化过程可以看出，传统货币政策目标所追求的物价稳定并不代表金融稳定。可以观察到，金融危机爆发前的近十年内，尽管美国的物价保持稳定，但货币政策持续保持过度宽松状态[①]。泰勒提出，"长时间保持宽松的货币政策，从而导致低利率水平得以维持过久，存在金融危机爆发隐患"。[②] 全球金融危机爆发之后，我国宏观金融市场与美国金融危机前较为相似，持续数年的低利率刺激金融中介机构加大杠杆以至于承担过度风险，易形成以商业银行为中心的"信用驱动型"泡沫。这种泡沫较为危险。当金融机构贷款急剧增加时，金融机构资产负债表恶化。随着金融失衡程度的逐渐加深，金融机构会开始缩减贷款发放的数量，此举可能导致经济运行进入萧条状态。[③]

基于我国经济现状与相关理论背景，受访者在调查问卷中达成一个基本共识："新常态"背景下，央行目标框架需要改革，应更加关注金融稳定问题，尤其对信用泡沫保持警惕。

① Klomp，J. "Causes of Banking Crises Revisited"，*The North American Journal of Economics and Finance*，vol. 21，no. 1（2010），pp.72–87.

② Taylor，J. B. *Getting off Track：How Government Actions and Interventions Caused，Prolonged，and Worsened the Financial Crisis.* Stanford：Hoover Press，2009，pp.102–128.

③ Mishkin，F. S. "Monetary Policy Strategy：Lessons from the Crisis"，*NBER Working Paper*，2011，No. 16755.

传统货币政策关注价格稳定，而新型货币政策应更加重视宏观审慎政策，调整逆周期的信用规模，进而维护金融系统的稳定运行。

## 第四节　货币政策工具的转变

金融危机发生后，全球多数央行按照传统教科书所授的降利率方法刺激经济，但收效甚微。随着危机加深，个别经济体开始对新型货币政策进行探索试验，其中包括零利率政策、负利率政策、量化宽松政策、前瞻指引政策及宏观审慎政策等。中国人民银行在全球金融危机时期并没有对本身货币政策工具箱进行扩容，而是在随后几年，特别是经济步入“新常态”后，开始逐步探索新型货币政策工具的使用，其中包括央行沟通、宏观审慎、信贷控制、新增贷款便利等。尽管部分工具（如长短期贷款便利①）本质上就是新版的再贷款，但仍然暗示出央行政策工具转型的动向。

与此对应，本章调查问卷的第二组问题关注受访者对央行已经实施的新型货币政策工具的感知、评价和展望。通过本组问题探索我国目前新型货币政策实施的现状和转型趋势。前两道题对各领域人士统一发放，第一道题要求受访者对已有新型政策工具做出评价，第二道题关注各领域人士对新型政策工具趋势的预期，以判断当下我国对货币政策工具的创新究竟是应对经济现状的一时之举还是向新型货币政策框架转型的迈进。鉴于央行决策机构的职能，我们额外增加一道题，试图了解央行内部对各项新型政策工具实施的态度和共识。

表 16–2 和表 16–3 归纳了相应的问卷结果，从中可以得出以下主要结论。首先，央行接受货币政策转型理念并已经着手对其进行探索实践，而且对于已经实施的各项新型政策，央行内部已达成较高共识（接受程度均超过 80%）。其次，各界人士均对央行已经实施的各种新型货币政策前景看好，多数认为以上政策应该被保留并长期实施（如表 16–3 所示）。可以判断，“新常态”以来我国央行对新型政策的探索较为成功，并受到各界认可应保留，尤其是“宏观审慎”和“央行沟通”政策，央行、业界和学界均有 80% 左右受访者认为该政策工具应该“保留”或“保留并改进”。最后，从调查问卷的其他结果中（此处未汇报）我们还发现，各界对央行已实施的新型货币政策满意度评价处于中

① 贷款便利（loan facility）实际上对应的中文就是简单的“贷款工具”，只是早期非专业人员将“facility”错误地译成“便利”，致使现在各种资料都沿用“贷款便利”一说。

上等水平，集中于“较好”和“一般”选项。集中度最高的“回购、再回购操作”达到95%，即使最低的“信贷政策”也达到78%。

**表 16–2 “新常态”时期央行对非传统货币政策的选择**

| 新型政策工具 | 接受 | 考虑但拒绝 | 没有考虑 | （空） |
|---|---|---|---|---|
| 零利率 | 9 | 25 | 57 | 10 |
| QE | 21 | 40 | 27 | 12 |
| 央行沟通 | 85 | 4 | 6 | 5 |
| 宏观审慎 | 86 | 1 | 6 | 6 |
| 信贷政策 | 84 | 5 | 6 | 5 |
| 新增贷款便利 | 84 | 2 | 9 | 5 |
| 回购、再回购操作 | 83 | 5 | 6 | 6 |

注：数字代表央行管理者选项回复的人数比率，因为多选题，所以各组统计百分比总和不一定等于100%。

**表 16–3 宏观审慎政策前景展望**

| 宏观审慎政策 | 央行组 | 学界组 | 业界组 | Chi-sq | |
|---|---|---|---|---|---|
| | | | | 央行 vs. 学界 | 央行 vs. 业界 |
| 保留 | 53 | 28 | 41 | 45.7*** | 21.2*** |
| 保留并改进 | 35 | 46 | 40 | | |
| 部分保留 | 4 | 15 | 12 | | |
| 下结论还太早 | 5 | 3 | 2 | | |

注：数字代表受访者比率，Chi-sq 表示卡方检验，用以检验央行与学界、业界问卷结果的独立性，*** 表示在1%显著性水平下显著。

此外，通过对问卷数据深入挖掘，还可观察出各领域较为明显的差异性。作为决策机构，央行对自身使用政策工具情况的评价要高于其余两个领域对此的评价。例如央行对“央行沟通”“宏观审慎”“信贷政策”实施情况的评价集中于“较好”，选项集中度分别为62%，77%和65%；而其他两个领域人士对此三项工具评价集中于“一般”，选项集中度分别为52%，57%和57%。此外在新型政策未来趋势判断上，央行内部高比例认为除了“信贷政策”之外，其他新型政策工具均可以无需改进保留使用。而在业界和学界，多数受访者希望保留各种新型政策工具，同时要对其做出相应改进和完善。以宏观审慎政策为例，表16–3中的卡方检验结果表明，央行组与其他两组人士的选项分布有显著差异，央行人士多数倾向对已实施的宏观审慎政策完全保留，而其他两组有部分人士希望能够对政策进行改进后保留。问卷结果的差异可以理解。因为决策层一定是选择其自身认为最优的政策工具进行操作，所以对其实施的政策评价较高也在情理之中。同时，这种差异也反映出部分政策实施效果未及所期，需要改进。

鉴于“央行沟通”在诸多发达经济体的成功操作经验及政策的复杂性和争议性。① 第三组问题围绕这一新型货币政策工具进行。第一道题要求各领域人士比较“新常态”前后我国央行沟通水平，随之引出的问题就是当下我国央行沟通程度及透明度处于何种水平，政策前景如何，这一工具是否会随着经济恢复常态而被遗弃。问卷结果汇报在表16–4中。多数受访者认为“新常态”时期的央行沟通水平要高于之前阶段，其中学界、央行、业界持此观点者分别占各自总数的59%、73%和74%，此结果较为明显地反映出各界尤其是央行对“央行沟通”这一政策工具的重视程度。

**表16–4 “新常态”时期央行沟通的变化**

| 央行沟通政策 | 央行组 | 学界组 | 业界组 | Chi-sq | |
|---|---|---|---|---|---|
| | | | | 央行 vs. 学界 | 央行 vs. 业界 |
| 大幅度减少 | 0 | 2 | 2 | 34.0*** | 16.5*** |
| 略微减少 | 11 | 7 | 5 | | |
| 没改变 | 4 | 8 | 7 | | |
| 略微增加 | 27 | 36 | 41 | | |
| 大幅度增加 | 46 | 23 | 33 | | |
| 很难讲 | 12 | 25 | 12 | | |

注:数字代表受访者比率，Chi-sq表示卡方检验，用以检验央行与学界、业界问卷结果的独立性，***表示在1%显著性水平下显著。

表16–4中有一个细节值得关注，卡方检验的结果反映出央行组与学界和业界组的选项分布存在显著差异，主要体现在央行有高达46%的比例选择“大幅度增加”选项，高于业界13个百分点，高于学界23个百分点。这一差别说明，未来政策实施方式需要改进，否则沟通效果会有所折扣。同时，这一题的结果表明，“新常态”后我国央行沟通水平确实在提高，央行透明度也随之提升。下一题的统计结果（表16–5）表明，这一趋势会不断加强。根据表16–5的结果，只有极少数受访者认为未来央行沟通水平会倒退（业界比例少于20%，学界比例少于10%，央行比例少于15%），其余均认为央行透明度未来会不同程度提高，而且各界均认为提高央行沟通水平对我国宏观金融市场发展大有

① Bernanke，B. S. “Central Bank Talk and Monetary Policy”，speech before the Japan Society Corporate Luncheon，New York，October 2004.

裨益。

在“央行沟通”政策的各项具体工具中，“前瞻指引”是较为前沿的一种。[①] 因此我们需要了解央行及市场对于这种工具的态度。“前瞻指引”是央行与市场沟通的一种方式，其操作方法没有严格的规则限定。各国央行根据国情、经济形势和传统惯例进行操作，虽然市场可以在捕捉并消化央行发布的信息后做出相应反应，但尤其是在“前瞻指引”经验较为缺失的国家[②] 也会存在市场对央行发布的信息疏漏和误读的情况。因此，我们设计以下题目测度各领域人士对央行前瞻指引政策操作的感知水平，以此探究央行与市场之间信息交流情况。另外，我们还要关注究竟哪种方式的“前瞻指引”会被受访者认为更有效率。

**表 16–5　央行沟通政策前景展望**

| 央行沟通政策 | 央行组 | 学界组 | 业界组 | Chi-sq | |
|---|---|---|---|---|---|
| | | | | 央行 vs. 学界 | 央行 vs. 业界 |
| 完全转向 | 1 | 2 | 2 | 7.9* | 4.6 |
| 稍微转向 | 14 | 7 | 17 | | |
| 保留不变 | 10 | 11 | 5 | | |
| 进一步加强 | 31 | 31 | 33 | | |
| 很难讲 | 11 | 5 | 9 | | |

注：数字代表受访者比率，Chi-sq 表示卡方检验，用以检验央行与学界、业界问卷结果的独立性，* 表示在 10% 显著性水平下显著。

通过对问卷数据的分析，我们考察前瞻指引政策的使用种类（图 16–3），央行方面认为“开放型”前瞻指引是其最常使用的指引方式，比例接近半数；而“基于时间型”和“基于数据型”前瞻指引使用情况不相上下。在市场方面，业界组对“开放型”和“基于数据型”前瞻指引的感知能力较强，“基于时间型”前瞻指引不易被市场感知。三个领域受访者共同点是极少有人无法感知央行实施的“前瞻指引”操作（少于 10%）。由此我们可以判断央行已经开始通过“前瞻指引”的沟通方法向市场发出信息，市场也能够较好地捕捉到央行发出的信息。

① Campbell，J. R.，Evans，C. L.，Fisher，J. D.，etc. “Macroeconomic Effects of Federal Reserve Forward Guidance”，*Brookings Papers on Economic Activity*，vol. 37，no. 1（2012），pp.1–80.

② Chehal，P.，Trehan，B. “Talking about Tomorrow’s Monetary Policy Today”，*Federal Reserve Bank of San Francisco Economic Letter*，2009，No. 2009–35.

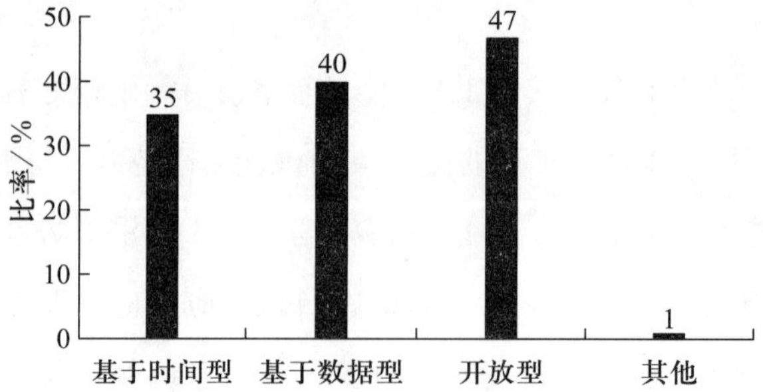


图 16-3　前瞻指引政策使用种类

注：此题为多选，数字代表赞同该选项的受访者比率。共收到 121 份答案，根据 81 名央行管理者答案制图。

在对各类型前瞻指引效率的比较问题上，从表 16-6 可以发现，各界均不看好“基于时间型”前瞻指引，这与理论界主流观点不谋而合，这种方式的前瞻指引不仅束缚央行的选择，使其易陷入“时间不一致”恶性循环，还难以使市场掌握央行反应方程，因此劣势尽显。① 另外，各领域人士对其余两种政策态度不尽相同，学界与业界偏好“基于数据型”前瞻指引，而央行对“开放型”和“基于数据型”前瞻指引的偏好程度不相上下。

**表 16-6　前瞻指引方式展望**

| 前瞻指引政策 | 央行组 | 学界组 | 业界组 | Chi-sq | |
|---|---|---|---|---|---|
| | | | | 央行 vs. 学界 | 央行 vs. 业界 |
| 基于时间型 | 20 | 21 | 21 | 5.7 | 23.2*** |
| 基于数据型 | 49 | 57 | 60 | | |
| 开放型 | 53 | 43 | 41 | | |
| 无 | 0 | 0 | 5 | | |
| 下结论还太早 | 25 | 20 | 5 | | |
| 其他 | 4 | 21 | 7 | | |

注：数字代表受访者比率，Chi-sq 表示卡方检验，用以检验央行与学界、业界问卷结果的独立性，*** 表示在 1% 显著性水平下显著。

这个结果也不难理解，“基于数据型”前瞻指引可以最大化提供央行信息，并有助于市场掌握央行反应方程，市场可以凭此对远期货币政策做出较为准确的预期，使行为

① Woodford, M. “Forward Guidance for Monetary Policy: Is It Still Possible? ”, *Comments at the American Economic Association Meeting*, New Orleans, January 2008.

方式最优化。而央行一方面也希望最大化向市场公布信息，进行预期管理；另一方面又不愿做出承诺，希望仅通过“开放型”前瞻指引，便可无须附加承诺稳定市场情绪，在不束缚未来行为方式的情况下管理公众预期。[①]通过结果我们可以判断，我国央行会根据不同形势的需要在这两种前瞻指引方式中做出选择。且从业界与其他两个领域人士在对“下结论还太早”的选择存在较大差异这一结果可知，金融市场的直接从业者迫切希望央行能够加快前瞻指引的实施。

通过对调查问卷中“央行新型货币政策工具”主题的题目结果分析，我们更加清晰地勾勒出“新常态”背景下我国货币政策实操情况和转型重建的路径。新型货币政策已经成为我国央行重要的宏观调控手段，市场对这种政策创新也有较好的反馈，并对更大力度的转型充满期许。在诸多政策工具中，“央行沟通”由于其灵活及时、成本较小，不会造成货币泛滥、通货膨胀后果的特点受到各界好评，成为新型政策框架中最重要的政策之一。我国央行已经开始对“央行沟通”中前沿的前瞻指引政策进行操作，体现出其对政策改革的重要性。



## 第五节　中央银行独立性分析

在讨论完央行货币政策目标和政策工具的改革情况后，还要明确“央行独立性”在新型政策框架中的位置，即央行与政府的职能是否会随着新体系的建立而发生变化。相比于发达经济体，我国学界、业界对此问题讨论较少，我国央行与政府职能关系也较为稳定。随着“新常态”的到来，新型货币政策框架应运而生，我们希望通过调查问卷了解政策革新是否会对原有独立性状态造成影响。

第一题我们探究“新常态”时期央行是否有越界行使职能之嫌；第二题我们关注这一时期是否存在央行职能被干扰的情况发生；作为对前两题的总结，我们第三题要求受访者对央行独立性水平做出评价；最后一道题探讨在未来新的货币政策框架中央行独立性水平的变化情况。第三题的统计结果汇报在表 16-7 中，从中可以看到，各界人士在对这一组有关央行独立性问题的回答中显示较强的一致性。央行内部多数人认为自身并无“越界”行为，而业界、学界多数认为这一现象存在，但并不严重。

① Moessner，R.，Jansen，D. J.，de Haan，J. “Communication about Future Policy Rates in Theory and Practice：A Survey”，*Journal of Economic Surveys*，vol. 31，no. 3（2017），pp. 678–711.

**表 16–7 “新常态”时期央行独立性变化**

| 央行独立性 | 央行组 | 学界组 | 业界组 | Chi-sq | |
|---|---|---|---|---|---|
| | | | | 央行 vs. 学界 | 央行 vs. 业界 |
| 更高 | 14 | 3 | 9 | 11.9** | 22.1*** |
| 没有变化 | 25 | 31 | 14 | | |
| 削弱少许 | 30 | 26 | 50 | | |
| 削弱较多 | 20 | 26 | 14 | | |
| 很难讲 | 12 | 26 | 14 | | |

注:数字代表受访者比率，Chi-sq 表示卡方检验，用以检验央行与学界、业界问卷结果的独立性，*** 表示在 1% 显著性水平下显著，** 表示在 5% 显著性水平下显著。

以上结果值得深思:央行对自身行为的规范性是坚定相信的，但仔细分析学界、业界对此抱有怀疑也有其依据。举例来讲，央行实施的“信贷政策”有越界之嫌。根据宏观调控理论可知，某种货币政策的实施若有可能构成政府支出，进而使纳税人承担利益上的损失，便被称为“准财政政策”，而央行实施这种政策便极有可能越过传统意义上央行与政府之间的界限。当央行业务涉及信贷领域时，其通过“信贷优惠”指导商业银行向某些领域与行业优先配置资金。多数情况借款方合理利用资金有助于国家产业发展，期末按规定还款。但如果经营不善，贷款成为银行坏账，就造成了一个较为复杂的局面，即央行货币政策造成商行亏损。这些亏损将由财政补充。由此信贷政策演变成“准财政政策”。可能基于以上考虑，部分受访者给出央行“越界”的结论。

除此题之外，各界人士答案呈现一致性。第二题选择“存在央行职能被侵犯的情况”的平均比例超过 75%，学界为 85%。从一致高比例的回复结果不难判断，“新常态”下央行职能受到干扰的现象存在。无论是央行越界政府，还是政府干预央行，表现出的问题都是央行与政府之间权限的不明晰，学术问题对应于央行独立性。第三题中各界人士答案集中在独立性“没有变化”和“削弱少许”选项上。

以上结果一方面体现出各界人士认为“新常态”时期央行整体独立性水平变化不大，另一方面体现出独立性有被削弱的趋势。这与已有的针对各国央行类似的研究结果一致，表明此现象具有普遍的全球性特征。金融危机和经济增长乏力可能会影响央行与政府之间的传统界限。这对央行来说是一重大考验。而对于第四题，各界人士多数认为在未来政策框架的构建中，央行独立性会被削弱，但各方对削弱程度的判断并不相同（见表 16–8）。

**表 16-8　央行独立性前景展望**

| 央行独立性是否会受损 | 央行组 | 学界组 | 业界组 | Chi-sq | |
|---|---|---|---|---|---|
| | | | | 央行 vs. 学界 | 央行 vs. 业界 |
| 不会 | 14 | 5 | 10 | 27.3*** | 9.5** |
| 少许 | 15 | 21 | 24 | | |
| 一些 | 27 | 31 | 31 | | |
| 较多 | 10 | 21 | 7 | | |
| 下结论还太早 | 35 | 21 | 28 | | |

注:数字代表受访者比率，Chi-sq 表示卡方检验，用以检验央行与学界、业界问卷结果的独立性，*** 表示在 1% 显著性水平下显著，** 表示在 5% 显著性水平下显著。

通过对这组题目答案的统计分析，可以得出结论:各界均认为“新常态”下央行与政府职能的界限较为模糊，央行独立性水平也较以往有小幅下降，并且认为独立性在未来会持续受到一定程度上的削弱。这一共识背后的原因在于我国政府面临经济三期叠加、结构调整转型的重大压力，会加大整合宏观调控手段的力度，更加注重协调配合各职能部门以确保经济平稳增长及风险管控。不可避免地，这些任务就会与央行原本致力于实现的通胀、失业率等目标产生一定程度上的冲突，导致央行独立性水平下降。但鉴于原本我国央行独立性水平并不高，政府一直以来都会对央行政策做出统一调控[①]，所以央行独立性受“新常态”影响并不会十分明显。

我国目前处于经济转型升级的特殊时期，央行独立性问题与调结构、去库存、降杠杆等问题相比可能并不急迫，决策层会优先考虑其他更重要的目标。不过，从货币政策框架转型与重建的长远角度来看，这一问题在未来可能需要予以考虑和重视，毕竟研究表明央行独立性与货币政策有效性存在一定联系[②]。新型货币政策框架希望通过预期管理、宏观审慎等方式降低金融市场风险，使央行重新掌控市场。根据政治商业周期理论、动态不一致理论及各经济体实证经验，央行可信度水平与央行独立性水平成正比关系，央行很难在缺乏独立性的情况下保持较高可信度。而央行可信度是影响政策有效性的重要因素，只有当公众对央行产生信任时，“央行沟通”渠道才能通畅，“前瞻指引”才能切实影响市场行为，“宏观审慎”才能顺利运行[③]。综上，未来我国需

① 孙凯、秦宛顺:《关于我国中央银行独立性问题的探讨》,《金融研究》2005 年第 1 期，第 26~30 页。

② 范方志:《西方中央银行独立性理论的发展及其启示》,《金融研究》2005 年第 11 期，第 32~35 页。

③ Svensson，L. E. O. “Forward Guidance”，*International Journal of Central Banking*，vol. 11，no. s1，( 2015 )，pp. 19–63.

要从更长远的角度考虑对新型货币政策框架的构建，把握好工具创新和独立性水平的平衡关系，让新型货币政策在宏观调控政策框架中全面、协调、可持续地发展和完善。

## 第六节　政策含义讨论

通过对调查问卷四个部分结果的统计分析，我们可以得出较为明确的结论：在宏观经济进入"新常态"时期后，我国货币政策不断创新和完善，已经形成了新型政策框架的雏形。在这一新型货币政策框架内，我国央行更加注重金融稳定对于金融市场正常运行的重要意义，并积极扩充货币政策工具箱，将"央行沟通""宏观审慎""信贷政策""贷款便利""回购交易"等新型工具纳入常规操作工具中，尤其强调"央行沟通"作为货币政策新型传导渠道的重要价值。

从本质上讲，当下我国货币政策框架的转型与重建并非传统意义上对"数量型"货币政策到"价格型"货币政策转变的讨论，而是在货币政策理念层面的重构。从货币政策传导角度来说，"数量型"与"价格型"货币政策的差异只体现在中介目标方面，前者以数量型调控工具为主，如将广义货币供应量作为中介目标；后者则以价格型调控工具为主，如将利率作为中介目标。而重构中的新型货币政策框架对包括操作工具、操作目标、中介目标和最终目标在内的货币政策传导体系都做出改革创新。但这种创新不是对传统"数量型"或"价格型"货币政策的全盘推翻和否定，而是将新型政策与传统相结合，希望通过两者的互补实现政策效用最大化。

"新常态"在宏观经济层面表现为从经济高速增长转为中高速增长，结构不断优化升级，以及驱动方式从要素驱动、投资驱动转向创新驱动。在金融领域，"新常态"主要表现在直接融资扩大化、投资产品多样化、金融资产扩张化及债务风险集聚化等。如图 16–4 所示，"新常态"时期，直接融资（主要包括企业债券融资和股票融资）在总社会融资规模中占比越来越大，而间接融资（主要包括贷款和委托贷款）增速放缓，传统调控方式很难延续。金融脱媒浪潮来临，以银行理财、信托渠道、P2P 为代表的金融投资产品开始挑战居民银行存款的地位，银行表外业务"野蛮"生长，影子银行机构林立，投资产品由于处于传统监管模式真空地带而疏于管控；央行推动全社会金融资产的扩张进程，以配合财政刺激政策，避免宏观经济硬着陆。

另外，以 M2/GDP 为代表的货币化指标从 2012 年的 174% 增至 2016 年的 203%，年

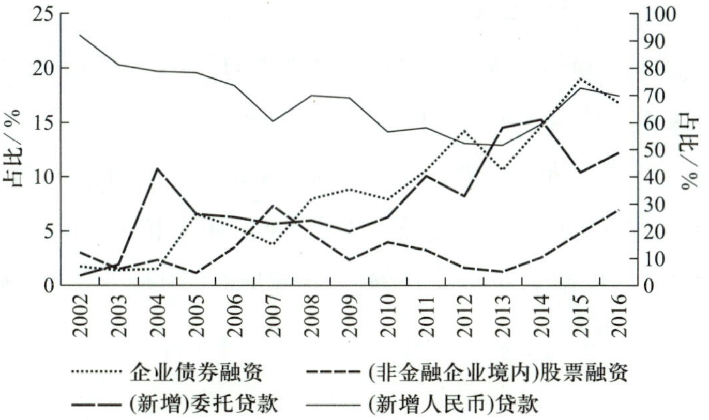


图 16-4 社会融资规模占比

数据来源：根据 Wind 资讯数据库数据整理

注："新增人民币贷款"占比对应右坐标轴，其余融资方式占比对应左坐标轴。



均货币扩张速度超 GDP 扩张速度近 6%；前期积极的财政政策和宽松的货币政策推动经济总体杠杆率提升[①]，2015 年全社会杠杆率达到 249%，全社会债务高企、风险集中度高，机构间资金拆借额度增加，市场恐慌事件频出。宏观经济和金融市场的"新常态"促使社会各界思考对货币政策的改革，迫切希望新型货币政策框架的构建。全社会达成共识，仅凭借货币政策"量价工具"难以把握市场，央行要通过以"央行沟通"为代表的新型货币政策工具掌控市场，适应形势的新变化。

与我国央行实践类似，西方发达经济体在全球金融危机爆发后，也开始思考货币政策框架的转型，并开始实践新型货币政策。例如欧盟、美国、英国等经济体央行皆创新性实践"央行沟通"政策工具，尤其是美国，金融危机后央行沟通的方式和频率都有较大的改变。美联储自 2012 年起公开官方通胀目标，召开新闻发布会及发布经济预测，及时公布议息会议决定，并公开货币政策委员发表的各种观点。从其实践经验可知，政策的变革增强了货币政策效果，稳定了金融市场，并提高了央行的可信度，有助于信息对称[②]。再如，英格兰银行和欧洲中央银行在金融危机后，采用借贷便利类货币政策工具，在紧急情况下提供流动性，援助陷入暂时性资金短缺的金融机构，以维持金融系统稳定[③]。虽然我国新型货币政策实践与国际经验比较存在差距，但改革方向与发达经济体相

① 张成思、张步昙：《再论金融与实体经济：经济金融化视角》，《经济学动态》2015 年第 6 期，第 27~33 页。

② 伍桂、何帆：《非常规货币政策的传导机制与实践效果：文献综述》，《国际金融研究》2013 年第 7 期，第 37~39 页。

③ Eser，F.，Schwaab，B. "Evaluating the Impact of Unconventional Monetary Policy Measures：Empirical Evidence from the ECB's Securities Markets Programme"，*Journal of Financial Economics*，vol. 119，no. 1（2016），pp.147-167.

同。中国人民银行走在一条与国际成功经验接轨的道路上。

“新常态”下宏观经济形势及金融市场状况发生的变化、全社会对经济转型达成的共识及国外政策实践的经验，构成了我国新型货币政策构建的基础。这并不意味着要抛弃传统“量价”形式的货币政策，而是在原有基础上嵌入新型政策理念，更加关注金融稳定，更加注重逆周期、跨市场的监管方式，更加强调市场预期对政策效果的作用，更加聚焦金融市场结构性调节方式，在传统货币政策框架基础上完成新型货币政策框架的构建。

## 第七节　本章小结

中国经济“新常态”对前瞻性货币政策框架提出了新要求。为了深入研究我国新型货币政策转型与重建的进度与实施情况，本章通过调查问卷的形式，分析不同界别人士对已实施的新型政策框架的观点和判断，以期客观全面把握我国央行新型货币政策框架的重建情况。通过细致的统计和分析，我们可以基本勾勒出中国正在形成的新型货币政策框架，并把握政策工具创新的方向。我们发现，“新常态”的到来促使各界人士思考对央行货币政策目标的改革，加入“金融稳定”目标成为各界共识。这一目标方向与“新常态”之前的货币政策理念和操作方式有很大差异。针对这一目标，央行自“新常态”以来大力推进以“央行沟通”政策为代表的多种创新型政策工具的配合使用，包括“宏观审慎政策”“信贷政策”“贷款便利政策”及“回购交易”等。其中，一部分是政策上的创新，是对货币政策工具箱的扩容；而另一部分是对已有政策的改进和完善，在“新常态”时期更高频次和更深程度地使用。同时，鉴于路径依赖及特殊国情，我国央行独立性问题在新时期进步空间有限，但在新框架的建立过程中各界应给予一定程度的重视。基于调查问卷的统计结果判断，新型货币政策改革的方向不会动摇，新型货币政策框架的构建也会日趋完善。

我们在调查研究的同时发现，布林德等人[①]对西方发达经济体金融危机爆发后货币政策转型进行研究。虽然其研究方法、调研方式与本章有诸多差异，但其研究结论与本章收敛。该研究发现，多数受到金融危机冲击的发达经济体央行，包括美联储、英格兰

① Blinder，A. S.，Ehrmann，M.，de Haan，J.，etc. “Necessity as the Mother of Invention: Monetary Policy after the Crisis”，*NBER Working Paper*，2016，No. 22735.

银行、欧洲央行和日本央行均在筹备、进行或已完成货币政策的转型，且“央行沟通”将在新框架内被委以重任，“宏观审慎”政策将会逐渐完善成熟。虽然我国央行传统货币政策与西方发达国家央行操作方式存在差异，却在相同时期内筹划同一方向的货币政策转型。一次货币政策框架的重建既满足国情的需要，同时又实现与国际接轨和同步，是难得的改革窗口期。

总之，我国前瞻性货币政策的转型正伴随着“新常态”时期进行，并将在可预见的未来继续政策的改革和创新，丰富政策工具箱及更积极主动地与市场沟通。同时需要再次强调，货币政策框架转型与传统政策操作模式并不是非此即彼，而是相互补充，从而提高政策调控的前瞻性、灵活性和有效性。

## 附录 16–1　调查问卷



货币政策调查问卷（央行组）

**一、货币政策目标**

1. 2012 年以来中国经济增速降到 8% 以下，2014 年中国经济进入三期叠加的“新常态”阶段。这种经济运行速度的调整是否引起央行**内部**关于改革央行政策目标的讨论？（　　）

A）是　　B）否　　C）很难讲

2. 如果上题回答为“是”，则上述的讨论涉及什么？**（多选）**（　　）

A）加强货币政策对**金融稳定**的关注和调控

B）加强货币政策对**经济增长**的关注和调控

C）加强货币政策对**汇率稳定**的关注和调控

D）其他**（请详细说明）**____________________

3. 2012 年以来中国经济增速降到 8% 以下，2014 年中国经济进入三期叠加的“新常态”阶段。这种经济运行速度的调整是否引起央行**外部**关于改革央行政策目标的讨论？（　　）

A）是　　B）否　　C）很难讲

4. 如果上题回答为“是”，则上述的讨论涉及什么？**（多选）**（　　）

A）加强货币政策对**金融稳定**的关注和调控

B）加强货币政策对**经济增长**的关注和调控

C）加强货币政策对**汇率稳定**的关注和调控

D）其他（**请详细说明**）________________________________

**二、货币政策工具**

5. 正如2014年博鳌亚洲论坛年会上，央行行长周小川所说："我国的货币政策一直都是非常规的，因为处于改革转型期的中国尚未达到实施传统货币政策所必须具备的所有经济条件。"尤其是在2012年以来中国经济增速降到8%以下，2014年中国经济进入三期叠加的"新常态"阶段，央行频繁出台非常规货币政策。央行对以下政策的态度如何？

| 非常规货币政策工具 | 接受 | 考虑但拒绝 | 没有考虑 |
|---|---|---|---|
| （ ）零利率 | A | B | C |
| （ ）QE | A | B | C |
| （ ）央行沟通 | A | B | C |
| （ ）宏观审慎 * | A | B | C |
| （ ）信贷政策 | A | B | C |
| （ ）新增贷款便利（如SLF、MLF） | A | B | C |
| （ ）回购、再回购操作 | A | B | C |
| （ ）其他 ** | A | B | C |

*（请详细说明）________________ **（请详细说明）________________

6. 如何评价以下政策？（**对央行没有采纳的政策无须评价**）

| 非常规货币政策工具 | 较好 | 一般 | 较差 |
|---|---|---|---|
| （ ）零利率 | A | B | C |
| （ ）QE | A | B | C |
| （ ）央行沟通 | A | B | C |
| （ ）宏观审慎 * | A | B | C |
| （ ）信贷政策 | A | B | C |
| （ ）新增贷款便利（如SLF、MLF） | A | B | C |
| （ ）回购、再回购操作 | A | B | C |
| （ ）其他 ** | A | B | C |

*（请详细说明）________________ **（请详细说明）________________

7. 如果经济回到常态，您认为以上非常规政策会保留、保留并改进还是部分保留？**（对央行没有采纳的政策无须选择）**

| 非常规货币政策工具 | 保留 | 保留并改进 | 部分保留 | 下结论还太早 |
|---|---|---|---|---|
| （　）零利率 | A | B | C | D |
| （　）QE | A | B | C | D |
| （　）央行沟通 | A | B | C | D |
| （　）宏观审慎 * | A | B | C | D |
| （　）信贷政策 | A | B | C | D |
| （　）新增贷款便利（如 SLF、MLF） | A | B | C | D |
| （　）回购、再回购操作 | A | B | C | D |
| （　）其他 ** | A | B | C | D |

*（请详细说明）＿＿＿＿＿＿＿＿　　**（请详细说明）＿＿＿＿＿＿＿＿

**三、央行沟通**

8. 以您的观点，2012 年以来中国经济增速降到 8% 以下，2014 年中国经济进入三期叠加的“新常态”阶段如何影响央行与市场进行沟通的程度？（　　）

A）大幅度减少　　B）略微减少　　C）没改变

D）略微增加　　E）大幅度增加　　F）很难讲

9. 如果您在上题的答案不是“没改变”和“很难讲”，那您认为在经济回到常态化之后，这些央行沟通的改变在未来应该会怎样变化？（　　）

A）完全转向　　B）稍微转向　　C）保留不变

D）进一步加强　　E）很难讲

10. 央行沟通的一种方式是前瞻指引货币政策，其通常被定义为“**基于时间型**”（央行向市场发出信号在某个时间点之前央行不会改变利率水平）；“**基于数据型**”（央行向市场发出信号在某些经济数据，如失业率或通胀率，没达到特定水平之前央行不会改变利率水平）及“**开放型**”（央行只对未来货币政策的路径提供指引和预测，并不会有对市场发出的承诺）。央行已经采纳哪种方式？**（多选）**（　　）

A）基于时间型　　B）基于数据型　　C）开放型

D）无　　E）很难讲

F）其他**（请详细说明）**＿＿＿＿＿＿＿＿

11. 在未来，哪种前瞻指引您觉得会在央行操作中更有效率？**（多选）**（　　　　）

A）基于时间型　　　　B）基于数据型　　　　C）开放型

D）无　　　　E）下结论还太早

F）其他**（请详细说明）**________________________________

**四、央行与政府**

12. 在抵御低增长及适应“新常态”的过程中，是否有关于“央行过于政治化，越界进入政府领域”（央行涉及财政政策领域）的批评声？（　　）

A）没有　　　　B）有少量　　　　C）有一些

D）有很多　　　　E）很难讲

13. 在抵御低增长及适应“新常态”的过程中，是否有关于“政府跨界进入央行领域”（财政部门涉及货币政策领域）的批评声？（　　）

A）没有　　　　B）有少量　　　　C）有一些

D）有很多　　　　E）很难讲

14. 在这一阶段您认为央行的独立性有何变化？（　　）

A）更高　　　　B）没有变　　　　C）削弱少许

D）削弱较多　　　　E）很难讲

15. 在未来，您认为央行独立性会受到损害吗？（　　）

A）不　　　　B）少许　　　　C）一些

D）较多　　　　E）下结论还太早

## 货币政策调查问卷（学界组）

**一、货币政策目标**

1. 2012 年以来中国经济增速降到 8% 以下，2014 年中国经济进入三期叠加的“新常态”阶段。这种经济运行速度的调整是否引起央行内部关于改革央行政策目标的讨论？（　　）

A）是　　　　B）否　　　　C）很难讲

2.　如果上题回答为“是”，则上述的讨论涉及什么？**（多选）**（　　　　）

A）加强货币政策对**金融稳定**的关注和调控

B）加强货币政策对**经济增长**的关注和调控

C）加强货币政策对**汇率稳定**的关注和调控

D）其他（**请详细说明**）________________________________

**二、货币政策工具**

3. 正如2014年博鳌亚洲论坛年会上，央行行长周小川所说:“我国的货币政策一直都是非常规的，因为处于改革转型期的中国尚未达到实施传统货币政策所必须具备的所有经济条件。”尤其是在2012年以来中国经济增速降到8%以下，2014年中国经济进入三期叠加的“新常态”阶段，央行频繁出台非常规货币政策。请对您认为央行已采纳的非常规货币政策效果进行评价。（**对央行没有采纳的政策无须评价**）

| 非常规货币政策工具 | 较好 | 一般 | 较差 |
|---|---|---|---|
| （　）零利率 | A | B | C |
| （　）QE | A | B | C |
| （　）央行沟通 | A | B | C |
| （　）宏观审慎 * | A | B | C |
| （　）信贷政策 | A | B | C |
| （　）新增贷款便利（如SLF、MLF） | A | B | C |
| （　）回购、再回购操作 | A | B | C |
| （　）其他 ** | A | B | C |

*（请详细说明）________________　**（请详细说明）________________

4. 如果经济回到常态，您认为以上非常规政策会保留、保留并改进还是部分保留？（**对央行没有采纳的政策无须选择**）

| 非常规货币政策工具 | 保留 | 保留并改进 | 部分保留 | 下结论还太早 |
|---|---|---|---|---|
| （　）零利率 | A | B | C | D |
| （　）QE | A | B | C | D |
| （　）央行沟通 | A | B | C | D |
| （　）宏观审慎 * | A | B | C | D |
| （　）信贷政策 | A | B | C | D |
| （　）新增贷款便利（如SLF、MLF） | A | B | C | D |
| （　）回购、再回购操作 | A | B | C | D |
| （　）其他 ** | A | B | C | D |

*（请详细说明）________________　**（请详细说明）________________

**三、央行沟通**

5. 以您的观点，2012 年以来中国经济增速降到 8% 以下，2014 年中国经济进入三期叠加的“新常态”阶段如何影响央行与市场进行沟通的程度？（　　）

A）大幅度减少　　B）略微减少　　C）没改变

D）略微增加　　E）大幅度增加　　F）很难讲

6. 如果您在上题的答案不是“没改变”和“很难讲”，那您认为在经济回到常态化之后，这些央行沟通的改变在未来应该会怎样变化？（　　）

A）完全转向　　B）稍微转向　　C）保留不变

D）进一步加强　　E）很难讲

7. 央行沟通的一种方式是前瞻指引货币政策，其通常被定义为“**基于时间型**”（央行向市场发出信号在某个时间点之前央行不会改变利率水平）；“**基于数据型**”（央行向市场发出信号在某些经济数据，如失业率或通胀率，没达到特定水平之前央行不会改变利率水平）及“**开放型**”（央行只对未来货币政策的路径提供指引和预测，并不会有对市场发出的承诺）。央行已经采纳哪种方式？**（多选）**（　　　）

A）基于时间型　　B）基于数据型　　C）开放型

D）无　　E）很难讲

F）其他**（请详细说明）**____________________________________

8. 在未来，哪种前瞻指引您觉得会在央行操作中更有效率？**（多选）**（　　　）

A）基于时间型　　B）基于数据型　　C）开放型

D）无　　E）下结论还太早

F）其他**（请详细说明）**____________________________________

**四、央行与政府**

9. 在抵御低增长及适应“新常态”的过程中，是否有关于“央行过于政治化，越界进入政府领域”（央行涉及财政政策领域）的批评声？（　　）

A）没有　　B）有少量　　C）有一些

D）有很多　　E）很难讲

10. 在抵御低增长及适应“新常态”的过程中，是否有关于“政府跨界进入央行领域”（财政部门涉及货币政策领域）的批评声？（　　）

A）没有　　B）有少量　　C）有一些

D）有很多　　E）很难讲

11. 在这一阶段您认为央行的独立性有何变化？（　　）

A）更高　　B）没有变　　C）削弱少许

D）削弱较多　　E）很难讲

12. 在未来，您认为央行独立性会受到损害吗？（　　）

A）不　　B）少许　　C）一些

D）较多　　E）下结论还太早

货币政策调查问卷（业界组）

**一、货币政策目标**

1. 2012 年以来中国经济增速降到 8% 以下，2014 年中国经济进入三期叠加的“新常态”阶段。这种经济运行速度的调整是否引起央行内部关于改革央行政策目标的讨论？（　　）

A）是　　B）否　　C）很难讲

2. 如果上题回答为“是”，则上述的讨论涉及什么？（**多选**）（　　）

A）加强货币政策对**金融稳定**的关注和调控

B）加强货币政策对**经济增长**的关注和调控

C）加强货币政策对**汇率稳定**的关注和调控

D）其他（**请详细说明**）____________________

**二、货币政策工具**

3. 正如 2014 年博鳌亚洲论坛年会上，央行行长周小川所说:“我国的货币政策一直都是非常规的，因为处于改革转型期的中国尚未达到实施传统货币政策所必须具备的所有经济条件。”尤其是在 2012 年以来中国经济增速降到 8% 以下，2014 年中国经济进入三期叠加的“新常态”阶段，央行频繁出台非常规货币政策。请对您认为央行已采纳的非常规货币政策效果进行评价。（**对央行没有采纳的政策无须评价**）

| 非常规货币政策工具 | 较好 | 一般 | 较差 |
|---|---|---|---|
| （　）零利率 | A | B | C |
| （　）QE | A | B | C |
| （　）央行沟通 | A | B | C |
| （　）宏观审慎 * | A | B | C |

续表

| 非常规货币政策工具 | 较好 | 一般 | 较差 |
|---|---|---|---|
| （　）信贷政策 | A | B | C |
| （　）新增贷款便利（如 SLF、MLF） | A | B | C |
| （　）回购、再回购操作 | A | B | C |
| （　）其他 ** | A | B | C |

*（请详细说明）____________________　**（请详细说明）____________________

4. 如果经济回到常态，您认为以上非常规政策会保留、保留并改进还是部分保留？**（对央行没有采纳的政策无须选择）**

| 非常规货币政策工具 | 保留 | 保留并改进 | 部分保留 | 下结论还太早 |
|---|---|---|---|---|
| （　）零利率 | A | B | C | D |
| （　）QE | A | B | C | D |
| （　）央行沟通 | A | B | C | D |
| （　）宏观审慎 * | A | B | C | D |
| （　）信贷政策 | A | B | C | D |
| （　）新增贷款便利（如 SLF、MLF） | A | B | C | D |
| （　）回购、再回购操作 | A | B | C | D |
| （　）其他 ** | A | B | C | D |

*（请详细说明）____________________　**（请详细说明）____________________

**三、央行沟通**

5. 以您的观点，2012 年以来中国经济增速降到 8% 以下，2014 年中国经济进入三期叠加的“新常态”阶段如何影响央行与市场进行沟通的程度？（　　）

A）大幅度减少　　B）略微减少　　C）没改变

D）略微增加　　E）大幅度增加　　F）很难讲

6. 如果您在上题的答案不是“没改变”和“很难讲”，那您认为在经济回到常态化之后，这些央行沟通的改变在未来应该会怎样变化？（　　）

A）完全转向　　B）稍微转向　　C）保留不变

D）进一步加强　　E）很难讲

7. 央行沟通的一种方式是前瞻指引货币政策，其通常被定义为**“基于时间型”**（央行向市场发出信号在某个时间点之前央行不会改变利率水平）；**“基于数据型”**（央行向市场发出信号在某些经济数据，如失业率或通胀率，没达到特定水平之前央行不会改变利率水平）及“**开放型**”（央行只对未来货币政策的路径提供指引和预测，并不会有对市场发出的承诺）。央行已经采纳哪种方式？**（多选）**（　　　　）

A）基于时间型　　　　B）基于数据型　　　　C）开放型

D）无　　　　E）很难讲

F）其他**（请详细说明）**________________________________

8. 在未来，哪种前瞻指引您觉得会在央行操作中更有效率？**（多选）**（　　　　）

A）基于时间型　　　　B）基于数据型　　　　C）开放型

D）无　　　　E）下结论还太早

F）其他**（请详细说明）**________________________________

**四、央行与政府**

9. 在抵御低增长及适应“新常态”的过程中，是否有关于“央行过于政治化，越界进入政府领域”（央行涉及财政政策领域）的批评声？（　　）

A）没有　　　　B）有少量　　　　C）有一些

D）有很多　　　　E）很难讲

10. 在抵御低增长及适应“新常态”的过程中,是否有关于“政府跨界进入央行领域”（财政部门涉及货币政策领域）的批评声？（　　）

A）没有　　　　B）有少量　　　　C）有一些

D）有很多　　　　E）很难讲

11. 在这一阶段您认为央行的独立性有何变化？（　　）

A）更高　　　　B）没有变　　　　C）削弱少许

D）削弱较多　　　　E）很难讲

12. 在未来，您认为央行独立性会受到损害吗？（　　）

A）不　　　　B）少许　　　　C）一些

D）较多　　　　E）下结论还太早

# 结语　最优货币政策体系的构建逻辑



货币政策的最终目标变量一般包括经济增长和物价稳定，而由于现实经济运行过程中，一方面经济增长和物价变化数据因统计时间等因素而存在滞后性，另一方面央行政策调整对经济增长和物价变化的作用也存在一定时滞。因此货币政策即使对当期经济目标进行反应，也很难实现逆周期调控的效果，前瞻性货币政策便应运而生。

我们在本书第二章曾经提出过，前瞻性货币政策理念大致在三个彼此联系但并不完全相同的历史背景下发展起来（即 20 世纪 70 年代的卢卡斯批判、20 世纪 90 年代初通胀目标制的兴起及 20 世纪 90 年代中后期前瞻性泰勒规则的提出）。事实上，前瞻性货币政策的理念甚至可以回溯到更早，即 1927 年凯恩斯所著的《货币改革论》，这是凯恩斯货币思想三部曲中的首部集大成之作，其他两部分别是《货币论》① 和《就业、利息和货币通论》②。在《货币改革论》中，凯恩斯有这样一段描述："如果我们等到物价变化已成定局的时候才开始采取补救措施，那就为时太晚了。" ③

可见，前瞻性对于货币政策调控具有重要现实意义，而本书第二章所归纳的三条历史逻辑，进一步奠定了前瞻性在货币政策分析框架中的理论基础。当然，前瞻性货币政策的核心内容是预期管理。因此，深入理解预期的属性和特征，对于货币政策的制定和施行具有重要意义。在前瞻性货币政策的相关研究中，预期问题无疑是核心和关键。预

① Keynes，J. M. *A Treatise on Money*. London：Macmillan，1930.

② Keynes，J. M. *The General Theory of Employment，Interest，and Money*. Hampshire：Palgrave Macmillan，1936.

③ Keynes，J. M. *A Tract on Monetary Reform*. London：Macmillan，1923，p. 187.

期问题的相关内容非常丰富，涉及预期变量的基础数据和转化、预期变量的动态特征，及预期变量与现实变量的彼此影响问题。而以预期为基础的前瞻性货币政策，则将预期与货币政策框架紧密联系在一起。

近年来，各界对预期管理的重要性逐渐形成共识。这也将前瞻性货币政策的相关研究推向了一个高潮。值得注意的是，关于前瞻性货币政策问题的研究，已有文献大多是从理性预期视角切入的，而关于基于调研预期数据的前瞻性货币政策问题研究相对较少。

有鉴于此，我们从经济学中预期概念的演进历史出发，以含有预期的前瞻性货币政策框架为基本主线，循序渐进地展开前瞻性货币政策基本逻辑的研究。在具体章节中，我们从彼此联系的分析视角研究与前瞻性货币政策相关的理论与现实问题，形成理解基于预期的前瞻性货币政策框架的多维视角。进一步，从以上不同角度进行分析，可以提炼出基于预期的前瞻性货币政策的基本逻辑：前瞻性货币政策是基于预期变量基础上的货币政策；而在预期的形成机制中，央行沟通与媒体情绪都扮演至关重要的角色；只有通过对市场预期的主动影响，中央银行才可能有效完成货币政策的传导目标。

值得注意的是，基于预期的前瞻性货币政策实施起来并不容易，而且完全（或者说纯粹）前瞻性政策也并不一定是最优货币政策。这是弗里德曼很早就曾质疑过前瞻性货币政策效果的原因之一，也是时隔 40 年后伍德福德提出前瞻性货币政策存在缺陷的主要原因。[①] 央行在将“前瞻性”纳入政策决策的过程中需要谨记，任何一个最优货币政策操作框架都具有历史特性。这与前瞻性政策体系的一般特性相关，即这一体系中私人部门关于未来政策的预期是影响货币政策效力的重要因素。但是私人部门的预期特性可能并不一定与央行保持一致，从而导致前瞻性货币政策的效果存在一定折扣。

具体来说，前瞻性政策意味着出现外部冲击时，央行综合考虑私人部门对目标变量未来路径预期的调整情况，将货币政策校正至应对冲击的合理水平，以期达成冲击下合理的通胀水平和产出水平，维护经济平稳运行。但是，私人部门形成理性预期的前提是，央行对此次冲击的政策应与之前冲击时反应相同，符合市场预期。然而，实际上私人部门则可能预测央行将采取完全前瞻性政策[②]。由于这一预测干扰了市场早期预期的调整，所以央行前瞻性政策难以实现所预期的效果。

---

① Friedman, M. *A Program for Monetary Stability*. New York: Fordham University Press, 1959, pp.39–107; Woodford, M. “Pitfalls of Forward-Looking Monetary Policy”, *The American Economic Review*, vol. 90, no. 2 (2000), pp.100–104.

② 根据伍德福德的定义，完全前瞻性货币政策是指央行只根据其目标变量（如通胀率、经济增长率）预测值的变化而采取行动，官方利率仅为通胀等指标预测的函数，历史状态因其与方案选择集和选择标准无关而不影响央行决策过程。

最优货币政策需要基于历史特性（即后顾性）。伍德福德在其研究中对此进行了论证，阐明通胀率和产出缺口由总供给曲线和跨期欧拉方程的结构关系决定。根据这组模型可以证明，货币政策的决定机制基于历史特性的考虑，可同时降低通胀率并平抑产出缺口和短期名义利率的波动率。相反，完全前瞻性政策为了应对外部冲击而改变市场对于通胀和利率的预期，从而失去上述效用。另外，研究还表明完全前瞻性政策可能更容易造成均衡的不稳定。在前瞻性政策决定中，由于变量预测过程中不涉及前定变量，所以利率只是外生状态的函数。这可能会导致通胀和产出路径的不确定性。

从以上归纳不难看出，基于预期的前瞻性货币政策要实现好的政策效果，并非只依靠纯粹的前瞻性机制，而是要注重前瞻性与后顾性的结合，形成前瞻与后顾相混合的政策体系。从已有研究看，最优政策制度有很多种纳入历史依赖因素的方式。例如在通胀预测目标制中加入历史依赖变量（即滞后项）等。从底层结构性方程看，要实现此类混合货币政策体系的构建，可以通过调整损失函数的形式，调整后的函数包括非时变参数并且在一时点同时由滞后期和当期目标变量决定。通过对央行政策决定过程的调整，可以将历史因素和预测因素同时纳入政策决定考虑范围。因此，一个最优的货币政策决定机制并不一定是一个纯粹和完全的前瞻性机制，可能还需要兼顾后顾性，即考虑体系中相关指标的历史表现和特性。

总之，本书基于多层次逻辑视角研究了基于预期的前瞻性货币政策相关问题，挖掘了前瞻性货币政策新的典型事实，提出了理解预期及前瞻性货币政策框架的不同视角和思路。当然，本书的内容无法穷尽这个领域的所有问题。特别是基于预期的前瞻性货币政策如何纳入后顾性因素，从而构建更丰富的货币政策理论框架。这一问题需要未来进一步深入研究。随着相关研究工作不断向前进展，相信学术界和决策层对我国如何实施具有中国特色的前瞻性货币政策框架会有越来越深刻的理解。

# 参考文献



## 中文文献

[1] 卞志村、张义:《央行信息披露、实际干预与通胀预期管理》,《经济研究》2012 年第 12 期。

[2] 卞志村、宗旭姣:《公众学习、媒体信息披露与通胀预期形成》,《金融评论》2014 年第 1 期。

[3] 陈彦斌:《中国新凯恩斯菲利普斯曲线研究》,《经济研究》2008 年第 12 期。

[4] 陈彦斌、唐诗磊:《信心、动物精神与中国宏观经济波动》,《金融研究》2009 年第 9 期。

[5] 陈雨露、张成思:《全球新型金融危机与中国外汇储备管理的战略调整》,《国际金融研究》2008 年第 11 期。

[6] 董昀、郭强、李向前:《美国的非传统货币政策:文献述评》,《金融评论》2015 年第 5 期。

[7] 范方志:《西方中央银行独立性理论的发展及其启示》,《金融研究》2005 年第 11 期。

[8] 高玉泽、徐忠:《论转型时期中央银行信贷政策》,《金融研究》2012 年第 7 期。

[9] 葛结根、向祥华:《麦卡勒姆规则在中国货币政策中的实证检验》,《统计研究》2008 年第 11 期。

[10] 何运信:《货币政策透明性制度的国际比较:以央行沟通方式为基调》,《改革》2012 年第 4 期。

[11] 何运信、沈宏、耿中元:《居民与专家通货膨胀预期的差异及两者间关系——流行病学模型在中国的检验》,《金融研究》2014 年第 5 期。

[12] 冀志斌、周先平:《中央银行沟通可以作为货币政策工具吗》,《国际金融研究》2011 年

第 2 期。
[13] 贾德奎、胡海鸥:《“公告操作”:西方国家货币政策操作的新范式》,《财经研究》2003 年第 7 期。
[14] 李拉亚:《预期与不确定性的关系分析》,《经济研究》1994 年第 9 期。
[15] 李永友:《市场主体信心与财政乘数效应的非线性特征——基于 SVAR 模型的反事实分析》,《管理世界》2012 年第 1 期。
[16] 刘斌:《稳健的最优简单货币政策规则在我国的应用》,《金融研究》2006 年第 4 期。
[17] 陆军、钟丹:《泰勒规则在中国的协整检验》,《经济研究》2003 年第 8 期。
[18] 卢蕾蕾、李良松:《中央银行前瞻指引的理论与经验:文献综述》,《国际金融研究》2014 年第 1 期。
[19] 马理、刘艺:《借贷便利类货币政策工具的传导机制与文献述评》,《世界经济研究》2014 年第 9 期。
[20] 欧阳志刚、王世杰:《我国货币政策对通货膨胀与产出的非对称反应》,《经济研究》2009 年第 9 期。
[21] 潘建成、唐诗磊:《信心如何影响中国通货膨胀》,《统计研究》2010 年第 10 期。
[22] 苏冬蔚、曾海舰:《宏观经济因素、企业家信心与公司融资选择》,《金融研究》2011 年第 4 期。
[23] 孙凯、秦宛顺:《关于我国中央银行独立性问题的探讨》,《金融研究》2005 年第 1 期。
[24] 万志宏:《货币政策前瞻指引:理论、政策与前景》,《世界经济》2015 年第 9 期。
[25] 王雅炯:《通胀预期管理下中央银行沟通的有效性研究——基于中国 2003—2010 年数据的实证分析》,《上海经济研究》2012 年第 4 期。
[26] 王雅炯:《中国通货膨胀预期的结构和持久性》,《统计研究》2012 年第 5 期。
[27] 王一鸣、赵留彦:《通胀预期与货币需求:实际调整与名义调整机制检验》,《财贸经济》2006 年第 8 期。
[28] 吴国培、潘再见:《中央银行沟通对金融资产价格的影响——基于中国的实证研究》,《金融研究》2014 年第 5 期。
[29] 吴卫星、付晓敏:《信心比黄金更重要?——关于投资者不确定性感受和资产价格的理论分析》,《经济研究》2011 年第 12 期。
[30] 伍桂、何帆:《非常规货币政策的传导机制与实践效果:文献综述》,《国际金融研究》2013 年第 7 期。

[31] 夏斌、廖强:《货币供应量已不宜作为当前我国货币政策的中介目标》,《经济研究》2001 年第 8 期。
[32] 肖争艳、陈彦斌:《中国通货膨胀预期研究:调查数据方法》,《金融研究》2004 年第 11 期。
[33] 肖争艳、陈彦斌:《宏观经济预期的测度:基于行为经济学的调查方法研究》,《中国人民大学学报》2006 年第 3 期。
[34] 肖争艳、唐寿宁、石冬:《中国通货膨胀预期异质性研究》,《金融研究》2005 年第 9 期。
[35] 谢平:《中国货币政策分析:1998—2002》,《金融研究》2004 年第 8 期。
[36] 谢平、罗雄:《泰勒规则及其在中国货币政策中的检验》,《经济研究》2002 年第 3 期。
[37] 熊海芳、王志强:《货币政策意外、利率期限结构与通货膨胀预期管理》,《世界经济》2012 年第 6 期。
[38] 徐亚平:《公众学习、预期引导与货币政策的有效性》,《金融研究》2009 年第 1 期。
[39] 杨继生:《通货预期、流动性过剩与中国通货膨胀的动态性质》,《经济研究》2009 年第 1 期。
[40] 杨君:《前瞻指引的政策效果、限制与问题》,《青海金融》2016 年第 3 期。
[41] 游家兴、吴静:《沉默的螺旋:媒体情绪与资产误定价》,《经济研究》2012 年第 7 期。
[42] 余力、陈红霞:《上调存款准备金率对市场利率结构的影响研究——基于流动性过剩时期的经验证据》,《财经论丛》2010 年第 3 期。
[43] 曾刚、万志宏:《中央银行沟通与货币政策:最新实践与启示》,《国际金融研究》2014 年第 2 期。
[44] 张蓓:《我国居民通货膨胀预期的性质及对通货膨胀的影响》,《金融研究》2009 年第 9 期。
[45] 张忱:《央行全面调整存款准备金率》,《经济日报》,2015 年 2 月 5 日第 2 版。
[46] 张成思:《短期通胀率动态机制理论述评》,《管理世界》2007 年第 5 期。
[47] 张成思:《货币政策传导机制研究新前沿——全球新型金融危机视角下的理论述评》,《国际经济评论》2010 年第 5 期。
[48] 张成思:《金融计量学:时间序列分析视角》,中国人民大学出版社 2016 年版。
[49] 张成思:《全球化与中国通货膨胀动态机制模型》,《经济研究》2012 年第 6 期。
[50] 张成思:《随机波动与经济周期平稳化研究》,《财贸经济》2010 年第 1 期。
[51] 张成思:《通货膨胀动态机制与货币政策现实选择》,中国人民大学出版社 2009 年版。
[52] 张成思:《中国通胀惯性特征与货币政策启示》,《经济研究》2008 年第 2 期。
[53] 张成思:《资本轮动、行业潮涌与中国通货膨胀形成机制》,《世界经济》2013 年第 2 期。

[54] 张成思、党超:《基于央行调查数据的通胀预期转化:算法基础与理解分歧》,《金融评论》2016 年第 1 期。

[55] 张成思、党超:《谁的通胀预期影响了货币政策? 》,《金融研究》2016 年第 10 期。

[56] 张成思、党超:《异质性通胀预期的信息粘性与信息更新频率》,《财贸经济》2015 年第 10 期。

[57] 张成思、计兴辰:《善言为贤:货币政策前瞻性指引的中国实践》,《国际金融研究》2017 年第 12 期。

[58] 张成思、芦哲:《媒体舆论、公众预期与通货膨胀》,《金融研究》2014 年第 1 期。

[59] 张成思、芦哲:《不对称的螺旋:媒体情绪与通胀预期传染》,《财贸经济》2016 年第 6 期。

[60] 张成思、张步昙:《再论金融与实体经济:经济金融化视角》,《经济学动态》2015 年第 6 期。

[61] 张会清、王剑:《我国通胀演变的决定因素与传导机制研究》,《财贸经济》2012 年第 2 期。

[62] 张健华、常黎:《哪些因素影响了通货膨胀预期——基于中国居民的经验研究》,《金融研究》2011 年第 12 期。

[63] 张涛:《中国城镇居民储蓄状况调查与研究》,中国金融出版社 2010 年版。

[64] 张屹山、张代强:《前瞻性货币政策反应函数在我国货币政策中的检验》,《经济研究》2007 年第 3 期。

[65] 郑挺国、王霞:《中国产出缺口的实时估计及其可靠性研究》,《经济研究》2010 年第 10 期。

[66] 周开国、应千伟、陈晓娴:《媒体关注度、分析师关注度与盈余预测准确度》,《金融研究》2014 年第 2 期。

[67] 周小川:《合适的货币政策可为供给侧改革提供更大空间》,《上海证券报》2016 年 3 月 7 日第 2 版。

外文文献

[1] Adam, K., Padula, M. (2003), "Inflation Dynamics and Subjective Expectations in the United States", *ECB Working Paper*, No. 222.

[2] Adam, K., Padula, M. (2011), "Inflation Dynamics and Subjective Expectations in the United States" *Economic Inquiry*, 49 (1).

[3] Adolfson, M., Laséen, S., Lindé, J., etc. (2007), "Bayesian Estimation of an Open Economy DSGE Model with Incomplete Pass-Through", *Journal of International*

*Economics*, 72 ( 2 ) .

[ 4 ] Akerlof, G. A., Dickens, W. T., Perry, G. L. ( 2000 ), "Near-Rational Wage and Price Setting and the Long-Run Phillips Curve", *Brookings papers on economic activity*, 1.

[ 5 ] Albanesi, S., Chari, V. V., Christiano, L. J. ( 2003 ), "Expectation Traps and Monetary Policy", *The Review of Economic Studies*, 70 ( 4 ) .

[ 6 ] Amato, J. D., Morris, S., Shin, H. S. ( 2002 ), "Communication and Monetary Policy", *Oxford Review of Economic Policy*, 18 ( 4 ) .

[ 7 ] Anderson, G., Moore, G. ( 1985 ), "A Linear Algebraic Procedure for Solving Linear Perfect Foresight Models", *Economics Letters*, 17 ( 3 ) .

[ 8 ] Andersson, M., Dillén, H., and Sellin, P. ( 2006 ), "Monetary Policy Signaling and Movements in the Term Structure of Interest Rates", *Journal of Monetary Economics*, 53 ( 8 ) .

[ 9 ] Ando, A., Modigliani, F. ( 1963 ), "The 'Life Cycle' Hypothesis of Saving: Aggregate Implications and Tests", *The American Economic Review*, 53 ( 1 ) .

[ 10 ] Andrade, P., Le Bihan, H. ( 2013 ), "Inattentive Professional Forecasters", *Journal of Monetary Economics*, 60 ( 8 ) .

[ 11 ] Andrews, D. W. ( 1993 ), "Tests for Paramctural Change with Unknown Change Point", *Econometrica*, 61 ( 4 ) .

[ 12 ] Ang, A., Bekaert, G., Wei, M. ( 2007 ), "Do Macro Variables, Asset Markets, or Surveys Forecast Inflation Better? " *Journal of Monetary Economics*, 54 ( 4 ) .

[ 13 ] Armantier, O., Krieger, S., McAndrews, J. ( 2008 ), "The Federal Reserve's Term Auction Facility", *Current Issues in Economics and Finance*, 14 ( 5 ) .

[ 14 ] Azariadis, C. ( 1981 ), "Self-Fulfilling Prophecies", *Journal of Economic Theory*, 25 ( 3 ) .

[ 15 ] Bachmann, R., Sims, E. R. ( 2012 ), "Confidence and the Transmission of Government Spending Shocks", *Journal of Monetary Economics*, 59 ( 3 ) .

[ 16 ] Balcombe, K. ( 1996 ), "The Carlson-Parkin Method Applied to NZ Price Expectations Using QSBO Survey Data", *Economics Letters*, 51 ( 1 ) .

[ 17 ] Ball, L. ( 1994 ), "What Determines the Sacrifice Ratio? ", in Mankiw, N. G. ( ed. ).

*Monetary Policy*, The University of Chicago Press.

[18] Ball, L. (1997), "Efficient Rules for Monetary Policy", *International Finance*, 2 (1).

[19] Ball, L. (2000), "Near-Rationality and Inflation in Two Monetary Regimes", *NBER Working Paper*, No. 7988.

[20] Barsky, R. B., Sims, E. R. (2012), "Information, Animal Spirits, and the Meaning of Innovations in Consumer Confidence", *The American Economic Review*, 102 (4).

[21] Batchelor, R. A. (1982), "Expectations, Output and Inflation: The European Experience", *European Economic Review*, 17 (1).

[22] Batchelor, R. A. (1986), "Quantitative v. Qualitative Measures of Inflation Expectations", *Oxford Bulletin of Economics and Statistics*, 48 (2).

[23] Batini, N., Haldane, A. (1999), "Forward-Looking Rules for Monetary Policy", in Taylor, J. B. (ed.). *Monetary Policy Rules*, The University of Chicago Press.

[24] Bauer, M. D., Rudebusch, G. D. (2014), "The Signaling Channel for Federal Reserve Bond Purchases", *International Journal of Central Banking*, 9 (3).

[25] Benhabib, J., Farmer, R. E. (1996), "Indeterminacy and Sector-Specific Externalities", *Journal of Monetary Economics*, 37 (3).

[26] Berger, H., Ehrmann, M., Fratzscher, M. (2011), "Monetary Policy in the Media", *Journal of Money, Credit and Banking*, 43 (4).

[27] Berk, J. M. (1999), "Measuring Inflation Expectations: A Survey Data Approach", *Applied Economics*, 31 (11).

[28] Bernanke, B. S. (1983), "Non-Monetary Effects of the Financial Crisis in the Propagation of the Great Depression", *The American Economic Review*, 73 (3).

[29] Bernanke, B. S. (2004), "Central Bank Talk and Monetary Policy", Speech before the Japan Society Corporate Luncheon, New York.

[30] Bernanke, B. S., Blinder, A. S. (1988), "Credit, Money, and Aggregate Demand", *The American Economic Review*, 78 (2).

[31] Bernanke, B. S., Blinder A. S. (1992), "The Federal Funds Rate and the Channels of Monetary Transmission", *The American Economic Review*, 82 (4).

[32] Bernanke, B. S., Gertler M. (1989), "Agency Costs, Net Worth, and Business Fluctuations", *The American Economic Review*, 79 (1).

[33] Bernanke, B. S., Gertler M. (1995), "Inside the Black Box: The Credit Channel of Monetary Policy Transmission", *Journal of Economic Perspectives*, 9 (4).

[34] Bernanke, B. S., Mihov, I. "Measuring Monetary Policy", *The Quarterly Journal of Economics*, 113 (3).

[35] Bigman, D. (1984), "Semi-Rational Expectations and Exchange-Rate Dynamics", *Journal of International Money and Finance*, 3 (1).

[36] Blinder, A. S. (1987), "Credit Rationing and Effective Supply Failures", *Economic Journal*, 97 (286).

[37] Blinder, A. S. (1998), *Central Bank Independence in Theory and Practice*, MIT Press.

[38] Blinder, A. S., Ehrmann, M., Fratzscher, M., etc. (2008), "Central Bank Communication and Monetary Policy: A Survey of Theory and Evidence", *Journal of Economic Literature*, 46 (4).

[39] Blinder, A. S., Ehrmann, M., de Haan J., etc. (2016), "Necessity as the Mother of Invention: Monetary Policy after the Crisis", *NBER Working Paper*, No. 22735.

[40] Blinder, A. S., Krueger, A. (2004), "What Does the Public Know about Economic Policy, and How Does It Know It? ", *Brookings Papers on Economic Activity*, 35 (1).

[41] Böhm, J., Král, P., Saxa, B. (2009), "Perception Is Always Right: The CNB' s Monetary Policy in the Media", *CNB Working Paper*, No. 10.

[42] Böhm, J., Král, P., Saxa, B. (2012), "The Czech National Bank' s Monetary Policy in the Media", *European Journal of Political Economy*, 28 (3).

[43] Brunner, K., Meltzer, A. H. (1972), "Friedman' s Monetary Theory", *Journal of Political Economy*, 80 (5).

[44] Caballero, R. J., Kurlat, P. D. (2009), "The 'Surprising' Origin and Nature of Financial Crises: A Macroeconomic Policy Proposal", Federal Reserve Bank of Kansas City Symposium, Kansas.

[45] Cagan, P. (1956), "The Monetary Dynamics of Hyperinflation", in Friedman,

M.（ed.）. *Quantity Theory of Money*，The University of Chicago Press.

[46] Calvo，A.（1983），"Staggered Prices in a Utility-Maximizing Framework"，*Journal of Monetary Economics*，12（3）.

[47] Carlson，J. A.，Parkin，M.（1975），"Inflation Expectations"，*Economica*，42（166）.

[48] Carlstrom，C. T.，Fuerst，T. S.（1997），"Agency Costs，Net Worth，and Business Fluctuations：A Computable General Equilibrium Analysis"，*The American Economic Review*，87（5）.

[49] Carney，M. "Crossing the threshold to recovery"，（2013），Speech at a Business Lunch Hosted by the CBI East Midlands，Derbyshire and Nottinghamshire Chamber of Commerce and the Institute of Director.

[50] Carroll，C. D.（2003），"Macroeconomic Expectations of Households and Professional Forecasters"，*The Quarterly Journal of Economics*，118（1）.

[51] Carroll，C. D.，Fuhrer，J. C.，Wilcox，D. W.（1994），"Does Consumer Sentiment Forecast Household Spending? If So，Why? "，*The American Economic Review*，84（5）.

[52] Case，K. E.，Quigley，J. M.（2008），"How Housing Booms Unwind：Income Effects，Wealth Effects，and Feedbacks through Financial Markets"，*International Journal of Housing Policy*，8（2）.

[53] Case，K. E.，Quigley，J. M.，Shiller，R. J.（2005），"Comparing Wealth Effects：The Stock Market Versus the Housing Market"，*Advances in Macroeconomics*，5（1）.

[54] Cecchetti，S. G.（2008），"Measuring the Macroeconomic Risks Posed by Asset Price Booms"，in Campell，J.（eds.）. *Asset Prices and Monetary Policy*，The University of Chicago Press.

[55] Cecchetti，S. G.（2009），"Crisis and Responses：The Federal Reserve in the Early Stages of the Financial Crisis"，*Journal of Economic Perspectives*，23（1）.

[56] Chami，R.，Cosimano，T. F.，Fullenkamp，C.（1999），"The Stock Market Channel of Monetary Policy"，*IMF Working Paper*，No. WP/99/22.

[57] Chari，V. V.，Christiano，L. J.，Eichenbaum，M.（1998），"Expectation Traps and Discretion"，*Journal of Economic Theory*，81（2）.

[58] Chehal，P.，Trehan，B.（2009），"Talking about Tomorrow' s Monetary Policy

Today", *Federal Reserve Bank of San Francisco Economic Letter*, No.2009–35.

[59] Chen, Y., Huo, Z. (2009), "A Conjecture of Chinese Monetary Policy Rule: Evidence from Survey Data, Markov Regime Switching, and Drifting Coefficients", *Annals of Economics and Finance*, 10 (1).

[60] Chirinko, R. S., Curran, C. (2013), "Greenspan Shrugs: Central Bank Communication, Formal Pronouncements and Bond Market Volatility", *CESifo Working Paper*, No. 4236.

[61] Christiano, L. J. (1987), "Cagan' s Model of Hyperinflation under Rational Expectations," *International Economic Review*, 28 (1).

[62] Christiano, L. J., Eichenbaum, M. (1992), "Liquidity Effects, Monetary Policy, and the Business Cycle", *Journal of Money, Credit and Banking*, 27 (4).

[63] Clarida, R., Galí, J., Gertler, M. (1998), "Monetary Policy Rules in Practice: Some International Evidence", *European Economic Review*, 42 (6).

[64] Clarida, R., Galí, J., Gertler, M. (1999), "The Science of Monetary Policy: A New Keynesian Perspective", *Journal of Economic Literature*, 37 (4).

[65] Clarida, R., Galí, J., Gertler, M. (2000), "Monetary Policy Rules and Macroeconomic Stability: Evidence and Some Theory", *The Quarterly Journal of Economics*, 115 (1).

[66] Coval, J., Jurek J., Stafford, E. (2009), "The Economics of Structured Finance", *The Journal of Economic Perspectives*, 23 (1).

[67] Croushore, D. (2006), "An Evaluation of Inflation Forecasts from Surveys Using Real-Time Data", *FRB of Philadelphia Working Paper*, No. 06–19.

[68] Cumby, R. E., Huizinga, J., Obstfeld, M. (1983), "Two-Step Two-Stage Least Squares Estimation in Models with Rational Expectations", *Journal of Econometrics*, 21 (3).

[69] Curtin, R. (2008), "What US Consumers Know about Economic Conditions", in OECD. *Statistics, Knowledge and Policy 2007: Measuring and Fostering the Progress of Societies*.

[70] Dasgupta, S., Lahiri, K. (1992), "A Comparative Study of Alternative Methods of Quantifying Qualitative Survey Responses Using NAPM Data", *Journal of Business*

*and Economic Statistics*，10（4）.

[71] Davidson，R.，MacKinnon，J. G.（1981），“Several Tests for Model Specification in the Presence of Alternative Hypotheses”，*Econometrica*，49（3）.

[72] Del Negro，M.，Giannoni，M. P.，Patterson，C.（2013），“The Forward Guidance Puzzle”，*Staff Report*，*Federal Reserve Bank of New York*，No. 574.

[73] Demiralp，S.，Jorda，O.（2004），“The Response of Term Rates to Fed Announcements”，*Journal of Money*，*Credit and Banking*，36（3）.

[74] Döpke，J.，Dovern，J.，Fritsche，U.，etc.（2008），“The Dynamics of European Inflation Expectations”，*The BE Journal of Macroeconomics*，8（1）.

[75] Dräger，L.（2014），“Inflation Perceptions and Expectations in Sweden—Are Media Reports the Missing Link？”，*Oxford Bulletin of Economics and Statistics*，77（5）.

[76] Dräger，L.，Lamla，M. J.（2012），“Updating Inflation Expectations：Evidence from Micro-Data”，*Economics Letters*，117（3）.

[77] Dubé，C.，Garner，G.，Stevenson，M.，etc.（2007），“The Use of Epidemiological Models for the Management of Animal Diseases”，Conference OIE，Paris.

[78] Durbin，J.（1954），“Errors in Variables”，*Review of the International Statistical Institute*，22（1）.

[79] Ehrmann，M.，Fratzscher，M.（2004），“Taking Stock：Monetary Policy Transmission to Equity Markets”，*Journal of Money*，*Credit and Banking*，63（4）.

[80] Ehrmann，M.，Fratzscher，M.（2007），“Communication by Central Bank Committee Members：Different Strategies，Same Effectiveness？”，*Journal of Money*，*Credit and Banking*，39（2-3）.

[81] Eichenbaum，M.，Christiano，L. J.（1992），“Liquidity Effects，Monetary Policy，and the Business Cycle”，*Journal of Money*，*Credit and Banking*，27（4）.

[82] Eijffinger，S.，Mahieu，R.，and Raes，L.（2017），“Can the Fed Talk the Hind Legs off the Stock Market？”，*International Journal of Central Banking*，13（1）.

[83] Eser，F.，Schwaab，B.（2016），“Evaluating the Impact of Unconventional Monetary Policy Measures：Empirical Evidence from the ECB’s Securities Markets Programme”，*Journal of Financial Economics*，119（1）.

[84] Evans，G.W.，Honkapohja S.（2001），*Learning and Expectations in*

*Macroeconomics*, Princeton University Press.

[85] Evans, P. (1978), "Time-Series Analysis of the German Hyperinflation", *International Economic Review*, 19 (1).

[86] Fair, R. C., Taylor, J. B. (1983), "Solution and Maximum Likelihood Estimation of Dynamic Nonlinear Rational Expectations Models", *Econometrica*, 51 (4).

[87] Fang, L., Peress, J. (2009), "Media Coverage and the Cross-Section of Stock Returns", *The Journal of Finance*, 64 (5).

[88] Farmer, R. E., Guo, J. T. (1995), "The Econometrics of Indeterminacy: an Applied Study", *Carnegie–Rochester Conference Series on Public Policy*, 43.

[89] Ferrero, G. (2007), "Monetary Policy, Learning and the Speed of Convergence", *Journal of Economic Dynamics and Control*, 31 (9).

[90] Filardo, A. J., Hofmann, B. (2014), "Forward Guidance at the Zero Lower Bound", *BIS Quarterly Review*, 3.

[91] Fisher, I. (1930), *The Theory of Interest*, Macmillan.

[92] Fleming, M. J., Hrung, W. B. (2009), "The Term Securities Lending Facility: Origin, Design, and Effects", *Current Issues in Economics and Finance*, *Federal Reserve Bank of New York*, 15 (2).

[93] Fleming, M. J., Hrung, W. B., Keane, F. M. (2010), "Repo Market Effects of the Term Securities Lending Facility", *The American Economic Review*, 100 (2).

[94] Forsells, M., Kenny, G. (2002), "Rationality of Consumer Inflation Expectation: Survey–Based Evidence for The Euro Area", *European Central Bank Working Paper*, No.163.

[95] Forsells, M., Kenny, G. (2004), "Survey Expectations, Rationality and the Dynamics of Euro Area Inflation", *Journal of Business Cycle Measurement and Analysis*, 2004 (1).

[96] Friedman, M. (1956), *The Quantity Theory of Money*, The University of Chicago Press.

[97] Friedman, M. (1959), *A Program for Monetary Stability*, Fordham University Press.

[98] Friedman, M. (1970), "A Theoretical Framework for Monetary Analysis", *Journal of Political Economy*, 78 (2).

[ 99 ] Friedman, M. ( 1972 ), "Comments on the Critics", *Journal of Political Economy*, 80 ( 5 ).

[ 100 ] Friedman, B. M., Kuttner, K. N. "Money, Income, Prices, and Interest Rates", *The American Economic Review*, 82 ( 3 ) .

[ 101 ] Fuhrer, J. C., Moore, G. ( 1995 ), "Inflation Persistence", *The Quarterly Journal of Economics*, 110 ( 1 ) .

[ 102 ] Fuhrer, J. C., Olivei, G. P., Tootell, G. M. "Inflation Dynamics When Inflation Is Near Zero", *Journal of Money*, *Credit and Banking*, 44 ( 1 ) .

[ 103 ] Gali, J., Gertler, M. ( 1999 ), "Inflation Dynamics: A Structural Econometric Analysis", *Journal of Monetary Economics*, 44 ( 2 ) .

[ 104 ] Garcia-Herrero, A., Girardin, E. ( 2011 ), "China' s Monetary Policy Communication: Money Markets Not Only Listen, They Also Understand", *HKIMR Working Paper*, No. 02/2013.

[ 105 ] Gaus, E., Sinha, A. ( 2014 ), "What Does the Yield Curve Imply about Investor Expectations? ", *Ursinus College*, *Department of Economics Working Papers*, No. 14-02.

[ 106 ] Geraats, P. M. ( 2002 ), "Central bank transparency", *The Economic Journal*, 112 ( 483 ) .

[ 107 ] Gertler, M., Gilchrist, S. ( 1994 ), "Monetary Policy, Business Cycles, and the Behavior of Small Manufacturing Firms", *The Quarterly Journal of Economics*, 109 ( 2 ) .

[ 108 ] Girardin, E., Lunven, S., Ma, G. ( 2014 ), "Inflation and China' s Monetary Policy Reaction Function: 2002-2013", *BIS Working Paper*, No. 77.

[ 109 ] Godfrey, L. ( 1994 ), "Testing for Serial Correlation by Variable Addition in Dynamic Models Estimated by Instrumental Variables", *The Review of Economics and Statistics*, 76 ( 3 ) .

[ 110 ] Goodfriend, M. ( 1986 ), "Monetary Mystique: Secrecy and Central Banking", *Journal of Monetary Economics*, 17 ( 1 ) .

[ 111 ] Goodfriend, M. ( 1993 ), "Interest Rate Policy and the Inflation Scare Problem: 1979-1992", *Federal Reserve Bank of Richmond Economic Quarterly*, 79 ( 1 ) .

[ 112 ] Goodhart, C.A.E., Lim, W.B. ( 2011 ), "Interest Rate Forecasts: A Pathology",

*International Journal of Central Banking*, 7 (2).

[113] Gordon, R. J. (1974), *Milton Friedman's Monetary Framework: A Debate with His Critics*, The University of Chicago Press.

[114] Gürkaynak, R. S., Sack, B., Wright, J. H. (2007), "The US Treasury yield curve: 1961 to the present", *Journal of Monetary Economics*, 54 (8).

[115] Guthrie, G., Wright, J. (1998), "Market-Implemented Monetary Policy with Open Mouth Operations", Department of Economics, University of Canterbur.

[116] Guthrie, G., Wright, J. (2000), "Open Mouth Operations", *Journal of Monetary Economics*, 46 (2).

[117] Haldane, A. G. (1995), "Targeting Inflation", A Conference of Central Banks on the Use of Inflation Targets Organized by the Bank of England, London.

[118] Hamalainen, N. (2004), "A Survey of Taylor-Type Monetary Policy Rules", *Department of Finance Canada Working Paper*, No. 2004-02.

[119] Hansen, L. (1982), "Large Sample Properties of Generalized Method of Moments Estimators", *Econometrica*, 50 (4).

[120] Hanssens, D. M., Vanden-Abeele, P. M. (1987), "A Time-Series Study of the Formation and Predictive Performance of EEC Production Survey Expectations", *Journal of Business and Economic Statistics*, 5 (4).

[121] Hardouvelis, G. A. (1988), "The Predictive Power of the Term Structure during Recent Monetary Regimes", *The Journal of Finance*, 43 (2).

[122] Hausman, J. (1978), "Specification Tests in Econometrics", *Econometrica*, 46 (6).

[123] Hayashi, F., Sims, C. (1983), "Nearly Efficient Estimation of Time Series Models with Predetermined, but Not Exogenous Instruments", *Econometrica*, 51 (3).

[124] Heinemann, F., Ullrich, K. (2007), "Does It Pay to Watch Central Bankers' Lips? The Information Content of ECB Wording", *Swiss Journal of Economics and Statistics*, 143 (2).

[125] Hicks, J. R. (1937), "Mr. Keynes and the Classics: A Suggested Interpretation", *Econometrica*, 5 (2).

[126] Hicks, J. R. (1939), *Value and Capital*, Oxford University Press.

[127] Hochstein, M. (2013), "Comparison of G-4 Central Banks Latest Communication Policy Innovations", Frankfurt am Main: Allianz Global Investors, Europe GmbH.

[128] Holmes, D. (2014), *Economy of Words: Communicative Imperatives in Central Banks*, The University of Chicago Press.

[129] Holmsen, A., Qvigstad, J. F., Øistein Røisland, etc. (2008), "Communicating Monetary Policy Intentions: The Case of Norges Bank", *Norges Bank Working Paper*, No. 2008–20.

[130] Hu, L., Phillips, P. C. (2004), "Dynamics of the Federal Funds Target Rate: A Nonstationary Discrete Choice Approach", *Journal of Applied Econometrics*, 19 (7).

[131] Hürtgen, P. (2014), "Consumer Misperceptions, Uncertain Fundamentals, and the Business Cycle", *Journal of Economic Dynamics and Control*, 40.

[132] Ireland, P. N. (2005), "The Monetary Transmission Mechanism," in Durlauf S. N., Blume, L. (eds.). *The New Palgrave Dictionary of Economics*, Palgrave Macmillan Ltd.

[133] Issing, O. (1999), "The Eurosystem: Transparent and Accountable, or 'Willem in Euroland'", *Journal of Common Market Studies*, 37 (3).

[134] Issing, O. (2005), "Communication, Transparency, Accountability: Monetary Policy in the Twenty–first Century", *Federal Reserve Bank of St. Louis Review*, 87 (2).

[135] Jackson, D. A. (1993), "Stopping Rules in Principal Components Analysis: A Comparison of Heuristical and Statistical Approaches", *Ecology*, 74 (8).

[136] Jöreskog, K. G. (1977), "Factor Analysis by Least-Squares and Maximum Likelihood Methods", *Statistical Methods for Digital Computers*, 1.

[137] Kahneman, D. (2003), "Maps of Bounded Rationality: Psychology for Behavioral Economics," *The American Economic Review*, 93 (5).

[138] Kahneman, D., Tversky, A. (1979), "Prospect Theory: An Analysis of Decision under Risk", *Econometrica*, 47 (2).

[139] Kashyap, A. K., Stein, J. C. (1995), "The Impact of Monetary Policy on Bank Balance Sheets", *Carnegie–Rochester Conference Series on Public Policy*,

42 ( 1 ) .

[ 140 ] Kashyap, A. K., Stein, J. C., Wilcox, D. W. ( 1993 ), "Monetary Policy and Credit Conditions: Evidence from the Composition of External Finance", *The American Economic Review*, 83 ( 1 ) .

[ 141 ] Katona, G. ( 1952 ), "Psychological Analysis of Economic Behavior", *Econometrica*, 20 ( 2 ) .

[ 142 ] Katona G. ( 1953 ), "Rational Behavior and Economic Behavior", *Psychological Review*, 60 ( 5 ) .

[ 143 ] Kermack, W. O., McKendrick, A. G. ( 1927 ), "Contributions to the Mathematical Theory of Epidemics", *Proceedings of the Royal Academy of Sciences A*, 115 ( 772 ) .

[ 144 ] Keynes, J. M. ( 1923 ), *A Tract on Monetary Reform*, Macmillan.

[ 145 ] Keynes, J. M. ( 1930 ), *A Treatise on Money*, Macmillan.

[ 146 ] Keynes, J. M. ( 1936 ), *The General Theory of Employment, Interest, and Money*, Palgrave Macmillan.

[ 147 ] King, J. ( 2016 ), "Katona and Keynes", *History of Economics Review*, 64 ( 1 ) .

[ 148 ] Kiviet, J. ( 1986 ), "On the Rigour of Some Misspecification Tests for Modelling Dynamic Relations", *The Review of Economic Studies*, 53 ( 2 ) .

[ 149 ] Kiyotaki, N., Moore, J. ( 1997 ), "Credit Cycles", *Journal of Political Economy*, 105 ( 2 ) .

[ 150 ] Klomp, J. ( 2010 ), "Causes of Banking Crises Revisited", *The North American Journal of Economics and Finance*, 21 ( 1 ) .

[ 151 ] Koenig, E., Leeson, R., Kahn, G. ( 2012 ), *The Taylor Rule and the Transformation of Monetary Policy*, Hoover Press.

[ 152 ] Kohn, D. L., Sack, B. P. ( 2003 ), "Central Bank Talk: Does It Matter and Why? " *Divisions of Research and Statistics and Monetary Affairs*, *Federal Reserve Board Working Paper*, No. 2003-55.

[ 153 ] Kool, C., Thornton, D. ( 2012 ), "How Effective is Central Forward Guidance? ", *Federal Reserve Bank of Saint Louis Working Paper Series*, No. 2012-063A.

[ 154 ] Kuttner, K. N., Mosser, P. C. ( 2002 ), "The Monetary Transmission Mechanism:

Some Answers and Further Questions", *Economic Policy Review*, *Federal Reserve Bank of New York*, 8 (1).

[155] Kydland, F. E., Prescott, E. C. 1977 "Rules Rather than Discretion: The Inconsistency of Optimal Plans", *Journal of Political Economy*, 85 (3).

[156] Lamla, M. J., Lein, S. M. (2014), "The Role of Media for Consumers' Inflation Expectation Formation", *Journal of Economic Behavior and Organization*, 106.

[157] Lamla, M. J., Maag, T. (2012), "The Role of Media for Inflation Forecast Disagreement of Households and Professional Forecasters", *Journal of Money, Credit and Banking*, 44 (7).

[158] Lamla, M. J., Sarferaz, S. (2012), "Updating Inflation Expectations", *Joint Discussion Paper Series in Economics*, No. 16-2012.

[159] Lee, K., Morley, J., Shields, K. (2015), "The Meta Taylor Rule", *Journal of Money, Credit and Banking*, 47 (1).

[160] Lei, C., Lu, Z., Zhang, C. (2015), "News on Inflation and the Epidemiology of Inflation Expectations in China", *Economic Systems*, 39 (4).

[161] Le Roy, S., Porter, R. (1981), "The Present Value Relation: Tests Based on Implied Variance Bonds", *Econometrica*, 49 (3).

[162] Lettau, M., Ludvigson, S. (2004), "Understanding Trend and Cycle in Asset Values: Reevaluating the Wealth Effect on Consumption", *The American Economic Review*, 94 (1).

[163] Liu, L., Zhang, W. (2010), "A New Keynesian Model for Analysing Monetary Policy in Mainland China", *Journal of Asian Economics*, 21 (6).

[164] Lucas, R. E. (1972), "Expectations and the Neutrality of Money", *Journal of Economic Theory*, 4 (2).

[165] Lucas, R. E. (1976), "Econometric Policy Evaluation: A Critique", *Carnegie-Rochester Conference Series on Public Policy*, 1 (1).

[166] Lucas, R. E., Sargent, T. J. (eds.). (1981), *Rational expectations and econometric practice*, University of Minnesota Press.

[167] MacKinnon, G. (1996), "Numerical Distribution Functions for Unit Root and Cointegration Tests", *Journal of Applied Econometrics*, 11 (6).

[168] Mankiw, N. G. (1982), "Hall's Consumption Hypothesis and Durable Goods", *Journal of Monetary Economics*, 10 (3).

[169] Mankiw, N. G. (2001), "The Inexorable and Mysterious Tradeoff Between Inflation and Unemployment", *The Economic Journal*, 111 (471).

[170] Mankiw, N. G., Reis, R. (2002), "Sticky Information versus Sticky Prices: A Proposal to Replace the New Keynesian Phillips Curve", *The Quarterly Journal of Economics*, 117 (4).

[171] Mankiw, N. G., Reis, R. (2003), "What Measure of Inflation Should a Central Bank Target?", *Journal of the European Economic Association*, 1 (5).

[172] Mankiw, N. G., Reis, R. (2006), "Pervasive Stickiness", *The American Economic Review*, 96 (2).

[173] Mankiw, N. G., Reis, R. (2007), "Sticky Information in General Equilibrium", *Journal of the European Economic Association*, 5 (2–3).

[174] McAndrews, J., Sarkar A., Wang Z. (2008), "The Effect of the Term Auction Facility on the London Inter-Bank Offered Rate", *Staff Reports*, *Federal Reserve Bank of New York*, 335.

[175] McCallum, B. T. (1976), "Rational Expectations and the Natural Rate: Some Consistent Estimates", *Econometrica*, 44 (1).

[176] McCallum, B. T. (1987), "The Case for Rules in the Conduct of Monetary Policy: A Concrete Example", *FRB Richmond Economic Review*, 73 (5).

[177] McCallum, B. T. (1988), "Robustness Properties of a Rule for Monetary Policy", *Carnegie–Rochester Conference Series on Public Policy*, 29 (1).

[178] McCallum, B. T. (1991), "Targets, Indicators, and Instruments of Monetary Policy", *NBER Working Paper*, No. 3047.

[179] McCallum, B. T. (1993), "Discretion Versus Policy Rules in Practice: Two Critical Points, a Comment", *Carnegie–Rochester Conference Series on Public Policy*, 39.

[180] McCallum, B. T. (1994), "Specification and Analysis of a Monetary Policy Rule for Japan", *NBER Working Paper*, No. 4449.

[181] McCallum, B. T. (1998), "Solutions to Linear Rational Expectations Models: A

Compact Exposition", *Economics Letters*, 61 ( 2 ) .

[ 182 ] McCallum, B. T. ( 1999 ), "Analysis of the Monetary Transmission Mechanism: Methodological Issues", *NBER Working Paper*, No. 7395.

[ 183 ] McCallum, B. T. ( 2000 ), "Alternative Monetary Policy Rules: A Comparison with Historical Settings for the United States, the United Kingdom, and Japan", *NBER Working Paper*, No. 7725.

[ 184 ] McCallum, B. T. ( 2001 ), "Should Monetary Policy Respond Strongly to Output Gaps? ", *The American Economic Review*, 91 ( 2 ) .

[ 185 ] McCallum, B. T., Nelson, E. ( 1999 ), "Performance of Operational Policy Rules in an Estimated Semi-Classical Structural Model," in Taylor, J. B. ( ed. ) . *Monetary Policy Rules*, The University of Chicago Press.

[ 186 ] McKay, A., Nakamura, E., Steinsson, J. ( 2016 ), "The Power of Forward Guidance Revisited", *The American Economic Review*, 106 ( 10 ) .

[ 187 ] Meade, E. E., Burk, N. A., Josselyn, M. ( 2015 ), "The FOMC Meeting Minutes: An Assessment of Counting Words and The Diversity of Views", *Board of Governors of the Federal Reserve System* ( *US* ), No. 2015-05-26-2.

[ 188 ] Mehra, Y. ( 1999 ), "A Forward-Looking Monetary Policy Reaction Function", *Federal Reserve Bank of Richmond Economic Quarterly*, 85 ( 2 ) .

[ 189 ] Meltzer, A. H. ( 1995 ), "Monetary, Credit and ( Other ) Transmission Processes: A Monetarist Perspective", *Journal of Economic Perspectives*, 9 ( 4 ) .

[ 190 ] Meulendyke, A. M. ( 1998 ), *US Monetary Policy and Financial Markets*, Monograph.

[ 191 ] Mishkin, F. S. ( 1978 ), "The Household Balance Sheet and the Great Depression", *Journal of Economic History*, 38 ( 4 ) .

[ 192 ] Mishkin, F. S. ( 1995 ), "Symposium on the Monetary Transmission Mechanism", *Journal of Economic Perspectives*, 9 ( 4 ) .

[ 193 ] Mishkin, F. S. ( 1996 ), "The Channels of Monetary Transmission: Lessons for Monetary Policy", *NBER Working Paper*, No. 5464.

[ 194 ] Mishkin, F. S. ( 2007 ), "Inflation Dynamics", *International Finance*, 10 ( 3 ) .

[ 195 ] Mishkin, F. S. ( 2009 ), *The Economics of Money, Banking, and Financial*

*Markets*, Pearson education.

[196] Mishkin, F. S. (2011), "Monetary Policy Strategy: Lessons from the Crisis", *NBER Working Paper*, No. 16755.

[197] Mitchell, J. (2002), "The Use of Non-Normal Distributions in Quantifying Qualitative Survey Data on Expectations", *Economics Letters*, 76 (1).

[198] Moessner, R. (2014), "Effects of Explicit FOMC Policy-rate Guidance on Equities and Risk Measures", *Applied Economics*, 46 (18).

[199] Moessner, R., Jansen, D. J., de Haan, J. (2017), "Communication about Future Policy Rates in Theory and Practice: A Survey", *Journal of Economic Surveys*, 31 (3).

[200] Morris, S., Shin, H. S. (2002), "Social Value of Public Information", *The American Economic Review*, 92 (5).

[201] Muth, J. F. (1961), "Rational Expectations and the Theory of Price Movements", *Econometrica: Journal of the Econometric Society*, 29 (3).

[202] Myrdal, G. (1939), *Monetary Equilibrium*, W. Hodge.

[203] Nerlove, M. (1958), "Adaptive Expectations and Cobweb Phenomena", *The Quarterly Journal of Economics*, 72 (2).

[204] Nielsen, H. (2003), "Inflation Expectations in the EU: Results from Survey Data", *Discussion Papers of Interdisciplinary Research Project 373*, No. 2003–13.

[205] Nikolaou, K. (2009), "Liquidity (Risk) Concepts: Definitions and Interactions", *European Central Bank Working Paper Series*, No. 1008.

[206] Noelle-Neumann, E. (1974), "The Spiral of Silence: A Theory of Public Opinion", *Journal of Communication*, 24 (2).

[207] Noelle-Neumann, E. (1984), *The Spiral of Silence: Public Opinion—Our Social Skin*, The University of Chicago Press.

[208] Orphanides, A. (2001), "Monetary Policy Rules Based on Real-Time Data", *The American Economic Review*, 91 (4).

[209] Orphanides, A. (2003), "Historical Monetary Policy Analysis and the Taylor Rule", *Journal of Monetary Economics*, 50 (5).

[210] Orphanides, A. (2004), "Monetary Policy Rules, Macroeconomic Stability, and

Inflation: A View from the Trenches", *Journal of Money, Credit, and Banking*, 36 (2).

[211] Pagan, A. (1984), "Econometric Issues in the Analysis of Regressions with Generated Regressors", *International Economic Review*, 25 (1).

[212] Perez-Quiros, G., Sicilia, J. (2002), "Is the European Central Bank (and the United States Federal Reserve) Predictable? ", *ECB Working Paper*, No. 192.

[213] Pesaran, M. H. (1984), "Expectation Formation and Macroeconomic Modelling", in Malgrange P., Muet P. A. (eds.). *Contemporary Macroeconomic Modelling*, Blackwell.

[214] Pesaran, M. H. (1985), "Formation of Inflation Expectations in British Manufacturing Industries", *The Economic Journal*, 95 (380).

[215] Pesaran, M. H. (1987), *The Limits to Rational Expectations*, Blackwell.

[216] Pfajfar, D., Santoro, E. (2013), "News on Inflation and the Epidemiology of Inflation Expectations", *Journal of Money, Credit and Banking*, 45 (6).

[217] Pigou, A. C. (1927), *Industrial fluctuations*, Macmillan.

[218] Prescott, E. C. (1986), "Theory Ahead of Business Cycle Measurement", *Carnegie-Rochester Conference Series on Public Policy*, 25 (1).

[219] Ranyard, R., Del Missier, F., Bonini, N., etc. (2008), "Perceptions and Expectations of Price Changes and Inflation: A Review and Conceptual Framework", *Journal of Economic Psychology*, 29 (4).

[220] Raskin, M. (2013), "The Effects of the Federal Reserve' s Date-Based Forward Guidance", *FEDS Working Paper*, No. 2013-37.

[221] Razzak, W. (2003), "Is the Taylor Rule Really Different from the McCallum? ", *Contemporary Economic Policy*, 21 (4).

[222] Reid, M. (2015), "Inflation Expectations of the Inattentive General Public", *Economic Modelling*, 46.

[223] Reis, R. (2006), "Inattentive Producers", *The Review of Economic Studies*, 73 (3).

[224] Reis, R. (2006), "Inattentive Consumers", *Journal of Monetary Economics*, 53 (8).

[225] Roberts, J. M. (1995), "New Keynesian Economics and the Phillips Curve", *Journal of Money, Credit and Banking*, 27 (4).

[226] Roberts, J. M. (1998), "Inflation Expectations and the Transmission of Monetary Policy", *Finance and Economics Discussion Paper, Board of Governors of the Federal Reserve System*, No. 43.

[227] Roosa, R. V. (1951), "Interest Rates and the Central Bank", in Johnson, H. G. (ed.). *Money, Trade, and Economic Growth*, Macmillan.

[228] Rosengren, E. S. (2014), "Our Financial Structures—Are They Prepared for Financial Instability? " *Journal of Money, Credit and Banking*, 46 (1).

[229] Rotemberg, J. J. (1982), "Sticky Prices in the United States", *The Journal of Political Economy*, 90 (6).

[230] Rudebusch, G. D. (2002), "Assessing Nominal Income Rules for Monetary Policy with Model and Data Uncertainty", *The Economic Journal*, 112 (479).

[231] Rudebusch, G. D. (2005), "Assessing the Lucas Critique in Monetary Policy Models", *Journal of Money, Credit and Banking*, 37 (2).

[232] Rudebusch, G. D., Svensson, L. E. O. (1999), "Policy Rules for Inflation Targeting", in Taylor, J. B. (ed.). *Monetary Policy Rules*, The University of Chicago Press.

[233] Rudebusch, G. D., Williams, J. C. (2008), "Revealing the Secrets of the Temple: The Value of Publishing Central Bank Interest Rate Projections", in Campbell, J. Y. (ed.). *Asset Prices and Monetary Policy*, The University of Chicago Press.

[234] Rudebusch, G. D Williams, J. C. (2014), "A Wedge in the Dual Mandate: Monetary Policy and Long-Term Unemployment", *Federal Reserve Bank of San Francisco Working Paper Series*, No. 2014-14.

[235] Sargent, T. J. (1987), *Macroeconomic Theory*, Academic Press.

[236] Sargent, T. J. (1993), *Bounded Rationality in Macroeconomics*, Oxford University Press.

[237] Sargent, T. J. (1999), *The Conquest of American Inflation*, Princeton University Press.

[238] Sargent, T. J., Wallace, N. (1975), "'Rational' Expectations, the Optimal Monetary Instrument and the Optimal Money Supply Rule", *Journal of Political Economy*, 83 (2).

[239] Shiller, R. J. (2014), "Speculative Asset Prices", *The American Economic Review*, 104 (6).

[240] Sims, C. A. (2003), "Implications of Rational Inattention", *Journal of Monetary Economics*, 50 (3).

[241] Sims, C. A. (2005), "Rational Inattention: A Research Agenda", *Deutsche Bundesbank*, *Research Centre*, No. 2005, 34.

[242] Sims, C. A. (2010), "Rational Inattention and Monetary Economics", *Handbook of Monetary Economics*, 3.

[243] Sims, C. A., Zha, T. (2006), "Were There Regime Switches in U.S. Monetary Policy? ", *The American Economic Review*, 96 (1).

[244] Sinha, A. (2015), "FOMC Forward Guidance and Investor Beliefs", *The American Economic Review*, 105 (5).

[245] Söderlind, P. (1999), "Solution and Estimation of RE Macromodels with Optimal Policy", *European Economic Review*, 43 (4–6).

[246] Stein, J. C. (1989), "Cheap Talk and The Fed: A Theory of Imprecise Policy Announcements", *The American Economic Review*, 79 (1).

[247] Stock, J. H., Watson, M. W. (1999), "Forecasting Inflation", *Journal of Monetary Economics*, 44 (2).

[248] Svensson, L. E. O. (1997), "Inflation Forecast Targeting: Implementing and Monitoring Inflation Targets", *European Economic Review*, 41 (6).

[249] Svensson, L. E. O. (2003), "What Is Wrong with Taylor Rules? Using Judgment in Monetary Policy Through Targeting Rules", *Journal of Economic Literature*, 41 (2).

[250] Svensson, L. E. O. (2003), "Monetary Policy and Learning", *Economic Review–Federal Reserve Bank of Atlanta*, 88 (3).

[251] Svensson, L. E. O. (2010), "Inflation Targeting", *NBER Working Paper*, No.16654.

[252] Svensson, L. E. O. (2015), "Forward Guidance", *International Journal of Central Banking*, 11.

[253] Taylor, J. B. (1980), "Aggregate Dynamics and Staggered Contracts," *The Journal of Political Economy*, 88 (1).

[254] Taylor, J. B. (1993), "Discretion versus Policy Rules in Practice", *Carnegie-Rochester Conference Series on Public Policy*, 39 (2).

[255] Taylor, J. B. (1995), "The Monetary Transmission Mechanism: An Empirical Framework", *Journal of Economic Perspectives*, 9 (11).

[256] Taylor, J. B. (1999), "A Historical Analysis of Monetary Policy Rules", in Taylor, J. B. (ed.). *Monetary Policy Rules*, The University of Chicago Press.

[257] Taylor, J. B. (1999), "The Robustness and Efficiency of Monetary Policy Rules as Guidelines for Interest Rate Setting by the European Central Bank", *Journal of Monetary Economics*, 43 (3).

[258] Taylor, J. B. (2000), "Alternative Views of the Monetary Transmission Mechanism: What Difference Do They Make for Monetary Policy", *Oxford Review of Economic Policy*, 16 (4).

[259] Taylor, J. B. (2009), *Getting Off Track: How Government Actions and Interventions Caused, Prolonged, and Worsened the Financial Crisis.* Hoover Press.

[260] Taylor, J. B. (2017), "Rules versus Discretion: Assessing the Debate over the Conduct of Monetary Policy", Federal Reserve Bank of Boston Conference, Boston.

[261] Taylor, J. B., Williams, J. (2009), "A Black Swan in the Money Market", *American Economic Journal: Macroeconomics*, 1 (1).

[262] Tetlock, P. C. (2007), "Giving Content to Investor Sentiment: The Role of Media in the Stock Market", *The Journal of Finance*, 62 (3).

[263] Thomas, L. B. (1999), "Survey Measures of Expected U.S. Inflation", *Journal of Economic Perspectives*, 13 (4).

[264] Thornton, D. (2009), "Negating the Inflation Potential of the Fed' s Lending Programs", Federal Reserve Bank of St. Louis Economic Synopses, St. Louis.

[265] Thornton, H. (1802), *An Enquiry into the Nature and Effects of the Paper Credit of Great Britain*, Piccadilly Press.

[266] Tobin, J. (1959), "On the Predictive Power of Consumer Intentions and Attitudes", *Review of Economics and Statistics*, 41 (1).

[267] Tobin, J. (1969), "A General Equilibrium Approach to Monetary Theory", *Journal of Money, Credit and Banking*, 1 (1).

[268] Townsend, R. M. (1979), "Optimal Contracts and Competitive Markets with Costly State Verification", *Journal of Economic Theory*, 21 (2).

[269] Townsend, R. M. (1988), "Information Constrained Insurance: The Revelation Principle Extended", *Journal of Monetary Economics*, 21 (3).

[270] Valentino L., Puglisi, R., Snyder, M. (2001), "Partisan Bias in Economic News: Evidence on the Agenda-setting Behavior of U.S. Newspapers", *Journal of Public Economics*, 95 (10).

[271] Walsh, C. E. (2008), "Announcements and the Role of Policy Guidance", *Federal Reserve Bank of St. Louis Review*, 90 (4).

[272] Werning, I. (2011), "Managing a Liquidity Trap: Monetary and Fiscal Policy", *NBER Working Paper*, No. 17344.

[273] Winkelmann, L. (2013), "Quantitative Forward Guidance and the Predictability of Monetary Policy: A Wavelet Based Jump Detection Approach", *SFB 649 Discussion Paper*, No. 2013-2016.

[274] Winkelried, D. (2017), "Inferring Inflation Expectations from Fixed-Event Forecasts", *International Journal of Central Banking*, 12 (2).

[275] Woodford, M. (1999), "Optimal Monetary Policy Inertia", *The Manchester School*, 67 (1).

[276] Woodford, M. (2000), "Pitfalls of Forward-Looking Monetary Policy", *The American Economic Review*, 90 (2).

[277] Woodford, M. (2001), "Imperfect Common Knowledge and the Effects of Monetary Policy", *NBER Working Paper*, No. w8673.

[278] Woodford, M. (2003), *Interest and Prices: Foundations of a Theory of Monetary Policy*, Princeton University Press.

[279] Woodford, M. (2008), "Forward Guidance for Monetary Policy: Is It Still Possible? ", Comments at the American Economic Association Meeting, New

Orleans.

[280] Woodford, M. (2012), *Methods of Policy Accommodation at the Interest-Rate Lower Bound*, Columbia University Press.

[281] Wu, D. (1973), Alternative Tests of Independence between Stochastic Regressions and Disturbances, *Econometrica*, 41 (4).

[282] Wu, T. (2008), "On the Effectiveness of the Federal Reserve' s New Liquidity Facilities", *Federal Reserve Bank of Dallas*, *Working Paper Series*, No. 0808.

[283] Yellen, J. L. (2014), "Monetary Policy and Financial Stability", The 2014 Michel Camdessus Central Banking Lecture, International Monetary Fund, Washington D.C.

[284] Zhang, W. (2009), "China' s Monetary Policy: Quantity versus Price Rules", *Journal of Macroeconomics*, 31 (3).

[285] Zhang, C. (2011), "Why Inflation in China Is a Monetary Phenomenon", *China and World Economy*, 19 (3).

[286] Zhang, C., Clovis, J. (2010), "China Inflation Dynamics: Persistence and Policy Regimes", *Journal of Policy Modelling*, 32 (3).

[287] Zhang, C., Osborn, D. R., Kim, D. H. (2008), "The New Keynesian Phillips Curve: From Sticky Inflation to Sticky Prices", *Journal of Money, Credit and Banking*, 40 (4).

[288] Zhang, C., Osborn, D. R., Kim, D. H. (2009), "Observed Inflation Forecasts and the New Keynesian Phillips Curve", *Oxford Bulletin of Economics and Statistics*, 71 (3).

[289] Zhang, C., Sun, Y. (2018), "Confidence in Chinese Monetary Policy", *International Review of Economics and Finance*, 52 (6).

# 索　　引

（页码为该词首次出现时的页码）


非对称传染　217

公众预期　27

货币政策传导机制　31

货币政策反应机制　105

理性预期　1

媒体舆论　188

前瞻性货币政策　1

前瞻指引　27

泰勒规则　4

通货膨胀　7

通胀预期　3

新凯恩斯菲利普斯曲线　11

信息更新机制　107

信息粘性　105

信心传导　259

央行沟通　27

预期传染　219

预期数据转化　87

专家预期　107

最优货币政策体系　349